공공갈등 협상론
– 사례 중심 해석과 처방 –
(제2판)

도서출판 윤성사 256

공공갈등 협상론(제2판)
사례 중심 해석과 처방

제1판 제1쇄	2022년 1월 5일	
제2쇄	2022년 3월 18일	
제2판 제1쇄	2025년 1월 14일	

지 은 이	신경섭	
펴 낸 이	정재훈	
디 자 인	(주)디자인뜰	

펴 낸 곳	도서출판 윤성사	
주 소	서울특별시 용산구 효창원로 64길 10 백오빌딩 지하 1층	
전 화	대표번호_02)313-3814 / 영업부_02)313-3813 / 팩스_02)313-3812	
전 자 우 편	yspublish@daum.net	
등 록	2017. 1. 23	

ISBN 979-11-93058-60-2 (93350)

값 30,000원

ⓒ 신경섭, 2025

저자와의 협의에 따라 인지를 생략합니다.

이 책의 전부 또는 일부 내용을 재사용하려면 반드시 사전에 저작권자와
도서출판 윤성사의 동의를 받아야 합니다.

잘못 만들어진 책은 구입하신 서점에서 교환 가능합니다.

사례 중심 해석과 처방

공공갈등 협상론

제2판

신경섭

The Case Study of Public Conflict Negotiation

공공갈등 협상론: 사례 중심 해석과 처방
The Case Study of Public Conflict Negotiation

제2판 머리말

  2022년 1월에 이 책이 처음 출간된 후 근 3년 만에 수정판을 선보이게 됐다. 그간 졸저에 대해 보여준 독자들의 꾸준한 성원에 힘입어 제2판이 출간된 것에 대해 많은 분들에게 감사의 말씀을 먼저 드린다.

  초판에서 학부생 또는 공공갈등에 시달리는 공직 관련 직장인들에게 도움이 되는 기초적 갈등이론과 풍부한 공공갈등 사례를 제공하고자 노력했다. 이번 제2판에서는 이에 더해 공공갈등을 공부하는 대학원생, 직장인 등 심층적인 공부를 원하는 분들에게 도움을 주고자 이론 부분을 추가했다. 연구에 많이 활용되는 공공갈등 사례 분석 모형들을 내용에 포함시키고, 최근 관공서에서 공공갈등 해소 시 많이 시행하게 되는 갈등 영향 분석과 숙의민주주의적 방법에 대해서도 비교적 소상하게 다뤘다. 반면, 초판에서 다뤘던 전국의 대표적 공공갈등 사례 50개 중 서로 유사한 내용이 많은 사례는 일부 제외하고, 대신 일부 관심 있는 사례나 최근 부상한 갈등 사안을 추가하거나 기존의 내용을 수정했다.

  내용을 첨삭하면서 전체적으로 초판보다 좀 더 심층적이면서도 압축적으로 공공갈등을 이해할 수 있게 하려고 노력했다. 하지만 아직 미흡한 부분이 많을 것으로 짐작된다. 앞으로도 독자 여러분의 아낌없는 사랑과 질책을 부탁드린다.

  끝으로 이 책에 담긴 많은 내용의 기초가 수많은 선행 연구자 분들의 업적과 노고에 힘입었음을 밝히며 깊은 감사를 드린다. 아울러 지금의 저를 있게 한 은사이신 이달곤 서울대학교 행정대학원 교수님과 박사 논문 지도교수이신 (고)김시영 교수님을 비롯한 영남대학교 행정학과 은사님들, 본서 집필에 조언을 아끼지 않으신 경북대학교 하혜수 교수님과 마음의 벗들에게 감사를 드린다.

  또한 필자가 33년이라는 긴 공직 생활을 무탈히 마칠 동안 공직의 사표가 되어 주신 문희갑 시장님, 조해녕 시장님, (고)이종주 시장님, 김범일 시장님, 권영진 시장님, 이진훈 구청장님, 대구시의회 장상수 의장님, 이만규 의장님께도 깊은 감사를 드린다.

  마지막으로, 한 평생 힘이 되어준 가족에게도 무한의 감사를 드린다. 그리고 제2판이 출판되기까지 수고를 아끼지 않으신 윤성사 정재훈 대표님과 편집부 여러분들께도 고마움을 표한다.

2024년 12월
신경섭

머리말

중국 춘추전국시대의 노자(老子)는 이 천지자연이 오래 유지될 수 있는 가장 근본적인 이유는 자기 자신이 중심의 자리를 차지하려고 하지 않는 태도를 지녔기 때문이라고 했다. 하지만 현대를 사는 우리는 급속한 산업화·민주화를 겪으며 성장했고, 그 과정에서 자신의 목소리를 키우고 자신이 속한 집단, 조직의 이익을 최대한 관철하기 위한 경쟁과 대립을 반복해 왔다고 볼 수 있다. 또한 이 과정에서 분출된 극심한 가치갈등을 극복하지 않으면 안 됐다.

중요 자원배분권을 가지고 자원의 지원 및 조정자 역할을 맡고 있는 공무원조직의 경우 그간 지식에 대한 독점욕이 강하고, 전통적으로 공무원 자신들이 보유한 정보와 지식을 영향력 또는 가치 창출의 원천으로 여기며, 지식을 외부조직과 공유하는 대신 폐쇄적으로 관리하는 경우가 많았다. 또 외부조직과의 정보 및 지식 공유가 상호학습과 집단민원과 가치갈등의 해소에 도움이 된다는 생각보다는 민간의 집단민원 유발 등 부담으로 이어질 것을 우려해 각종 보고서 및 내부자료 등을 사장하는(hoarding) 경향이 있었다. 이러한 현상은 사회의 불신과 갈등을 더욱 키우고 오래 지속하게 만드는 요인으로 작용하기도 했다.

오늘날 공공 분야의 갈등으로 인해 매년 수십조 원의 비용이 낭비되고, 대립의 장기화·일상화로 사회적 불신이 확대되고 있다. 특히 우리나라는 갈등 해결의 주된 방법으로 기간이 상대적으로 짧고 비용이 적게 드는 협상보다는 소송 등 공식적인 법적 구제절차에 의존하는 경향이 서구 선진국에 비해 압도적으로 높은 편이다. 따라서 이러한 사회갈등을 어떻게 원만히 조정하고 해결 대안을 찾는가 하는 협상 기술과 지식의 공유, 확산은 그 중요성이 날로 더해가고 있다.

필자는 지난 1990년 행정고시를 통해 1992년 첫 공직에 입문한 이후 30년간 경제, 교통, 환경, 국제 분야 등 지방행정 업무를 수행하며 다양한 분야의 공공갈등을 직접 경험했다. 이 가운데 집단민원이 어떤 과정으로 전개돼 가는지를 몸소 겪으면서 그 과정에서 최선의 해법은 무엇인지를 늘 고심했다. 초임 중간관리자 시절 수많은 시행착오를 겪으며 공공갈등을 해결하는 가이드라인의 결핍에 목말라하기도 했다.

이 책은 지방공무원으로서 개인적으로 겪은 협상 실전 경험과 협상이론 공부를 토대로 다양한 협상 상황을 대하는 공무원이나 협상론을 공부하는 대학교의 학부생에게 협상전문서로서, 실전의 다양한 문제를 이해하고 그에 맞는 협상 기법을 학습하는 기회를 주고자 하는 데 그 목적이 있다. 아울러 이 책은 공직에 도전하는 취업준비생들에게 공공행정 영역의 다양한 양상에 대한 이해를 높이고, 면접시험 준비에도 일조하는 데 목적을 뒀다.

지난 몇 년 사이 협상론을 소개하는 훌륭한 교과서들이 출간돼 그간의 갈증을 해소해 주는 데 크게 기여한 것이 사실이다. 그럼에도 불구하고 이 책을 쓰기로 결심하게 된 이유는 첫째, 영남대에서 협상론을 강의할 기회가 있어 적당한 교재를 고르다가 겪은 협상의 이론과 실제, 동전의 양면을 종합적으로 이해할 수 있는 교재 부재의 아쉬움을 해소해 보고자 하는 갈망이 있었다. 둘째, 다수 교재의 경우, 협상 사례를 간단히 소개하는 데 그치는 경우가 많고, 소개하더라도 그 협상을 실제 수행해 본 공무원의 시각에서 사례의 행간을 다룬 경우가 별로 없어 이를 보완해 보고자 했다. 물론 필자가 이 책에서 다룰 모든 사례들을 직접 다 경험하지는 못함은 한계이고, 그 부분은 선행 연구자들의 노고에 빚을 졌으며, 그래도 미진한 부분은 후학의 숙제로 남긴다.

이 책의 구성은 다음과 같다. 먼저 제1편에서 기초적인 협상이론을 소개함으로써 협상 실전을 분석하는 프레임을 갖추도록 하고, 이를 바탕으로 다양한 분야의 협상 사례들을 분석, 해석해 갈등을 관리하는 감각을 갖도록 노력했다. 특히 유사한 성격의 사례를 묶어 함께 다룸으로써 좀 더 입체적 감각을 키울 수 있도록 했다.

먼저 제1장은 조직 간 관계에 대해 다뤘다. 각종 갈등이 개인 차원에서 표출되고 다뤄지기도 하지만, 공공 분야의 경우 대개 조직 단위 간 갈등이 일반적이며, 조직관리란 결국 사회 속에서 전개되는 협력과 갈등을 어떻게 효과적으로 협상, 조정, 중재해 문제를 조기에 해소하느냐의 문제라고 할 수 있기 때문이다.

제2장은 갈등관리 개관으로, 갈등을 해소하기 위해 사용되는 다양한 방법론을 개괄적으로 이해하고, 갈등 당사자별(관-관, 관-민, 민-민), 갈등 성격별(정책갈등, 자원갈등, 권한갈등 등), 갈등 분야별(교통, 경제, 도시계획, 수자원, 환경, 의료, 행정, 국제협상 등) 갈등 유형을 살펴본다.

제3장은 협상에 관한 것으로, 갈등관리의 대표적 방법인 협상의 개념을 이해하고, 협상의 유형인 입장협상과 원칙협상의 개념을 이해하며, 협상의 기본 요소인 이슈 및 이해관계, 객관적 기준 사용, 갈등관리(당사자 개입 및 제3자 개입), 프레임 설정 및 전환, 최선의 대안(BATNA) 모색에 대해 살펴본다. 그리고 실제로 협상이 전개되는 각 단계마다 실무적으로 준비해야 할 것들이 무엇인지를 살펴본다.

제4장은 공공갈등의 특징과 외국 및 한국 지방자치단체의 공공갈등 관리 시스템에 대해 살펴본다.

제5장은 갈등관리 방법 중 제3자 개입 형태인 조정의 개념, 조정을 바라보는 시각, 우리나라 조정제도에 대해 알아본다. 제3자는 협상 당사자는 아니지만 협상에 개입해 분쟁 해결에 기여하

머리말

는 역할을 수행한다.

제6장은 갈등관리 방법 중 또 다른 제3자 개입 형태인 중재의 개념, 중재 절차, 우리나라 중재 제도 및 이와 유사한 기타 갈등관리 방법에 대해 알아본다. 또한 대안적 분쟁 해결(ADR) 방법 선택 시 고려할 요소는 무엇인지 설명한다.

제7장은 협상과 문화로, 윈셋(win-set)이 활용되는 국제협상에서 유의해야 할 사항은 무엇인지

[갈등관리의 흐름도]

를 알아본다. 국제협상은 각국의 문화적 차이로 인해 협상 시 국내 협상과는 또 다른 특별한 주의와 준비를 요한다.

제2편은 앞의 협상이론을 바탕으로 앞 그림의 '갈등관리의 흐름도'에 따라 전국의 대표적인 갈등 사례 50선을 구체적으로 분석, 해석함으로써 시사점을 배우고자 했다. 공공 영역에서 일어나는 교통, 경제, 도시계획, 수자원, 환경, 의료, 행정, 국제협상 등 다양한 조직 단위의 실전 협상 사례를 심층적으로 다뤘다. 이 책을 집필하면서 기존의 국내외 협상론 교과서와 논문들을 참고했고, 필자가 체험한 사례들은 과거의 관련 자료와 신문, 기억을 살려 기술했다.

이 책을 출간하면서 그간 공공문제에의 관심을 키우고 고민하도록 이끌어 주신 은사 이달곤 서울대 행정대학원 교수님(전 행자부 장관)과 박사논문 지도교수이신 김시영 영남대 행정학과 교수님, 공공갈등에의 협상론적 관심을 촉발하고 이 책 집필에 조언을 아끼지 않으신 경북대 하혜수 교수님과 영남대 이환범 교수님 등 행정학과 교수님들께 감사를 드린다.

또한 필자가 대구시에 근무하는 동안 오늘이 있기까지 공직의 사표가 되어주신 문희갑 시장님, 조해녕 시장님, 이종주 시장님, 김범일 시장님, 권영진 시장님, 그리고 대구시의회 장상수 의장님께도 깊이 감사를 드린다.

가족에게도 무한의 감사를 드린다. 힘이 들 때 늘 든든한 우군이 되어주신 부모님, 물심 양면으로 큰 힘을 보태주고 학문의 자세를 몸소 보여주신 장인어른(김대웅 [前]영남대 도시공학과 교수님)과 장모님, 한평생 인생의 반려자로서 동고동락해 온 아내 민숙과 아들, 딸에게도 고마운 마음을 전한다.

끝으로 이 책의 출판을 기꺼이 맡아준 윤성사 정재훈 대표님께 감사드리며, 편집부 여러분들의 수고에 고마움을 표한다.

2021년 12월

저자 씀

차례

제2판 머리말 / 5

제1편 기초적인 협상이론 · 17

제1장 조직 간 관계 · 19
제1절 조직 간 관계의 기본 인식 / 19
제2절 조직 간 협력이론 / 22
제3절 조직 간 갈등이론 / 25

제2장 갈등관리 개관 · 27
제1절 갈등관리 방법 / 27
제2절 갈등관리 유형 / 31

제3장 협상에 의한 갈등 해결 · 34
제1절 협상의 개념 / 34
제2절 협상의 유형 / 35
   1. 승패협상 / 36
   2. 상생협상 / 38
제3절 협상의 기본 요소 / 39
   1. 이해관계 / 39
   2. 객관적 기준의 설정 / 40
   3. 갈등관리: 협상 · 조정 · 중재의 개시 / 42
   4. 프레임 설정 및 전환: 갈등관리를 위한 틀짜기 / 48
   5. 창조적 대안의 모색 / 54
제4절 협상에 영향을 미치는 요인들 / 59
   1. 협상의 무기 / 59

  2. 감정의 처리 / 62

 제5절 협상의 절차관리 / 64

  1. 협상 준비 / 64

  2. 협상 수행의 전략과 전술 / 68

  3. 협상의 교착 상태 해소 / 72

  4. 협상의 종결 / 75

제4장 공공갈등 관리 시스템 · 78

 제1절 공공갈등 관리제도 / 78

  1. 공공기관의 갈등 예방과 해결에 관한 규정 / 78

  2. 공공갈등관리 관련 법률안과 국내 공공갈등 관련 개별 법령·제도 비교 / 81

 제2절 외국의 공공갈등 관리제도 / 83

  1. 미국 / 83

  2. 프랑스 / 84

  3. 영국 / 85

 제3절 한국 지자체의 갈등관리 체계 / 86

  1. 서울시 갈등관리 체계 / 86

  2. 대구시 갈등관리 체계 / 87

 제4절 갈등영향분석의 적용 / 91

  1. 갈등영향분석의 방법 / 91

  2. 갈등영향분석의 적용과 한계 / 93

 제5절 숙의민주주의 적용 / 94

  1. 숙의민주주의의 개념 / 94

  2. 숙의민주주의적 공론조사의 유형 / 96

  3. 숙의민주주의 공론조사 사례 / 98

  4. 숙의민주주의의 한계와 개선 방향 / 103

제5장 조정 · 107

 제1절 조정의 이해 / 107

1. 조정의 개념 / 107
　　　2. 조정의 역사 / 108
　　　3. 조정의 성격 / 109
　제2절 조정을 바라보는 네 가지 시각 / 110
　　　1. 만족이론 / 111
　　　2. 사회정의이론 / 111
　　　3. 전환이론 / 111
　　　4. 억압이론 / 112
　제3절 조정의 절차 / 113
　제4절 우리나라 조정제도 / 114

제6장 중재 · 118
　제1절 중재의 개념 / 118
　제2절 중재의 절차 / 119
　제3절 우리나라 중재제도 / 121
　제4절 조정-중재 및 약식기소 / 122
　제5절 ADR 방법 선택 시 고려 사항 / 123

제7장 갈등 사례 분석모형 · 126
　제1절 옹호연합모형 / 128
　　　1. 옹호연합모형의 개념 / 128
　　　2. 옹호연합모형의 기본 전제 / 129
　　　3. 옹호연합모형의 구성 요소 / 129
　제2절 제도분석틀 모형 / 132
　　　1. 제도분석틀 모형의 개념 / 132
　　　2. 제도분석틀 모형의 구성 요소 / 133
　제3절 정책 네트워크이론 / 135
　　　1. 정책 네트워크이론의 개념 / 135
　　　2. 정책 네트워크의 구성 요소 / 136

제4절 정책갈등 프레임워크 모형 / 137
    1. 정책갈등 프레임워크 모형의 개념 / 137
    2. 정책갈등 프레임워크 모형의 구성 요소 / 138
    3. 정책갈등 프레임워크 모형의 사례 적용: 대구시 사업장 폐기물 처리방식 갈등 사례 / 141

제5절 담론분석 / 148
    1. 담론분석의 개념 / 148
    2. 프레이밍과 담론분석 / 149
    3. 프레이밍의 유형과 기법 / 149
    4. 공공갈등의 담론분석 사례 / 150

제6절 근거이론 / 151
    1. 근거이론의 개념 / 151
    2. 근거이론 적용의 유용성과 한계 / 152

제8장 협상과 문화: 국제적 시각 · 153
제1절 다문화 협상전략의 이해 / 153
제2절 다문화 협상을 위한 일반적 규칙 / 155

제2편 주요 갈등사례 분석 · 159

제9장 갈등사례 분석 개관 · 161

제10장 교통갈등 사례 분석 · 163
사례 1. 대구 중앙로 대중교통전용지구 지정 갈등(관-민 갈등, 2003~2009) / 163
사례 2. 플랫폼 운송사업과 택시산업 간 갈등(민-민 갈등, 2013~2020) / 176
사례 3. 수성구 진달래공원 산책로 정비사업 갈등(민-민 갈등, 2012~2015) / 180
사례 4. 대구시 북구 회전교차로 설치사업 갈등(관-민 갈등, 2010~2011) / 186
사례 5. 구리-포천 고속도로 건설 갈등(관-관 갈등, 2007~2017) / 190

차
례

제11장 경제갈등 사례 분석 · 195

- 사례 6. 대구 농수산물도매시장 시설현대화사업 갈등(민-민 갈등 2013~2024) / 195
- 사례 7. 대구 성서2차산단 열병합발전 건설 갈등(관-민-민 복합 갈등, 2015~2021) / 201
- 사례 8. 위천국가공단 조성 갈등(관-관 갈등, 1995~1999) / 205
- 사례 9. 경기도 부천시 햇살가게 노점 갈등(관-민 갈등, 2012~2015) / 212
- 사례 10. 대구 중구 동성로 노점정비사업 갈등(관-민 갈등, 2007~2009) / 218
- 사례 11. 부산 구포가축시장 갈등(민-민 갈등, 1950년대 후반~2020) / 224

제12장 수자원갈등 사례 분석 · 227

- 사례 12. 대구 취수원 다변화 갈등(관-관 갈등, 1991~2024) / 227
- 사례 13. 울산 반구대 암각화 보존 갈등(관-관 갈등, 2000~2021) / 242
- 사례 14. 한탄강댐 건설 갈등(관-민 갈등, 1995~2009) / 248

제13장 도시계획갈등 사례 분석 · 254

- 사례 15. 제주해군기지 건설 갈등(관-민 복합 갈등, 1993~2018) / 254
- 사례 16. K-2·대구공항 통합 이전 갈등(관-관-민 갈등, 2007~2024) / 261
- 사례 17. 대구 동물원 이전 갈등(관-관 갈등, 2011~2024) / 272
- 사례 18. 서울시 청계천 복원사업 갈등(민-관 갈등, 2007~2015) / 278
- 사례 19. 장기미집행 도시공원 일몰제 갈등(관-민 갈등, 2016~2020) / 284

제14장 환경갈등 사례 분석 · 290

- 사례 20. 대구 팔공산 구름다리 설치 갈등(관-민 갈등, 2015~2020) / 290
- 사례 21. 설악산 오색케이블카 설치 갈등(관-민 갈등, 2001~) / 297
- 사례 22. 경기도 하남시 추모공원(광역화장장) 건설 갈등(관-관-민 갈등, 2006~2008) / 303
- 사례 23. 부천시 추모공원 조성 갈등(관-민 갈등, 2005~2011) / 308
- 사례 24. 경기도 광명시와 서울 구로구 간의 환경기초시설 설치 갈등(관-관 갈등, 1993~2000) / 312
- 사례 25. 구미시-칠곡군 가산하수처리장 건설 갈등(관-관 갈등, 2011~2012) / 318
- 사례 26. 경주 방폐장 부지 선정 갈등(민-관 갈등, 1986~2014) / 322

제15장 의료갈등 사례 분석 · 327
사례 27. 한약 조제권을 둘러싼 한약분쟁 갈등(제3자 조정 사례. 민-민 갈등. 1993) / 327
사례 28. 국립서울병원 이전 갈등(제3자 조정 사례. 관-민 갈등. 1989~2010) / 331
사례 29. 제주 녹지국제병원 갈등(관-민 갈등. 2003~2023) / 334
사례 30. 의료사고 분쟁 갈등(민-민 갈등. 2012) / 339

제16장 행정갈등 사례 분석 · 344
사례 31. 대구 수성구 민원배심제 운영제도(2000년~) / 344
사례 32. 청도군-포항시 새마을운동 발상지 갈등(관-관 갈등. 2009) / 360
사례 33. 김천시-구미시 KTX 신역사 명칭 갈등(관-관 갈등. 2003~2010) / 363
사례 34. 달성군과 수성구의 관할구역 경계변경 조정 갈등(관-관 갈등. 2023) / 366
사례 35. 강사법 제정 관련 갈등(관-민 갈등. 2011~2019) / 378

제17장 국제협상갈등 사례 분석 · 383
사례 36. 한·불 외규장각 도서 반환 협상(1991~2010) / 383
사례 37. 미국 GM-한국 대우자동차 매각 협상(1999~2002) / 389
사례 38. 한·중 마늘 협상(1999~2003) / 392
사례 39. 한·미 쇠고기 협상(2006~2008) / 398
사례 40. 한·미 스크린쿼터 협상(1998) / 402

참고 문헌 / 405

찾아보기 / 427

The Case Study of Public Conflict Negotiation

공공갈등 협상론 사례 중심 해석과 처방

제1편

기초적인 협상이론

chapter 1

조직 간 관계

| 제1절 | **조직 간 관계의 기본 인식***

　기술과 시장이 급변하는 상황에서 불확실성으로 인한 위험을 분산시키고 경쟁과 협력의 조화를 이루는 수단으로 '조직 간 관계'가 일반적으로 이용된다. 하나의 조직이 주변 조직들과 어떻게 소통하느냐에 따라 갈등을 유발할 수도 있고 협력을 이끌어 낼 수도 있다. 근래의 갈등 양상은 개인 차원의 갈등도 있지만 많은 경우 집단민원 등 조직 간 갈등의 형태를 띤다. 그 조직에 대한 사회적 신뢰가 강할수록 갈등 해결도 더 쉬울 수 있다.

　근래 조직 간 관계를 조직 간 네트워크와 혼용하는 경향이 있다. 조직 간 관계와 네트워크는 모두 일정 기간의 지속적 관계를 전제로 한다는 점에서 유사하지만, 조직 간 관계가 네트워크와는 달리 계층제를 굳이 배제하지는 않는다는 점에서 조직 간 관계의 개념이 네트워크를 포괄하는 것으로 이해할 수 있다(황선욱·김대건, 2005: 7). 통상 조직 간 관계

---
* 신경섭(2006: 10-13) 참고.

(interorganizational linkage)는 네트워크의 기본 구성 요소로 기술 이전, 정보 교환, 연구개발, 원자재와 정보의 획득 등을 위해 형성된 둘 또는 이상의 집단 간의 관계로 이해된다. 조직 간 지식의 공유도 지식기반 경제하에서 이러한 조직 간 관계 설정의 주요 이유 중의 하나라 할 수 있으며, 이는 공식적 기술협력(technical collaboration)의 방식 또는 비공식적 교류의 방식으로 기업과 다른 기업(경쟁업자, 부품 또는 원료 공급업자, 고객 및 수요업자 등), 고등교육기관(學), 공공 및 민간연구소(硏) 등과의 네트워크를 통해 형성된다.

조직 간 의사소통망으로서 네트워크의 기본적 속성은 다음과 같다. 네트워크는 정태적·동태적 불확실성을 감소시키기 위해 상보적 자산과 시장이라는 공간 속에서 기업 등 활동 주체가 선호하는 파트너와의 선택적·명시적 연결 관계로 구성된 폐쇄집합이라고 정의된다(Freeman, 1991: 502). 도지선(Dodgson, 1993: 13)은 "2개 이상의 구성원이 각자의 자원과 노하우를 이용해 상호 보완적인 목표를 달성하기 위한 여타의 활동"이라고 정의하며, 로저스와 킨케이드(Rogers & Kincaid, 1981)는 네트워크를 시스템 내의 행위자들 간의 모든 연결 관계로 정의하고 있다. 이러한 네트워크는 다음의 네 가지 특징을 가진다. 첫째는 호환성(reciprocity)이다. 일방통행적 강요와 통제가 아니고 상호 이익 증진에 기여해야 한다. 둘째는 상호의존성(interdependence)이다. 보완성은 참여자 간의 상호 의존적 관계를 강화하고 네트워크를 통한 시너지 효과의 증진을 가능케 한다. 셋째는 느슨한 동반자 관계(loose coupling)다. 독자적 활동과 선택을 허용하는 관계다. 넷째는 권력(power)이다. 네트워크는 새로운 지식과 협력적 교류 관계 형성을 유도하는 힘으로 작용한다(Moulaert & Sekia, 2003: 298).

네트워크의 구성 형태에 대해 도지선(Dodgson, 1993)은 하부구조적 형태(infrastructural form), 계약적 형태(contractual form), 비공식적 형태(informal form)의 세 가지로 분류한다. 하부구조적 형태는 국가 기술혁신 시스템을 지원하는 형태를 말하는 것으로 기업, 대학, 정부출연연구소 및 기타 연구소 간의 네트워크가 여기에 속한다. 다음으로 계약적 형태는 기업 간 조인트벤처가 대표적 사례이며, 전략적 동맹, 연구개발(R&D) 협정 등도 포함된다. 마지막으로 비공식적 형태는 다른 기업에 종사하는 엔지니어 상호 간에 비공식 노하우의 교환이 해당된다.

최근의 신기술 변화는 서로 다른 기술 분야 간의 융합, 기술 변화의 가속화, 기술 수명 주기의 단축, 경쟁의 세계화와 같은 새로운 기술환경을 동반하고 있다. 이러한 가운데 기존에는 지역 내 조직 간 경쟁과 협력이 상충되는 개념으로 이해됐으나 최근에는 상호 보완적인 관계로 보는 현상이 나타나고 있다(황용수 외, 2003: 28). 즉, 한 지역 내의 경쟁력은 개별 조직 스스로의 경쟁력뿐만 아니라 새로운 지식과 가치를 창출하는 조직 간 협력적 상호작용의 시너지에 의해서도 영향을 받는다. 즉, 조직의 생존전략으로 공동체적인 적응과 진화 과정에 초점을 둬야 할 것이다. 이러한 지역에서의 조직 간 경쟁 및 협력 효과를 정리해 보면 아래 표와 같다.

〈지역 내 조직 간 경쟁과 협력 효과〉

경쟁력의 구성 요소	경쟁과 협력의 주요 공헌	경쟁력 결정 요인
지역공동체의 경쟁력	조직 간 협력 효과	• 조직 간 효율적인 네트워킹: – 조직 간 분업과 정보·지식의 유기적 연계
개별 조직의 경쟁력	조직 간 경쟁 효과	• 다른 조직과의 경쟁력 우위 확보: – 생산효율성, 정보·지식의 내부통제 및 관리

출처: 박상규(2000) 참조.

한편, 이러한 조직 간 관계는 각 조직의 구성원들의 행위를 통해 구체화된다고 할 수 있다. 사회심리학에서 상징적 상호작용이론에 따르면, 개인의 행위는 ① 개인을 특징짓는 행위의 패턴과 ② 사람들의 상호작용 및 집단문화의 반영으로부터 나오는 행위의 패턴으로 구분할 수 있다. 먼저, 조직 내 환경은 ① 구성원에 의해 경험한, ② 구성원들의 행위에 영향을 미치는, 그리고 ③ 환경의 특별한 특성이나 속성들의 가치 측면에서 묘사될 수 있는 조직의 내부적 환경의 상대적으로 지속적인 성격으로 정의된다(Tagiuri & Litwin, 1968: 25).

다음으로, 조직 외부의 사회적 환경 요인은 특정 사회환경 속에서 개인이 관계를 맺고 있는 사람들 간의 동의 및 준거집단의 주관적 규범의 내재화다(Triandis, 1980). 이 주관적 규범(subjective norm)은 ① 특정 환경의 문화에 속해 있는 구성원들에 의해 옳고 적절한 것으로 여겨지는 것을 행해야 한다는 자기지시적인 규범(norm), ② 적절한 것으로 여겨지는 행동과 관련되지만 집단, 사회, 혹은 사회 시스템의 특정한 직위를 가진 사람들과 관련돼 있는 역할, 그리고 ③ 강력한 정서적 요소를 가지고 있는 축약된 범주인 가치(value) 등과 같은 좀 더 광범위한 개념들을 포함한다. 지방정부의 입장에서는 지역사회의 다양한 조직 간 협력환경을 조성하고 집단갈등을 잘 조정하고 해소하는 것이 무엇보다 행정에서 중요해졌다.

|제2절| 조직 간 협력이론

지역 내 활동 주체는 조직 간 경쟁과 협력의 두 요소를 매개로 해서 네트워크의 목적과 형태가 달라진다. 통상 한 조직이 왜 다른 조직과 관계를 형성하는가에 대해서는 크게 다음의 네 가지 이론이 있다(Auster, 1990: 64).

첫째, 전략이론으로 진입비용 증가, 가격 차별 확대, 불확실성 감소, 상호의존성 증진 등을 통해 기업의 비교 우위를 제고함으로써 경쟁력을 확보하려는 수단으로, 가령 합작투자 등의 방법으로 조직 간 연계에 접근한다.

둘째, 거래비용이론으로 조직이 거래비용을 절감하려는 노력이 조직의 행태를 결정하며, 시장, 위계, 네트워크 중 하나의 선택은 거래비용의 최소화에 근거해 결정된다는 것이다. 하지만 이 이론은 행위 주체 간의 신뢰 문제와 행위자 간 상호학습의 효과를 등한시한다는 비판을 받고 있다.

셋째, 자원의존이론으로 기업을 '자원의 묶음'으로 규정하며, 기업이 혁신을 통해 충분한 상업적 보상을 향유하기 위해서는 보완자산을 획득할 수 있어야 하고, 그 획득 수단으로 거래, 수직적 통합, 조직 간 연계 방식이 활용된다는 것이다. 특히 조직 간 연계는 기업의 특이한 숙련에 대한 접근과 암묵적 지식에 대한 교환이 용이하며 기술을 개별화시켜 전달하는 것이 가능하다.

넷째, 네트워크분석이론으로 이는 조직 간 연결망을 연구 대상으로 하는 접근 방식으로 연결의 기본 구조, 연결의 내용, 의존 정도를 기준으로 삼아 조직 간 관계를 분석하며, 주로 장기적인 권력구조와 조직 간 의존 관계 변화를 분석하는 데 용이하다.

스미스, 캐럴과 애시퍼드(Smith, Carroll, & Ashford, 1995: 17)는 다양한 협력이론들을 크게 다섯 가지로 분류해 설명하고 있다.

첫째, 교환이론(exchange theory)이다. 협력을 경제적·심리적 편익을 최대화하고자 하는 수단으로 보는 관점이다(Blau, 1964). 이 경우는 상호 협력의 이득이 비용을 초과할 때 적용된다. 구체적인 교환이론에는 거래비용이론(transaction cost theory), 교환의 사회심리이론(social psychology theories of exchange), 교환의 미시 및 거시 사회학적 이론, 강화이론(reinforcement theory), 상징적 상호작용이론(symbolic interaction theory), 합리적 또는 규범적 의사결정이론(rational or normative decision theory) 등이 있다.

둘째, 유인이론(attraction theory)이다. 이 이론은 무엇이 개인 및 집단으로 하여금 자연적인 친화력 또는 적대감을 유발하느냐를 설명한다(Hollinghead, 1950; Kennedy, 1944). 개인 간 유인이론은 가치나 신분의 유사성과 차이성, 보충적 필요성, 개성의 측면, 목표 일치성, 정보의 필요 등에 따라 협력의 정도가 결정된다는 것이다. 그러나 이 이론은 개인적 매력, 개인 간 적합성 등 협력 관계에서 비경제적·비계산적인 비용과 편익도 작용함을 인정한다. 이론은 관계 형성에서 비경제적 측면을 강조한다.

셋째, 권력갈등이론(power and conflict theory)이다. 이 이론은 개인들 간, 집단 간 목표, 가치, 자원의 다양성이 갈등을 유발하며, 협력은 그 반대의 경우로 이해될 수 있다는 것이다(Emerson, 1962; Pfeffer & Salancik, 1978). 이 이론은 특히 시간의 변화에 따른 협력관계의 동태성을 예측하는 데 유용할 수 있다.

넷째, 모델링이론(modeling theory)이다. 이 이론은 개인 간 또는 조직 간 협력의 증진에서 사회학습 과정과 모방을 강조한다(Bandura, 1971; Dimaggio & Powell, 1983). 많은 협력적 행동은 준거집단인 개인, 집단, 조직들이 협력적 행동을 하고 그것들을 정당화하기 때문에 일어난다고 한다. 이 이론은 인위적 집단, 조직문화, 사회문화를 통한 동조화, 일관성, 협력적 행동규범의 형성을 강조한다. 또한 협력적 관계 그 자체의 외부의 예측 요인들을 강조한다.

다섯째, 사회구조이론(social structure theory)이다. 이 이론은 협력에서의 구조적 요인을 강조한다(Blau, 1974). 이 이론은 협력이 일어나는 시스템의 종합적 상황의 관점에서 협력을 이해한다. 구조는 개인, 집단, 조직의 '사회적 지위'와 차별화되면서도 서로 얽혀 있는 '네트워크망'으로 구성된다. 구조적 변수는 참여자의 수, 동질성, 이질성, 거리, 역사, 힘을 포함한다.

한편, 차일드와 포크너(Child & Faulkner, 1998)는 협력적 전략을 이해하는 틀로 경제학적 관점에서 네 가지 견해를 제시하고 있다. 시장-권력이론, 거래비용이론, 대리인이론, 수확 체증의 이론이 그것이다.

첫째, 시장-권력이론(market-power theory: MPT)은 회사들이 시장에서 더 강한 지위를 획득함으로써 그들의 경쟁력을 향상시킬 수 있다는 것이다. 포터(Michael Porter)는 그의 저서 『경쟁적 전략(Competitive Strategy)』(1980)에서 회사가 그들의 산업구조에서 차지하는 상대적 위상이 그들에게 가장 귀하고 이득이 되는 진짜 전략을 선택하게 한다고 한다.

둘째, 거래비용이론(transaction cost theory)은 국제적 비즈니스 거래에서 조직의 비용을 낮추는 쪽으로 전략적 제휴를 시도한다는 것이다(Buckley & Casson, 1985). 윌리엄슨(Oliver Williamson)은 이 이론의 지지자로 회사 내에서 거래의 협치를 촉발하는 수단으로 기회주의, 제약된 합리성, 소규모 인원, 불확실성과 복잡성, 정보의 산만함 등 다섯 가지 요인을 든다. 이 이론은 협치 모델로서 시장(market)과 위계(hierarchy) 중 어느 것을 선택할지를 놓고 고민할 때 좋은 기준을 제공한다.

셋째, 대리인이론(agency theory)은 인간이 자기 이익을 추구하는 존재로, 제약된 합리성을 가지고 위험을 회피하는 성향이 있다고 가정한다. 또 위탁자(principle)와 대리인(agent) 사이에는 정보의 비대칭이 존재하며, 위탁자는 대리인의 행동을 통해 더 나은 정보를 얻어 문제를 해결하려고 한다(Berle & Means, 1932).

넷째, 수확 체증의 이론(increasing-returns theory)은 시장이 궁극적으로 균형을 이룬다고 가정하며, 만약 시장 상황에서 왜곡이 제거된다면 요소 배분을 할 때 효율성을 추구하게 된다고 주장한다. 특히 지식기반 산업 분야에서 이 특성이 두드러진다고 한다(Arther, 1989). 한 예로, 마이크로소프트사의 윈도 제품은 거대한 시설 규모와 매몰비용과 낮은 생산단가 때문에 적어도 최고의 제품이라 단언할 수 없을지는 몰라도 세계 PC 소프트웨어 시장에서 기술적 탁월성을 바탕으로 지배적인 제품으로 간주된다고 할 것이다.

위와 같이 많은 이론이 현실 사회에서 어떻게 조직 간 협력이 일어나는지를 설명하고 있지만, 어느 하나의 이론만으로 협력 상황의 복잡성을 모두 설명하기는 어려우며, 여러 시각에서 종합적 이해가 필요할 것이다.

| 제3절 | 조직 간 갈등이론

조직은 다른 조직과 상호 협력적 관계 속에서 존속하지만 많은 경우 조직의 목표 달성을 놓고 주변 조직들과 상호 갈등을 빚는 일이 하다하다. 갈등은 두 당사자가 동일한 목적이나 결과를 위해 함께 일하거나 다른 해결책을 원할 때도 일어난다. 이 경우 협상은 갈등 해소에 큰 역할을 한다.

갈등이란 무엇인가? 갈등의 정의는 다양하나 『웹스터사전』에서는 갈등을 "서로 다른 사상이나 이해관계, 혹은 서로 다른 사람에 대한 적대적인 상태나 행동"이라고 정의한다. 갈등은 학자에 따라 다양한 정의가 있다. 심리학자인 에드워드(Edward, 1968)는 갈등을 한 개인이 동일한 시점에서 둘 혹은 그 이상의 상호 배타적 행위를 하도록 동기부여되는 상황으로 정의했다. 사회학자인 슈미트와 코찬(Schmidt & Kochan, 1972)은 규범적 기대행동의 위반, 의사결정의 기본틀의 붕괴 등으로 정의했다. 와그너와 홀렌벡(Wagner & Hollenbeck, 1992)은 개인 간 또는 집단 간에 일어날 수 있는 대립 과정으로 갈등을 규정했다. 폰디(Pondy, 1967)는 갈등은 동태적 과정이며, 이는 잠재, 인지, 표출의 과정을 거친다고 했다.

한편, 공공갈등은 정부의 정책 입안과 집행, 사업 시행, 법규 제정 등과 관련해 공중의 이해관계가 관련된 문제를 쟁점으로 하는 분쟁으로 정의했다(강영진, 2000: 74). 갈등 주체를 중심으로 공공갈등을 정의하면, 공공갈등은 "국가와 지방자치단체, 정부투자기관 등이 당사자인 갈등으로서 국민의 권리와 의무에 영향을 미치는 정책, 법령, 사업의 추진 과정에서 공공기관과 국민 또는 공공기관 상호 간의 이해관계 충돌로 인해 발생하는 갈등과 분쟁"(신창현, 2005: 15)으로 정의하기도 한다. 이는 우리나라 대통령령에서 정한 일종의 법률적 개념이라 할 수 있다.

이 갈등의 근원이 무엇인가에 대해 크게 세 가지 관점에서 살펴볼 수 있다(이달곤, 2005).

첫째, 인류학적 관점이다. 갈등은 인간 삶의 모든 구석에서 배어 있다. 인종적인 인습, 편견, 물질적 이해관계, 권력이 갈등의 원천이기도 하고, 인간 간의 애증의 관계가 갈등을 유발하기도 한다. 갈등은 인류학적 관점에서 개인, 가족, 공동체, 계급, 조직 또는 지역 간 경쟁에서 유발되며, 서로 양립 불가능한 욕구, 목적에서 갈등의 원인이 내재돼 있다(Levine, 1961: 3-15).

둘째, 사회학적 관점이다. 이는 갈등을 가치에 대한 투쟁과 지위, 권력 등 희소자원에의 요구 과정에서 발생하는 것으로 본다. 이 견해는 갈등을 사회 분열의 단초를 제공하는 부정적 요인으로만 보지 않고, 사회건강성을 지키는 데 기여하는 측면도 있다고 본다(Park & Burgess, 1929: 15-32). 또한 사회의 성격에 따라 갈등의 충격이 달라진다고 한다. 개방적 사회에서는 갈등이 사회안정화 기능을 수행하나 다른 차원의 재결합을 도모하게 해 주는 반면, 폐쇄적 사회에서는 갈등이 증폭돼 파멸로 치닫는 경우가 자주 발생한다. 이러한 갈등은 통상 집단 지향적이어서 개인적 차원의 갈등보다 더 갈등의 강도가 세지고 폭력적 양상을 보이기도 한다.

셋째, 심리학적 관점이다. 상대가 자신의 영역을 침범해 와 의도적으로 그 영역을 확장하려 할 때 상호 갈등이 발생한다(Boulding, 1957: 122-134). 이러한 사회갈등은 한 개인의 마음속의 심리적 내부갈등과는 구별돼야 한다. 심리적 내부갈등은 한 개인이 양립 불가능하거나 상호 배타적인 가치를 선택해야 할 때 당면하는 갈등이다. 로스(Marc Howard Ross)는 갈등을 문화적 과정(cultural process)으로 인식해 문화가 갈등을 연출해 내는 운반자 역할을 한다고 말한다(Ross, 1993).

갈등관리 개관

|제1절| 갈등관리 방법

　통상 갈등은 부정적으로 인식되는 것이 일반적이다. 갈등은 경쟁 과정에서 유발되는 갈등, 사람들이 가지는 고정관념과 편견, 감정적 대응, 분쟁 중인 상대방과의 의사소통 감소, 쟁점의 모호성, 자신의 관점을 고집하는 데 따른 경직된 태도, 상호 차이점의 극대화 및 공통점의 최소화, 갈등의 악화 등으로 파괴적인 이미지를 형성한다. 하지만 갈등이 꼭 역기능만 있는 것은 아니다. 갈등을 논의하다 보면 조직구성원들의 문제를 더 잘 이해할 수 있게 되고, 토론을 통해 긴장을 완화하고 인간관계를 오히려 개선하는 계기가 되기도 한다. 결국 조직 내 및 조직 간 갈등을 어떻게 다루고 관리하느냐가 매우 중요하다.
　갈등관리는 먼저 갈등 당사자가 갈등 상황을 어떻게 인식하느냐가 중요하다. 그 인식의 차이에 따라 구체적인 갈등관리 방식도 달라진다(이달곤, 2005).
　첫째, 갈등 당사자 중 한쪽이 우월적 지위를 이용하는 경우다. 한쪽이 갈등 상황을 압도적으로 지배(domination)하고, 다른 한쪽이 복종(submission)하는 경우다. 겉보기와는 달리 실재는 상대방의 입장을 배려해서 그런 모양을 취하는 경우도 있다. 또 단기적으로는 한쪽의 굴복으로 보이나 장기적으로는 양보한 쪽이 더 득을 보는 경우도 있을 수 있다.

둘째, 갈등의 해소를 위해 적극적인 노력을 보이지 않고 갈등 원인을 덮어 두는 경우가 있다. 시간이 해결하도록 회피, 방치하는 형태다. 거대조직에서 자신에게 책임의 귀속이 명확하지 않은 경우 이런 현상이 자주 일어난다.

셋째, 협상(negotiation)을 통해 갈등을 해소하는 경우다. 협상은 둘 이상의 당사자가 이해관계가 상반되는 상황에서 경쟁과 협조를 통해 전략적으로 자신의 이익을 추구하는 행위를 말한다. 협상이론에서는 완강한 적대자(strident antagonist)나 완전한 협조자(fully cooperative partner)를 대상으로 하지 않고 양 극단의 중간에 있는 협조적 경쟁자(cooperative antagonist)를 주된 연구 대상으로 한다.

넷째, 제3자 개입을 통해 갈등을 해소하는 대안적 분쟁 해결(Alternative Dispute Resolution: ADR) 방법이 있다. 갈등 해소에 도움이 된다고 판단되는 갈등 전문가 등을 투입해 조정 혹은 중재 방식으로 풀어 나가는 경우다. 갈등 해결의 공식적·강제적 방법은 법적 소송이다. 하지만 소송은 시간과 비용이 많이 소모되는 관계로 소송을 피해 다른 해결 방법을 찾게 되는 경우가 많은데 이를 대안적 분쟁 해결 방법이라 한다(Davis & Netzley, 2001: 83-89).

위의 갈등관리 방식을 추진전략 측면에서 분류할 수도 있다(Rubin, 1994: 33-34). 실제 갈등 상황에서 협상가들은 갈등을 관리하기 위해 다양한 전략을 사용한다. 통상 유일의 최선의 대안은 존재하지 않는다. 협상가가 놓인 상황이나 협상의 맥락은 협상가로 하여금 전략 선택에 영향을 미친다. 갈등에 처한 협상가는 다음 그림과 같이 '상대방과의 과거와 미래의 관계(세로축)'와 '협상의 성과(가로축)'의 두 축을 기준으로 구체적 협상전략을 선택한다고 할 수 있다(Lewicki et al., 2015: 14). 만약 상대방과 좋은 관계를 유지하는 것이 중요하다면, 그렇지 않는 경우보다 전략 선택에서 이 점을 더 중시할 것이다.

만약 어떤 희생을 치르더라도 좋은 결과를 얻는 것이 무엇보다 중요하다면 투쟁전략에 더 치중할 것이다. 결국 협상에서 상대방과의 좋은 관계의 지속과 당장의 성과 중 어느 쪽이 더 중요하냐에 따라 협상의 구체적 전략 선택이 달라질 수밖에 없다.

다음 그림처럼 실제 갈등 현장에서 레위키(Lewicki)-히암(Hiam) 모형은 다섯 가지의 갈

```
                양보전략                    문제 해결

관계의 중요성            타협전략

                회피전략                    투쟁전략

                    협상 성과의 중요성
```

출처: Lewicki et al.(2015: 16).

[이중 이해관계 모형]

등 해소 전략을 제시한다.

    첫째, 회피전략(lose-lose)이다. 이는 상대의 이익뿐만 아니라 자신의 목표 달성에도 크게 관심을 두지 않는 전략으로, 침묵하는 것이 더 낫다고 판단될 경우 사용하는 전략이다.

    둘째, 양보전략(lose to win)이다. 이는 상대방과의 관계를 중시하는 입장으로 자신에게 다소 불리해도 상대의 입장을 수용해 주는 전략으로, 양보를 통해 추후 더 나은 결과를 도출해 내겠다는 의도를 가진 경우 사용된다.

    셋째, 투쟁전략(win-lose)이다. 이 전략은 일종의 배분적 협상으로 자신에게 최대의 이익을 가져오는 데 주 관심을 두고, 상대가 어떤 이익을 얻는지에 대해서는 관심을 거의 두지 않는다. 협상가는 이기기 위해 수단과 방법을 가리지 않고 상대를 위협하거나 경우에 따라서는 거짓정보를 흘리기도 한다. 대구 위천국가공단 지정 갈등(사례 11)은 대구시와 부산시 간 양 지역의 시민단체 등이 관여한 '관-관 갈등'으로 여러 갈등 발생 조건들이 결합돼 일어난 갈등이다. 1995년 한국이 본격적인 지방자치제를 도입한 이후 민선단체장에 대한 중앙정부의 제어 능력의 저하와 갈등조정제도의 미흡, 본격적인 지방의 입김이 정책에 투영되며 불거진 지역 간 갈등이다. 30년 만에 대통령 비배출지역이 된 대구경북권(TK)과 새로 대통령을 배출한 부산경남권(PK) 간 지역 감정과 경쟁, 불신을 깔고 공단

문제의 합리적 대안 모색보다는 일종의 지역 간 힘겨루기 양상을 보여 전형적인 '투쟁전략'에 기댄 갈등 조정 실패 사례로 볼 수 있다.

넷째, 문제 해결전략(win-win)이다. 이는 상호 호혜적 이익을 추구하는 데 높은 관심을 보이며, 서로의 정보와 의중을 공유하고, 상호 신뢰를 바탕으로 양측 모두를 만족시키는 최고의 해법을 찾는 가장 이상적 방법이다. 이것이 가능하려면 양측은 서로의 차이점을 최소화하고 유사점을 강조하는 자세를 견지해야 하며, 문제에 초점을 맞추고 이익 자체의 절대 크기를 키우는 쪽으로 협력적 자세로 관점을 재정의해야 한다. 예를 들면, 대구농수산물도매시장 갈등(사례 9)은 2017년 2월까지 농수산물도매시장의 완전 이전을 주장하는 측과 현 위치에서 재건축을 주장하는 측, 그리고 입장을 유보한 측으로 갈등이 심화됐다. 대구시는 갈등 조정 전문가를 투입시켜 도매법인, 시장도매인, 중도매인과의 면담을 통해 기존의 부지에 시설을 개선하는 최종안이 대안으로 수용돼, 시로서는 예산을 줄이는 반면, 도매시장 내 부족한 주차장 추가 확보라는 대안을 제시함으로써 갈등을 상생협상으로 마무리지을 수 있었다.

다섯째, 타협전략(split the difference)이다. 이는 현실적으로 가장 많이 사용되는 방법으로, 절충적 대안을 채택해 서로가 공평하다고 느껴 의사결정도 통상 빠른 편이다. 한 예로, 김천시-구미시 KTX 신역사 명칭 갈등(사례 43)은 2003년 건설교통부가 KTX 역사 신설과 관련해 구미시와 인접한 김천시 남면 옥산리에 '김천·구미역'을 설치한다고 발표한 이후 불거진 갈등이다. 김천 시민은 자신들이 유치한 KTX 역사에 대해 구미시가 무임승차해 역사 명칭을 공동으로 한다며 반발했다. 구미시는 KTX 이용 승객의 80%가 구미 시민으로 추정되며, 구미시가 역사 건립비 일부를 분담하는 점에서 신역사의 명칭을 김천·구미역(대안)으로 해야 한다고 주장했다(영남일보, 2010.7.9). 국토해양부와 코레일이 명확한 입장을 정리하지 못함으로 인해 갈등 상황이 지속되다가, 김천시와 구미시는 KTX 신역사 명칭을 김천(구미)역으로 병기하기로 뜻을 모았다. 이 합의안은 김천의 입장에서는 역 명칭에 김천이 중심이 되고 구미가 병기됨으로써 김천이 의도한 자존심 회복에 부합되고, 구미로서는 역사 명칭에 구미를 포함시켰다는 점에서 방문객의 편의 제공 등 실속을 지킬 수 있는 합의안이었다. 서로가 명분과 실리를 두고 타협점을 찾은 사례라 하겠다. 그러나 실제로 많은 협상 상황의 경우 매우 복잡해서 위의 다섯 가지 방법을 절충적으로 섞어 사용하게 되는 경우가 많다.

|제2절| 갈등관리 유형

일반적으로 갈등의 당사자, 갈등 발생 원인, 갈등의 쟁점 등을 기준으로 갈등의 유형을 구분한다.

첫째, 갈등 당사자를 기준으로 할 때는 개인 간, 집단 간, 국가 간 갈등으로 나누는 것이 일반적이나, 학자에 따라 정부-정부 간, 정부-민간 간, 민간-민간 간 갈등으로 구분하기도 한다. 한국의 경우, 정부와 민간 간 갈등 사례가 많은 편으로, 대구 중앙로 대중교통전용지구 지정 갈등(사례 1. 2003~2009), 경주 방폐장 부지 선정 갈등(사례 26. 1986~2014), 국립서울병원 이전 갈등(사례 28. 1989~2010), 제주 녹지국제병원 설립 갈등(사례 29. 2003~2023), 대구 팔공산 구름다리 설치 갈등(사례 20. 2015~2020) 등이 있다. 정부와 정부 간 갈등 사례는 대구시와 부산시 간 위천공단 조성 갈등(사례 8. 1995~1999), 경기도 광명시와 서울 구로구 간의 환경기초시설 빅딜 갈등(사례 24. 1993~2000), 구미시-칠곡군 가산하수처리장 건설 갈등(사례 25. 2011~2012), 청도군-포항시 새마을운동 발상지 갈등(사례 32. 2009) 등이 있다. 한편, 민간 대 민간 간 갈등 사례는 대구 농수산물도매시장 시설현대화사업 갈등(사례 6. 2013~2024), 플랫폼 운송사업과 택시산업 간 갈등(사례 2. 2013~2020), 부산 구포가축시장 갈등(사례 11. 1950년대 후반~2020), 울진 신화리 원전 주변 지역 갈등(2013~2014), 대구 수성구 진달래공원 산책로 정비사업 갈등(사례 3. 2012~2015) 등을 들 수 있다. 하지만 실제로는 그 구분이 모호한 경우가 있다. 가령, 쓰레기소각장 건설 등 환경문제의 경우 이해관계자의 범위가 넓어 실재 갈등 주체의 범주가 모호한 경우가 많고, 특히 보상과 관련된 경우 갈등 주체 인정과 관련해 분쟁이 많다. 경기도 하남시 광역화장장 건설 갈등(사례 22. 관-관, 관-민 갈등. 2006~2008)은 애초 하남시와 주민들 간의 관-민 갈등 형태였으나 2008년 4월 경기도가 갑자기 하남시의 광역화장장 건립 및 지원계획을 철회함으로써 이후 하남시와 경기도 간의 관-관 갈등 형태를 띠게 됐다.

둘째, 갈등의 성격을 기준으로 갈등을 자원갈등(님비, 핌피), 권한갈등(사무갈등, 관할구역갈등), 정책갈등(가치갈등, 이익갈등)으로 구분하기도 한다. 한국은 이 중 정책갈등이 많은 편이며, 제주해군기지 건설 갈등(사례 15. 1993~2018), 경주 방폐장 부지 선정 갈등(사례 26. 1986~2014), 한약 조제권을 둘러싼 한약분쟁 갈등(사례 27. 1993~1993), 강사법 제정 관련 갈등(사례 35. 2011~2019) 등을 들 수 있다. 자원갈등은 부천시 추모공원 조성 갈등(사례 23. 2005~2011), 한탄강댐 건설 갈등(사례 14. 1995~2009), 대구 취수원 다변화 갈등(사례 12. 1991~) 등을 들 수 있다. 권한 갈등은 청도군-포항시 새마을운동 발상지 갈등(사례 32. 2009), 김천시-구미시 KTX 신역사 명칭 갈등(사례 33. 2003~2010), 대구 달성군-경북 고령군 신설 보 명칭 갈등(2010) 등을 들 수 있다.

 셋째, 갈등의 쟁점을 놓고 구분하면 환경갈등, 교통갈등, 경제갈등, 도시계획갈등, 의료갈등, 수자원갈등, 행정갈등 등으로 구분한다. 전국의 대표적 사례를 소개하면, 환경갈등은 서울 원지동 추모공원 조성 갈등(1997~2012), 설악산 오색케이블카 설치 갈등(사례 21. 2001~), 대구 4차 순환도로 도동구간 건설사업 갈등(2008~2016), 경기도 광명시와 서울 구로구 간의 환경기초시설 빅딜 갈등(사례 24. 1993~2000) 등이 있다. 수자원갈등은 대구 취수원 다변화 갈등(사례 12. 1991~2024), 울산 반구대 암각화 보존 갈등(사례 13. 2000~2021), 한탄강댐 건설 갈등(사례 14. 1995~2009) 등이 있다. 교통갈등은 대구 중앙로 대중교통전용지구 지정 갈등(사례 1. 2003~2009), 호남고속철도 계룡산 통과 구간 건설 갈등(1995~2009), 구리-포천 고속도로 건설 갈등(사례 5. 2007~2017) 등이 있다. 경제갈등은 경주 방폐장 부지 선정 갈등(사례 26. 1986~2014), 울진 신화리 원전 주변 지역 갈등(2013~2014), 경기도 부천시 햇살가게 노점 갈등(사례 9. 2012~2015), 대구 성서2차산단 열병합발전(BIO-SRF) 건설 갈등(사례 7. 2015~2021), 대구 팔공산 구름다리 설치 갈등(사례 20. 2015~2020) 등이 있다. 도시계획갈등은 제주해군기지 건설 갈등(사례 15. 1993~2018), 서울시 청계천 복원사업 갈등(사례 18. 2007~2015), 대구 동물원 이전 갈등(사례 17. 2011~2024), 대구 장기미집행 도시공원 일몰제 도입 갈등(사례 19. 2016~2020), K-2·대구공항 통합 이전 갈등(사례 16. 2007~2024) 등이 있다. 의료갈등은 한약 조제권을 둘러싼 한약분쟁 갈등(사례 27. 제3자 조정. 민-민 갈등, 1993), 국립서울병원 이전 갈등(사례 28. 제3자 조정. 관-민 갈등, 1989~2010), 제주 녹지국제병원 갈등(사례 29. 관-민 갈등, 2003~2023), 의료사고분쟁 중재 갈등(사례 30. 민-민 갈등, 2012) 등이 있다. 행정갈등으로 새마을테마공원 사업비 갈등(2011~2018), 청도군-포항시 새마을운동 발상지 갈등(사례 32. 2009), 김천시-구미시 KTX 신역사 명칭 갈등(사례 33. 2003~2010), 달성군과 수성구의 관할구역 경계변경 조정 갈등(사례 34. 2023) 등이 있다.

　넷째, 국제협상갈등 사례로는 한·불 외규장각 도서 반환 협상(사례 36. 1991~2010), 미국 GM - 한국 대우자동차 매각 협상(사례 37. 1999~2002), 한·중 마늘 협상(사례 38. 1999~2003), 한·미 쇠고기 협상(사례 39. 2006~2008), 한·미 스크린쿼터 협상(사례 40. 1998) 등이 있다.

협상에 의한 갈등 해결

chapter 3

| 제1절 | 협상의 개념

　협상의 개념은 학자에 따라 조금씩 정의가 다르다. 협상이란 자신이 협상 상대로부터 무엇을 얻고자 하거나 상대가 자신으로부터 무엇을 얻고자 할 때 발생하는 상호작용적인 의사소통 과정이다(Shell, 2006). 협상은 경쟁하는 다수의 이해 당사자가 가능한 복수의 대안 중에서 그들 전체가 갈등을 줄이면서 수용할 수 있는 특정 대안을 찾아가는 동태적 의사결정 과정을 말한다(Coddington, 1966: 522-533).
　영어로는 bargaining 혹은 negotiation이 함께 사용되고 있으나, bargaining은 상업적 거래 시 개인 간의 흥정을 둘러싼 상호작용을, negotiation은 좀 더 복잡한 공공조직, 집단, 국가 등의 주체가 갈등을 해소하기 위해 시도하는 상호작용을 의미하는 것으로 사용된다(Rubin & Brown, 1975: 1-4).
　협상은 협의로는 명시적 협상(explict negotiation)을 일컫는다. 즉, 갈등 관계 속에서 공통적이면서 상반되는 이익을 자신에게 유리하게 변화시키기 위해 개인, 조직, 국가가 명시적으로 상호작용하는 과정 또는 행태를 말한다(Iklé, 1982: 3-4; Shills, 1972: 117-120). 협상은 꼭 위의 명시적 협상만을 이야기하는 것은 아니고 광의의 의미에서는 암묵적 흥정(tacit bargaining)이나 묵시적 협상(implict negotiation)도 포함된다. 갈등 해소를 위해 우회적 정보 유출이나 상대의 의중을 간파하고 하는 간접적 조치를 통해 이해관계의 변화를 시도하는 것을 말한다(이달곤, 2005: 17).

협상은 몇 가지 핵심적 구성 요소를 지닌다(이달곤, 2005: 17).

첫째, 협상은 둘 이상의 의사결정 주체나 당사자를 요소로 한다. 반드시 상대방이 있다. 다만 당사자들 간의 관계가 영구적이어야 하는 것은 아니고, 임의적이거나 일시적일 수도 있다.

둘째, 협상은 상호 간의 가치 창출과 배분에 관련된 사안들이 집단적으로 선택된다. 그리고 상반되는 혹은 공통의 이해관계를 가진다.

셋째, 협상은 협상 결과가 상대방에 의존한다는 면에서 결과 의존(outcome dependence)이라는 성질을 지닌다.

넷째, 협상 과정은 불완전한 정보 속에서 상대의 입장을 탐색하는 상호 모색을 근간으로 하는 정보 의존(information dependence)적 성격을 가진다.

다섯째, 협상에서는 상대를 자기가 유리한 쪽으로 끌어들이는 협상력(negotiation power)이 매우 중요하다(Zartman, 1983: 15-18).

협상에서 힘이 작용하는 과정을 세밀하게 분석해 보면 힘의 구성 요소가 밝혀진다. 통상 협상력은 협상자의 지위, 시간 제약, 상호의존성, 내부 이해관계자의 반발 등의 네 가지 요인에 의해 결정된다(안세영, 2019: 25).

| 제2절 | 협상의 유형

협상은 협상의 결과 자신이 이익을 얻고 상대는 손해를 보는 '승패협상(win-lose

negotiation)'과 협상 당사자들이 모두 이익을 얻는 '상생협상(win-win negotiation)'으로 크게 나눌 수 있다. 이 밖에도 학문의 분야에 따라 학자마다 다양한 협상전략을 제시한다. 심리학자인 토머스(Kenneth Thomas)는 다섯 가지 대응 유형으로 경쟁(competitive), 협력(cooperative), 회피(avoidant), 순응(accommodative), 공유(sharing)를 제시하고 있으며, 정치학자인 액셀로드(Robert Axelrod)는 유명한 '죄수의 딜레마(prisoner's dilemma) 이론'에서 협력(cooperation) 또는 변절(defection) 등을 들고 있다(Schneider, 2012: 15-16).

이하에서는 협상을 승패협상과 상생협상으로 크게 나눠 그 핵심 내용을 살펴본다.

1 승패협상

'승패협상(win-lose negotiation)'은 자신의 이득과 상대의 손해를 합하면 합이 제로(0)가 되는 제로섬(zero-sum) 성격을 지닌다. 이것은 자신의 이익을 얻기 위해 자신의 입장을 고집한다는 측면에서 '입장협상(positional negotiation)'이라고도 한다(Fisher & Ury, 1991: 4). 또 고정된 파이를 나누는 협상이란 점에서 일종의 '배분적 협상(distributive negotiation)'이다(Lewicki et al., 2016).

입장협상은 다시 유연성을 가진 채 협상하는 '연성 입장협상'과 완강한 입장을 견지하는 '경성 입장협상'으로 나눌 수 있다. '연성 입장협상'은 사람과 이슈에 대해 유연한 입장을 가지며, 상호 최대 양보 가능한 선을 공개하고 양보를 통해 합의에 이른다. 또 서로 신뢰와 우호 관계를 유지하려 노력한다. 하지만 자신의 기본 입장을 유지하려는 태도로 인해 창의적 해법이 나오긴 어렵다. '경성 입장협상'은 자신의 입장을 고수하고, 서로를 적으로 간주하며 일방적 양보를 요구한다. 자칫하면 협상이 파국으로 치달아 패패협상(lose-lose negotiation)으로 끝날 수 있다.

승패협상은 다음과 같은 점에 주목할 필요가 있다(Lewicki et al., 2001).

첫째, 협상 시 첫 번째 제안은 강한 심리적 정박처(anchor point)가 될 수 있다. 이것이 협상의 범위(range)를 결정하며, 협상 결과는 종종 첫 번째 한 제안과 상호 관련성이 크다.

둘째, 당신의 상황과 관련된 중요 정보를 상대에게 노출시켜선 안 된다. 당신이 왜 협상을 원하는지, 당신의 내심 진짜 협상의 목적이나 제약 조건이 무엇인지, 여러 대안 중 당신의 선호가 무엇인지를 상대에게 함부로 노출시키면 안 된다.

셋째, 상대방에 대한 정보는 당신에게 유익하다. 상대의 상황에 대해 최대한 많은 정보를 모아야 한다. 그리고 당신이 첫 제안을 할 때 그 정보를 최대한 활용한다.

넷째, 과도함을 삼가야 한다. 만약 당신이 너무 공격적이거나 탐욕적으로 요구하면 상대는 아예 사라져 버릴지 모른다. 패키지 옵션은 이 경우 유용할 수 있다. 사람들은 한쪽 코너에 몰리는 것을 싫어하는 경향이 있기 때문이다.

다섯째, 협상이 자신에게 유리한 쪽으로 정리돼 간다고 생각할 때는 상대에게 협상이 마무리 단계에 접어들고 있음을 상대에게 인지시키는 것이 좋다. 또 협상 상대방이 최종 결정권자가 아닐 때에는 상대를 위해 약간의 유연성을 남겨 두는 것이 좋다. 협상이 마무리되면 중요한 내용을 서류로 남기고 중요 용어도 따로 규정집을 만들어 후일의 분쟁에 대비한다(Harvard Business Essentials, 2003).

배분적 협상에서는 가급적 자신에게 더 많은 파이를 가져오게 하기 위해 다음과 같은 다양한 수단(hardball tactics)을 활용한다(하혜수, 2017: 58-62 참고).

첫째, 정박기술(anchoring tactics)로, 상대에게 먼저 제안해서 토론 시 주도권을 쥐려는 전술이다(한완상·박태일, 2007: 94). 이 전술은 상대방의 유보가격에 대해 짐작을 하고 있는 경우 유용하나 상대방의 저항점 이하의 제안 시 도리어 협상을 그르칠 수 있다.

둘째, 위협(threats)이다. 이는 상대에게 협상에 응하도록 압박을 하는 수단으로 사용되나 장기적으로는 오히려 바람직스럽지 않은 결과를 가져올 수 있다. 실전 협상에서 필자의 상대방은 화를 내며 고층에서 창문을 열고 뛰어내리려는 시늉을 했는데, 이런 자학적 위협으로 협상의 주도권을 본인이 쥐고자 했으나, 오히려 이 행동을 본 후 필자의 협상팀은 상대와의 합리적·호혜적 상생협상을 아예 포기하는 계기가 된 적이 있다.

셋째, 선악 교대(good guy, bad guy)로, 먼저 악역을 맡은 협상가가 상대방에게 완강한 협상 태도를 보이다가 나중에 선한 역할을 맡은 협상가가 나서서 원만한 타결을 시도하는 경우다(Dawson, 2011: 81-84). 이는 협상 초기 직급이 낮은 협상가를 보내 상대의 마음 상태와 처한 상황을 간파하려는 경우 활용되기도 한다.

넷째, 과소·과대 제안(high ball, low ball)전술(Lewicki et al., 2001: 81-82)로, 협상 시 초기에 상식 이상의 지나치게 적은, 혹은 과다한 제안을 함으로써 합의 가능 영역(zone of possible agreement)을 짐작해 보고자 할 때, 혹은 상대의 마음을 흔드는 전술이다. 하지만 이 경우 상황에 따라서는 협상의 신뢰를 떨어뜨리고 시간만 낭비하는 결과를 초래할 수도 있다.

다섯째, 공격적 행동으로, 위협이 협상 시 상대방에게 심리적 위축을 가해 주도권을 쥐려는 전술이라면, 이는 상대에게 직접적인 괴롭힘이나 처벌행동을 하는 것을 의미한다.

여섯째, 입장 표명(positional commitment)으로, 이는 상대의 제안에 대해 더 이상의 양보를 하지 않겠다는 불가역적인 결의의 표명으로, 협상 파기나 결렬에 대한 위협과 결합될 때 효과적이다. 'K-2 군공항·대구공항 통합 이전 갈등(사례 22)'에서 군위군이 대구시와 경북도의 협상안을 협상 마감 시간 임박 시점까지 계속 거부하자 대구시가 다른 지자체 지역으로의 공항 이전 후보지 검토 가능 입장을 표명한 것이 한 예로, 협상 파기 시 입을 군위군의 많은 기대이득 상실에의 경고이자 협상 타결 촉구전술이라 할 수 있다.

일곱째, 속임수(bogey) 전술로, 중요하지 않은 현안을 중요한 현안인 척 과장해서 상대에게 제시하는 것으로(Lewicki et al., 2001: 82), 자신의 하위 이슈와 상대의 중요 이슈를 교환하는 방법으로 활용할 수 있다. 하지만 상대가 이를 간파할 경우 상대의 신뢰를 잃는 계기가 될 수도 있다.

여덟째, 자투리(nibble) 전술이다. 이는 협상에서 논의되지 않았던 항목을 협상 과정에서 약간의 양보를 얻어내는 전술이다(Dawson, 2011: 90-91). 큰 줄기에의 합의가 성립된 경우 그 합의를 꼭 이뤄야 할 절실함이 큰 상대에게 상대적으로 부수적인 양보를 얻어내기가 쉽다.

이러한 배분적 협상은 '승자의 저주' 현상을 초래할 가능성이 큰데, 협상에서는 승리했지만 과도한 비용을 지불하게 되거나 심한 후유증을 남기는 경우가 많다. 또 이보다 더 나은 상생협상의 가능성을 잃게 하는 면이 있다. 상대와 지속적인 거래 관계나 협조 관계 유지가 필요한 경우, 하나의 협상에서 이기기 위해 '배분적 협상' 전술을 무리하게 사용하는 것은 장기적으로는 하책(下策)일 수가 있다.

2 상생협상

'상생협상(win-win negotiation)'은 양 당사자가 자신이 정한 객관적 원칙을 기반으로 상대를 설득함으로써 상호 이익을 얻는 협상인 점에서 '원칙협상(principled negotiation)'이라 부른다(Fisher & Ury, 1991: 10-14). 또한 당사자의 실질적인 욕구나 이해관계를 중시한다는 점에서 이해관계 협상(interest-based negotiation)이라 할 수 있으며, 입장 이면의 이유 또는 논거의 제시에 중점을 두는 점에서 '논증 기반 협상'이라고도 부른다(Pasquier et al., 2011; Jennings, 1998). 또 당사자들 간에 상호 협력을 통해 협상의 결과물인 파이를 키우고 상대방과의 관계를 중시한다는 점에서 '통합적 협상(integrative negotiation)'이라 부른다(Lewicki et al., 2016).

협상에 임하는 사람들의 행동을 단일한 방법으로 규정하기가 쉽지 않다. 피셔와 유리(Fisher & Ury, 1991)는 협상론의 고전이라 할 수 있는 그들의 저서 『Getting to Yes』에서 '원칙협상'을 제시하고 있으며, 그 핵심 요소로 사람과 이슈의 분리, 이해관계 중심, 최적 대안의 개발, 객관적 기준의 사용 등 네 가지를 들고 있다. 레위키 외(Lewicki et al., 1996: 99-119)는 협상에서 협력적 전략으로 문제의 정의, 문제의 이해, 대안의 탐색, 대안의 선택 등 네 가지를 들고 있다.

| 제3절 | 협상의 기본 요소

통상 성공적 협상이라 함은 상생협상을 일컫는다. 이하에서는 상생협상인 원칙협상의 기본 요소에 대해 알아보도록 한다.

1 이해관계

협상에서 사람 개인에 대한 인신 공격을 하는 듯한 인상을 주면 문제가 꼬일 수 있다.

그보다는 실재적인 이슈 자체에 초점을 맞춰 논의해야 협상이 잘 진척된다. 또한 자신과 상대의 요구나 입장(position)보다는 상호 양립 가능한 이해관계(interests)에 초점을 두고 자꾸 "왜"라고 자문해 봄으로써 상대의 이해관계의 본질에 더 근접할 수 있다. 문제를 정의할 때도 중립적 언어를 사용해야 하고, 자신의 감정을 개입시키는 인상을 주면 곤란하다. 각자가 단언적(assertive) 입장에 서기도 하지만, 동시에 협력적(cooperative) 입장을 견지해야 한다.

또 이해관계를 규정하는 과정을 잘 정립하는 것이 갈등 해결의 요체다. 즉, 협상에서 과정의 정당성을 확보하고 문제를 넓은 시각에서 바라보는 것이 중요하다(Marcus, Dorn, & McCulty, 2012: 337-349). 과거에 과정이 어떻게 진행돼 왔는지, 또 미래에 협상을 진척시키기 위해 과정을 어떻게 변화시켜야 하는지가 중요하다. 협상 과정은 계속 시간에 따라 진화하기 때문에 열린 마음으로 자원을 확장한다거나, 시계(時界)를 좀 더 장기(長期)로 돌려 다시 문제를 바라보거나, 변화된 이해관계를 수용할 수 있도록 세부 상황을 조정할 줄 알아야 한다.

가령, 대구 수성구 진달래공원 산책로 정비사업 갈등(사례 3)의 경우, 소선여중 앞 도로가 주민들과 교직원·학부모의 통학 차량이 뒤엉켜 10년 이상 갈등의 골이 깊었다. 필자가 부구청장으로 근무하던 시절인 2014년, 당사자들이 좀 더 문제를 감정적 대립 없이 객관적으로 인지해야 해답을 찾을 수 있을 것으로 보고, 간담회장에 언론석을 마련해 회의 전 과정을 지켜보게 하는 '오픈회의 방식'을 적용했다. 이 방식은 사람들로 하여금 일방적 주장을 하는 대신, 객관적인 제3자가 지켜보고 있음을 의식하게 해 논의의 합리성을 제고하는 데 기여했다. 상대에 대한 감정의 골을 덜어내고 '이슈' 자체에 초점을 맞춰 해법을 고민해 갔다.

2 객관적 기준의 설정

협상에서 상대방에게 요구하거나 적용할 수 있는 '객관적 기준'이 있게 되면 여러 대안 중 선택의 폭과 유연성이 커질 수 있다. 또 협상 과정에서 객관적 기준은 협상 당사자로 하여금 자신이 상대에게 속고 있다는 불안감을 제거해 줘 한층 부드럽게 협상이 진행되게 한다(Lewis & Spich, 1996: 241).

피셔와 유리(Fisher & Ury, 1991: 85-87)는 객관적 기준을 공정한 기준과 공정한 절차로 구분한다. 공정한 기준으로는 시장가치, 선례, 과학적 판단, 전문 기준, 효율성, 비용, 법원의 판결, 도덕적 기준, 동등 대우, 전통, 호혜성 들을 들 수 있고, 공정한 절차로는 분배와 선택, 순번제(taking turns), 제비뽑기(drawing), 제3자 활용 등을 들 수 있다.

객관적 기준이 협상에서 잘 적용되면 각 당사자가 자신의 기존 입장만 고집하지 않게 되고 협상도 쌍방 간에 만족할 만한 결과를 가져다준다. 이러한 협상을 '원칙협상' 또는 '통합적 협상'이라 부르는데, 이는 당사자들이 그들의 이해관계를 합의로 통합시킴으로써 파이 자체를 더 키워서 쌍방이 최대한의 편익을 가져오게 하는 비영합적(non zero-sum) 상황에서의 협상을 말한다. 통합적 협상에서 당신은 당신과 상대를 위해 가능한 한 최대의 가치를 창출해야 한다. 또한 당신 자신을 위한 가치를 창출하라. 이것은 일종의 상생 협상이다.

가끔 두 당사자의 이익이 균형을 이루지 못하는 경우도 발생한다. 이 경우 최대한 효율적으로 쌍방 이익이 되도록 협상해야 한다. 협상 전문가인 고든(Mark Gordon)은 이를 '협업적 협상(collaborative bargaining)'으로 부른다. 이 경우 당신의 목적은 상대를 해치는 것이 아니라 당신에게 손해가 나지 않는 한 최대한 상대의 문제를 해결(problem solving)해 주기 위해 도와주는 것이다(Lewicki et al., 2001: 80). 만약 양 당사자가 서로의 핵심 이해관계를 잘 파악하고 있다면 창의적 해법도 가능해진다. 실제 협상에서는 가장 자신이 필요로 하는 것을 얻기 위해 좀 덜 중요한 부분을 포기하는 교환이 대개 이뤄진다.

원만한 통합적 협상이 가능하기 위해서는 다음의 기법들을 사용해야 한다(Harvard Business School, 2003).

- 상대의 필요, 이해관계, 관심, 목표에 대해 열린 질문을 던져야 한다.
- 상대가 하나를 얻기 위해 다른 무엇을 희생할 준비가 돼 있는지를 탐색하라.
- 상대가 왜 어떤 상황이나 이슈가 특히 중요한지 질문함으로써 상대의 이면의 이해관계를 파악하라.
- 적극적 경청자가 되고, 상대의 견해와 이해관계에 대해 자신의 감정을 표현하라.
- 당신이 배운 것에 기초해 당면 과제에 대한 당신의 가정을 수정하라.

- 감정이입(empathy)과 단언(assertiveness) 사이의 균형이 필요하다. 너무 감정에만 치우치면 본인의 이해관계의 핵심을 놓치기 쉽다.
- 쌍방향 정보 교환이 원활하도록 노력하라.
- 개인적인 인신 공격은 삼가라.
- 너무 성급히 협상을 끝내려 한다는 인상을 주지 않도록 해야 한다.

❸ 갈등관리: 협상·조정·중재의 개시

갈등의 관리는 당면한 갈등 현안을 어떻게 효과적으로 해결책을 찾는가의 문제다. 통상 갈등 현안에 관계되는 당사자들 또는 해당 기관이 직접 개입해서 머리를 맞대고 해법을 모색해 간다. 이러한 과정을 협상이라 한다. 하지만 당사자들이 민감한 현안을 두고 심한 갈등을 빚는 경우도 허다해서 좀 더 전문적인 경험을 가진 또는 좀 더 객관성을 담보할 수 있는 제3자를 개입시켜 조정 또는 중재의 방법을 동원하기도 한다.

이하에서는 효과적인 갈등관리를 위해 당사자들이 어떤 능력을 갖춰야 하는지, 협상 과정에서 어떤 절차를 잘 준비해야 하는지 알아본다.

1) 당사자 개입: 협상가의 자질

실제의 협상에서 어떻게 하면 유능한 협상가가 될 수 있을까? 슈나이더(Schneider, 2012)는 협상에서 다음 그림처럼 상대에게 단언적으로 말하기(assertiveness: speaking), 귀 기울여 듣기인 경청(empathy: listening & inquiry), 그리고 유연성과 창의적 사고(flexibility: inventing & adapting) 이 세 가지가 중요하다고 강조한다. 유연성과 창의적 사고는 협상이 단순히 중간지대라 할 수 있는 '타협적 수준'에 머무르지 않고 상호 더 높은 만족을 주는 '협력적 성과물'로 귀결시키는 데 특히 필요하다.

(1) 말하기

말하기(assertiveness, speaking)는 협상에서 상대에게 단호하게 말할 수 있다는 것으로

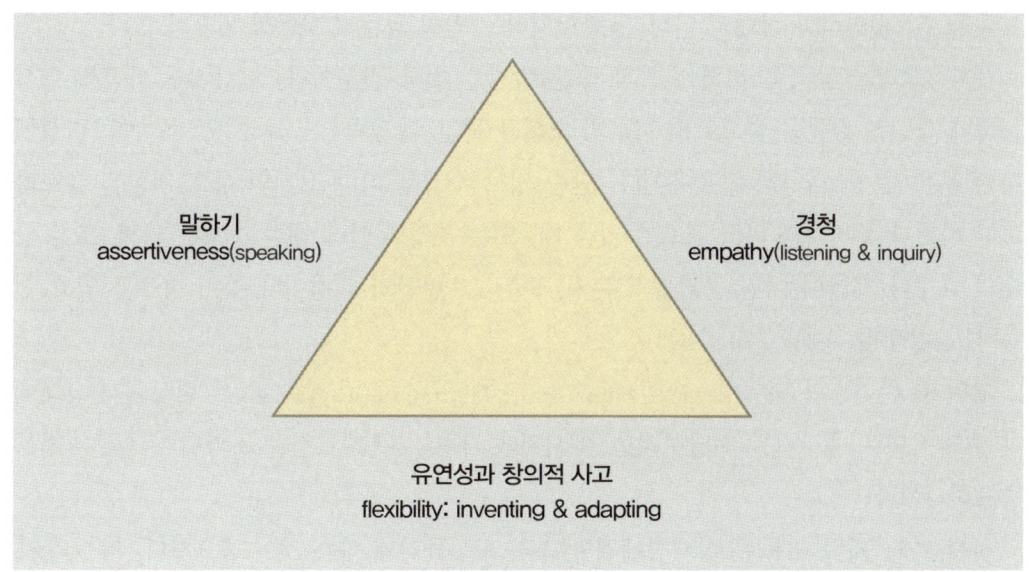

[협상가의 자질]

당신의 말이 지식과 능력에 기초해 설득력을 지닐 때 가능하다. 협상가에게 상대방과 협상할 준비가 돼 있다는 것은 자신의 상태와 이해관계, 상대의 이해관계, 당면 이슈, 대안이 무엇인지를 안다는 것을 의미한다. 즉, 자신의 BATNA(최선의 대안), 자신과 상대의 유보가격(留保價格, reservation price), 자신과 상대의 합의 가능 영역(zone of possible agreement: ZOPA)이 무엇인지 준비가 됐다는 것을 뜻한다.

한편, 말하기에서 자신의 뜻이 상대에게 다르게 전달되는 의사전달의 왜곡이 발생하기도 한다. 아레돈도(Arredondo, 2000: 24)는 메시지의 해석에 영향을 미치는 요소로 태도, 신념, 문화 관습, 감정, 과거 경험, 성(gender) 등을 들고 있다.

상대를 설득할 때는 상대방의 관점이 무엇인지를 파악하는 것이 그 출발점이다. 따라서 잘 말하려면 경청이 중요하다. 또 실제 사실이 무엇인지보다 사실을 '인식'하는 우리의 지각이 중요하다. 그러면 실제 협상에서 어떻게 협상 상대방과의 인식의 간극을 좁힐 수 있을까?

첫째, 협상 시 사용하는 용어의 의미가 같은지 확인하는 작업이 필요할 수 있다. 특히 전문 분야의 협상의 경우 그렇다.

둘째, 나의 인식과 상대의 인식 간 불일치하는 점이 있는지 자문할 필요가 있다.

셋째, 그러한 간극을 피하는 가장 좋은 방법은 결국 질문이다. 협상에서 가끔씩 협상 도중에 확인성 질문을 함으로써 서로의 오해를 줄일 수 있다(Stuart, 2010: 59-64). 협상에서 질문은 좀 더 다양하게 활용된다. 단순 정보 수집을 떠나 상대의 사고 전환을 유도하고자 하거나 분위기를 바꿀 필요가 있을 때, 또는 특정 사안에 대한 강조를 위해, 또는 상대의 요구나 제안이 어떤 근거를 갖는지, 또는 그 현안의 배경이나 주변 정보를 얻고 싶을 때 유용하다(이로리, 2014: 153).

레위키, 손더스와 민턴(Lewicki, Saunders, & Minton, 2001: 124-125)은 협상에서 상대에게 효과적으로 메시지를 전달하려면 '메시지의 내용', '구조', '전달 스타일' 등 세 가지가 중요하다고 한다.

첫째, '메시지의 내용'은 상대방에게 매력적으로 들리게 하는 것이 중요하다. 자신의 제안을 상대방이 수락할 때 얻게 되는 상대의 이득이 돋보이도록 꾸밀 필요가 있다. 상대가 쉽게 수락할 수 있는 내용들로 메시지를 구성해야 한다. 그 사람들의 종교, 윤리 기준에 부합하도록 메시지를 규범화해야 한다. 또 원칙상의 합의를 제안한다. 원칙상의 합의는 당사자로 하여금 합의를 도출하는 협상에 대한 의지를 재확인시켜 준다.

둘째, '메시지의 구조'는 ① 상대에게 전달하려는 메시지의 순서, ② 일방향 및 쌍방향 메시지, ③ 메시지의 구성 요소, ④ 반복, 그리고 ⑤ 결론이 중요하다. 가장 중요한 메시지나 상대방의 흥미를 끌 테마는 초반에 배치하는 것이 좋고, 주제가 상대에게 친숙하지 않은 때에나 중요하지 않은 것은 맨 나중에 배치하는 것이 좋다. 쌍방향 메시지는 상대가 고등교육을 받은 사람일 때, 협상 초기에 상대가 잘 동의하지 않을 때, 상대가 찬성과 반대 측에 함께 노출돼 있을 때, 논의되는 이슈가 이미 익숙할 때 일방향 메시지보다 더 유용한 것으로 나타났다. 메시지의 구성 요소는 상대가 이해하기 쉽게 쪼개서 상대에게 이해시키는 것이 쉽게 동의를 얻어내기 쉽다. 반복적 메시지 전달은 상대에게 각인 효과가 있으나 자칫 상대의 짜증을 유발해 역효과를 낼 수도 있다. 결론 부분은 상대가 아직 마음을 미처 정하지 못했을 때에는 결론을 열어 두는 것이 좋다. 반면, 상대가 당연히 당신과 동일한 결론에 이르렀을 것으로 간주해서는 안 되며, 상대의 의사를 확인하기 위해 명시적 결론을 제시해야 한다.

셋째, '메시지 전달 스타일'은 언어적·비언어적 표현을 모두 잘 활용해 설득력을 지녀야 한다. 우선, 상대의 능동적 참여를 유도해야 한다. 새로운 것을 습득하는 과정에 참여함으로써 자신의 신념이나 태도를 바꿀 가능성이 크다. 그리고 상대의 기대와 반대로 가는 것도 필요하다. 상대가 예상하지 못한 메시지를 제시하는, 또는 자신의 이해관계에서 벗어나는 메시지를 던지는 협상가가 더 설득력을 지닌다. 또한 주위를 분산시키는 것이 좋다. 가령, 메시지를 구두로 전달하면서 차트나 도표가 있는 자료를 서면으로 나눠주는 것이 더 좋다. 마지막으로 상대의 두려움을 이끌어 내되 대안을 제시하는 것이 좋다.

이 밖에 협상 시 비언어적 표현도 매우 중요하다. 미국 심리학자 메러비언(Albert Mehrabian)의 연구에 따르면, 인간의 의사소통 중 표정, 눈빛 등 몸짓 언어가 차지하는 비중이 55%로 가장 크며, 그다음이 말투, 목소리, 호흡 등 음성 표현 38%, 단어 표현을 사용한 의사소통은 7%로, 비언어적 표현이 매우 중요다고 강조한다(표창원, 2011: 94).

(2) 경청

경청(listening)은 감정이입(empathy)으로 상대의 말을 열린 마음으로 혹은 호기심으로, 좋은 질문과 곁들여 듣는 것을 말한다(Goleman, 1997). 그러기 위해서는 첫째로 당신의 협상 상대가 무엇인가 기여한다는 믿음을 필요로 한다. 가장 최선은 상대의 관심을 현실적인 통합적 제안으로 변환시킬 수 있는 능력이다(Menkel-Meadow, 1984: 18; Lewicki & Hiam, 2006: 23-24).

둘째는 실제적으로 협상에서 협업을 할 수 있도록 당신의 협상 상대에 대한 정보를 모으는 것이다. 그러기 위해서는 비록 상대의 입장에 동의하지 않을지라도 당신이 그들의 견해를 존중해 경청하는 것이 중요하다. 경청은 협상에서 두 가지 효과를 준다. 상대방에 대한 가치로운 정보를 얻을 수 있다. 또 상대방이 존중받고 있다는 느낌을 줌으로써 협상 과정에서 신뢰를 쌓는 계기를 만들어 준다(Schaffzin, 1997: 39-40).

(3) 유연성과 창의적 사고

유연성(flexibility)과 창의적 사고(inventing & adapting)는 협상에서, 단순한 타협(compromising)에서 좀 더 세련된 통합적 해결책으로 나아가는 상징적 움직임이다. 이를 위해서는 우선 기본적으로 어떤 특별한 맥락이나 상대방에 기초한 방법론을 선택해야 한다. 당신의 협상 상대의 명성에 대한 섬세한 배려, 상대가 처한 입장을 고려한 대안의 신중한 선택, 협상 도중에 습득한 정보에 기초한 적응 능력이 필요하다. 톰슨(Leigh Thompson)은 창의성을 풍부성(fluency: 많은 해결책을 제시할 수 있는 능력), 유연성(flexibility: 다양한 해결책을 창출해 내는 능력), 독창성(originality: 독특한 해법을 창안해 내는 능력)의 세 가지로 이해했다(Thompson, 2011: 177). 이를 위해서는 우선 기본적으로 자기 자신의 선호의 우선순위를 명확히 나열할 수 있어야 한다. 또 협상 전 또는 협상 중 일반적인 보상, 우연적인 협약, 추가 협상 이슈 등 추가적인 해결책을 제공할 수 있는 다양한 창의적인 과정들을 검토할 수 있어야 한다(Brown, 2004; Menkel-Meadow, 2001; Thompson, 2011).

(4) 감정적·사회적 지능

위 세 가지 트라이앵글 자질 이외에도 좋은 협상가가 되기 위해서는 '감정적·사회적 지능(emotional, social intelligence)'이 필요하다. 골먼(Daniel Goleman)은 '사회적 지능'을 '사회적 친밀성' 및 우리 자신을 타인과 원활히 상호작용하는 '사회적 기능'으로 정의한다(Goleman, 1997). 가령 적극적인 마인드는 통합적 전략을 구사하는 데 좀 더 사람들을 창의적이게 한다. 협상에서 사회적 지능이 높은 사람은 상대와의 협상에서 갈등이 있을 경우 상대에게 질문을 통해 분위기를 부드럽게 유도할 줄 알고, 공통의 관심사에 대해 사전 연구를 해 두기도 한다.

(5) 협상가의 도덕성

협상가의 도덕성(ethicality)도 좋은 협상가의 자질 중 하나다. 협상가의 명성(reputation)은 협상의 효과에 직접적인 영향을 미친다(Shell, 2006: 22-23). 기본적으로 전문 분야의 직업가적 의무를 준수하고 상대를 적극적으로 속이지 않는 것이다. 또 상대를 공정히 다루는 것, 지식에 기반한 신뢰도 중요하다. 협상에서 서로가 서로의 필요에 대해 잘 이해할 수 있는 증명서에 기초한 신뢰는 특히 반복된 일을 하는 경우 중요하다. 상대의 비도덕적인 행위를 방어하기 위해 그들의 가정을 이중 체크해 보거나 계약서로 명기하는 것도 한 좋은 방법이다(Reilly, 2009: 532-34).

2) 제3자 개입

갈등 당사자 간 협상이 원만히 전개되지 않을 때 갈등 해소에 도움이 된다고 판단되는 갈등 전문가 등 제3자 개입을 통해 갈등을 해소하는 대안적 분쟁 해결 방법(Alternative Dispute Resolution: ADR)이 있다(Davis, & Netzley, 2001: 83-89). 당사자 간 직접 개입 방식인 협상이 꼬일 때 갈등 해결의 공식적·강제적 방법은 법적 소송이다. 하지만 소송은 시간과 비용이 많이 소모되는 관계로 소송을 피해 다른 해결 방법을 찾게 되는 경우가 많은데 이를 ADR이라 한다.

ADR의 유형은 아래 그림과 같이 소송 전 단계에서 당사자 간에 행하는 협상, 제3자의 조력을 받아 문제를 해결하는 조정(mediation), 양 당사자의 사전 합의하에 제3자의 전문가적 판정에 강제력을 부여하는 중재(arbitraton), 위 두 방법을 같이 활용하는 조정-중재(med-arb) 등으로 분류할 수 있다. 이 밖에도 약식재판(minitrial), 화해회의(moderated settlement conference), 중립 전문가의 사실 확인(neutral fact-finding), 즉결심판(summary jury trial) 등 다양한 형태가 있으나 우리가 통상 ADR로 부르는 가장 본질적인 방법은 조정과 중재를 의미한다(Davis & Netzley, 2001). ADR은 기존 소송제도의 단점을 들어주고, 상대적으로 싼 비용으로 분쟁을 빨리 해소시켜주며, 갈등 해결에의 예측가능성과 자기결

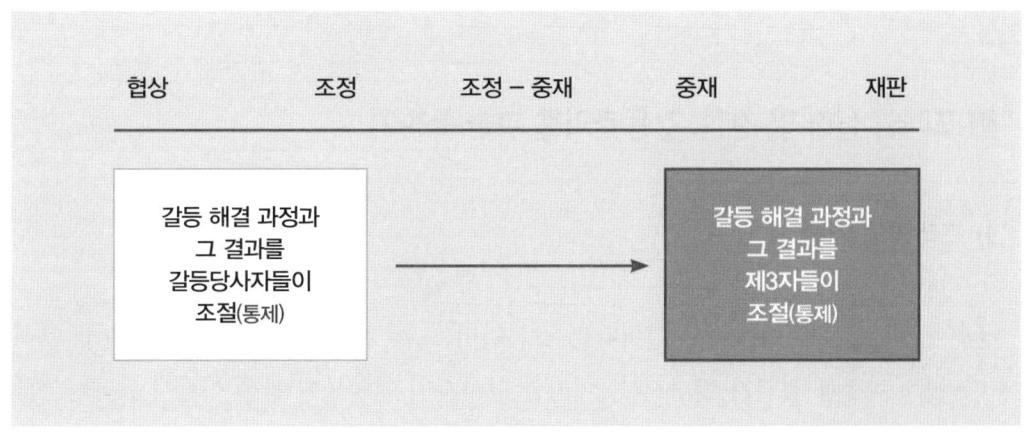

출처: Davis & Netzley(2001).

[ADR 개념의 도식화]

정권을 키워주는 장점이 있다. 또 ADR은 제로섬게임이 아닌 대체적 해법을 지향하는 면이 있어 갈등 당사자들 간의 관계 증진 등 여러 가지 장점이 있다(임동진, 2013: 133-134).

아래 표는 ADR의 주요 유형을 협상과 비교한 것이다.

〈ADR의 유형 비교〉

		협상	조정	중재
절차 개시에서 당사자의 합의		필수 요건	필수 요건/예외	필수 요건/예외
제3자	개입	불개입	개입	개입
	범위	-	민간/공·사기관	민간/공·사기관
	선정	-	쌍방 합의	쌍방 합의
	역할	-	합의 도출	일방적 결정
절차의 진행 내용		이해/입장 조정	이해/입장 조정	확인/이해 조정
결정의 정형성		없음	대개 없음	조금 있음
결정의 근거		쌍방 합의	제3자의 조언을 바탕으로 쌍방 합의	쌍방 간의 증거자료와 중재인의 결정
결정의 구속력		쌍방 동의 필요	쌍방 동의 필요	구속적/예외

출처: 우동기·장영두(1999: 47).

4 프레임 설정 및 전환: 갈등관리를 위한 틀짜기

1) 프레임의 개념

둘 이상의 당사자 사이에서 일어나는 갈등관리 또는 협상에서 당사자의 주관적 인식에 따라 그 과정과 결과가 달라진다. 이러한 당사자의 인식틀에 관한 이론이 프레임이론이다. 갈등 상황에 대한 지각으로서의 행위자는 이에 근거해 갈등의 실체 및 가능한 대안에 대한 가정과 해석을 하게 된다(Dana, 2001: 43). 프레임은 인지된 현실의 양상을 선택하고, 특별한 문제를 정의하고 원인을 진단하며, 도덕적 평가를 하고 처방을 제시하기 위해 좀 더 명쾌히 의사소통할 수 있도록 만드는 것이라 할 수 있다(Entman, 1993: 52). 가령, '냉전구도'는 근래까지 미국이 공산권 나라를 향해 외교적 문제를 바라보는 큰 틀이었다고 할 것이다. 프레임은 의사소통 과정에서 의사소통자(communicator), 내용(text), 수용자(receiver), 문화(culture)의 네 가지 요소를 지닌다. 의사소통자는 그들의 신념 체계를 구성하는 인지적 틀에 의지해 의식적·무의식적 판단을 내리는 주체다. 내용은 특정한 키워드, 전형적 이미지, 정보원, 사실이나 판단을 강화하는 문장을 일컫는다. 수용자는 의사소통자의 생각이나 프레임 의도에 부응할 수도, 부응 않을 수도 있다. 문화는 한 사회에서 대다수의 사람이 공통적으로 생각하는 인식틀이다.

통상 프레임에 대한 관점은 해석 렌즈(interpretive lenses)와 전략 도구(strategic tools)로 구분된다(Shmueli et al., 2006: 209). 해석 렌즈로서의 프레임은 복잡한 상황을 세계관과 일치된 방식으로 이해하게 해 준다. 전략 도구로서의 프레임은 상대방에게 자신의 관점을 설득시키고, 협상에서 우위를 차지하며, 자신의 대의명분을 동조집단에게 전파시키는 데 비중을 둔다. 다수의 학자는 프레임을 해석 렌즈로 간주하고 있다(Gray, 1997; Lewicki et al., 1997; Kaufman et al., 2003; Desrosiers, 2012; 심준섭·김지수, 2010; Tversky & Kahneman, 1981). 갈등 당사자는 각각 자신만의 정신적 여과장치(mental filters)를 통해 갈등 이슈와 거기에 포함된 위험에 대해 인지하는데 그 인지적 여과기가 곧 프레임이라 할 수 있다(Kaufman et al., 2003).

2) 프레임의 유형

갈등 상황에서 당사자 간에 법적·제도적·감정적·적대적 대립이 없을 경우 통상 협상을 통해 해법을 모색한다. 이 경우 협상을 어떻게 진행시킬 것인가와 관련해서 각 당사자가 인지하는 '프레임의 유형'은 학자들마다 약간씩 차이가 있으나 크게 특성 부여 프레임(characterization frame), 정체성 프레임(identity frame), 갈등관리 프레임(conflict management frame), 실체 프레임(substantive frame), 준거점 프레임(reference point frame)의 다섯 가지로 분류할 수 있다(하혜수·이달곤, 2017: 258).

첫째, 특성 부여 프레임은 협상에서 상대방에 대한 인식과 관련된 것으로 상대를 극도로 불신하거나 부정적인 존재로 간주할 경우 협상이 어려워진다. 이때는 상대에 대한 일관성 있는 행동, 과거 불신행위에의 사과 등을 통해 상대가 자신을 신뢰하도록 먼저 바꿔야 한다. 가령 '제주해군기지 건설 갈등(사례 15)'의 경우, 1993년부터 정부 내에서 해군기지의 필요성이 제기되면서 20여 년 지속돼 온 공공갈등으로, 제주지역의 시민사회단체, 강정마을 주민 등이 기지 건설이 제주특별자치도의 평화의 섬 이미지를 해치고 강정마을의 생태환경을 해칠 수 있다고 주장하며 강력히 반대해 사업이 지연됐다가, 결국 2010년 법적 판결에 따라 건설을 할 수 있게 됐다. 제주해군기지 건설 갈등은 이해 당사자들 간 해군기지 건설의 필요성과 당위성에 대한 인식차가 존재해 서로를 불신의 대상(아이덴티티)으로 간주했다. 갈등 상황에서 상호 신뢰를 쌓기 위해서는 투명한 정보 공개, 절차적 민주성, 정책결정 과정에서의 실질적 참여를 보장하는 것이 필요하다. 또 '대구 취수원 다변화 갈등(사례 12)'의 경우 구미 반추위(취수원이전반대추진위원회)가 대구시에 대해 가진 취수원 이전 관련 오랜 부정적 인식을 희석시키지 않고는 진정성 있는 대화를 열어가기가 쉽지 않은 것이다.

둘째, 정체성 프레임으로 자기 자신에 대한 인식과 위상에 관계된 것으로 상대가 자기 존재감과 자기 집단소속감에 대해 위협을 한다고 인식할 경우 협상이 난관에 봉착하게 된다. 가령, 환경갈등의 경우 환경단체는 자신들이 속한 환경단체의 주된 이념이나 가치를 근본적으로 상대가 훼손시킨다고 생각할 경우 협상을 거부하게 된다.

셋째, 갈등관리 프레임으로 이는 갈등 해소를 위한 적절한 방법 선택과 관련된 인식 프레임으로, 폭력이나 소송 등 극단적인 방법을 주된 갈등 해소법으로 생각할 경우 협상이 어렵다. 가령 '제주해군기지 건설 갈등(사례 15)'의 경우도 결국은 협상에 의한 원만한 타결이 실패해, 결국 2010년 법적 판결에 의해 건설사업을 확정짓게 됐다. 위 세 가지 프레임은 주로 갈등 이슈(현안 자체)가 아닌 당사자와 자신, 갈등관리 수단의 차원인 점에서 '맥락적 프레임(contextual frame)'으로 부른다.

넷째, 실체 프레임으로, 이는 갈등의 실체에 대한 인식으로, 앞서 언급한 세 가지 맥락적 프레임의 전환을 통해 협상이 진행되더라도, 당면 현안 자체를 놓고 갈등이 지속되는 경우 이슈와 하위 이슈의 재정의를 통해 실체 프레임의 전환이 필요하다(Lewicki et al., 1997: 123).

다섯째, 준거점 프레임으로, 이는 갈등 해결 대안이 가져올 결과를 손실로 인식하느냐

아니면 이득으로 인식하느냐의 문제다. 즉, 협상을 할 때 손실 프레임에서 이득 프레임으로 전환시켜 해결 대안이 가져올 결과를 손실로 인식하기보다는 새로운 기회로 인식하도록 만드는 것이 중요하다(Kahneman & Tversky, 1981). 가령 '가산하수처리장 건설 갈등(사례 25)'의 경우, 칠곡군이 가산하수처리장을 설치하려 하자 구미시 장천면 주민들이 반발해서 갈등이 발생했는데, 초기에는 서로의 입장만 내세우며 대립각을 세웠으나 경상북도의 조정으로 맥락 프레임이 분해되고 서로를 합당한 협상 상대로 인식하게 됐으며, 협상 후반부에서 실체 프레임의 전환, 즉 '칠곡군의 하수처리시설 설치' 문제에서 '하수관거 설치를 통한 구미시의 여유 하수처리장을 활용한 연계 처리' 문제로 인식을 전환함으로써 상호 상생협상을 끌어낼 수 있었다.

3) 틀짜기

틀짜기(framing)는 앞서 언급한 프레임, 인식틀이 만들어지는 과정이자 기존 인식틀을 통해 사건을 인식하고 해석하는 과정을 말하며(Chong & Druckman, 2007; Putnam & Holmer, 1992), 이 과정에서 기존 프레임을 그대로 유지할 수도 있고, 일부 수정할 수도 있다. 갈등 상황에서는 의사소통 과정에서 당면 문제에 대한 정의, 인과적 해석, 도덕 판단, 행동 권고 등을 한다.

똑같은 문제를 갖고 동일한 상황에 처해도 사람에 따라 문제를 이해하는 방법과 규정짓기가 다르다. 통상 문제나 갈등을 해결하기 위한 틀짜기는 세 가지 방법을 들 수 있다(레위키 외, 2005: 97-115).

첫째, 인지적 정향으로서의 틀짜기다. 어떤 행위나 결과 그리고 우발적 사건에 대해 어떤 특정한 선택 시 그 사람의 평소 사고나 사고의 습관을 반영한다는 것이다. 이는 복잡한 상황을 단순화하거나 의사결정을 하기 위한 일련의 규칙을 규정하는 것이다.

둘째, 경험적 범주로서의 틀짜기다. 이는 사람들은 동일 분쟁에 직면해서도 자신들의 과거 경험, 직업훈련, 배경 등에 따라 문제를 다르게 받아들인다. 한 예로, 이스라엘과 팔레스타인 간의 서안지구 영토 분쟁의 경우를 보자. 이스라엘 지도자들은 유대교의 시조인 아브라함이 이 지역과 긴밀한 관계가 있으므로 이스라엘인들의 서안지구 거주는 정당하다고 믿는다. 한편, 팔레스타인들은 자신들이 아브라함시대 이전부터 이 지역에 거주했던

가나안 사람의 후예라고 반박한다. 보통 종교적 신념은 매우 강해서 자신들이 양보하는 것이 자신들의 종교적 신앙을 포기하는 것으로 간주될 경우 수용하기 어렵다. 이 경우 평화협상을 위한 협상가는 교전 당사자들이 자신의 틀짜기를 전환할 수 있는 길을 열어줘야 한다. 즉, 교전국들이 전쟁을 정치적인 분쟁으로 인식하도록 유도하는 한편, 종교적인 요소를 최소화해서 타협을 이끌어 내야 한다.

셋째, 쟁점 개발로서의 틀짜기다. 이는 상생협상이란 말을 최초로 사용한 폴렛(Mary Parker Follet)의 주장에 근거한 것으로, 협상을 서로 다른 견해를 가진 당사자들이 견해차를 조금씩 줄여나가 공동 대안에 합의해 가는 과정이다. 당사자들은 서로 자신들의 선호와 우선순위를 정해 토의하고, 공동의 문제 영역을 설정하며, 쟁점을 공동으로 개발해 가는 과정을 겪는다. 한 예로, '광주광역시 서구 상무금요시장 이전 갈등'은 광주광역시에서 1996년 상무대가 이전하면서 계획도시가 조성되고, 주변 상권 형성이 안 된 상태에서 아파트 인근 노점이 급증하며 민원이 끊이지 않았다(경향신문, 2016.6.2). 이 문제를 해결하기 위해 주민자치위원회는 2015년 12월 자체적으로 상무금요시장 대책위원회를 구성해 스스로 의제를 만들고 토론회를 진행하면서 해법을 마련해 갔다. 서구청도 적극 일조를 했다. 광주시 서구는 이 갈등 현안을 해결해 2017년 4월 국민대통합위원회로부터 '국민통합 우수 사례'에 선정되는 영예를 안았다(현장뉴스, 2020.7.10).

4) 프레임 전환

프레임 전환(reframing)은 갈등 이슈에 대한 지각을 새롭게 하거나 갈등의 실체와 해법에 대한 당사자의 지각을 변화시키는 과정을 말한다(Dana, 2001: 43). 퍼트남과 원델레크(Putnam & Wondelleck, 2003: 35-59)는 다루기 힘든 갈등을 줄이기 위해 프레임을 변화시키는 세 가지 방식을 제시하고 있다. 첫째는 갈등 그 자체 내에서 프레임을 바꾸는 방법, 둘째는 환경적·경제적 위기와 같은 갈등 외부의 힘을 활용해 상대의 프레임을 변경시키는 방법, 셋째는 갈등 당사자 간 차이를 상호 논의 및 탐색해 보고, 잘못된 부분을 시인 및 용서하고, 서로의 가치 체계를 비교해 보는 등의 전환(transformation)을 통해 프레임을 변화시키는 방법이 그것이다. 한 예로, 2010년 이후 대구시와 구미시 간에 오랜 갈등 사례인 좀 더 안전한 수돗물 확보를 위한 '대구 취수원 다변화 갈등(사례 12)'의 경우, 대구시와 경상북도 및 구미시가 사실상 취수원 이전문제를 놓고 극심한 대립 구도를 오래 지속했다. 이것은 양 도시가 서로를 협상 상대라기보다는 불신이 가득한 눈으로 바라보는 특성 부여 프레임을 갖고 있었고, 문제 해결도 협상보다는 외부의 권력 수단에 의존하려는 갈등관리 프레임을 가지고 있었기 때문이다. 그러다가 'K-2 군공항과 대구공항의 통합 이전'이라는 지역의 가장 큰 현안 해결을 앞두고 대구시와 경상북도의 협치가 중요해지면서 취수원 문제도 '상생 구도'로 인식 프레임을 전환해 '투쟁과 대립'이라는 단일 인식 틀에 메이지 않고 좀 더디게 가더라도 '상생 해법 모색'과 아울러, 정부와 '취수원 이전(당초 목표)'이 아니라 '취수원 다변화(변경 목표)'를 위해 복수의 대안을 모색하기 시작한 것은 프레임 전환의 한 예로 볼 수 있다.

이 프레임 전환은 막다른 길에 이른 협상과 논쟁 이슈를 두고, 제로섬적 협상에서 상생 협상에 이르기 위한 건설적이고 효과적인 치료법이라 할 수 있다. 또 사람들은 자신의 프레임에 집착하기 때문에 프레임 전환은 어려운 과정이며, 따라서 중재인이나 중립적인 제3자의 도움을 얻어 의식적인 합의 노력을 필요로 한다. 협상가들은 협력적 상황보다는 경쟁적 상황에서 관계적 일체감을 형성하는 데 더 어려움을 겪는다(Agne, 2007: 552).

효과적인 프레임 전환을 위해서는 인지적 편견을 초래하는 요인을 먼저 파악해 이를 교정해야 한다. 맬호트라와 베이저맨(Malhotra & Bazerman, 2007: 106-138)은 합리적 선택을 제약하는 인지적 편견으로 지적 편견(mind biases)과 심적 편견(heart biases)을 든다. 지적 편견은 파이 고정(협상 파이가 확장가능성이 없다고 인식), 선명성 편견(상대 제안 중 선명한 것에만 과다 몰입), 비합리적 몰입 강화(자신의 이전 결정을 정당화해야 한다고 인식), 프레이밍 효과(이득 분배 협상에선 양보와 타협을 잘 하면서, 손해 분배 협상에선 공격 성향을 보이는 것) 등에 의해 유발된다. 반면, 심적 편견은 자기중심성(자신에게 이익이 되는 어떤 믿음, 해석을 정해 두고 이를 정당화할 방법을 찾는 경향), 과신, 자기 위주 편견(실패는 외부 요인으로, 성공은 자신의 공으로 돌리는 경향), 후회 회피(후회 유발 상황을 피하고픈 심리) 등에 의해 유발된다.

5) 프레임의 연구 동향

협상에서 프레임에 관한 연구는 크게 프레임의 확인 관련 연구, 프레임의 차이분석과 시사점 연구, 프레임의 전환에 관한 연구 등 세 가지로 구분할 수 있다(하혜수 외, 2014: 300). 첫째는 프레임의 확인 관련 연구로, 심준섭·김지수(2010)는 청주시 화장장 유치 사례를, 주경일(2002)은 22개 지역폐기물 처리시설 입지 갈등 사례를 중심으로 갈등 당사자의 집단 프레임 구조를 분석했다. 둘째는 프레임의 차이분석과 시사점 연구(Tversky & Kahneman, 1981; Levin & Gaeth, 1988)로, 심준섭(2012)은 제주해군기지 건설을 둘러싼 지역 주민과 공무원의 갈등 프레임을 비교분석했고, 트버스키와 카네만(Tversky & Kahneman, 1981)은 프레임의 차이가 행위자의 선택에 미치는 영향을 분석했다. 셋째는 프레임의 전환에 관한 연구로, 정홍상 외(2014)는 '김천시와 구미시 간 KTX 신역사 명칭 갈등'과 '구미시와 칠곡군 간 가산하수처리시설 갈등' 분석에서 두 갈등 당사자가 프레임 전환을 통해 새로운 대안을 모색함으로써 갈등을 종식시킬 수 있음을 보여줬다. 카우프먼과 스미스(Kaufman & Smith, 1999)는 토지 용도 변경 갈등에서 프레이밍과 리프레이밍을 분석했다.

5 창조적 대안의 모색

사람들은 자신이 원하는 결과를 얻을 수 있는 힘을 갖지 못할 때는 대개 협상을 택한다. 즉, 어떤 상황에서 더 나은 대안이 없을 때는 협상적 해결 방안이 바람직하다. 성공적 협상을 위해서는 협상을 위한 대안, 구체적 거래(deal)를 위한 최소한의 기준 준비, 협상 상황에 따른 유연성 확보, 이익과 손해에 대한 분명한 인식이 사전에 필요하다.

성공적 협상을 위해서는 협상을 위한 최선의 대안(BATNA) 준비, 유보가격(reservation price) 미리 정해 두기, 합의 가능 영역(zone of possible agreement: ZOPA)을 미리 생각해야 한다(Harvard Business School, 2003: 15).

우선, 협상을 위한 최선의 대안(BATNA)은 피셔(Roger Fisher)와 유리(William Ury)가 개발한 개념으로, 자신의 BATNA를 안다는 것은 자신이 협상에서 무엇을 할 것인지 혹은 협상이 실패할 경우 어떤 일이 일어날 것인지를 안다는 것이다. 자신이 준비한 BATNA가 취약할 경우 협상에서 강하게 자신의 의도를 관철하기 위해 주도해 나갈 수 없게 된다. 이런 때는 다음 세 가지를 미리 잘 준비해 협상에 임해야 한다.

첫째, 자신의 BATNA를 향상시키거나 상대방의 BATNA를 약화시켜야 한다. 가령 자신의 고객에 대한 마케팅 조사 과제를 부여하고 1,000만 원을 용역비로 주기로 한 계약에 용역을 맡을 당사자가 용역 금액에 대해 시큰둥한 반응을 보일 경우, 그 용역 수행 당사자가 용이하게 수행 가능한 관련 과제를 더 부여한 후 총금액을 1,500만 원으로 인상시켜 제안을 할 수 있다.

그리고 협상 상대의 BATNA를 안다는 것은 협상에서 유리한 고지에 설 수 있다. 위 예에서 협상 상대가 동일한 일을 다른 고객에게 유사 금액에 수행한 사례가 있다는 것을 우리 측이 알고 있다면 더 자신감 있게 총금액을 제시할 수 있는 것이다. 상대의 BATNA를 잘 파악하기 위해 아래의 몇 가지 시도도 도움이 된다.

- 협상 상대가 종사하는 산업 관련 인물들을 사전에 접촉해 보는 것
- 관련 비즈니스 출판물, 정기간행물 등을 참조하는 것
- 협상 상대 회사 내부인사 등을 통해 협상 상대나 관련자에 대해 비공식적으로 알아보는 것
- 당신이 만약 협상 상대방의 입장이라면 이 협상과 관련해 어떤 이해관계, 선호, 필요를 갖게 될지 한번 생각해 보기

이와 관련된 예를 소개하면, 필자는 대구경북경제자유구역청에서 투자유치본부장으로 일하던 중, 프랑스의 3D 설계전문 글로벌 기업인 '다쏘시스템' R&D연구소를 대구시에 유치했다. 유치 시작 단계인 2009년 5월, 다쏘시스템 아시아태평양지사 관계자가 우리 기관을 방문했다. 첫 실무진 미팅 결과 그들은 조선, 항공기 등을 설계하는 3D 기술 소프트웨어(s/w) 프로그램 판매망을 넓히려 온 것 같다는 보고를 받았다. 하지만 뭔가 그냥 보내기에는 아쉬운 미련이 자꾸 가슴에 남았다. 왜냐하면, 그들이 대구 방문 전 조선소가 있는 부산시를 먼저 방문해 상담을 하고 별 소득 없이 왔다는 사실을 듣게 됐기 때문이다. 필자는 일단 이들을 대구에 붙들어 둬야겠다는 생각으로 고민하다가, 조선소가 있는 부산·울산 등에서 약 1시간 정도 거리인 대구에 '다쏘시스템 R&D 시설'을 설립하면 영남권 전체에 s/w 공급망을 확대하는 데 큰 도움이 될 거라며 설득전을 펼쳤다. 동물적 감각으로 이 글로벌 기업이 뭔가 세계 조선 강국인 한국을 아시아권 거점화하려

는 전략으로 거점도시를 찾고 있는게 아닌가 하는 생각을 하게 됐기 때문이다. 즉, 필자는 당시 이들 프랑스 기업인들과 첫 면담 도중 '상대방의 입장'에서 그들이 어떤 이해관계, 필요가 한국 내에 있는지, 그들이 프랑스 본사로부터 어떤 미션을 부여받고 한국을 돌아다니고 있는지를 상상해 본 것이다. 한국 내 연구소 설립 시 비용이 많이 들지 않고, 대구시가 보조금 등 재정 지원도 할 뜻을 내비치자 그들의 얼굴에 화색이 돌았다. 그들의 마음과 우리의 BATNA가 합일의 시작이었다. 이후 수일 뒤 다쏘시스템 본사 회장이 한국을 방문해 회사 IR(투자유치사업계획서 발표회) 행사를 한다는 소식을 접한 후 서울에서 본사 회장 접견 등 후속 미팅 후 급속도로 일이 진행됐다. 이들과 대구에서의 첫 만남 후 약 10개월 만에 다쏘시스템사는 대구시와 2010년 3월 12일 본계약을 체결(FDI 270억 원)했으며, 2010년 5월 미국 LA연구소를 철폐하고, 이를 대구 계명대캠퍼스 내 건물로 이전했다.

둘째, 실제 금전과 관련된 협상에서는 두 당사자가 양보해 서로 만족할 수 있는 금액의 범주를 미리 생각하고 협상에 임해야 한다. 이것이 합의 가능 영역(zone of possible agreement: ZOPA)으로 협상가는 자신이 요구할 수 있는 최고가와 양보할 수 있는 최저가를 미리 설정한 후 상황에 따라 유연한 협상을 이끌 수 있어야 한다(Harvard Business School, 2003). 아래 그림처럼 가령 차를 판매하는 딜러는 자신이 고객에게서 받을 차 합의 가격대를 설정해 협상에 임할 수 있다.

셋째, 의사결정에서 무형적인 '공정성'도 매우 중요한 기준이다. 이하와 같이 대안이 공정하다는 의식이 깔리면 서로 간의 협상 대안이 쉽게 수용될 수 있다(Filley, 1975; Pruitt

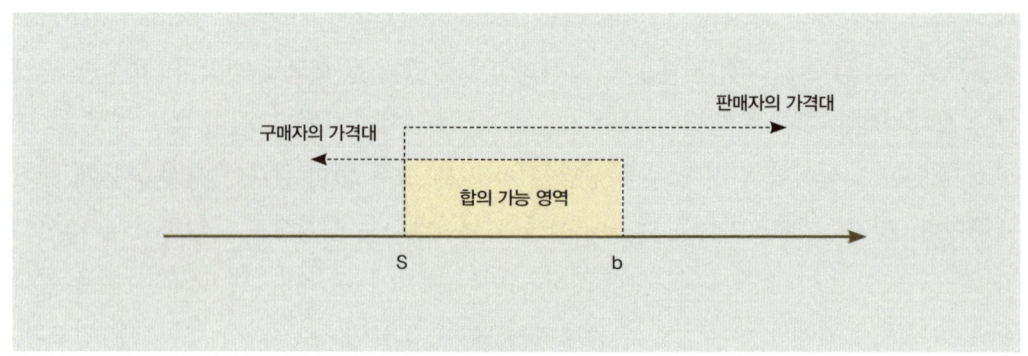

[합의 가능 영역]

& Carnevale, 1995; Walton & McKersie, 1965). 상대에게 동등한 성과가 주어진 결과물(outcome)이라는 의식, 이것은 특히 승패협상(win-lose negotiation)에서는 특히 중요하다. 또 각자 들인 노력, 시간, 비용에 합당하다는 형평성(equity) 의식, 각자에게 다소간 자신들이 실제 필요로 하는 것을 얻어냈다는 의식도 중요하다. 이 경우 한쪽 당사자가 만약 자신들에게 더 나은 성과를 얻어낼 수 있는 합법적인 요구 명분을 찾아낸다면 더 많은 성과를 가져갈 수 있을 것이다.

통상적으로 입장협상의 경우, 정보 수집이 완료되기 전 편견에 집착, 유일의 해법만 찾으려는 경향, 상대의 문제는 그냥 상대의 문제로 치부해 버리는 경향을 보인다. 반면, 원칙협상의 경우, '대안의 발견'과 '대안의 선택'을 구분해 일단 풍부한 대안 모색이 가능하도록 노력한다. 또 일단 대안들이 정해지면 이를 규정하고 명확히 하는 과정을 거침으로써 상호간 이익이 되는 공통분모를 찾으려 노력한다. 다차원적인 문제 해결은 협상의 과정과 결과, 그리고 협상가의 관점, 이해관계, 목적에 따라 넓은 시각에서 적절한 대안들을 찾는 것이다(Landau, Landau, & Landau, 2001).

창조적 대안 모색(options for mutual gains)의 경우 ① 문제의 재정의, ② 대안 리스트 정리, ③ 대안의 우선순위 매기기 및 대안 축소 이 세 가지가 중요하다(Lewicki et al., 1996: 99-119).

(1) 문제의 재정의

- 파이 확대(pie expansion): 만일 문제가 소수의 답을 가지고 있다면, 가용할 만한 자원을 확대해서 양측이 각자 희망하는 대안을 선택할 수 있도록 하는 것이 필요하다.
- 결탁(logroll): 또 협상에서 문제 A와 문제 B, 두 개의 큰 이슈가 있고 양측이 각각 문제 A와 문제 B를 우선적으로 중요시한다면, 두 이슈에의 답을 상극되게(trade off) 함으로써 서로 만족할 답을 취할 수 있도록 할 수도 있다.
- 부수적 보상 제공(nonspecific compensation): 한쪽이 다른 쪽에 자신이 중요하게 생각하는 이슈에의 답을 취하는 대신, 자신에게는 덜 중요한 다른 보상을 제공하는 방법이다. 가령 집을 거래하는 경우, 집을 파는 사람은 집을 사는 사람에게 협상의 내용에 창문의 커튼이나 블라인드를 무상 제공함으로써 집을 사는 사람이 더 이상의 가격 인하 요구를 자제하게 하는 것이다.

- 가교적 대안(bridge): 양측이 서로의 입장과 이해관계를 잘 살펴 서로의 요구를 충족시킬 수 있는 제3의 새로운 대안을 생각해 내는 것이다.

(2) 대안 리스트 정리

여러 방법을 활용해 가급적 많은 대안을 찾는 것이 중요하다. 그 대안들에 대한 각각의 평가는 급하지 않다.

- 브레인스토밍(brainstorming): 이 방법은 소집단으로 사람들을 나눠 많은 대안을 자유롭게 제안하도록 하는 것으로, 제안자의 제안에 참여자들이 어떤 평가나 비판도 해서는 안 된다.
- 목말타기(piggybacking): 이 방법은 브레인스토밍과 연계해 사용 가능하며, 앞 사람의 아이디어에 다음 사람이 자신의 아이디어를 보태는 방식으로 대안을 보완해 가는 방법이다.
- 명목집단(nominal group): 각 협상가가 자기가 구성한 소집단과 함께 일하면서 대안을 찾는 방법이다. 효과적 방법일 수 있으나 한번 결석한 사람은 다음에 대안 탐색에 지장을 받는 단점이 있다.
- 설문조사(surveys): 질문지에 문제를 제시하고 응답자들이 답을 제시하게 하는 방법이다. 협상에 공식적으로 참여하지 않는 사람들에게도 편하게 의견을 수렴할 수 있는 장점이 있다.

(3) 대안의 우선순위 매기기 및 대안 축소

- 대안들을 상대의 입장과 선호를 고려해서 우선순위를 매긴다.
- 상대에게 당신이 상대의 필요에 따라 우선순위를 바꿀 수 있는 유연성이 있음을 보여주라.
- 하지만 상대에게 당신이 중요시하는 것을 적극 표명하라. 가령 "가능한 한 이 부분이 해결된다면, 아주 기쁠 것 같습니다"라는 표현도 좋다.
- 경쟁적 전술은 바람직하지 않다. 만약 대화가 너무 치열하게 전개되면 그 전에 미리 문제를 해소하도록 노력하라.

한 예로, '부산 구포가축시장 갈등(사례 11)'의 경우, 전국 3대 개시장이었던 부산 구포가축시장이 반려동물문화가 확산되면서 도시 이미지가 크게 훼손되자, 민선 7기 부산시 북구청장의 강한 문제 해결 의지와 창조적 대안 모색으로 상생협상을 이끌어 낸 성공 사례라 할 수 있다. 부산시 북구청은 전국 최초로 북구의회를 설득시켜 폐업상인 지원조례를 제정해 생활안정자금(폐업일로부터 상가 준공 월까지 월 3,135,670월 지원, 준공 익월로부터 10년 간 월 30만 원 지원), 환경정비지역 내 공유재산 상가 계약(최초 5년 수의계약 및 3회 연장 가능, 상가 배치 및 업종은 폐업 상인과 협의 조정) 등 상가 폐업에 따른 구체적인 대책을 제시했고, 다양한 해법 제시로 합의 가능 영역(ZOPA)을 넓혀 호혜적 협상(mutual negotiation)을 이끌었으며, 상인들과의 협상 과정에서도 폭스와 밀러(Fox & Miller, 1995: 111-159)가 제시하는 숙의민주주의에 입각해 문제를 풀어냈다.

협상에서 너무 빨리 당신의 목표에 도달하면, 아마 당신은 좋은, 더 나은 잠재적인 대안을 놓쳤다고 생각이 들 수도 있다. 협상은 최종 협상이 마무리될 때까지는 모든 것이 잠정적인 것임을 잊지 말아야 한다. 협상 과정에서 중요한 내용을 계속 메모해 가며 협상 최종안을 관계자들과 공유한다면, 협상 과정에서 놓친 부분들을 찾아내기 쉽고 마지막까지 새로운 제안을 하며 만족 수준을 올릴 수 있다.

| 제4절 | 협상에 영향을 미치는 요인들

1 협상의 무기

상대를 설득하기 위해서는 상대에게 영향력을 끼칠 수 있는 일종의 무기가 당신 손에 쥐어져 있어야 한다. 이해관계, 권위, 정치, 합리성, 영감과 감정, 관계 등 여섯 가지를 들 수 있다(Shell & Moussa, 2007: 32-41).

첫째, 이해관계(interest)에 기초한 설득이다. 협상에서 각 당사자는 자신들이 가진 가능성, 자원, 신분, 정보, 어떤 행동을 할 권위 등을 통해 상대방에게 영향을 끼칠 수 있다. 통상 협상가는 상대의 숨겨진 필요(needs)를 파악함으로써 그에 합당한 방법을 선택한다. 한 예로, '미국 GM-한국 대우자동차 매각 협상 사례(사례 37)'에서, 대우자동차는 1988년 8월 대우그룹 해체와 함께 워크아웃에 들어갔다. 당시 한국 측 협상 당사자는 정부, 채권단, 투자자, 노조, 주민 등 많은 이해관계자로 구성돼 대외적 협상의 일관성을 유지하기 어려웠고, 협상전략도 제한적 경쟁 입장을 통해 포드에 독점적 지위를 부여해 협상력의 상실을 초래했다. 즉, 협상가는 상대의 숨겨진 필요 파악이 협상력의 요체인데, GM은 한국 내 복잡한 사정을 간파하고, 대우자동차 인수 협상에서 지연 협상전략, 헐값 매입전략, 선별적 매입전략의 세 가지 전략을 구사했다. 먼저, 2001년 10월 포드의 인수 포기 선언 후 인수의향서를 제출하고 실사를 마친 GM은 협상을 서둘러 마무리하려고 공언하는 한국과는 달리, 이후 7개월 동안 협상에 소극적 자세를 견지했다. GM은 시간을 끌수록 대우의 가치가 떨어져 자기 측에 협상이 유리한 환경이 조성된다고 판단했다. 초기 포드와의 협상에서는 포드가 최고가인 70억 달러를 제시해 한국 측에 유리한 듯했으나, 나중에 포드의 인수 포기 선언 후 2000년 9월 GM 측은 12억 달러를 제시했고, 최종적으로 2002년 4월 4억 달러에 마무리돼 GM의 지연전략이 효과를 보게 된다.

둘째, 권위에 기초한 설득이다. 이 방법은 다른 사람으로 하여금 당신의 제안에 따르도록 하는 수단으로 당신의 또는 제3자의 공식적 지위나 권위를 내세우는 방법이다. 한 예로 '울진 신화리 원전 주변 지역 갈등 사례'의 경우, 국민대통합위원회가 제3자인 조정팀을 구성해 제안하고, 신화리 주민들이 이들의 대안을 수용한 사례라 할 수 있다. 국민대통합위원회는 이미 업무협약에 의거, 한전·한수원 등과 관계를 맺고 있는 기관이었으나, 기관의 성격상 어느 특정 조직의 이해관계만을 대변하는 기관은 아닌 점을 고려, 주민들이 조정팀을 수용했다. 민간전문가 3인으로 구성된 제3자인 조정팀은 전문성, 중립성, 비밀 유지를 통해 주민들의 신뢰를 잃지 않고 조정 역할을 무난히 수행해 냈다. 조정안은 현행법으로 가능한 것과 불가능한 것을 구분해 가능한 대안은 즉시 시행하고, 나머지는 제도 개선을 조건으로 주민 설득 노력을 기울이는 투트랙 협상을 전개했다.

셋째, 정치는 좀 더 큰 조직의 행동에 영향을 끼치는 활동으로, 통상 부정적으로 인식되지만 긍정적인 면도 있다. 정치는 여러 이익집단의 다양한 견해를 수렴하고 공론화해서 다양한 시각에서 문제를 바라볼 수 있게 해 준다. 한편 정치의 부정적 측면은 정치적인 설득이 막후 접촉이나 정치연합(coalition)에 의해 구현된다는 측면이다.

넷째, 합리성(rationality)에 의한 설득이다. 이는 자신의 주장을 상대에게 관철시키기 위해 이유와 증거를 제시해 상대의 태도나 신념에 영향을 끼치는 방법이다. 한 예로, '대구시 북구 회전교차로 설치사업 사례(사례 4)'는 대구시 북구청이 교통사고가 잦던 동천워터피아 네거리에 주민과의 협상 과정에서 합리적 이유와 논리로 반대하던 주민들을 설득해 회전교차로를 설치함으로써 교통사고를 대폭 감소시킨 수범 사례다. 대구시 북구청이 평소 교통사고가 잦았던 동천동 동천워터피아 네거리와 삼성디지털프라자네거리에 국시비를 투입해 회전교차로 설치를 추진하자 인근 상가 건물주들이 집단민원을 제기했다. 북구청은 동천워터피아네거리에 PE드럼통 등을 설치하고 노면 표시를 한 후 CCTV 동영상을 촬영하며 '현장시험 운영'에 들어갔다. 한편, 서울시 송파구 등 회전교차로가 이미 설치된 지역 견학을 실시해 다른 시·도 사례 및 상권 영향 분석 결과를 설명했다. 이러한 설득 과정이 주민들로부터 합리성을 인정받아 수용됐다.

다섯째, 영감(inspiration)과 감정(emotion)에 근거한 설득이다. 사람의 동기부여의 깊은 내면에는 느낌, 신념, 정체감, 영적 근원, 문화적 연대 등이 있다. 스토리나 이미지 같은 것을 활용해서 사람의 내면을 흔들고 조직체에 영향을 끼치는 방법이다. 협상을 진행하다 보면 갈등 상황에서 화를 내게 되는 상황이 벌어질 수 있다. 화를 억누르는 것은 협상가의 인지적 행태에 여러 가지로 영향을 끼친다. 화가 나면 협상가를 내적으로 긴장하게 만든다. 대개의 경우 협상가는 설사 화가 나더라도 면전에서 숨기고 이를 나중에 상당한 시간이 흐른 뒤 해소한다. 하지만 화를 다스리려는 노력은 협상가로 하여금 중요한 협상 의제에 집중하는 것을 방해한다(Gross, 2002: 281-291).

한편, 긍정적인 감정은 협상에서 협력적 대안 모색을 촉진시키는 계기를 만들어준다. 또 상대에 대한 신뢰를 바탕으로 장기간에 걸친 지속 가능한 관계 유지에 기여한다(Carnevale & Isen, 1997: 175-187). 이처럼 협상에서 감정을 잘 다루고 활용하는 것도 중요한 능력이다. 협상가는 협상 현장에서 당사자들이 겪는 감정 상태를 규정하고, 감정이 그들 사고에 어떻게 영향을 미치는지 이해해야 하며, 더 나은 협상 성과에 도달하기 위해 감정을 생산적으로 활용할 줄 알아야 한다(Leary, Pillemer, & Wheeler, 2013: 96-103).

여섯째, 관계(relationships)에 기초한 설득이다. 서로 간에 관계가 시간이 지남에 따라

두터워지면 신뢰에 기초한 의견 형성과 공동작업이 가능해진다. 유사성, 선호, 상호성(reciprocity), 친밀감을 활용해 편하게 아이디어를 교환하고 설득도 용이해진다. 한 예로, '외규장각 도서 반환 협상 사례(사례 36)'를 보면, 1866년 조선을 침략한 프랑스 함대에 의해 유출돼, 프랑스가 145년 동안 프랑스 국립도서관에 보관해 왔던 외규장각 도서 일부를 한국으로 반환하는 협상이 2011년 4월 타결됐다. 한국은 1991년 11월 프랑스 외교부 앞으로 외규장각 도서 반환을 최초로 요구했고, 1997년 11월까지 양국 정부대표 간 수많은 협상을 진행했으나 타협안 도출에 실패했다. 이 당시 외규장각 도서 협상 사안을 훤히 꿰뚫고 있던 한국의 유복렬 주불대사관 정무참사관은 프랑스 외교부 폴 장-오르티즈(Paul Jean-Ortiz) 아태국장 및 동북아과장 등과 쌓아온 신뢰를 바탕으로 공식·비공식 협상 등 2개 채널을 만들어 필요하면 언제나 만날 수 있는 상황을 유지하며 서로의 입장을 조율해 프랑스 내부 반발을 무마해 나갔다(연합뉴스, 2011.4.13). 양국 간 협상이 최종 타결된 것은 바로 이러한 평소 물밑으로 흐르던 유복렬 참사관의 신뢰 관계가 크게 기여했다는 것이 다수 관계자의 평가다.

2 감정의 처리

협상은 통상 협상 과정의 이성적, 경제적, 인지적 측면의 분석을 다룬다. 하지만 실제 협상에서 협상 당사자들의 감정(emotion)의 역할이 중요한 이슈로 부각되고 있다(레위키 외, 2005: 332). 피셔와 샤피로(Fisher & Shapiro, 2005: 22)는 저서 『이성 저 너머(Beyond Reason: Using Emotions as You Negotiate)』에서 상대에게 호감을 느끼면 상대를 이해하는 감정적 유대감이 생길 가능성이 크며, 따라서 서로 분쟁적 상황에서는 서로의 부정적 감정을 완화하는 사전작업이 필요하다고 한다. 또 다이아몬드(Diamond, 2010: 20)는 사람이 감정적으로 되면 원만한 설득이 힘들어지므로 상대의 감정을 배려해 이성적인 판단을 할 수 있도록 유도하는 것이 필요하며, 이를 '감정적 지불(emotional payment)'이라 부른다.

협상 도중 갈등이 발생한 경우, 사과(apology)를 하면 서로 간의 관계를 개선하는 계기가 된다. 다만, 사과가 진전성이 결여될 경우 오히려 화를 돋구는 부작용을 유발하게 된다. 협상에서 사과의 의미와 관련, 엥겔(Berverly Engel)은 『사과의 힘(The Power of

Apology)』에서 의미 있는 사과가 되기 위한 세 가지 요건을 제시한다(김호·정재승, 2011: 240-241). 첫째는 유감(regret) 표명이다. 상대에게 불편을 줘 미안하다는 의사표시다. 둘째는 책임(responsibility)이다. 유감에다가 자신들의 잘못임을 인정한다. 셋째는 보상(remedy)이다. 재발 방지 등 발생한 피해에 대해 보상을 약속한다.

협상을 하다 보면 늘 신사적인 사람을 만나는 것은 아니다. 또 협상전략상 상대가 의도적으로 고집불통적 태도를 견지하기도 한다. 공직에 있다 보면 어떤 보직으로 자리를 옮겨도 한두 번씩은 그런 고집불통형 민원인을 만나기도 한다. 이런 경우 어떻게 대처하면 좋을까? 우선 상대가 나의 설득에도 불구하고 아랑곳하지 않고 나를 계속 공격하거나 입장을 바꾸지 않고 완강한 버티기를 할 경우, 자신 스스로도 평상심을 유지하기가 매우 어려워진다. 이 경우 첫째, 자신을 다스리는 방법으로, 잠시 침묵하거나 논점 확인을 위한 질문을 하거나, 파트너가 있으면 함께 이야기를 들으면 심적 응원이 된다. 둘째, 상대가 왜 저리 고집스럽게 나오는지 그 이면의 감정은 무엇인지를 생각해 볼 필요가 있다. 셋째, 상대가 자기 고집만 내세우고 일방적 양보만 계속 요구하는 경우, 게임의 틀을 이해관계 중심으로 바꾸거나, 공정 기준에 대한 질문을 던지든지, 상대의 체면이나 자존심을 세워주거나 자기 고집을 내려놓을 명분을 제공하는 방안을 생각해 봐야 한다.

필자의 경우, 공직을 통해 수많은 집단 또는 개별 민원을 접하면서 나름대로 적용하는 '3원칙'이 있다.

첫째, 집단민원 사안을 접해, 방문민원인들을 '내 사촌형님이 오셨다'고 생각한다. 많은 민원 사항 중 다수가 어디 불편을 호소할 데가 제대로 없어 관청을 찾은 '울화통형 갈등 사안'이 많았다. 이 경우 마음을 내려놓고 편하게 호소할 수 있도록 '낮은 자세로 잘 들어주는 것'만으로 문제의 반은 해결됐다. 화난 감정의 응어리가 많이 사라진 탓이다.

둘째, '이 자리에 갈등 현안과 관련된 당사자들이 모두 곁에 있다'고 가정하고 대화를 한다. 가령 민원인 외에도 관련 다른 중요 기관 혹은 부서, 언론인, 국회의원, 이익단체 등. 통상 사람들은 우선은 직접 찾아온 당사자 중심으로 '불끄기'식 논점을 전개하기 쉽다. 특히나 감정적으로 격한 상태에 있는 상대를 대할 때에는. 그러나 곧 그 민원인과 반대 입장 혹은 갈등 관계에 서 있는 다른 민원인을 후에 만나게 되고, 한 당사자만을 생각하고 제시한 대안은 곧 또 다른 문제에 봉착하게 되는 경우가 허다하다. 따라서 당장은 협상 당사자가 쉽게 수긍하진 않을 수 있어도, 갈등 당사자, 그 반대 당사자 등의 입장을 크게 함께 생각해 보며 논리를 전개한다. 그러면 상대방 요구의 '거품'을 어느 정도 빼고 더 합리적인 해결책을 빨리 찾게 되는 경우가 많았다.

셋째, '내가 시장(기관장)이다'라고 생각하고 갈등 상황에 대한 해답을 찾는다. 통상 도시문제는 여러 부서가 함께 관련된 경우가 많은데 자신이 속한 부서의 입장만 고집하면 근시안적이 되고 해법을 찾기가 어려운 경우가 많다. 또 대부분의 감정적 민원인은 늘 최고책임자를 찾는다.

|제5절| 협상의 절차관리

1 협상 준비

1) 협상 준비 단계

효과적 협상을 진행하기 위해서는 사전에 철저한 준비가 필요하다. 목적을 달성하기 위해 실무적으로 어떻게 협상을 준비해야 하는지를 구체적으로 9단계로 나눌 수 있다 (Harvard Business School, 2003). 앞의 대구경북경제자유구역청의 프랑스 글로벌기업 '다쏘시스템' R&D연구소 유치(2010.3.12) 건을 적용해 보자.

(1) 1단계: 먼저 자신에게 자신의 최선의 협상 결과는 무엇인지를 물으라.
나의 요구와 우선순위는? 그 후 상대의 관점에서 동일 질문을 해보라.

(2) 2단계: 상호 호의적 거래를 위한 공통 이해관계, 타협점, 기회를 규정하라.
필자는 다쏘시스템과의 초기 협상에서 '다쏘시스템 아시아권 연구소 거점' 확보라는 상대의 목표를 두고, 적지(適地)로서의 대구 입지를 상대에게 각인시키기 위해 노력했다. 대구가 가진 한국 동남권의 접근성, 조선, 전자, 기계, 자동차 등 대구경북지역 산업의 다양성, IT 등 소프트웨어(s/w) 인력 공급 용이성 등을 강조했다.

(3) 3단계: 당신과 상대방의 BATNA(최선의 대안)와 유보가격(reservation price)을 규명해 보라.

다쏘시스템과의 유치 협상에서 대구시가 지급하는 보조금 수준을 놓고 협상이 진행됐고, 투자금의 약 30% 수준의 보조금을 지원하는 것으로 정리됐다. 다쏘시스템의 '한국 내 거점 확보의 필요성'과 대구시의 '외투기업 유치 필요' 사이에서 유보가격이 결정됐다고 볼 수 있다.

(4) 4단계: 협상력 강화를 위해 당신의 BATNA를 향상시켜라.

다쏘시스템과의 유치 협상에서 대구시가 '국제학교' 설립을 강조한 것은 자녀교육을 두고 고민하던 프랑스 연구소장을 상대로 대구시의 협상력을 올린 수단이었다고 볼 수 있다.

(5) 5단계: 협상 상대팀의 최고결정권자가 누구인지를 파악하라.
- 최고 의사결정권자와의 협상의 장점: 상대편 최고 의사결정자에게 직접 당신의 논점을 바로 전달할 수 있다. 협상 시 좋은 관계가 구축된다면 후속 집행 단계서도 잘 반영될 수 있다. 특정 사안에의 혼선이나 오해를 줄일 수 있다. 만약 실제 의사결정자가 배후에 있다면 당신의 노력은 물거품이 될 수 있다.
- 최고 의사결정권자가 아닌 자와의 협상의 장점: 각 개인은 그들의 이해관계를 논의할 때 좀 더 자유롭게 대화하며 창의적 대안들을 탐색할 수 있다.

필자가 '다쏘시스템' R&D연구소를 대구시에 근 10개월이라는 짧은 기간 내 유치에 성공했던 것은 프랑스 기업인들과 첫 면담 후 며칠 안 있어 개최된 다쏘시스템 본사 회장의 서울에서의 회사 IR 행사에서 본사 회장과의 접견을 통해 나름의 공감대를 직접 형성한 데 기인한 면이 있다고 본다. 즉, 통상적인 관료제적 의사전달과 의사결정 방식의 틀을 벗어날 수 있었다.

(6) 6단계: 상대편 협상팀의 사람, 문화, 목표에 대해 최대한 파악하라. 그리고 그들이 어떻게 이슈를 규정짓고 있는지 파악하라.
- 그들은 공격적인가, 아니면 갈등을 피하길 원하는 스타일인가?
- 상대 조직은 관료제적 문화인가, 아니면 기업가문화 지향적인가?

필자는 '다쏘시스템' R&D연구소 유치 시, 협상 과정에서 당시 미국 로스앤젤레스(LA)에 있던 다쏘시스템 연구소장이 대구에 연구소 이전 시 자녀 교육을 걱정한다는 정보를 입수했다. 필자는 당시 대구시가 외국기업 유치 차원에서 국제학교를 대구에 설립 중임을 설명하고, 프랑스 초등학교 학생 교육에 문제가 없음을 강조해 걸림돌이 제거됐다. 또 유치 후에도 프랑스 기업인들이 대구에서 문화적 향수를 잘 해소하도록 생활 측면에서도 경제자유구역청 직원들과 서로 인간적 유대와 공감대를 이어갔다.

(7) 7단계: 협상 과정에서의 유연성을 확보하라.
모든 것이 결론에 이르는 단선형 길만 따라간다고 기대하지 마라. 돌출적 전개에 대응할 준비를 늘 해야 하며, 더 나은 협상을 위한 학습 기회를 얻기 위해 주기적으로 지연시키는 전략도 필요하다.

(8) 8단계: 객관적 기준을 확보하라.
만약 협상 상대방과의 미래 관계가 중요하다면 당신의 제안이 공평하고 합리적으로 보이게 할 수 있는 외부적 표준과 객관적 기준을 최대한 모아라.

(9) 9단계: 협상 의제를 변경시키고 당신이 원하는 방향으로 진척되도록 하라.
만약 당신이 상대의 생각을 바꾸기 위해 필요하다고 판단된다면, 협상 진행 과정(process moves)을 변화시키기 위해 협상 테이블을 떠나 막후 작업을 별도로 진행하라. 또한 새로운 돌파구를 마련할 수 있도록 협상 과정 자체를 재설정(reframing)하라.

2) 협상 전 체크리스트

실무적으로 구체적 협상을 준비하는 단계에서 협상 전 체크리스트를 보며 자신의 준비가 철저히 됐는지 점검해야 한다. 사이먼과 트리프(Simons & Tripp, 1997)는 다음과 같이 협상 준비 점검목록을 제시하고 있다.

(1) 협상가 자신 점검
- 목표는 무엇인가?
- 현안은 무엇인가?
- 각 현안이 어떤 중요성을 지니나?
- 어떤 최선의 대안(BATNA)이 준비돼 있나?
- 우리 측의 가장 최악의 수용안(resistance point)은?

(2) 협상 상대방에 대한 점검
- 각 현안은 상대에게 얼마나 중요한가?
- 그들에게 최선의 협상안은 무엇인가?
- 그들에게 가장 최악의 수용안은?
- 위 각각의 사안에 대한 우리 측의 목표는 무엇인가?

(3) 협상 상황 점검
- 어떤 마감 시한이 존재하는가? 누가 더 중요한가?
- 어떤 공정 규범 혹은 준거 기준이 적용되나?
- 어떤 주제를 당신은 피하기를 원하나?
  상대가 그 주제를 질문하면 당신의 답은?

(4) 협상 당사자 간의 관계 점검
- 협상은 반복적인가?
  만약 그렇다면, 당신이 고려하는 각 전략, 전술, 행동의 미래 결과는 무엇인가?

- 상대를 신뢰할 수 있는가? 당신은 상대에 대해 무엇을 알고 있는가? 상대가 당신을 신뢰하고 있나?
- 당신은 상대의 타입과 전술에 대해 무엇을 알고 있는가?
- 상대의 권위에 대한 한계는 무엇인가?
- 현안에 대해 상대와 미리 협의하라.

2 협상 수행의 전략과 전술

일단 협상 목표가 설정되면 그 목표를 달성하기 위한 전략과 전술을 선택해야 한다. 일반적으로 전략이 협상에 임하는 큰 틀에서의 인식이라면, 전술은 그 전략을 구체적으로 구현하기 위한 수단이라 할 수 있다. 실제의 협상에서는 상대방에게 자신의 뜻을 관철하기 위해 의도적인 침묵을 부리거나 거세게 몰아붙이기도 하고, 환경적 또는 시간적 제약을 제시하기도 한다. 일종의 감정적·심리적 압박을 통해 자신에게 유리한 협상 분위기를 조성해 간다. 이하에서는 그 구체적 수단을 간략히 소개한다(Lewicki et al., 2015: 48-54).

(1) 참을성

참을성(forbearance)은 소위 "바쁜 가운데 기다림"으로, 일을 빨리 마무리짓고자 하는 상대방에게 시간을 끎으로써 안달나게 하고, 화나게 하고, 좌절을 느끼게 하는 전술로, 만약 적절히만 잘 사용한다면 유용한 전술이 될 수 있다.

미국의 루스벨트 대통령은 중국인들의 4000년에 걸친 문명화에 기초한 인내에 대해 인용하기를 좋아했다. 군중 속에서 두 명이 싸우고 있었다. 그런데도 둘 사이에 아무런 육체적 싸움이 없는데 대해 한 외국인은 놀라움을 금치 못했다. 그의 중국인 친구는 웃으며 설명했다. "두 사람 중 먼저 육체적 공격을 가하는 자는 곧 자신이 더 이상의 아이디어가 없다는 것을 시인하는 거라고."

(2) 침묵

통상 협상에서 침묵(silence)은 자기통제, 신념, 침착성 등과 일맥상통한다. 유창한 언변

만큼이나 상대의 말을 잘 듣는 것은 협상에 매우 중요하다. 자신이 생각한 협상 목표에 도달했다고 생각할 경우에도, 그 선에서 조금 더 얻어낼 여지를 찾아낼 수 있다.

한 예로, '미국 GM-한국 대우자동차 매각 협상 사례(사례 37)'에서 협상 초기 불리한 위치에 섰던 GM이 경쟁사인 포드의 인수 포기 선언으로 협상 주도권을 쥐게 되면서 한국에 대해 한동안 침묵전략을 펼쳤다. 2001년 10월 포드의 인수 포기 선언 후 인수의향서를 제출하고 실사를 마친 GM은 이후 7개월 동안 협상에 소극적 자세를 견지했다. GM은 시간을 끌수록 대우의 자동차 가치가 떨어져 자기 측에 협상이 유리한 환경이 조성된다고 판단했다. 초기 포드와의 협상에서는 포드가 최고가인 70억 달러를 제시해 한국 측에 유리한 듯했으나, 나중에 포드의 인수 포기 선언 후 2000년 9월 GM 측은 12억 달러를 제시했고, 최종적으로 2002년 4월 4억 달러에 마무리돼 GM의 지연전략이 효과를 보게 된다.

(3) 놀람

놀람(surprise) 전략은 당신이 취할 행동에 갑작스런 전환을 가져다준다. 통상적으로는 빠르고, 과격하고, 감정적으로 격한 표현을 일컫지만, 항상 그런 것도 아니다. 이것은 단순히 꼭 필요한 말을 강조하며, 당신의 목소리 톤을 낮게, 천천히 말하는 것일 수도 있다.

(4) 기정 사실

기정 사실(fait accompli)은 당신이 상대가 당신의 의도대로 딸려오길 은근히 기대하면서 상대에게 어떤 것을 제안하거나 어떤 것을 경시하듯 하는 것을 말한다. 하지만 이 방법은 경우에 따라서는 도리어 위험성을 내포하고 있으므로 신중히 사용해야 한다.

한 예로, 수에즈 위기 사례를 들 수 있다. 쿠데타로 이집트 정권을 잡은 나세르 대통령이 당시 영국 회사가 운영하던 수에즈운하를 점령하고 국유화하자, 1956년 영국·프랑스·이스라엘 연합군은 미국과 아무런 사전 협의도 없이 이집트 침공을 기정 사실화하게 된다. 그러나 실망스럽게도 이들의 뜻에 반해 미국은 이들에게 이집트 공격을 중지하고 철수하게 했다. 기정 사실화한다고 다 통하는 것은 아닌 것이다.

다른 예로, '대구 팔공산 구름다리 설치 갈등(사례 20)'에서, 이 국비사업이 공사 직전까지 간 상태에서 '사업 부지 확보 불가'라는 갑작스런 사유로 사업이 뒤늦게 철회됐다. 그 원인에는 사업 추진 도중 동화사 측의 '의견 없음'과 뒤늦은 시민원탁회의에서 시민 60%

의 찬성 등을 근거로 대구시가 이 사업 진행을 '기정 사실화'해버린 점도 한몫을 했다고 볼 수 있다.

(5) 명백한 철회

이 전략은 통상 인내, 자기절제(self-discipline), 사기(deception) 등의 혼합 형태로 나타난다. 명백한 철회(withdrawal) 전략은 다른 사람에게 당신이 실제 당신의 입장을 철회하지 않는데도, 상대에게 철회한다고 믿게 하려는 시도라 할 수 있다.

(6) 역행

"당신은 역으로 감으로써 앞으로 나아갈 수 있다." 당신은 통상적인 추세나 목표에 역행(reversal)해 행동할 수 있다. 가령, 증권시장에서 주가가 폭락해 공포로 모두 떠날 때 역으로 도로 주식을 매입하는 투자가가 나중에 큰 수익을 얻기도 한다. 협상에서도 당신이 생각하는 가장 쉬운 방법이 나중에 가장 힘든 협상을 맞게 할 수도 있고, 가장 어렵게 생각한 방법이 오히려 쉽게 풀릴 수도 있다.

(7) 탐색

탐색(probing/testing)은 협상에서 추가적인 정보를 얻기 위한 방법으로, '만약…' 등의 가정을 설정해 추가적인 세부 사항을 논의해 협상 상대방과의 거리를 좁힐 수 있다.

(8) 범위 설정

범위 설정(setting limits)은 협상 시 특정 조건하에서만, 특정 위치에서만, 특정 시간대에서만, 어떤 특정 경우에서만 협상에 임하겠다고 미리 제약을 가하는 것을 말한다. 협상 시 특정 장소에서만 협상에 임함으로써 그의 변호사가 자신의 협상을 대신할 수 있도록 하는 방법도 포함한다.

(9) 속임수

속임수(feinting)는 숨김, 노출, 방향 선회의 세 가지로 할 수 있다. 방향 선회는 상대가 당신의 민감한 이슈에 너무 가깝게 접근할 때 상대의 주의를 다른 쪽으로 돌릴 때 필요하다. 당신은 어떤 상황에서는 상대에게 당신이 실제 아는 내용보다 더 많이 알고 있다고 믿게 할 필요도 있다.

(10) 화합

당신이 잘 아는 집단, 회사, 협회는 화합(association)이 더 용이하다. 더 주의를 끌기 쉽고 그들에게 영향력을 행사하기도 더 쉽다.

(11) 불화

불화(disassociation)는 정치와 경제의 영역 모두에 걸쳐 적용되며, 비교 상대 또는 경쟁 상대를 무언가 안 좋은 사람이나 일과 엮어 평가 절하하는 반면, 자신들을 '좋은 파트너'로 협상 상대방에게 각인시키는 것을 말한다.

(12) 선택의 기로

당신은 협상 상대에게 몇 개의 대안을 제시해 놓고, 선택의 기로(crossroads)에서 당신이 원하는 대안 쪽으로 상대가 선택하게끔 유도할 수 있다.

(13) 장막

장막(blanket) 방법은 상대에게 가능한 한 많은 현안을 접하게 함으로써 그것들 중 어느 사안은 해결됐다고 믿도록 하는 것이다. 이는 장총으로 더 작은 타깃을 겨냥하는 대신에, 권총으로 더 넓은 영역을 겨냥하는 것과 같다.

(14) 샘플화

샘플화(randomizing)는 가령 백화점의 식품가게에서 팔고자 하는 과일이나 식품을 한 조각 맛볼 수 있게 한 다음, 소비자가 자신이 원하는 것을 구매하도록 유도하는 방법이다.

(15) 유효 범위

유효 범위(bracketing)는 소위 포병에서 포를 쏠 때 '유효 사거리 범위'와 같은 뜻으로,

협상에서 상대 또는 당사자가 논의 가능한 범위를 일컫는다. 자신과 상대의 합의 가능 영역(ZOPA)과 유사한 개념으로 이해할 수 있다.

(16) 쪼개기
쪼개기(salami)란 협상에서 큰 과제를 잘게 쪼개어 하나하나씩 해결하고자 할 경우 쓰는 전략으로, 가령 건설의 경우 프로젝트 전체를 하나로 묶어 공사를 맡길 수도 있고, 디자인, 노동, 장비 등으로 분야를 쪼개 일을 맡길 수도 있다.

(17) 급종료
시간 제약, 재정적 제약 등의 이유로 협상 내용의 일부만 급히 마무리하는 경우나, 갑잡스런 타협이 요구되는 상황에서 급종료(quick close) 방법을 쓰게 된다.

(18) 한정된 권한을 위임받은 대리인
이 경우 협상가는 한정된 권한을 지녀 협상에서 일정 부분 제약이 있을 수밖에 없다. 하지만 상대방이 무엇을 궁금해하는가에 대해 광범위하게 정보를 입수할 수 있고, 무엇이 진행돼야 하는가에 대해서도 진지하게 고민해 보는 기회가 될 수 있다.

❸ 협상의 교착 상태 해소

협상을 하다 보면 양 당사자 간 더 이상 진전을 보지 못하는 교착 상태에 빠질 때가 있는데 이에 대비해 몇 가지 접근법을 알아둘 필요가 있다(Lewicki et al., 2015: 55-61).

(1) 휴식
만약 팀 단위 협상단을 꾸린 경우, 팀원 간 휴식을 취하며 브레인스토밍을 한다.

(2) 지난 과정 회상
협상의 지난 과정을 회상해 보고, 알력을 일으킨 부분이 무엇인지 토의해 본다. 이제까지 협상 과정에 걸쳐 적용된 원칙과 공통 이익에 대해 논의해 본다.

(3) 무엇을 잃게 되나 파악

만약 이 시점에서 협상을 그친다면 무엇을 잃게 되나를 생각해 본다. 협상 도중 협상가는 협상이 마무리되지 않을 경우 어떤 부정적 결과가 나오는지 잠시 잊어버리는 경우가 있을 수 있다. 따라서 이 질문을 스스로에게 해 보면 향후 집중해야 할 협상의 방향을 포착하는 데 도움이 된다.

(4) 당신이 어떻게 느끼는지를 표현

협상 교착 시 당신의 솔직한 감정을 표현하면, 상대는 당신이 스스로를 내려놓았다고 느끼게 되며 공감을 표하게 된다. 정서의 공감은 새로운 출발을 가져다줄 수 있다.

(5) 주제 전환

협상이 잘 안 풀릴 때 지금까지 집중했던 주제에 대해 잠시 놔두고, 다른 주제로 분위기 전환을 시도한다. 이것은 기존 주제를 완전히 협상 테이블 밑으로 내려놓는 것을 의미하는 것은 아니며, 경직된 분위기를 식히는 효과가 있다.

(6) 원칙에 입각한 협상 전개

원칙에 입각한 협상은 양 당사자로 하여금 그들이 협상을 하는 근본적인 이유가 무엇인지, 그들의 공동 이해관계가 무엇인지를 인지시켜 줌으로써 그들이 옆길로 새지 않게 해준다.

(7) 중개 이슈 협상

가끔 교착 상태에 빠진 이슈를 해결하기 위한 방편으로 가벼운 이슈를 도중에 끼워넣어 해결함으로써 이를 본 이슈 해결 무드로 이어가는 방법을 쓸 수 있다. 가령, 회사의 노사 교섭 시 큰 폭의 임금 인상 등 이슈들과 근로자의 유니폼 색깔 결정 이슈를 섞어 다룸으로써 중개 이슈로 활용할 수 있다.

(8) 어떤 대안이 남아 있는지 토의

협상이 교착 상태일 때 어떤 대안이 남아 있는지 살펴보고, 도저히 안 된다면 새로운 대안을 창조하라.

(9) 중요 정보 노출

교착 상태에서 갑자기 당사자가 중요한 정보를 노출하게 되면, 상대는 협상의 새로운 전기를 발견할 수 있다.

(10) 가설적 질문

상대에게 가설적 질문을 던지면, 상대는 안 풀리는 문제에 대해 자신의 사고 영역의 지평을 더 넓힐 수 있으며, 더 큰 그림을 그림으로써 결단을 내릴 수 있다.

(11) 감정이입

상대의 감정이입, 연민에 호소하는 것은 당신이 당신의 위임인의 대리인으로 행동하며 당신의 위임인의 동의 없이는 전체적인 해결을 할 수 없는 경우에 효과적이다. 가령, "당신이 만약 제 입장이 돼 본다면, 제 입장에서 문제를 보게 될 것입니다"의 역지사지에 호소해 본다. 협상이란 본래 주고받는 게임이다.

(12) 도표 활용

양자 간 의견 차이를 도표를 활용해 보여줌으로써 양자 간 갭(gap)이 그리 크지 않다는 것을 인식시켜 해결의 실마리를 찾을 수 있다.

(13) 미래 필요의 충족

협상에서 현재의 필요를 충족시켜 주는 것도 중요하지만, 상대의 미래의 필요를 충족시켜 주는 것도 협상 교착 상태에서 돌파구를 마련할 수 있다.

(14) 선의

협상에서 진정성 또는 선의를 보여줌으로써 상대와의 문제 해결에 도움이 될 수 있다.

과거 함께 이룬 성과를 상기시킴으로써 협상 과정의 디딤돌로 활용할 수 있다.

(15) 장소 변경

협상 장소를 딴 곳으로 바꿔 보는 것도 도움이 될 수 있다. 간혹 커피머신 앞에서 이야기하는 것도 심리적 분위기 반전이 될 수 있다.

4 협상의 종결

협상은 시작도 중요하지만 결국 잘 마무리하는 것이 더 중요하다. 특히 협상은 사안에 따라 빨리 벗어나려는 마음이 앞서, 중요한 결정을 앞두고 오히려 감정 조절에 실패해 오점을 남길 수 있다. 루소(J. Edward Russo)와 슈메이커(Paul J. H. Schoemaker)는 결정을 내리는 사람을 옭아맬 수 있는 '열 가지 덫'에 대해 지적한다(레위키 외, 2005: 339-340).

① 마음이 급하면 핵심을 놓치고 성급한 결론을 내기 쉽다.
② 자신을 과신하면 스스로의 견해와 상반된 진실은 보지 못하기 쉽다.
③ 복잡한 문제를 단순한 인식의 틀에 맹목적으로 끼워 넣어선 안 된다.
④ 과거의 인식틀 속에 갇히면 안 된다. 관점을 열어놓고 보라.
⑤ 지름길에 집착하면 도리어 화를 부른다.
⑥ 머릿속이 너무 복잡하면 도리어 직감에 의존해 즉흥 판단할 우려가 있다.
⑦ 때로는 일부 부정적인 의견을 과감히 덮어 두는 결단도 필요하다.
⑧ 상대의 반응으로부터 배우지 못했다면, 그건 자신의 주장이 너무 강하거나 편견이 있었기 때문이다.
⑨ 협상 과정, 상대 반응, 그 결과를 상세히 기록한다.
⑩ 스스로의 생각과 행동을 감시하고 심사한다. 특히 협상 막바지에 주의한다.

협상의 종결은 협상의 목표가 달성된 때이지만 구체적으로 언제가 그 종점인지는 협상 당사자의 판단에 의존한다. 협상을 종료하는 올바른 시점은 모든 당사자가 합의된 조건을 수락할 준비가 돼 있고, 그런 뜻을 밝힌 시점이 된다(Franscogna & Heterington, 2009). 협상가는 도출된 합의가 자신의 이해관계, 최선의 대안(BATNA), 객관적 기준에 부합하는지 여부를 검토해야 하고, 분쟁 해결과 관련해 추가 논의 사항이 없는지 최종 확인을 한 후 협상을 종료해야 한다. 좋은 BATNA를 가진 경우 협상 종료 시점을 포착하기가 쉽다. 통상적으로 한쪽에 의한 양보가 덜 중요해지고 덜 자주 일어나면 종료 시점의 신호일 수 있다. 또한 한쪽 당사자가 자신의 최대한의 성과를 얻었다고 생각하고 상대편에 마지막 제안을 결심하는 때가 적정 종료 시점일 수 있다.

협상 시작과 마찬가지로 협상의 종결도 일정한 기술을 필요로 한다. 협상가는 상황에 맞게 적절한 기술을 사용할 줄 알아야 한다. 통상 가장 많이 사용되는 기법은 양보, 요약, 차이점 정리이며, 이 밖에도 대안 선택, 가정, 점증적 정리, 연계, 촉진, 시험(trial), 방법론 선택권 부여 등이 있다(Cellich, 1997: 14-19).

우선, '양보'는 각 협상가가 자신의 우선순위에 따라 가장 중요한 쟁점을 해결하기 위해 우선순위가 더 떨어지는 사안을 양보해 합의에 이르는 것이고, '요약'은 한 협상가로 하여금 논의와 관련된 모든 이슈들을 요약하게 하는 것으로, 협상을 통해 상대가 얻은 이익을 두드러지게 하고자 할 때 사용한다. '차이점 정리'는 양측이 합의에 거의 이르고, 미미한 차이만 남겨 뒀을 때 유용하게 사용하는 방법이다.

만약 협상을 진행시켜 봐도 더 나은 합의 도출이 어렵다고 여겨질 경우 적당한 시점에 협상을 종료해야 한다. 양측은 협상 종료 시점을 확인하는 차원에서 다음의 질문을 스스로에게 던져야 한다(Lewicki et al., 2015: 69-71).

- 협약이 우리의 목표를 달성시켰는가?
- 우리는 합의한 협약을 충족시킬 수 있는가?
- 우리는 합의한 협약을 이행할 수 있는 자원을 가졌는가?
- 우리는 상대방이 협약 이행을 실천할 수 있다고 믿고 있는가?
- 만약 협약 집행 과정에서 중요한 장애가 발생하는 경우 그것을 규정하고, 서로 극복할 수단은 준비돼 있는가?
- 집행 과정에서 잠재적인 논쟁이 일 경우 그것을 해결할 수 있는 시스템과 절차는 준비돼 있나?

이상의 질문들에 대해 명쾌한 답이 주어진다면 협상 종료를 선언할 수 있다. 합의문은 이행을 담보하기 위해 반드시 서면으로 작성하는 것이 좋다. 또 이행 단계에서 일어날 수 있는 분쟁에 대비해 협약에 사용되는 중요 용어에 대해서는 별도의 정의 규정을 두는 것도 좋다. 법적으로 중요한 합의문 또는 계약서는 공증을 할 필요가 있다. 공증은 공적 증거로의 효력을 가지기 때문에 만약의 경우 재판에서 유용한 증거로 활용할 수 있다(이로리, 2014: 236).

공공갈등
관리 시스템

| 제1절 | 공공갈등 관리제도

1 공공기관의 갈등 예방과 해결에 관한 규정

공공갈등의 개념은 크게 '행위자'와 '공공성'의 두 개념을 중심으로 정의해 볼 수 있다. 즉, 행위자 측면에서 '공공기관'이 갈등 당사자가 되는 경우를 공공갈등이라 할 수 있고, 공공성 측면에서 정부가 행위자로 나서는 경우에도 '공공성'을 띠지 못하면 공공갈등으로 보지 않을 수 있다. 반면, 지역사회 내 민간집단 간 갈등을 사안에 따라 공공갈등으로 보면 그 범위가 너무 넓어지는 문제가 있다.

다수의 학자는 공공갈등을 "정부가 공익 추구를 위한 사업이나 정책을 추진하면서 공공기관 상호간 혹은 공공기관과 국민 간에 상호 양립할 수 없는 가치, 목표, 수단 등으로 인해 발생하는 갈등"(하혜영, 2007; 임동진, 2011; 채종헌, 2012)으로 정의한다.

공공갈등은 대개 해결에 많은 시간이 소요되고, 해결 과정이 복잡하고 어려우며, 당사자 간 합의가 쉽지 않다. 정부에서는 이러한 공공갈등을 관리하기 위해 법령에 따라 관리기구를 운영하고, 조정·중재·협상 등 ADR(대안적 분쟁 해결 방법)을 쓴다. 갈등관리는 "정책을 추진, 집행하는 과정에서 갈등에 관한 관리를 제도화한 것으로, 갈등의 부정적 효과를 낮추고 순기능을 높이려 하는 일련의 활동"이라 할 수 있다(하동현·홍수정, 2017).

우리나라 공공갈등 관리와 관련한 법령은 2007년 2월에 첫 제정돼 현재 시행 중인 「공공기관의 갈등 예방과 해결에 관한 규정」(대통령령 제26928호, 2016.1.25 시행, 이하 "공공갈등 관리규정"이라 한다)이 있다. 이 규정의 주요 내용을 살펴보면 다음과 같다.

우선 공공갈등 관리규정은 적용 대상을 '중앙행정기관'으로 국한시키고 있다(제3조). 지방자치단체와 그 밖의 공공기관은 이 규정과 동일한 취지의 갈등관리제도를 운영할 수 있도록 하고 있다.

다음으로 중앙행정기관의 장은 공공정책을 수립·시행·변경하려면 국민생활에 중대하고 광범위한 영향을 주거나 국민의 이해 상충으로 인해 과도한 사회적 비용이 발생할 우려가 있다고 판단되는 경우에는 해당 공공정책을 결정하기 전에 갈등영향분석을 실시할 수 있다(제10조). 갈등영향분석 시에는 ① 공공정책의 개요 및 기대 효과, ② 이해관계인의 확인 및 의견 조사 내용, ③ 관련 단체 및 전문가의 의견, ④ 갈등 유발 요인 및 예상되는 주요 쟁점, ⑤ 갈등으로 인한 사회적 영향, ⑥ 갈등의 예방·해결을 위한 구체적인 계획, ⑦ 그 밖에 갈등의 예방·해결을 위해 필요한 사항 등이 포함돼야 한다(「공공기관의 갈등 예방과 해결에 관한 규정」 제10조 제3항 참조).

또한 중앙행정기관의 장은 갈등영향분석에 대한 심의 결과 갈등의 예방·해결을 위해 필요한 경우 이해관계인·일반 시민 또는 전문가 등도 참여하는 의사결정 방법을 활용할 수 있도록 하고 있다(제15조). 그리고 중앙행정기관은 소관 사무의 갈등관리와 관련된 사항을 심의하기 위해 갈등관리심의위원회(위원장은 민간위원중 호선)를 설치해야 한다(제11조).[1] 또한 갈등관리심의위원회 이외에 동 규정 제26조 제5항에 따라 갈등관리에 대한 관계 부처 간의 협의 등을 위해 갈등관리심의위원회를 설치한 중앙행정기관으로 구성되는

---

1) 다만, 갈등이 많이 발생하지 않는 기관으로서 총리령으로 정하는 기관은 당해 기관의 장이 판단해 위원회를 설치하지 않을 수 있도록 하고 있다. 「공공기관의 갈등 예방과 해결에 관한 시행규칙」 제3조에 따르면 법무부, 법제처, 국무조정실, 통계청, 기상청, 검찰청, 특허청이 이에 해당된다.

공공갈등관리 절차	갈등관리 지원 및 관련 절차
공공정책의 입안	※ 갈등 발생 시 → 갈등조정협의회 설치 여부 검토
▼	
갈등영향분석 실시 여부 판단(공공기관의 장)	(미실시) 이해당사자의 의견 수렴 · 협의 등을 통한 정책결정
▼ (실시)	
갈등영향분석서 작성	갈등관리연구기관 지원
▼	
갈등영향분석서 심의	갈등관리심의위원회
▼	
갈등 해결 방안 진단	이해관계자의 의견 수렴, 협의, 회의 등
▼ (필요 시)	
참여적 의사결정 활용	갈등관리연구기관 지원
▼	
공공정책의 수정 · 보완	
▼	
공공정책의 결정	※ 갈등 발생 시→ 갈등조정협의회 설치 여부 검토
▼	
갈등 발생	
▼	
갈등조정협의회 설치 여부(공공기관의 장)	관계 중앙행정기관, 이해관계인, 관련 단체, 전문가
▼ (설치)	(미설치 시) 이해 당사자의 의견 수렴 · 협의 등을 통한 정책집행
갈등조정협의회	
▼	
합의 절차 진행	갈등관리연구기관 지원
▼	
합의 여부 판단	(미합의 시) 정부 최종 판단→ 공공정책의 계속 집행
▼ (합의)	
공공정책 등의 수정, 보완	

출처: 황병수(2010)를 바탕으로 국회예산정책처에서 작성 · 수정 인용.

[공공기관의 갈등 예방과 해결 절차]

갈등관리정책협의회(위원장은 국무조정실장)를 국무조정실에 두도록 하고 있다.[2]

마지막으로 중앙행정기관의 장은 공공정책으로 인해 발생한 갈등 해결을 위해 필요하다고 판단되는 경우에는 각 사안별로 갈등조정협의회를 구성해 운영할 수 있다(제16조). 협의회 의장은 당해 사안과 직접 관련이 없는 자 중에서 당사자 간 합의에 따라 선정하는 것을 원칙으로 한다. 중앙행정기관은 갈등 조정 협의 결과를 성실하게 이행하도록 노력해야 한다. 협의 결과는 비공개를 원칙으로 하되, 당사자들이 모두 합의한 경우에는 공개할 수 있도록 하고 있다. 공공갈등관리규정에 명시된 공공기관의 갈등 예방 및 해결에 관한 절차는 앞의 그림과 같다.

우리나라에서 2007년부터 '갈등영향분석'이 본격 도입된 이후 15년이 지난 지금, 이 제도가 객관적 갈등 상황 분석 기능을 제대로 구현하고 있는지에 대해 일부 의문도 제기되고 있다. 이선우 외(2021: 47-63)는 향후 갈등영향분석 발주자의 동기, 이해관계자 면담 방식 다양화, 좀 더 적실성 높은 합의 형성 절차 설계 노력 등이 추가적으로 고려돼야 한다고 제안하고 있다.

2 공공갈등관리 관련 법률안과 국내 공공갈등 관련 개별 법령·제도 비교

국내 공공갈등 관련 주요 개별 법령·제도는 「행정절차법」, 「공공기관의 정보공개에 관한 법률」, 국토계획 관련 법률, 환경 관련 법률, 보상 관련 법률, 「중·저준위 방사성폐기물 처분시설의 유치지역 지원에 관한 특별법」, 「방사성폐기물 관리법」, 「댐 건설 및 주변 지역 지원 등에 관한 법률」, 「국민대통합위원회의 설치 및 운영에 관한 규정」과 분쟁조정제도인 건설분쟁조정위원회, 소비자분쟁조정위원회, 금융분쟁조정위원회, 언론중재위원회, 환경분쟁조정위원회, 중앙노동위원회, 국민권익위원회 등이 있다.

공공갈등관리 관련 법률안을 제정할 경우 이들 공공갈등 관련 개별 법률·제도와의 중복·충돌 문제를 검토해야 한다. 대체로 공공갈등관리 관련 법률안이 갈등 관련 다른

---

2) 이 밖에 현재 「국가정책조정회의규정」에 따라 중앙행정기관 간 정부정책에 대한 이견 및 주요 국정 현안 등을 협의·조정하기 위해 국무총리 소속으로 '국가정책조정회의'를 두고 있다.

법·제도보다 포괄적이고 체계적임을 알 수 있다. 예를 들어 공공갈등관리 관련 법률안이 갈등의 사전적 예방과 사후적 해결을 모두 목표로 하는 반면, 「행정절차법」, 「공공기관의 정보공개에 관한 법률」, 국토계획 관련 법률, 환경 관련 법률은 사전적 갈등 예방에 주목적을 두고 있다. 또한 공공갈등관리 관련 법률안이 법령의 제·개정뿐만 아니라 법령 또는 정책의 집행 과정에서 발생하는 이해관계의 충돌을 모두 대상으로 하는 반면, 분쟁조정제도인 건설분쟁조정위원회, 소비자분쟁조정위원회, 환경분쟁조정위원회, 중앙노동위원회, 국민권익위원회 등은 재판 외 분쟁 해결이 가능한 사안만을 적용 대상으로 하고 있음을 알 수 있다(박홍엽 외, 2005: 196-220).

참여 범위도 공공갈등관리 관련 법률안은 직·간접 이해관계자를 모두 포함하는 반면 분쟁조정제도인 건설분쟁조정위원회, 소비자분쟁조정위원회, 환경분쟁조정위원회, 중앙노동위원회, 국민권익위원회와 국토계획 관련 법률, 환경 관련 법률, 보상 관련 법률 등은 직접적 이해관계자나 지역 주민 등을 포함하고 있음을 알 수 있다.

적용 기법에서도 공공갈등관리 관련 법률안은 정책 추진 단계별로 적용되는 기법이 상세하게 규정돼 있다. 즉, 갈등의 예방과 갈등 상황 분석을 위한 갈등영향 분석을 실시하고, 이를 갈등관리심의위원회에서 심의해 그 결과에 따라 참여적 의사결정 방법을 채택할 것인지, 아니면 별도의 갈등조정회의를 통한 토론 절차를 진행할 것인지를 결정하는 등 체계적인 갈등관리 과정을 담고 있다. 반면 갈등관리 개별법·제도는 의견 청취(청문·공청회·의견 제출), 설명회, 민사상 화해, 재판상 화해, 행정소송, 국민투표 등 다양한 기법을 개별 법·제도에서 선별적으로 활용하고 있다.

마지막으로 공공갈등관리 관련 법률안은 다른 공공갈등 관련 개별 법·제도에 비해 '공익 지향적 원칙'을 강조하고 있다. 예를 들어 「행정절차법」이나 「공공기관의 정보공개에 관한 법률」은 개인의 권익 구제와 이익 대변의 성격을 띠고 있으며, 분쟁조정제도인 건설분쟁조정위원회, 소비자분쟁조정위원회, 금융분쟁조정위원회, 환경분쟁조정위원회, 국민권익위원회 등은 재판 외 빠른 분쟁 해결을 위한 '사후적 분쟁 해결'의 성격을 띠고 있음을 알 수 있다.

| 제2절 | 외국의 공공갈등 관리제도

1 미국

　미국의 대표적인 갈등 해결 관련법으로 「행정분쟁해결법(The Administrative Dispute Resolution Act of 1996)」, 「협상에 의한 규칙제정법(Negotiated Rulemaking Act of 1996)」, 「대안적 분쟁해결법(Alternative Dispute Resolution Act of 1998)」 등이 있다(은재호, 2013; 임동진, 2010; 박홍엽 외, 2005).

　「행정분쟁해결법」은 많은 비용과 시간이 소요되는 종래의 법적 소송 방식 대신에 저렴하고 신속하게 분쟁을 해결하기 위해 알선, 조정, 중재 등의 ADR(대안적 분쟁 해결 기법) 사용을 의무화한 법이다.

　「협상에 의한 규칙제정법」은 정부가 사회경제적 영향이 큰 규칙(또는 법규)을 제정하거나 개정할 때 그 규칙에 따라 영향을 받을 것으로 예상되는 이해당사자들을 참여시켜 이해관계를 조정하고 쟁점을 해소해 합의를 형성하려는 자발적인 과정에 관한 법이다.

　「대안적 분쟁해결법」은 각 지방법원으로 하여금 분쟁 해결 프로그램을 개발해 시행하도록 하고, 소송 과정에서 ADR의 활용을 적극 권장했다. 특히 민사소송 시에는 소송 당사자가 ADR의 활용을 반드시 고려해 보도록 명시하고 있다.

　미국의 경우 범정부 차원의 갈등관리기구로 정부기관 간 대안적 분쟁 해결 실무그룹(Interagency Alternative Dispute Resolution Working Group: IADRWG)이 있다. 또한 법무부의 분쟁해결실이 법무부의 ADR 활용을 조정하고 ADR 정책을 총괄하는 역할을 한다. 법무부 이외에도 농림부, 환경청, 에너지부 등에 공공갈등 관리기구가 있다. 그뿐만 아니라 주정부 차원의 갈등관리기구를 구성해 공공갈등의 예방 및 해결 활동을 하고 있다.

2 프랑스

프랑스에서 합의가 되지 않은 정책이나 사업 집행 시 발생하는 공공갈등을 예방하기 위한 대표적인 사전적 갈등관리제도로서 '공공토론위원회(Commission Nationaledu Débat Public: CNDP)'와 '민의조사(Enquete Publique)'[3]제도가 있고(임동진, 2010), 사후적 갈등관리를 위한 기구로서 '공화국조정처(Mediateur de la Republique: MR)'가 있다(은재호, 2013; 박홍엽 외, 2005).

프랑스에서는 국책사업 추진 시 주민 참여 방식은 사업 입안, 초안 마련, 공공 토론(1단계 주민 참여), 민의조사(2단계 주민 참여), 결과 공표, 사업 시행의 과정을 통해 이뤄진다.

CNDP는 1995년 일명 「바르니에법(Loi Barnier)」에 따라 입법화됐고, 1997년 환경개발부 산하에 처음으로 설립됐다. 2002년 「풀뿌리민주주의관련법」에 의해 독립행정기관으로 발전돼 구성과 조직, 예산 측면에서 독립성과 자율성을 보장받고 있다. CNDP에서는 공공 토론의 공정성, 투명성, 자유로운 의견 교환을 매우 중시한다. CNDP는 정부가 추진하는 대규모 건설사업, 환경정책 또는 시설정비 사업 결정 과정에 주민이 적극적으로 참여할 수 있도록 함으로써 다양한 이해 당사자들과 합의를 유도할 것을 목적으로 한다. 공공 토론은 중앙정부, 지방자치단체, 공공기관의 사업은 물론 일정 규모 이상의 개인사업도 공공 토론의 대상이 될 수 있다. 프랑스의 민의조사제도는 정부가 추진하고자 하는 사업에 관한 정보를 국민에게 제공한 후, 국민의 다수 의견을 청취하고자 실시하는 여론조사를 의미한다(임동진, 2010).[4] 민의조사가 정부의 정보 제공, 조사활동, 의견 수렴 및 보고서 작성의 순서로 이뤄지는 만큼 정부의 투명하고 공정한 정보 공개가 중요한 요소가 된다. 다만, 민의조사 결과가 정부정책의 방향을 구속하지는 않는다. 실제로 공공갈등이 발생한 경우에는 법적 소송으로 나아가기 전에 사후적 갈등관리기구인 공화국조정처(MR)에 중재를 요청해 갈등을 해결할 수 있다.

---

[3] 이 밖에도 협상을 통한 규칙 제정과 공공갈등의 예방을 담당하는 국가중앙기구로 '경제사회환경위원회(Conseil Economique Social et Environmental: CESE)', '국가전략분석센터(Centre d'analyse stratégique: CAS), '최고행정자문기관 및 최고행정재판소(Conseil d'Etat: CE)' 등이 있다.

[4] 민의조사를 거쳐야 하는 사업은 법률에 규정돼 있으나 중대하고 시급한 과제, 법령상 환경을 보호해야 하는 장소, 지역적 민감성 때문에 조사가 제한되는 경우에는 민의조사를 실시하지 않거나 최소화할 수 있다.

3 영국

영국 정부는 갈등을 사전에 예방하기 위해 정책 과정의 초기 단계에서 시민 및 정책 이해관계자들의 협의를 거치는 협의(consultation) 및 개입(engagement)제도를 시행하고 있다. 영국 정부는 공공갈등관리를 위해 법적으로 구속력을 갖는 법제도를 활용하기보다는 내부 행정규칙을 통해 갈등을 예방·조정하고 있다. 서면 협의에 관한 시행규칙(Code of Practice on Written Consultation: CPWC), 공공 참여(Public Involvement: PI), 공공개입(Public Engagement: PE) 등으로 대표되는 시민협의제도는 예상되는 갈등의 심화 정도에 따라 적용 범위와 방법을 달리하고 있다(임동진, 2010: 199-225).

우선 서면 협의에 관한 시행규칙(CPWC)은 정책 과정에서 공식적으로 시민 및 이해관계자의 의견을 수렴해 정책에 반영하는 절차와 내용을 규율하기 위한 시행규칙이다(은재호, 2013: 59).

공공참여제도(PI)는 서면 협의에 관한 시행규칙(CPWC)이 더욱 확대된 형태로 특정 정책 이슈에 대해 이견이 더 많을 때 활용된다. 즉, 한층 심화된 갈등이 발생될 것으로 예측돼 서면상 협의뿐만 아니라 공식적·비공식적 협의 방안이 요구될 때 사용 가능한 방법이라는 것이다.

또한 공공개입제도(PE)는 좀 더 적극적인 의견 수렴이 요구되는 경우에 실시되는데, 정보 공유나 협의를 통해 이뤄지기도 하고, 광고나 웹사이트 등 다른 정보통신기술(ICT)을 이용하기도 한다.

마지막으로 영국의 경우 민간부문도 공공갈등관리에서 중요한 역할을 하며, 정부기관과 상호 보완적인 역할을 수행한다. 즉, 영국의 정부기관들이 공공갈등의 예방에 더 초점을 두고 제도를 운영하고 있는데 반해, 민간기관은 이미 발생한 공공갈등을 조정(mediation) 및 중재(arbitration) 등을 통해 해결하는 데 초점을 맞추고 있다.

|제3절| 한국 지자체의 갈등관리 체계

이하에서는 공공갈등관리가 실제로 어떻게 운영되고 있는지를 서울특별시와 대구광역시, 두 지자체 운영 사례를 대표적으로 살펴보도록 한다.

1 서울시 갈등관리 체계

서울시는 2012년 10월 「서울특별시 공공갈등 예방 및 조정에 관한 조례」, 2013년 시행규칙을 제정해 갈등관리를 하고 있다. 이어 2014년에는 갈등경보제, 2015년에는 갈등관리에 대한 실태평가를 도입 운영 중이다(하동현·홍수정, 2017).

서울시는 2012년 1월 갈등관리 전담부서(4급 부서장)를 지자체 처음으로 신설해 운영 중이다. 또한 심의자문기구로서 갈등관리심의위원회(위원장 포함 15인, 위원장은 민간위원 중 호선)를 둬 공공갈등 종합계획 수립, 공공갈등 해결 방안 모색, 관련 법 정비 및 갈등영향분석 실시, 갈등관리 심의 및 자문 역할을 수행하고 있다(서울시 갈등관리백서, 2018).

서울시는 사업 추진 과정에서 발생하는 갈등을 체계적으로 관리하기 위해 갈등 프로세스를 구축·운영 중이다. 갈등관리는 사업부서에서 각자가 추진하는 소관 갈등을 책임 관리함을 원칙으로 하고, 총괄부서는 사업 추진부서의 갈등 예방 및 지원하고 시 차원의 대응이 필요한 이슈의 조기 발굴 및 대응 역할을 한다.

운영 프로세스는 갈등 진단→대응계획 수립→맞춤형 갈등 조정→지속 관리의 4단계로 흘러가며, 대다수 지자체가 이와 유사한 프로세스로 운영하고 있다. 먼저, 갈등 진단은 차년도 예산 수립 시 갈등 발생 가능성이 높은 사업 순으로 해당 사업을 '중점관리대상'으로 선정해 관리한다. 둘째로 대응계획 수립은 1단계에서 선정한 중점관리대상 사업에 대해 실행 가능한 구체적인 대응계획을 마련한다. 3단계로 맞춤형 갈등 조정은 갈등 원인과 등급별로 대응 방식을 구체화한다. 필요 시 갈등조정협의회를 열거나 갈등영향분석을 실시해 각 사안에 맞는 갈등 해법을 제시한다. 마지막 단계는 지속 관리로, 갈등관리에 대한 상황을 지속적으로 파악하고 필요 시 교육도 시행한다(이숙종 외, 2019: 324-326).

2 대구시 갈등관리 체계

대구시는 2015년 7월 10일 「대구광역시 공공갈등 관리 및 조정에 관한 조례」를 제정 운영 중에 있다. 갈등관리심의위원회는 위원장 1인을 포함해 15인 이내의 위원으로 구성하도록 하고, 위원장은 위촉직 위원 중에서 호선한다. 대구시의 갈등관리조직은 2021년 3

[대구광역시 공공갈등관리 프로세스]

월 현재, 자치행정국 소통민원과(2015년 시민행복교육국 시민소통과)에서 운영하고 있다. 갈등관리 흐름은 아래 그림과 같다.

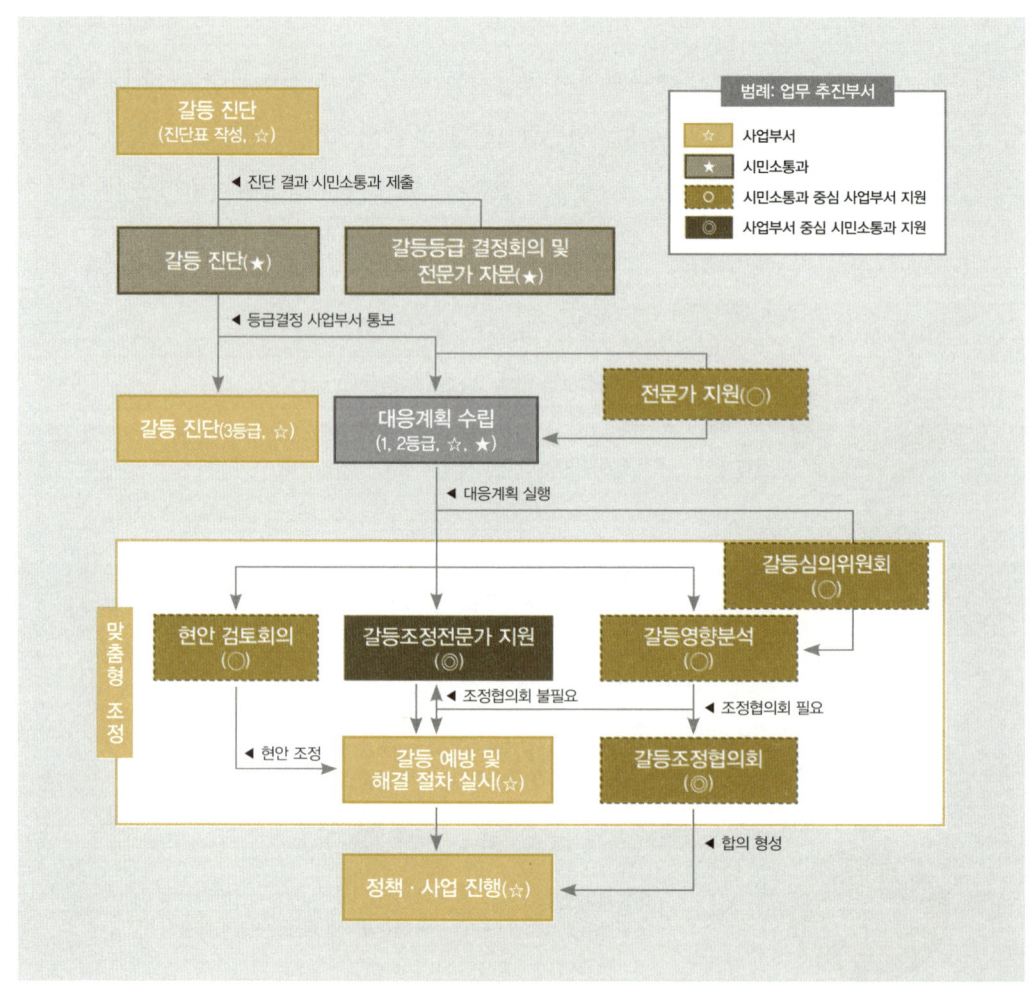

[대구광역시 갈등관리 흐름도]

갈등 진단은 예산사업, 비예산사업 등을 종합적으로 분석해 목록화하고 갈등이 예상되는 사업을 집중 관리하고자 실시한다. 갈등 진단은 갈등 강도와 발생가능성을 예측하기 위한 것으로 이해 당사자 수, 집단화 가능성, 갈등 해결 비용, 사회적 이슈화 등 12개 항목으로 구성된다.

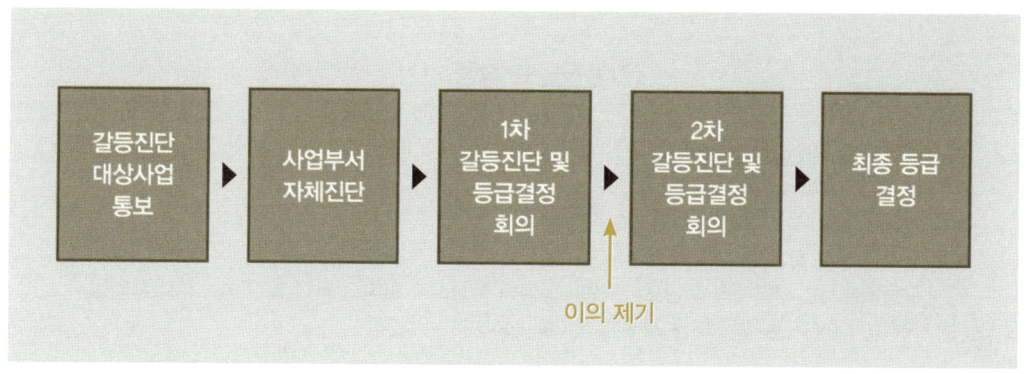

[갈등 진단 흐름도]

(1) 갈등진단 대상사업 통보(총괄부서: 소통민원과 → 각 사업 추진부서)
총괄부서에서는 갈등진단 대상사업을 목록화해 사업 추진부서에 진단할 것을 통보한다(매년 11월 중순경).

〈갈등진단 대상사업〉

- 우리 시에서 추진하는 단위사업 중 실·국장 전결 이상 사업(단위사업 : 예산서상 세부단위사업)
- 지방재정 투자 대상 사업의 예산 편성 및 중기지방재정계획 대상 사업(사업 규모 40억 원 이상 사업)
- 자치법규(조례 및 규칙) 제정 및 개정
   - 갈등진단을 통해 갈등 유발 가능성이 있는 사업을 사전에 확인
     국·시비 투자 또는 시의 발전을 위해 유관 기관이 추진하는 사업도 주관부서에서 진단

(2) 부서 자체 진단(사업 추진부서)

사업 추진부서는 소통민원과로부터 갈등 진단 대상사업 목록을 받은 후 해당 사업에 대한 갈등 진단을 실시한다. 사업추진계획서에 갈등진단표를 첨부해 총괄부서로 제출한다.

〈갈등진단표 작성 시기〉

- 사업계획 방침 수립(최종 결재권자 방침 시)
- 예산 편성 시(예산담당관 제출 전)
- 중기재정계획 작성 시(예산담당관 제출 시)
- 자치법규 제정 및 개정 계획 수립 시
    - 갈등기술서는 사업계획 수립 시 계획과 병행해 작성하고 이미 갈등이 발생됐던 유사 사업을 계획할 때는 기존 갈등 대응 사례를 참고해 작성

---

(3) 갈등진단 및 등급결정회의

소통민원과는 사업 추진부서에서 제출한 갈등진단표와 갈등기술서의 적정성을 확인한다. 각 사업의 갈등 수준에 대한 등급은 '갈등진단 및 등급결정회의'를 통해 결정할 수 있다('갈등진단 및 등급결정회의'는 행정관리국장이 주관).

갈등 진단 등급 기준은 매뉴얼의 '갈등진단표'에 의해 점검하며, 점검 결과 "나" 항목에 해당하는 개수에 따라 분류한다.

- 1등급 : "나" 항목에 해당하는 개수가 2/3 이상인 경우
- 2등급 : "나" 항목에 해당하는 개수가 1/2 이상인 경우
- 3등급 : "나" 항목에 해당하는 개수가 1/2 미만인 경우

(4) 등급 결정

등급이 최종 결정되면 각 사업 추진부서로 결과를 통보한다.

등급별 성격 분류는, 1등급(시 전체 차원의 접근 및 의사결정이 필요한 사항), 2등급(다른 부서 및 총괄부서의 협력 또는 지원이 필요한 사항), 3등급(주관부서에서 자체적으로 관리가 가능한 사업)으로 대별해 처리한다.

제4절 갈등영향분석의 적용

1 갈등영향분석의 방법

우리나라의 경우 1993년 문민정부가 출범한 이후 정책의 결정과정에서 관료들의 영향력이 점차 줄어들고, 대신 시민단체를 포함한 각종 이익집단의 목소리가 커졌다. 또 정부 내 부처 간에도 정책지향성 또는 정책우선순위의 차이, 불분명한 관할권, 대안선택 선호의 차이 등으로 정책갈등이 발생하고, 정책이 당초 의도와는 달리 변질되거나 정책목표가 수정되는 일이 빈번해졌다. 특히 정책결정 및 집행단계에서 거쳐야 할 절차를 거치지 않거나 논의를 소홀히 할 경우 결국 그 부분이 이해관계집단에서 큰 갈등을 일으키면서 정책이 좌초되기 쉽다. 가령, 최근 정부의 의사 2,000명 증원 이슈도 정책목표 발표 이후 의사집단의 강한 반발 등으로 국민이 큰 고통을 겪고, 시작단계에서부터 난항을 겪고 있다. 결국 한발 더디더라도 정책당사자 및 이해관계자들 간에 충분한 의견수렴을 통한 신뢰구축이 후속 갈등을 줄이고 원만한 정책집행으로 이어진다. 여기에 유용한 완충역할을 할 수 있는 제도 중의 하나가 과정관리의 일환인 갈등영향분석이다.

우리나라 공공갈등관리의 기본 법령인 '공공기관의 갈등예방과 해결에 관한 규정' 제2조에 따르면, 갈등영향분석이란 공공정책을 수립할 때 공공정책이 사회에 미치는 갈등요인을 예측, 분석하고 예상되는 갈등에 대한 대책을 세우는 것이다. 서스킨드와 라머는 갈등영향분석은 이해관계자 및 핵심갈등이슈 파악, 향후 시행가능성 분석과 실행계획 설계를 위한 것으로, 평가자와 이해관계자들간에 인간적인 신뢰를 구축할 수 있는 점도 중요한 효과라고 보았다(Susskind & Thomas-Larmer, 1999). 이 제도의 기원은 1973년 미국에서 댐 건설을 둘러싸고 다양한 입장을 가진 이해관계자들간에 갈등이 발생하였는데, 갈등해결절차를 설계하면서 이해관계자에 대한 심층면담과 같은 갈등영향분석의 접근이 사용되었다(Cormick, 1976: 219). 갈등영향분석은 이후 1980년대에는 규제협상차원에서, 1990년대에는 본격적으로 합의형성과 분쟁해결방법으로 널리 활용되어 오고 있다(Susskind & Thomas-Larmer, 1999). 갈등영향분석은 기본적으로 갈등을 겪고 있는 이해당사자들을 직접 대면접촉해 심층면담형식으로 진행된다. 갈등영향분석은 구조화된 면담보단 개방형 면담의 형식으로 주로 진행된다. 따라서 면담자의 면담역량훈련, 평가에 대한 연구도 필요하다. 갈등영향분석은 다음 〈표〉와 같이 몇 단계의 절차를 거쳐 진행된다. 우리나라에서는 주로 Susskind & Thomas-Larmer(1999)의 6단계 갈등평가모형과 Consensus Building Institute(2007)의 6단계 절차를 주로 활용한다. 또한 국무조정실(2016)도 6단계의 절차를 제시하고 있다.

〈갈등영향분석모델 및 절차〉

모델	1단계	2단계	3단계	4단계	5단계	6단계
Susskind 모델	분석기관 및 분석자 선정	면담자 조사 및 질문목록 조사	심층면담 진행	면담 내용 분석: 합의가능성 파악	합의 형성 절차 설계	분석서 작성 및 공유
CBI 모델	발주 결정	쟁점사안 조사 및 인터뷰 초안 작성	인터뷰 실시: 탐색과 합의 형성 의사 확인	인터뷰 결과 분석	문제해결 설계	공유
국무조정실 모델	실시 결정	갈등영향분석 착수	심층 면담	면담 결과 분석	합의 형성 절차 설계	분석서 작성 및 공유

출처: 이선우 외(2021.6), p52.

Susskind & Thomas-Larmer(1999)의 6단계 갈등평가모형을 설명하면 다음과 같다.
1단계는 갈등영향분석 실시 결정이다. 주관자가 갈등영향분석 실시 필요성을 판단하고, 분석기관 및 분석자를 선정한다. 용역계약서를 작성하고 기초자료를 제공한다. 2단계는 면담대상자 선정 및 목록을 작성하여 협조공문을 발송하고, 질문 목록의 작성을 준비한다. 3단계는 심층 면담을 실시한다. 적정한 면담 장소와 소요 시간을 계산해 짜임새 있는 면담을 진행한다. 4단계는 면담 내용을 이해관계자 범주에 따라 분류하고, 합의가능 쟁점과 합의가 어려운 쟁점을 구분한다. 이후 협상에 의한 상호 이익 가능성을 따져보고, 합의장애요인 등을 파악한다. 5단계는 합의 형성 절차 설계로, 쟁점의 범위와 우선순위를 파악하고, 실현가능한 목표를 제시한 다음, 합의 형성에 참여하는 대표자를 선정하고 합의 절차 운영에 영향을 미치는 요인 파악과 개선 방안을 제시한다. 마지막 단계는 갈등영향분석서 면담에 참여한 이해관계자들과 주관자로부터 초안에 대한 의견 수렴과 수정을 거쳐 최종분석서를 제출한다.

2 갈등영향분석의 적용과 한계

행정기관의 입장에서 갈등영향분석은 몇 가지 이점을 제공한다(백동현, 2020: p.6). 첫째는, 갈등현안과 관련된 포괄적인 이해관계자들의 구성과 분포를 파악할 수 있다. 그들의 성향을 파악함은 추후 갈등이 어떻게 진행될지, 어떤 해법을 모색해야 할 것을 놓고 중요한 단서를 제공하기 때문이다. 가령 환경 문제의 경우 이해관계자들이 단순한 이해관계를 넘어 '가치갈등'적 입장을 강하게 견지하는 경우가 일반적이어서 해법도 다른 접근이 필요하다.

둘째는 이해관계자의 합의를 구해야 할 때 그 합의절차에 참여할 동기와 의지 여부를 파악하는데 도움이 된다. 이 과정에서 중립적인 갈등영향분석자는 이해당사자들을 대상으로 사안을 객관적으로 설명하면서 교육을 자연스럽게 진행시키는 '조정자' 역할도 수행할 수 있다. 이 분석자에 대해 이해관계자들이 신뢰를 가지고 있을수록 그 효과는 커진다. 그래서 일부 자치단체는 갈등영향분석 용역 시행 시 조정 등 합의형성절차 시행과 결합하여 발주하는 경향도 있다. 결국 형식은 갈등영향분석이지만 내용적으로는 갈등관리 컨설팅적 성격을 다분히 가진다. 이 점을 의식, 환경갈등과 같은 가치갈등의 경우 이해당사자가 환경영향평가서를 행정기관의 입장을 대변한 보고서로 간주해 원천적으로 거부의사를 보이기도 한다.

이러한 문제를 개선하려면 갈등영향분석 전에 몇 가지 사안에 유의할 필요가 있다. 우선 갈등영향분석에 대한 발주자의 동기를 명확히 할 필요가 있다(이선우 외, 2021: p58). 발주자는 자신이 추진 중에 있는 사업이 원활하게 추진됨을 주된 목적으로 할 수 있다. 하지만 갈등영향분석은 사업의 일방적인 추진보다는 사회적 수용성의 확보, 이해관계자들로 부터의 공감과 이해 확보라는 전제조건을 충족함이 중요하다. 발주자가 이러한 인식을 가지고 발주해야 자신들의 결정, 계획, 사업 등에 대한 객관성을 확보할 수 있고, 분석자도 독립성과 중립성을 가지고 분석작업을 할 수 있으며, 그 결과에 대해서도 이해관계자들로부터 신뢰를 얻을 수 있다.

다음으로, 갈등영향분석 실시 계약 체결 후 이해관계자에 대한 심층 면담을 실시한다. 이 경우 발주자가 이해관계자들에게 갈등영향분석 실시와 목적, 이유를 사전에 충분히 설명해야 한다. 그래야 생산적인 면담결과를 얻을 수 있다. 또 고령자 및 저학력자를 대상으로 면담 실시를 할 때에는 설문 방식의 거부감이 있을 수 있으므로 추가적인 설문 조사 방법을 적절히 선택할 수 있게 준비해야 한다.

셋째는 합의형성 절차 설계를 할 때는 합의형성에 대한 사업담당자의 이해 정도, 발주기관장의 의지, 정치적 환경, 예산 등 자원 확보 가능성 등을 두루 고려해야 한다. 필요시 협상, 조정, 숙의민주주의 방식인 시나리오 워크숍, 합의 회의 등 다양한 합의형 모델도 적극 활용해야 한다. 공공갈등이 일상화되어 있는 한국 사회에서 갈등관리 방안이 실제 많지 않은 상태에서 나름의 이점을 살려 앞으로도 널리 활용되어야 할 것이다.

|제5절| 숙의민주주의의 적용

1 숙의민주주의의 개념

정책은 진공 상태서 결정되거나 집행되지 않기 때문에 사업 추진 과정에서 갈등이나 대립이 발생한다. 이 경우 정책공동체는 이견이 처리되고 담론이 이루어질 수 있는 터전을 마련하게 된다. 정책에 있어 숙의(deliberration)란 개인들이 강압, 조작 그리고 기만 없이 다른 사람의 관점에서 자신의 견해를 심사숙고하는 의사소통과정이다(Dryzek and

Dunleavy, 2009: 215~225). 또한 정책숙의는 공공정책문제, 다양한 참여자, 집단적 의사결정과 판단, 이성적 문제 해결 과정과 계속적인 문제 해결 과정으로 특징지을 수 있다(문태현, 2011: 48-51). 드라이젝은 숙의를 사회적 과정으로 파악하면서, 참여자들이 상호 작용을 통하여 각자의 기본신념, 선호, 판단을 바꿀 수 있다는 것을 핵심으로 한다(Dryzek, 2002: 1-7). 이러한 입장은 갈등해결을 합리적 대안의 선택이라는 결과에 초점을 맞추기보다는 갈등해결의 과정과 절차를 강조하는 관점이라 할 수 있다.

최근 한국의 지방자치단체에서도 중요 시책의 결정을 숙의민주주의 방식으로 행하는 사례가 늘어나고 있다. 제주도의 경우, 원희룡 도지사가 녹지국제병원 설립허가와 관련해 숙의형 정책개발청구심의회에 안건을 상정하여 공론조사를 실시했다(김주환·하동현, 2019: 150). 부산시의 경우, 오거돈 시장이 대중교통 인프라 도입과 관련하여 시민들의 건의를 수용해 BRT시민공론화위원회를 구성해 논의를 진행한 바 있다(부산일보, 2018.8.6.). 대구시의 경우 민선 7기 권영진 시장이 대구시청 신청사 입지결정을 신청사공론화위원회를 구성해 숙의민주주의적 공론조사방식으로 선정한 바 있다(대구일보, 2019.12.22.).

하버마스는 사적 개인과 공적 의제를 매개하는 공론의 장(public sphere)이 되기 위해서는 참여자들이 동등한 발언 기회를 가져야 하며, 모든 담론에 대한 비판과 반박 가능성이 열려 있어야 하고, 언어사용에 있어서도 어느 한쪽도 특권을 가져서는 안 되며 자신의 태도, 감정, 의도 등이 솔직히 드러날 수 있어야 한다고 주장한다(Habermas, 1989). 이런 조건들이 충족될 때 숙의민주주의가 이루어진다.

숙의민주주의는 일종의 집단적 의사결정 과정에 관한 원칙과 관련된 내용이다. 따라서 다음과 같이 몇 가지 '의사결정 조건'이 강조되고 있다.

첫째, 숙의민주주의는 공동체의 모든 구성원들은 논의 과정이나 결정 과정에 참여하여 자유롭게 의견을 개진하고 타인의 의견을 들을 수 있어야 한다는 '포괄성의 원칙'이 깔려 있다. 참여 주체는 모두 공개성(publicity), 상호성(reciprocity), 책임성(accountablity) 원칙에 입각하여 심의과정에 참여해야 한다.

둘째, 개인들이 토의와 결정 과정에서 차별이나 배제가 이루어져서는 안 된다는 '기회평등의 원칙'이 강조된다.

셋째, '이성적 숙의 과정의 원칙'이다. 토론과 결정에 참여 시 이견을 가진 상대방의 정당성을 인정하고 주장 역시 논거를 가지고 이루어져야 한다는 점이다.

넷째, 숙의 과정을 거친 결정은 공공선에 부합되어 이를 달성하는데 적합한 내용이어야 한다는 점이다.

이상의 숙의가 이루어지는 공론의 장이 공동체 안에서 만들어져야 한다는 것이다(Worley, 2009; Mansbridge et al., 2010; 윤경준·안형기, 2004; 김명숙, 2011).

2 숙의민주주의적 공론조사의 유형

다양한 숙의민주주의적 의견 수렴 기법이 있지만, 통상 시나리오 워크숍(Scenario Workshop), 합의 회의(Consensus Conference), 시민배심원제(Citizen's Jury), 공론조사(Deliberative Poll) 등이 주로 이용된다(국무조정실, 2013: 18).

⟨숙의민주주의적 공론조사 유형⟩

유형	시나리오 워크숍 (Scenario Workshop)	합의 회의 (Consensus Conference)	시민배심원제 (Citizen's Jury)	공론조사 (Deliberative Poll)
방법	산·관·민·전문가가 공동으로 문제점과 해결책 시나리오 작성	무작위 추출 시민패널(20명 내) 구성, 전문가들과 질의 응답 후, 권고안 발표	무작위 추출 시민배심원(약 20명) 구성, 전문가 및 증인의 증언을 듣고 해결책 토론 후, 정책권고안 공개	과학적 확률표본 추출을 통해 국민(최종 약 200명) 선발 후, 충분한 정보제공으로 소집단 토론 후, 숙고된 의견수렴
절차	의제설정 〉 운영위 구성(5명 정도) 〉 참가자 선정(약 20명) 〉 시나리오작성 〉 워크숍(2일) 〉 권고안 발표.	의제설정 〉 운영위 구성(5명 정도) 〉 시민패널 선정(약20명), 그룹스터디 〉 전문가 패널 확정, 본회의(약3일) 〉 시민패널 권고안 발표	의제설정 〉 운영위 구성(5명 정도) 〉 배심원 선정(약 20명) 〉 배심원 회의(약 5일) 〉 권고안 발표.	의견조사(약 2천명) 〉 시민참여단 선정(비례할당으로 약 200명) 〉 소집단 토론회 〉 전문가·시민참여단 전체 토론 〉 시민참여단 설문조사 〉 발표
소요 기간	약 3개월	약 6개월	약 3개월	약 3개월

1) 시나리오 워크숍(Scenario Workshop)

특정 주제에 대해 산·관·민·전문가 등 4개 집단의 관계인이 참여하여 공동으로 문제점과 해결책 시나리오를 작성하는 것이다. 절차는 1일차는 워크숍 역할 그룹별로, 2일차는 역할 그룹을 섞어서 시나리오를 작성한다(국무조정실, 2013: 19). 의제설정→운영위원회 구성→참가자, 간사 선정(총 16~24명)→시나리오 작성(운영위)→워크숍(2일)→정책권고안 전달 순으로 진행된다. 여기서 핵심적인 것은 각 집단 사이의 대화이며, 이를 통해 새로운 아이디어와 제안이 발전되는 갈등예방제도라 할 수 있다.

2) 합의 회의(Consensus Conference)

전국의 다양한 집단에서 선발된 무작위 추출 시민 패널(20명 내)을 구성하여, 시민 패널이 예비 모임인 그룹 스터디를 통해 사전에 확정한 질문을 토대로, 전문가 패널과 2박 3일 정도의 본회의를 통해 특정 주제에 대해 질의 응답 후, 시민 패널의 최종 보고서를 작성해 권고안을 발표하는 시민포럼이다. 합의 회의는 중요한 공공정책에 대해 시민들의 의견을 반영하여 사회갈등을 예방하는 기능을 가지며, 주로 전국적 관련성을 지닌 사안인 경우가 많다(국무조정실, 2013: 22-23).

3) 시민배심원제(Citizen's Jury)

무작위 추출 시민배심원(약 20명)을 구성, 전문가 및 증인의 증언을 듣고 해결책 토론 후, 정책권고안을 공개하는 방식이다. 이 모델은 미국의 제퍼슨 센터(Jefferson Center)가 고안한 프로그램으로, 중요한 문제를 무작위 선발된 시민들이 4~5일간 만나 숙의하는 제도다.

4) 공론조사(Deliberative Poll)

과학적 확률표본 추출을 통해 국민(최종 약 200명)선발 후, 충분한 정보제공으로 소집단

토론 후, 숙고된 의견수렴을 거치는 제도다. 첫 단계에서는 약 2,000~3,000명 정도의 표본을 대상으로 의견조사를 실시하며, 이중에서 다시 성, 연령, 지역을 감안해 비례할당 추출방법으로 최종 200~300명 정도의 최종 참여자를 선발하여, 해당 이슈에 대한 다양한 정보를 제공하여 해당 이슈를 숙지하게 한다. 이후 참여자들을 무작위로 소집단으로 나누어 이슈를 심도 있게 논의하는 토론회를 개최하여 전문가 패널에게 질문할 내용을 선정하게 한다. 이후 일반 참여자와 전문가가 함께 참여하는 전체 토론회를 개최한다. 이후 일반 참여자들을 대상으로 다시 한 번 해당 이슈에 대한 의견조사를 실시하여 그 결과를 발표한다(국무조정실, 2013: 29-31). 신고리 5·6호기 건설 재개와 중단 여부에 관한 공론조사, 대구경북신공항 이전 사례(2019), 부산 BRT 공론조사(2018), 제주 녹지국제병원 허가 사례(2003~2020) 등이 이에 해당한다.

3 숙의민주주의 공론조사 사례

1) 대구경북신공항 이전 건설 사례(2019~2024)

K-2는 우리나라 공군의 최신예 전투기가 운용되어 온 도심 내 군사공항으로, 지난 50여 년간 극심한 소음과 고도제한 등 막대한 피해를 유발해 왔다. K-2 군공항은 전국 최대 소음피해 유발시설로, 피해면적이 49.1㎢로 광주의 3.4배, 수원의 6.2배에 달하고, 고도제한으로 인한 재산권 침해도 114.33㎢에 달한다(대구시, 대구경북 통합신공항 추진상황자료, 2020.8.10). 민항시설인 대구공항도 수용 한계인 375만 명을 초과한지 오래고, 도심에 위치해 활주로 연장이 사실상 불가능해 중장거리 노선취항에 제약을 안고 있다.

2007년 이후 대구시 동구와 북구 주민이 주축이 되어 K-2 군공항 이전을 요구하였고, 주요 정당의 대선 공약과 국정 과제에 수차례 반영되었으나 번번이 무산되었다. 이러한 어려움을 타개하기 위해 2013년 4월 현부지를 개발하여 매각한 대금으로 새로운 군공항을 건설하는 이른바 '기부 대 양여' 방식을 규정한 「군공항 이전 및 지원에 관한 특별법」을 제정하게 되었다. 이후 2016년 7월 11일 K-2 군공항과 대구민간공항의 통합 이전이 결정되었다.

한편, 통합 공항 이전 예비 후보지 내에서는 군위군과 의성군이 각각 2016년 10월 이후 공항 유치 활동 가운데 주민들간 갈등이 심화되었다. 우여곡절 끝에 2017년 2월 16일 '군위 우보'와 '군위 소보·의성 비안' 두 곳이 예비 이전 후보지로 선정되고 2018년 3월 14일 대구시, 경북도, 의성군, 군위군 4개 지자체장의 합의를 국방부 선정위가 수용함으로써 이전 후보지로 선정되었다.

통합 신공항 최종 이전지 선정은 국방부가 2019년 11월 이전 부지 선정위원회를 열어 숙의형 시민의견조사위원회가 권고한 내용을 반영해 이전 부지 선정 기준을 마련하기로 하고(대구일보, 2019.11.24), 2020년 1월 21일 주민투표방식을 활용해 갈등을 수렴했다. 숙의형 시민의견수렴방식은 숙의형 시민의견조사위원회 구성, 시민참여단 표본 추출, 시민참여단 숙의, 설문조사 순으로 진행되었다. 이 숙의형 시민참여조사는 국내 공론화 사례에서 최초로 무작위 추출한 시민 200명(군위군 100, 의성군 100명)이 직접 이해관계자로서 참여하고, 공익적 관점에서 합의를 했다는데 큰 의의가 있다. 주민투표결과 2020년 1월 22일 군위군은 단독 후보지인 군위 우보 지역만, 의성군은 공동 후보지인 군위 소보·의성 비안 지역을 이전 후보지로 신청했다. 이후 국방부는 2020년 8월 28일 군공항 이전 부지 선정위원회를 열어 최종적으로 군위 소보면·의성 비안면을 대구 군공항 이전부지로 확정했다(한겨레신문, 2020.8.28.).

2) 부산 BRT 공론조사 사례(2018년 8월~10월)

부산시의 서병수 시장은 대중교통 친화 도시 조성 차원에서 BRT(Bus Rapid Transit)를 역점으로 추진했다. 하지만 새로 당선된 후임 오거돈 시장은 BRT 대신 도시철도 건설을 선호해 BRT 논의가 중단되었다. 하지만 부산 시민들은 시장이 교체되었다는 이유만으로 당연히 BRT 사업을 접을 것이 아니라 숙의민주주의에 준하는 공론화 과정을 통해 정책존폐 여부를 결정지을 것을 희망해, 오거돈 시장은 이를 수용, 2018년 9월 BRT시민공론화위원회를 구성해 논의를 진행했다. 이 같은 변화의 근저에는 BRT 이용 시민들의 긍정적 평가, 서면 1번가 상인의 BRT 설치 청원 등이 영향을 미쳤을 것으로 분석한다(부산일보, 2018.8.6.).

BRT시민공론화위원회는 2018년 10월 10일 부산시청에서 기자회견을 갖고 잠정 중단된 부산 중앙로 내성~서면 구간(5.9km)과 해운대 운촌삼거리~중동자하차도 구간(1.7km)의 공사재개를 요구하는 의견을 부산시에 제출했다.

〈부산 BRT 시민공론화 절차〉

① 공론화 위원회 구성	② 공론화 과정 설계	③ 시민참여단 선정	④ 시민참여단 숙의과정	⑤ 시민참여단 결론 도출	⑥ 공론화 결과 즉시 이행
	조사방식, 조사규모 등 리서치기관 선정, 학습·숙의방법 등 결정	표본 확보 (150명)	시민참여단의 충분한 학습(합숙), 찬반의견 토론회, 학습, 분임 토의	BRT 공사 찬성 61%, 공사 중단 39% (부산시는 결론 도출 결과를 가감없이 수용)	

출처: 부산광역시(2018: 20).

숙의과정은 BRT시민공론화위원회가 1차 TV 토론회〉1차 시민 여론조사〉시민참여단 150명 구성〉2차 TV토론회〉2차 시민 여론조사〉숙의 후 최종 결론 절차를 거쳐, 2018년 10월 시민참여단(141명) 설문 결과 BRT 공사 찬성 61%, 공사 중단 39%로, BRT 공사재개 의견서를 부산시에 최종 제출했다.

부산시는 BRT 사업 추진여부 의사결정에 도움을 준 요소로 분임토의(19.2%), 전반적인 공론화 과정(17.9%), 전문가 발표(16%), 전문가 질의 응답(15.1%), 개인적 경험(14.2%) 등을 들었다(부산시, 2018: 81). 결국 숙의민주주의의 조건인 올바른 제도설계, 포괄성의 원칙, 기회평등의 원칙, 이성적 숙의과정, 공공선의 부합 등이 적절히 충족되어 시민들의 의견이 정책으로 반영된 모범 사례가 만들어졌다고 할 수 있다.

3) 제주 녹지국제병원 갈등 사례(2003~2023)

우리나라에서 영리병원과 관련된 논란이 일기 시작한 것은 2003년 '동북아 중심병원' 계획과 2004년 11월 국무회의에서 '경제자유구역의 외국 영리병원의 내국인 진료 허용'이 발표되면서부터다(이진석, 2005: 6). 이어 2006년에는 제주도에서 외국법인을 대상으로 영리병원을 허가하는 내용의 「제주도특별자치도특별법」이 국회에서 통과됐다. 이에 제주도지사는 외국 영리병원의 설립에 강한 의욕을 보였으나, 제주참여연대 등 시민단체들은 '공공의료서비스 붕괴'를 우려해 사업을 반대했다.

2009년 제주도는 '투자개방형 병원'으로 명칭을 바꾸고, 7월 동의안을 도의회에서 통과시켰다. 2015년 4월에는 중국 녹지그룹이 '녹지국제병원 건립계획서'를 제출해 복지부에 승인을 요청했다. 이에 대해 제주도민운동본부는 영리병원 반대 촉구 및 저지운동을 펼쳤다. 정부는 2015년 12월 녹지국제병원의 국내 설립을 승인했다. 녹지국제병원은 서귀포시 토평동 헬스케어타운 내에 개원할 계획을 세우고, 호텔 등 기반시설에 6,357억 원을 투자했다.

문재인 정부는 선거 과정에서 보건의료노조와 의료민영화 반대 정책협약을 체결했다. 이에 반해 녹지국제병원측은 2017년 9월 병원 개원 허가신청서를 제주도에 제출했으나 시민단체의 개원 반대가 계속되면서 갈등 상황이 지속됐다(한라일보, 2017.12.15). 2018년 들어 제주도민운동본부는 영리병원 개원 허가 문제를 '숙의형 정책개발'로 논의하자고 주장했다. 제주도는 도조례에 따라 '숙의형 정책개발청구심의회'에 상정했고, 2018년 3월 8일 공론조사실시가 결정됐다. 공론위는 2018년 세 차례에 걸친 '도민토론회'를 개최했으나, '녹지국제병원 개원 불허' 의견이 다수를 차지해 '불허'를 정책권고했다(김주환·하동현, 2019: 150). 하지만 제주도지사는 제주도가 사업을 불허할 경우 녹지국제병원이 제주도를 상대로 1천억 원대의 손해배상을 청구할 뜻을 보이며 강하게 반발하자, 2018년 12월 녹지국제병원에 대해 '외국인 전용'을 조건으로 영리병원을 허용하는 것을 결정했다.

하지만 녹지국제병원측은 내국인 진료 제한 조건의 위법성을 이유로 제주도를 상대로 이 조건의 취소 또는 개설 허가의 취소를 구하는 행정소송을 제기했다. 이에 대해 제주도는 병원 측이 3개월이 지나도 병원 운영에 들어가지 않자 녹지국제병원 개설 허가를 취소했다. 이 분쟁에 대해 제주지법은 2020년 10월 20일 제주도가 녹지국제병원 개설 허가를 취소한 것은 적법하다는 판결을 내린데 이어(리걸타임즈, 2020.10.22), 이후 녹지그룹이 제기한 '외국의료기관 개설 허가조건 취소 청구소송' 분쟁에 대해 대법원은 '내국인 진료를 제한한 제주도의 녹지국제병원 조건부 영리병원 개설 허가가 정당하다'며 제주도의 손을 들어주었다(병원신문, 2023.7.3). 이어 대법원은 2023년 6월 29일 최종심에서 '국제병원 허가는 단순 기속재량이 아닌 특허적 성격을 띠며 개설허가도 복지부 장관이 아닌 제주도지사가 내준 것'이라며 제주도 승소판결을 내렸다. 이로써 결국 첫 국내 영리병원 운영 시도는 무산됐다.

갈등 조정방법과 관련해서 제주도는 제주도민운동본부측의 요청을 수용해, 숙의형 공론조사위원회를 열어 그 정책권고를 존중하겠다고 했으나 최종적으로 권고와는 반대의 정책결정을 내려버렸다. 이 사례는 숙의민주주의의 무조건적인 적용이 늘 명쾌한 해법을 가져다주는 것은 아님을 보여주고 있으며, 공론화 과정에서 공론의제의 명료성, 숙의 가능성, 포괄성 등의 문제가 지적될 수 있음을 보여주었다(김주환·하동현, 2019: 152-158).

첫째, 공론의제의 명료성 문제다. 이미 정상적 절차를 통해 설립 승인돼 자본 투자까지 진행된 상태에서 공론조사가 합당한가의 문제다. 이는 영리병원 개원 허가와 관련해 애초의 '의료산업화 대 의료비 상승'이라는 오랜 등가(等價) 구조적 갈등에서 시작해 공론조사 시에는 비등가(非等價) 구조적 갈등으로 이슈가 변형됐다고 할 수 있다. 즉, 의제의 명료성이 흔들린 것이다.

둘째, 공론의제의 숙의 가능성 문제다. 영리병원 이슈에서 중앙정부와 지자체가 오래 관여해온 정책 당사자인데 공론조사에서 이들의 참여가 배제됨은 타당한가 하는 것이다. 즉, 2004년부터 2015년 녹지국제병원 설립 허가까지 사업을 추진하던 복지부·제주도와 사업을 반대 하던 시민단체 간 갈등 구도였는데, 2018년 공론조사 시 복지부와 제주도가 배제된 상태로 '녹지국제병원 대 시민단체' 간 공론화 구조로 변형됐다.

셋째, 공론의제의 포괄성 문제다. 이 공론조사의 의제는 개원의 행정적 적법성과 개원에 따른 의료 환경의 변화 중 어느 것이 더 맞는가의 문제다. 이 사례에서 개원 허가로 결론날 경우 녹지국제병원은 영업을 하게 되고, 시민운동본부는 직접적인 손실은 없으나 의료 환경의 불확실성은 증가할 수 있다. 반면, 개원 불허로 결론날 경우 녹지국제병원은 그간의 투자금 손실 등 막대한 직접적 손해가 발생하고, 제주도도 막대한 손해배상 소송에 휘말리게 되나, 시민운동본부는 개원 불허로 인한 직접적인 손해가 없다. 결국 이 공론조사는 그 결과에 따라 한쪽 당사자는 수용의 범위(zone of acceptance)를 넘어버리는 꼴이 된다. 실제로도 제주도지사는 공론화의 결과를 수용하지 못하고 조건부 개원 승인을 하게 됐다. 결론적으로 이 갈등 사례는 '숙의형 민주주의' 적용이 적용 그 자체보다는 적용 과정의 공론의제의 명료성, 숙의 가능성, 포괄성 등의 전제조건이 충족되어야 갈등해소에 기여할 수 있음을 보여준 셈이다.

4 숙의민주주의의 한계와 개선 방향

숙의민주주의는 1990년대 말부터 서구 정치이론에서 뜨거운 이슈 중 하나로 부각되었고, 학계에서도 지적 도전을 계속 받아온 연구과제였다. 현실 민주주의의 많은 한계에도 불구하고, 시민들의 참여를 바탕으로 공적이고 이성적이고 성찰적인 토론의 가치를 주장하는 숙의민주주의적 방법론은 정치적 관용도의 향상 등 나름의 매력을 지니고 있다(Mutz, 2006; Mutz & Mondak, 2006). 하지만 숙의민주주의의 구체적 방법론에 대해서는 의사결정 주체로서의 시민들의 역량, 숙의토론을 거쳐 시민들이 자신의 의견을 바꾸는지의 여부, 정치적 책임회피의 일환으로 숙의민주주의가 활용되는 것은 아닌지 등 많은 도전과 비판이 제기되고 있다. 이러한 비판에 대해 좀 더 살펴보고자 한다.

1) 숙의민주주의의 주체로서의 대중

리처드 포스너(Richard Posner)와 일리야 소민(Ilya Somin)은 일반인들은 경쟁하는 정책 프로그램간에 어떤 것을 선택해야 할지, 정책의 결과에 대해 누구를 비판해야 할 지에 대해 전혀 모른다고 비판한다. 또 숙의민주주의자들이 유권자들의 낮은 정치적 지식 수준을 간과하고 있다고 주장한다(Posner, 2002, 2003, 2004; Somin, 1998, 2004). 이에 대해 탈리스(Talisse, 2004)는 대중들은 무지한 것이 아니라 '잘못된 정보를 가지고 있는 것(misinformed)'이라고 하면서 숙의를 할 수 있는 기회를 주면 대중들은 얼마든지 올바른 정치적 의견을 가질 수 있다고 한다. 한편, 애커먼과 피시킨(Ackerman & Fishkin, 2004)은 대중들의 무지는 올바른 판단을 하게 하는 공적 시스템이 부재한 상황에서 오는 것이라고 보고, 기존의 시민사회제도를 지속적으로 바람직스럽게 계속 수정해 나가는 것이 필요하다고 한다(Talisse, 2004: 459). 통상 사회의 엘리트들이 특정 분야의 전문성을 지니고 있다고 보지만, 불확실한 통계자료 앞에선 전문가들 사이에서도 혼란을 많이 겪게 되기 때문에 시민들과의 합의가 필요한 부분이 많다. 또 숙의토론 참여를 통해 일반 시민들의 정치적 역량이 향상되는 경험적 증거들도 많다고 한다(Schweigert, 2010).

2) 숙의의 변화유도 가능성

대중들이 정치적 역량을 지니고 있다 하더라도 숙의민주주의 방법론이 시민들의 진정한 의견 변화로까지 이끌어낼 수 있는지의 문제다. 일부에서는 숙의과정이 사전태도를 강화하고(Wojcieszak, 2011; Zhang, 2019), 동기화된 사고인 확증편향(confirmation bias)을 야기함으로써 왜곡된 의견을 만들어낸다는 비판을 한다(Mercier & Landemore, 2012). 하지만 이에 대해서도 숙의과정의 초일상성이 숙의의 짧은 시간에도 불구하고 태도연결망에서의 변화를 이끌어낼 수 있음을 밝히는 연구가 보고되고 있다(Ganuza, Frances, Lafuente, & Garrido, 2012). 나아가 불평등이 야기하는 차별과 배제의 문제도 의사소통방식 및 의사결정규칙의 적절한 활용을 통해 극복될 수 있음을 보여주는 연구도 제시되고 있다(Karpowitz etal, 2012; Polletta & Gardner, 2018). 우리나라의 경우도 공론화 과정에서 의견변화가 유의미한 방식으로 나타나고 있음을 경험적으로 탐구하는 연구들이 제시되고 있다(정형안·이윤석, 2020; 김혜경, 2019; 나윤영, 2020). 결국 쟁점이 되는 사안에 대해 깊이 있게 배우고 자신의 정책선호를 비판적으로 형성시켜 가는 과정은 그 자체만으로도 의미가 있다고 볼 수 있다.

3) 숙의결과의 책임성의 문제

어떤 갈등현안에 대해 숙의민주주의 방식에 의해 의사결정이 이루어진 경우, 숙의결과의 책임성의 불분명함과 책임전가의 문제가 있을 수 있다. 라폰트는 숙의민주주의 방식을 도입하는 것은 정치적 시스템의 민주적 정당성을 감소시킨다고 주장한다(Lafont, 2017). 숙의대표는 무작위로 선정된 기술적 의미의 대표라 해도 숙의대표가 결코 모든 시민들을 대표하는 것은 아니기 때문이다. 드라이젝은 정부가 미리 결정된 정책입장을 지지받기 위해, 시간을 벌기 위해 상징적 수단으로 숙의민주주의적 방법을 활용하는 경우 숙의민주주의는 실패할 수 있다고 한다(Dryzek, 2015). 즉, 시민사회의 비판의 목소리를 완화 또는 침묵시키기 위해 전략적 도구로 사용될 수 있음을 지적한다. 결국 책임성의 문제는 대의민주주의 아래서 숙의민주적 방법과 정치적 대표성의 문제, 민주적 정당성의 문제 사이의 긴장과 갈등을 어떻게 해결하느냐의 문제라 볼 수 있다. 멕켄지는 상대적으로 견고한 숙의환경의 형성이 민주적 정당성의 제고를 가능하게 할 것이라고 주장한다(MacKenzie, 2018).

4) 숙의민주주의 방법론의 개선 가능성

① 합리적 이성과 감정적 방법론의 조화

숙의민주주의적 공론조사 방법론을 활용 시 그간 형식적 정당성을 확보하는데 신경써 너무 '기계적 대표성'에 집착해 온 면이 있다는 지적이 있다(김정인, 2018a). 이 대표성을 다차원적인 개념으로 볼 필요가 있다는 논의가 등장하였다. 즉, 참여자의 다양성뿐만 아니라 '참여방식'의 다양성도 함께 보장되어야 한다는 것이다. 숙의토론이라 하더라도 지나친 이성적 토론, 형식적 합리성에 집착하지 말고, 소통에 인사, 수사, 유머, 스토리텔링 등 다양한 소통방식을 활용할 것을 제안하였다(Curato et al., 2017). 합리적 이성뿐만 아니라 감정의 측면에서 사람들의 내면의 '깊은 이야기'를 경청하고 공감하는 것도 중요하다는 것이다.

② 숙의토론 기법의 개선

숙의민주주의 방법론 적용에 있어 조정자(facilitator)의 기능은 중요하다. 숙의민주주의는 사전에 잘 설계된 토론절차에 의존해 공동체를 위한 보편적 이성을 실현하는 것이기 때문이다. 토론과정에서 생길 수 있는 불평등 문제를 조정자가 적절한 조정을 통해 관리해 주는 것이 중요하다. 참여자들이 개방적이고 관용적인 태도를 지니고 숙의에 참여하게 하는 것이 성공토론의 관건이기 때문이다(Barabas, 2004).

한편, 숙의토론 시 시민 중심의 상향식 접근을 할지, 전문가 중심의 하향식 접근을 할지도 중요하다. 통상 숙의토론 시 시민 중심의 의견수렴에 신경을 쓰게 되지만, 이보다 앞서 전문가들의 숙의와 합의점 모색 과정이 제대로 선행되는 것이 집단간 갈등해소에 중요하다고 할 수 있다.

③ 동조과잉(overconformity)에서의 탈피

숙의민주주의에서 공론조사에 지나치게 의존해서는 안 된다는 것이다. 자칫하면 공론조사의 전제조건 충족에의 선 숙고 없이 공론조사라는 수단의 억지도입이 원 정책목표와 의도를 도로 왜곡시켜버리는 결과를 빚기도 한다. 앞선 제주녹지국제병원의 갈등 사례(2003~2023)에서 보듯이 정상적 절차를 거쳐 국제병원 설립이 이미 승인된 상태에서 뒷북식 공론조사를 하고, 또 공론조사의 결론과는 정반대의 정책결정을 지자체가 내려버리는 등의 엇박자를 야기한 것을 들 수 있다. 또한 신고리 5·6호기 공론화 이후 그것을 모델로 한 공론조사들이 한국의 중요 정책적 의사결정수단이 기계적으로 답습되면서 사람들이 공론조사에 대해 피로감을 가지게 되었다는 지적이다(임동균·나윤영, 2021: 234). 특히 지난 공론조사들이 지나치게 합의와 다수결 중심적 목표를 가지고 진행되어 '형식적 틀'에 과잉 얽매였다는 것이다.

이것을 벗어나려면 숙의민주주의 방법론 적용 시 전제조건에의 선 숙고가 필요하다. 또 시민단체, 기업, 각종 이익집단 간 공식, 비공식 다양한 숙의가 이루어지도록 하고, 정부에 숙의토론을 관리하는 상설위원회 설치도 검토할 필요가 있다. 결론적으로 숙의과정서 형식적 정당성의 지나친 집착에서 탈피해, 다양한 참여 방식과 토론 방식의 가능성을 열어두고, 자연스럽게 숙의문화가 자리 잡을 수 있도록 노력해야 한다.

조정

chapter 5

| 제1절 | 조정의 이해

1 조정의 개념

양 협상 당사자가 협상에서 큰 진전을 보지 못하는 경우, 대안적 분쟁 해결 방법으로 제3자 개입(third party)을 통한 문제 해결을 생각해 볼 수 있다. 제3자 개입 방법은 양 당사자 사이에 제3자를 개입시켜 갈등을 완화하고, 소통을 증진시켜 공통의 접점을 모색하는 방법으로 통상 대안적 분쟁 해결 기법(Alternative Dispute Resolution: ADR)이라 부른다. 크게 조정(mediation)과 중재(arbitration)를 들 수 있다. 조정은 당사자들 간에 직접 협상을 통해 분쟁 해결이 어려운 경우 제3자의 개입을 통해 협상의 진척을 도와주는 제도로, 중재와는 달리 법적 구속력 있는 결정을 내릴 수 없다. 하지만 적대적 관계를 야기하는 재판과는 달리 당사자들이 서로 우호 관계 속에서 합의 도출을 할 수 있는 장점을 지니며, 조정자가 자율적 융통성을 가지면서 분쟁 해결을 시도한다.

제3자 개입은 일종의 법률용어로 소송이나 사건에 직접적 이해관계를 가진 자 외의 자를 통칭한다. 당사자의 권한과 책임 일체를 위임받은 위임인(협상 대표)은 제3자가 아니라 당사자다. 예를 들면, 한·미 쇠고기 협상과 같은 국제협상의 경우, 한국과 미국의 협상 대표는 당연히 당사자다. 그리고 국회는 윈-셋(win-set) 차원에서 협상 결과의 비준권을 쥐고 있고, 시민 전체 또는 일부의 의견을 대변하는 시민단체도 직접적 이해관계를 가져 협상 당사자라 할 수 있다. 반면, 한약조제권 갈등 협상에서 한의사회, 약사회 협상 대표는 직접적 이해관계를 지녀 당사자라 할 것이나, 그 밖의 시민단체나 시민들은 제3자라 할 수 있다.

조정은 골드버그 외(Goldberg et al., 1985)에 따르면, 법원의 과도 소송비용을 줄이고, 공동체의 개입을 통해 갈등을 해결하고, 사회 정의에 접근하는 효과적 갈등 해결 방법으로 정의한다. ADR의 핵심 요소로 오리어리 외(O'Leary et al., 1999)는 ① 갈등 당사자들이 ADR 과정 참여에 동의해야 한다. ② 갈등 당사자들이 직접 참여해야 한다. ③ 제3의 중립자는 합의 도달을 돕지만 해결에 대한 결정력을 갖지는 못한다. ④ 당사자들이 협상 결과에 동의할 수 있어야 한다. ⑤ 모든 참여자는 참여를 철회할 수 있고, 다른 곳에서 필요시 해법을 모색할 수 있어야 한다 등 다섯 가지를 들고 있다.

한편, 중재는 당사자들이 중립적인 제3자인 중재인에게 중재를 의뢰하면 중재인이 구속력 있는 종국적 결정을 내려주는 분쟁 해법이다. 소송과 같이 강제력을 가지긴 하지만 중재 절차, 장소, 언어, 중재기관 등의 선정할 때 당사자들 간의 합의가 중요시되며, 재판보다 적은 비용으로 신속히 수행되는 장점이 있다. 중재에 대해서는 다시 별도로 다룬다.

2 조정의 역사

조정이 현재와 같이 유사하게 사용된 것은 중국과 일본에서 분쟁 해결 방법의 하나로 사용하면서부터라고 할 수 있다(Kovach, 2000: 25-26). 중국에서는 유교문화의 영향으로 갈등을 알선의 방법으로 해결을 많이 한다. 중국 조정위원회는 시민 분쟁의 약 80%를 조정으로 해결한다. 일본도 동네 어른이 조정인이 돼 알선 스타일의 협상을 선호한다. 미국의 경우도 미국 원주민 사이에 화해를 통한 분쟁 해결, 특히 초기 산업시대에는 조정을 통한 신속한 분쟁 해결 방식을 선호했다. 1947년 미연방조정알선청(Federal Mediation and Conciliation Service: FMCS)이 설립돼 주(洲) 간의 상거래, 비영리적 의료기관, 연방정부기관에서 발생하는 산업 분쟁의 관할권을 행사했다. FMCS는 현재도 미국에서 노동분쟁 해결 방법으로 널리 활용된다.

현대의 ADR의 근원은 1976년 미국의 파운드회의(Pound Conference)에서 비롯됐다고 본다(김희곤, 2008; 최승필, 2010). 당시 버거(Warren E. Berger) 대법원장이 미국 사법 시스템의 고비용, 저효율의 문제 해결을 위해 ADR(Alternative Dispute Resolution)을 주창한 이래 미국 내에서 이러한 제3자 개입에 의한 분쟁 해결 방식인 ADR에의 논의가 확대됐는데 이를 'ADR운동(ADR Movement)'이라 부른다. 미국중재협회(American Arbitration Association: AAA)는 1960년대 말 포드재단에서 기금을 지원한 시범적 조정 프로젝트를 추진했다. 1970년대 초에는 AAA가 필라델피아와 로체스터에 분쟁조정센터(Dispute Resolution Center)를 설립해 지방법원으로부터 의뢰받은 사건을 조정의 방식으로 해결해 줬다. 판사, 변호사 등 다양한 배경을 가진 지원자들이 조정자로 참여했고, 대부분의 조정이 무료여서 조정에 대한 만족도가 매우 높았다. 이러한 지지에 힘입어 분쟁조정센터가 확대돼 갔고, 현재는 모든 주에서 이 센터를 운영 중이다.

3 조정의 성격

조정은 당사자들 간에 직접 협상을 통해 분쟁 해결이 어려운 경우 제3자의 개입을 통해 협상의 진척을 도와주는 사적·자발적 문제 해결 제도다. 조정은 중재와는 달리 법적 구속력 있는 결정을 내릴 수 없다. 하지만 적대적 관계를 야기하는 재판과는 달리 당사자들이 서로 우호 관계 속에서 합의 도출을 할 수 있는 장점을 지니며, 특별히 훈련받은 제3의 조정자가 자율적 융통성을 가지면서 분쟁 해결을 시도한다(Ponte & Cavenagh, 1999: 93).

조정은 재판과는 달리 비공개로 진행된다. 비밀이 유지돼야 당사자들은 조정인에게 솔직히 자신의 의견을 개진할 수 있다. 하지만 재판과 같은 위증죄 처벌이 없으므로 이것이 오히려 과정상 적법성을 위반하는 유혹에 빠져들 수 있게 한다. 결국 조정인을 신뢰해야 조정의 효과를 볼 수 있을 것이다.

조정은 통상 평가식 조정(evaluative mediation), 촉진식 조정(facilitative mediation), 변형식 조정(transformative mediation)으로 구분할 수 있다(Moffitt & Schneider, 2014: 85). 평가식 조정은 조정인이 협상 당사자들의 주장을 평가해 줘 바른 의사결정을 하게 도와준다. 즉, 당사자들의 주장의 약점, 소송비용 등을 지적해 줌으로써 소송 시 전문성을 보충해 주는 면에서 일종의 법률적 조정 성격을 갖는다. 촉진식 조정은 당사자 간 합의 유도를 위해 중립적 입장에서 의사소통 증진에 주 목적을 둔 조정이다. 변형식 조정은 특정 분쟁의 구체적 해결보다는 분쟁 당사자들의 도덕적 성장(moral growth)을 목표로 삼아, 당사자들과 조정인이 합동회의를 통해 당사자들로 하여금 서로 상대의 관점을 인정하는 능력을 기르도록 돕는다. 변형적 조정은 조정의 자기결정적 측면에 중점을 두고 당사자들에게 특정 결과를 압박하지 않고 특정한 과정을 강요하지도 않는다(원창희, 2016: 160).

|제2절| 조정을 바라보는 네 가지 시각

지난 20년간 어떻게 조정의 성장을 이해하는지, 조정 자체를 어떻게 규정하는지에 대한 이론들의 성장은 괄목할 만하다. 여러 문헌은 조정 과정을 몇 개의 다른 시각에서 규명하고 있다. 조정을 공식적인 법정에서의 혼란을 줄이고 각 개인의 사건에 좀 더 질 높은 정의를 제공해 주는 도구로, 사람들과 공동체를 좀 더 공정한 취급을 받도록 하는 장치로, 사회통제와 억압의 은밀한 수단으로, 사람들 간 상호작용의 질적인 전환을 제고하는 방법으로 이해하는 크게 네 가지의 접근이 있다. 이를 각각 만족이론(satisfactory story of the movement), 사회정의이론(social justice story), 억압이론(oppression story), 전환이론(transformation story)으로 문헌들은 언급하고 있다. 이들 이론을 살펴보는 것은 정부나 자자체 등 제3자 개입을 통해 시민들 간의 숱한 집단민원 해결을 시도하는 갈등 사례의 전개 과정 및 해법을 이해하는 데 시사점을 준다(Bush & Folger, 1994).

1 만족이론

이 접근은 조정 과정을 각 당사자의 진정한 인간적 욕구를 개인적 논쟁에 만족시키는 강력한 도구로 보는 것이다. 조정이 가진 유연성, 비공식성, 공감력 때문에 조정은 당사자들이 안고 있는 당면 과제를 충분히 노출시켜 줄 수 있다. 또한 규칙들의 법적 범주에 구속되지 않고 갈등적 논쟁을 호혜적 문제로 재구성할 수 있게 해 준다. 따라서 조정은 협력적·통합적 문제 해결을 용이하게 한다는 점에서 '상생(win-win) 성과'를 창출할 수 있다고 본다. 또한 조정의 비공식성과 호혜성은 분쟁 해결 시 발생하는 경제적·감정적 비용을 감소시키는 장점이 있다. 이 접근은 많은 학자에 의해 지지를 받고 있다(Fisher & Ury, 1981; Fisher & Brown, 1989; Susskind & Cruikshank, 1987).

2 사회정의이론

이 접근은 조정을 공동의 이해를 둘러싼 개인들을 조직화하는 효과적인 수단을 제공함으로써 더 강한 공동체의 연대와 구조를 형성해 주는 기능을 한다고 본다. 조정은 사회적 약자들 간에 연대를 형성시킴으로써 그들을 더 강하게 만들어 준다. 또한 조정은 원거리에 있는 기관들에의 의존성을 줄여주고 효과적인 풀뿌리 공동체 형성을 포함한 상호 조력을 강화한다. 조정은 또 그들이 공식적인 법적 분쟁 해결 방식에 의존할 때보다 그들의 이익을 위해 더 옹호할 기회를 준다. 현대 도시의 많은 환경 분쟁의 경우 관련 지역의 이익집단이 단합해서 그들의 요구를 관철하기 위해 노력하는 점이 그 예라 하겠다. 이 접근은 주로 풀뿌리 지역사회의 전통과 연관이 깊은 학자들에 의해 주창되고 있다(Wahrhaftig, 1982; Herrman, 1993).

3 전환이론

이 접근은 조정의 전제는 대체로 개인 논객들과 사회의 특성을 전환시키는 능력에 있다고 본다. 조정의 비공식성과 합의성 때문에 조정은 당사자들로 하여금 그들만의 시각에서 문제와 목표를 정의하도록 허용할 수 있다. 조정은 어떻게 논쟁을 해결할지에 대해 당사자들의 자기결정력 행사를 돕고, 그들의 문제를 해결하는 데 그들 자신의 자원들을 동원하는 것을 돕는다(조정 과정의 인적 능력 향상 측면). 또한 조정의 개인적이고 비판정적 특성은 분쟁 당사자들 서로 간에 비위협적으로 설명하고 인간적으로 소통할 기회를 준다. 조정은 처음에는 상대방을 강력한 적대 세력으로 여기는 데서 시작해서 나중에는 서로를 동료로 인식하게 해 준다는 측면에서 '조정 과정의 인지적 측면'으로서의 특성도 지닌다. 이 접근은 그리 넓은 지지층을 갖지는 않는다(Riskin, 1982; Menkel-Meadow, 1991).

4 억압이론

이 접근은 기존의 세 이론과는 달리, 조정의 기능을 부정적으로 본다. 즉, 조정은 약자를 이용하기 위해 강자의 힘을 증가시키는 위험한 도구라는 것이다. 조정은 절차적이고 실질적인 규율이 없기 때문에 협상에서의 힘의 불균형을 강화하고, 강한 당사자가 약한 당사자에게 강요와 조종 시 이를 피할 수 없다는 것이다. 그래서 조정은 불공정한 결과를 초래하고, 조정의 사유성(privacy)과 비공식성(informality) 때문에 조정자는 토론을 통제하는 강력한 힘으로 조정자의 편견에 빠지게 한다는 것이다. 즉, 조정 과정에서 강자로 하여금 약자를 향한 '분리와 지배'를 하게 한다. 조정운동에 대해 비판적 입장을 견지한 학자로는 해링턴(Christine Harrington)과 델가도(Richard Delgado)가 있다.

위 네 가지 접근 중 어느 하나의 이론으로 실제의 조정 과정을 설명할 수 없다. 다양한 견해가 있긴 하지만, 통상 갈등을 쌍방의 문제로서 재구성하는 조정자의 능력을 강조하고 최적의 해법을 찾고자 한다는 전제를 가진 '만족이론'이 현대의 조정활동을 가장 잘 설명한다고 할 수 있다. 또한 위 네 가지 이론은 조정운동의 실제가 '어떤지'뿐만 아니라 '어떠해야 하는지'와 관련한 다양한 시각을 보여준다.

|제3절| 조정의 절차

조정의 전형적인 절차는 아래 표와 같다.

〈 조정의 일반적 절차 〉

단계	주요 임무
1단계	[조정자 공개 진술 단계] – 조정자에 대한 신뢰 구축 　– 조정 과정과 조정 역할 설명 – 적절한 대화 분위기 조성 　– 양측 당사자를 협상 진행 과정에 끌어들이기
2단계	[당사자 공개 진술 단계] – 합의된 사실 관계 정립 　– 해결을 요하는 이슈 정리 – 희망하는 결과 설명
3단계	[협상 진행 단계] – 지속적인 정보 교환 　– 해결 대안의 모색
4단계	[임원진 회의 단계] – 중요 사실 검증 　– 비밀 사항 제공(비밀 내부회의) – 해결 대안들에 대한 평가, 새 대안 확정
5단계	[마무리 단계] – 해결 대안들에의 합의로 검토 종결 – 집행지침서 마련 　– 협약 체결

출처: Ponte & Cavenagh(1999: 101).

　1단계는 새로 임무를 맡게 된 조정자가 당사자들에게 신뢰를 구축하는 단계다. 이 경우 조정자는 양측 모두에게 얽힌 어떤 이해관계가 없어야 한다. 만약 미리 한쪽 당사자와 협상 관련 서류를 본다거나 토론을 하게 되면 편견이 생길 수 있으므로 조심해야 한다. 조정자는 양측에 향후 조정 일정과 조정자의 역할을 정한 공식 서류를 보내고 설명해 대화 분위기를 조성해 간다.

　2단계는 당사자의 공개 진술 단계로 각 당사자의 공개진술서가 조정자에게 전달되고, 모든 사실 관계와 원하는 성과가 정리돼 본격적인 협상 진행을 위한 제반 준비가 행해진다.

3단계는 본격적인 협상 진행 단계다. 조정자는 각 당사자가 그들의 입장을 상대방에게 좀 더 효과적으로 전달할 수 있도록 입장을 정리하고, 추가적인 정보를 이끌어 낼 수 있도록 질문을 한다. 또 협상에서 속도와 분위기를 조절하며 상대로 하여금 생각할 시간을 준다.

4단계는 각 당사자 임원진과 비밀 소그룹회의 개최다. 이 단계는 지금까지 논의된 사항 중 공개적 토의가 적합하지 않은 사안을 다루기 위한 것으로, 조정자는 대개 몇 개의 소그룹을 운영하며 이해관계를 조율해 간다. 이 소그룹은 협상 과정에서 생기는 격한 감정의 응어리를 해소하는 장이 되기도 한다.

5단계는 마무리 단계로 조정자는 각 당사자들이 최종적이고 공식적인 협상 성과에 도달할 수 있도록 촉매 역할을 한다. 또 당사자들에게 도달된 협상안을 공식적으로 주지시키고, 모호한 부분이 없도록 각 당사자의 입장을 요약해 알려줌으로써 최종 협약이 체결되도록 한다.

| 제4절 | 우리나라 조정제도

우리나라 행정부에서 관리하고 있는 행정기관 소속 위원회(행정안전부, 2019년 12월 말 기준)는 총 574개로, 각각 다른 법률에 따라 운영되고 있다. 이를 기능별로 크게 구분하면, ① 단순 자문위원회와 ② 행정관청으로 법적 구속력과 집행 기능을 가진 합의제 행정기관이라 할 수 있는 행정위원회로 구분할 수 있다.

이 중 우리나라는 다양한 갈등 해결을 위해 재판이 아닌 대안적 분쟁 해결(ADR) 방식으로 사법부에서는 민사조정 또는 가사조정, 민간에서는 대한상사중재원 등을, 행정부에서는 각각의 법률에 의거, 노동위원회, 환경분쟁조정위원회, 산업재산권분쟁조정위원회 등에서 분야별로 분쟁 조정을 하고 있다. 하지만 우리나라는 타국에 비해 ADR보다는 소송 등 법원을 통한 공식적 분쟁 해결 방식을 압도적으로 선호하고 있는 편이다. 소송은 시간 소모가 심하고, 정신적으로도 갈등 당사자들의 간극을 더욱 심화시킬 뿐 아니라 금전적으로도 큰 손실을 초래해 부작용이 크므로 조정의 이점을 살리는 노력이 필요하다.

우리나라 행정형 ADR 기구를 설치 유형에 따라 구분하면, ① 행정기관 자체에 설치된 경우, ② 행정부의 산하기관에 설치된 경우, ③ 법령에 따라 특정 민간단체에 의무적으로 설치된 경우로 구분된다(하혜영, 2011; 하혜수·이달곤, 2017).

첫째, 행정기관 소속 분쟁조정위원회로, 환경분쟁조정위원회(환경부), 중앙분쟁조정위원회(행안부), 중앙의료심사조정위원회(보건복지부), 하천관리위원회(국토교통부) 등을 들 수 있다.

둘째, 행정부 산하 독립법인 형태의 분쟁조정위원회로, 금융감독원 소속의 금융분쟁조정위원회, 한국소비자원 소속의 소비자분쟁조정위원회, 한국전자거래진흥원 소속의 전자거래분쟁위원회 등을 들 수 있다.

셋째, 법령에 따라 독립적 지위를 가지는 민간 분쟁조정위원회로, 중재위원회, 대한상사중재원, 언론중재위원회, 프로그램조정심의위원회 등을 들 수 있다.

중재위원회는 노동쟁의조정위원회이며, 대한상사중재원은 무역 거래 관련 물품 수출수입 분쟁 조정을 위한 기구다. 분쟁 유형별로 나누면 정책갈등, 이익갈등, 입지갈등, 노사갈등, 개발갈등 등으로 구분해 볼 수 있다(임동진, 2011). 여기에서는 대표적인 몇 가지 행정형 조정위원회에 대해 소개한다.

첫째, 환경분쟁조정위원회는 환경부 산하기관으로 환경분쟁조정법 제4조에 근거해 1991년 설립돼 운영 중이며, 환경부 소속 중앙환경분쟁조정위원회를, 광역시도 소속 지방환경분쟁조정위원회를 운영하고 있다. 분쟁 해결 방법으로는 알선, 조정, 재정 세 가지가 있다. '알선'은 당사자 일방의 신청에 의해 간단한 사건의 분쟁 당사자들에게 자리를 알선해 줘 합의를 유도하는 것으로 처리 기간은 3개월이며, 이 합의서는 특별한 법적 효력이 없다. 비합의 시는 조정, 재정을 신청할 수 있다. 다음으로 '조정'은 알선으로 해결이 안 되는 사안에 대해 사실 조사 후 조정위원회가 조정안을 작성해 당사자 간 합의를 수락 권고하는 절차로 일방신청, 조정신청, 직권신청 등 세 가지 방법으로 신청하게 된다. 조정의 처리 기간은 9개월로, 이 조정조서는 재판상 화해와 동일 효력이 있다. 조정안을 거부 시 재정신청이나 소송을 통해 분쟁을 해결할 수 있다. 마지막으로 '재정'은 재정위원회가 인과관계의 유무 및 피해액을 판단해서 결정하는 재판에 준하는 절차로, 처리 기간은

9개월이며 성립 시 재판상의 화해와 동일한 효력이 있다.

통상적 조정, 재정 처리 절차는 신청서 작성 → 분쟁위에 접수 → 사건 배정 → 피신청인 의견 청취 → 심사관 예비조사 → 전문가 현장조사 → 보고서 작성 및 회의 준비 → 회의 개최(조정안 제시) → 조정 또는 재정 결정 → 조정문 또는 재정문 송달 → 거부 시 60일 이내 소송 제기 순이다.

실제 환경분쟁조정위원회 처리 상황을 보면, 1991년부터 2019년까지 5,084건이 접수돼 4,313건을 처리했다. 피해 원인별로 보면 4,313건 중 소음과 진동 피해가 3,645건(84.5%), 대기오염이 224건(5.2%), 수질오염이 98건(2.3%), 일조권 254건(5.9%), 기타 92건(2.1%)이다. 2019년의 경우 총 267건이 접수돼 재정 215건, 조정 6건, 중재 합의 35건 등 총 256건을 처리했다(중앙환경분쟁조정위원회, 2019년 환경분쟁조정사례집).

둘째, 중앙분쟁조정위원회는 지방자치법 제149조에 따라 설치된 행정안전부 소속의 위원회로, 지방자치단체 간 사무를 처리할 때 의견이 달라 분쟁이 생기는 경우 이를 조정하거나 매립지, 등록 누락지 등 신규 토지의 관할 지방자치단체를 결정하는 기능을 하고 있다. 위원은 행정안전부 장관 제청, 대통령 위촉으로 임명되는 민간위원 6명과 당연직 위원인 행정안전부·기획재정부·산업통상자원부·환경부·국토교통부 차관 5명, 총 11명으로 구성된다. 중앙분쟁조정위원회는 2000년 4월 25일 첫 출범 이후 2019년 7월 현재까지 지자체 간 분쟁 조정 24건 및 매립지 관할 지자체 결정 264건 등 총 288건을 처리했다(행정안전부, 자치분권지원과, 2019).

셋째, 노동쟁의조정위원회는 노동위원회법에 근거해 고용노동부 소속 중앙노동위원회와 지방노동위원회를 운영하고 있다. 중앙노동위원회는 노동쟁의 조정사건의 해당 조합원이 둘 이상의 지방노동위원회의 관할구역에 걸쳐 존재하는 경우 관장함을 원칙으로 하나 필요 시 지방노동위원회로 하여금 처리하게 할 수도 있다. 노동위원회는 세 사람으로 구성되며, 양 당사자 모두가 조정안에 수락하는 경우에는 단체협약과 동일한 효력이 발생한다. 2019년 중앙노동위와 지방노동위에서 총 17,281건의 사건을 처리했고, 부당해고 등 사건 13,119건, 부당노동행위 사건 1,129건, 노동쟁의 조정사건 1,244건, 중재사건 9건 등을 처리했다. 조정 성립률은 47.6%였다(중앙노동위원회, 2019년 노동위원회 통계연보).

넷째, 금융분쟁조정위원회는 금융 관련 분쟁 조정을 위해 「금융위원회의 설치 등에 관한 법률」 제51조에 의거 금융감독원 소속으로 설치된 기구다. 예금자 등 금융기관 이용자

등 이해관계인이 금융과 관련 민원이 있으면 신청 가능하다. 조정위원회에 안건이 회부된 후 60일 이내에 조정안을 심의 후 당사자들에게 통보하며, 통보받은 날로부터 20일 이내에 수락 시 재판상의 화해와 같은 효력이 발생한다. 2019년 금융 분쟁 조정 건수는 총 29,622건이다. 보험 26,537건, 은행·중소서민 2,076건, 금융 투자 1,009건으로 보험 분야가 압도적으로 많다. 보험의 경우는 보험금 산정 및 지급 갈등이, 은행·중소서민의 경우는 여신 및 신용카드 갈등이, 금융 투자의 경우는 전산 장애 및 주식 매매 갈등이 다수를 차지한다(금융감독원, 2019년 금융 분쟁 조정 접수 및 처리 현황).

다섯째, 건설분쟁조정위원회는 「건설산업기본법」에 따라 건설업 및 건설용역업에 관한 분쟁을 조정하기 위해 국토교통부 소속 중앙건설분쟁조정위원회를, 시·도지사 소속 지방건설분쟁조정위원회를 둔다. 설계·시공·감리 등 건설 공사 분쟁, 발주자와 수급인 간의 건설 공사 분쟁, 도급계약의 보증책임 분쟁, 건설업의 양도 등에 관한 분쟁 들을 조정 대상으로 한다. 조정위원회에 안건이 회부된 후 60일 이내에 조정안을 심의 후 당사자들에게 통보하며, 조정안 수락 시 당사자 간 조정서와 동일한 내용의 합의가 성립된 것으로 간주한다(국토교통부, 건설경제과, 2021).

여섯째, 이 밖에도 특별법에 따라 산하기관에 설치된 행정형 분쟁조정위원회에는 공정거래조정원, 한국소비자분쟁조정위원회, 전자거래분쟁조정위원회, 개인정보분쟁조정위원회, 언론중재위원회 등이 있다.

중재

chapter 6

| 제1절 | **중재의 개념**

　중재는 당사자들이 중립적인 제3자인 중재인에게 중재를 의뢰하면 중재인이 구속력 있는 종국적 결정을 내려주는 분쟁 해법이다. 소송과 같이 강제력을 가지긴 하지만 중재 절차, 장소, 언어, 중재기관 등을 선정할 때 당사자들 간의 합의가 중요시되며, 재판보다 적은 비용으로 신속히 수행되는 장점이 있다. 중재에서 기록은 반드시 필요한 것이 아니며, 결정 사유를 설명하지 않고 결정을 내릴 수도 있고, 심문은 대중에게 별로 공개되지 않는다. 중재는 또 조정과 같은 정도의 비밀 유지 보호를 받지는 않는다(원창희, 2016: 230).

　20세기 들어 중재의 역사는 기업인들 사이의 분쟁을 해소하기 위한 방법으로 검토되기 시작했다. 1920년 미국 뉴욕에서 첫 중재법이 통과됐다. 이어 1925년에 연방중재법(Federal Arbitration Act: FAA)이 통과돼 미국 내 주 사이, 또는 미국과 외국 기업들과의 상업적 거래 분쟁을 해소하는 중심법이 됐다. 1920년 뉴욕중재법 제정 이후 주정부 중재법 모델로 통일중재법(Uniform Arbitration Act)이 마련됐다. 처음에는 몇몇 주정부에서 중재를 거부하는 법령들을 통과시켰으나 오늘날은 모든 미국 주정부에서 통일중재법을 모델로 삼아 중재법을 제정했다. 이후 중재를 통한 분쟁 해결은 급속도로 이용이 증가해 미국 전역에 걸쳐 1986년부터 1991년까지 5년간 34%나 증가한 62,000건을 기록했다(Ponte & Cavenagh, 1999: 159).

|제2절| 중재의 절차

중재협약은 논쟁의 여지를 최대한 없애는 쪽으로 체결돼야 한다. 그러기 위해 행해지는 중재의 절차는 다음과 같다(Barnes, 1997).

① 중재되는 현안은 명백히 제시돼야 한다. 어떤 문제들이 중재될 수 있는지에 대해 중재협약에서 모호한 부분은 나중에 법원에서 그 성과물을 다툴 수 있음을 알려줘야 한다.
② 중재비용, 즉 중재인 수수료, 서류비용, 청문 장소 임차비 등은 분쟁 당사자들 간에 공평하게 배분돼야 한다.
③ 중재인 선정과 자격 요건은 신중히 고려돼야 한다. 분쟁과 관련해 적절히 고려된 선정 과정을 거쳐야 한다.
④ 조사(discovery)가 허용되는지에 대해 명확히 규정돼야 하며, 조사 시 허용되는 형식(forms)과 조사의 정도가 명확히 정리돼야 한다.
⑤ 청문(hearings) 기간은 명백히 그 일정이 정해져야 한다.
⑥ 서류의 준비와 관련해 프라이버시와 비밀이 보장돼야 한다.
⑦ 중재인의 역할이 명확히 규정돼야 한다. 어떤 당사자는 중재청문 전후에 '조정'이 병행되는 방법을 진행시키길 원할 수도 있다. 이 경우 중재인은 상황에 따라 엄격한

사법적 역할을 해야 할 수도 있고, 또는 비공식적이고 유연한 촉진자 역할을 해야 할 수도 있다. 따라서 중재자의 개입의 성격에 대해 사전에 분명히 해 둘 필요가 있는 것이다.

⑧ 증거 제시와 관련한 규칙을 당사자들 간의 합의로 미리 정해 둬야 한다. 그렇지 않으면 청문은 대개 비공식적인 절차에 그치게 된다.

⑨ 당사자들은 요약문, 권한, 다른 부속 서류들을 중재 과정에서 제시할 수 있다. 제출 일정도 미리 정해져야 한다.

⑩ 협약서는 중재인에게 부여된 권능을 명확히 해야 한다. 어떤 중재인은 중재의 성과를 단순히 진술하는 임무만 맡을 수 있고, 어떤 중재인은 상세한 설명적 의견을 제시할 수도 있다.

⑪ 중재인이 부여받은 검토권과 강제권은 상세히 기술돼야 한다. 그러나 현행법이 중재협약 초안이 제시되기 전에는 지침이 될 것이다. 중재협약이 현행 법보다 우선하는지, 아니면 현행 법이 중재협약보다 우선하는지 여러 상황이 있을 수 있다.

⑫ 만약 당사자들이 다른 나라에서 온 사람들이라면, 어느 나라의 법을 적용할 것인지에 대해 협약서에 규정돼 있어야 한다.

⑬ 만약 중재 중에 임시적 명령 등 임시적 처방이 필요하다면, 중재 시에 명확히 제공돼야 한다. 중재인의 권한은 중재협약에 규정된 범위 내에서 제한된다.

⑭ 최종적으로, 당사자들은 중재와 관련된 집행적 협약에서 첫 번째 해결 방안으로서의 '조정'의 방법을 활용한다는 조항을 포함시키는 것을 고려해야 한다. 조정은 중재보다 덜 논쟁적이고 현재 진행 중인 비즈니스 관계를 좀 더 효과적으로 보호하는 장점이 있기 때문이다.

|제3절| 우리나라 중재제도

우리나라의 중재에는 중재법에 따른 '사적 중재'와 중재법에 따르지 않고 행정기구에서 별도로 정한 법규에 따라 중재하는 '행정형 중재'로 나뉜다. 행정형 중재로는 환경분쟁중재와 노동분쟁중재가 대표적이며, 그 밖에도 특별법에 의해 산하기관에 설치된 행정형 분쟁조정위원회 중재는 공정거래조정원, 한국소비자분쟁조정위원회, 전자거래분쟁조정위원회, 개인정보분쟁조정위원회, 언론중재위원회 등에서 행하는 중재가 있다.

우리나라에 중재제도가 처음 도입된 것은 1912년 조선민사령 제1조 제13호에 따라 대륙계법인 민사소송법이 이용된 때부터다. 1960년대 들어 수출 분쟁이 늘어나면서 무역 클레임 처리를 위해 1966년 중재법을 제정하게 됐다. 이 법에 의거, 대한상공회의소 부설로 국제상사중재위원회가 설립됐다. 이 중재위원회는 당사자 간 사법상의 법률 관계상 분쟁만을 다루며, 행정, 소송, 비송, 가사사건 등은 중재 대상이 아니다. 현 한국중재법(2020.2.4.시행)은 중재 합의는 서면으로 하도록 하고 있으며, 중재인의 수는 3명으로 하며, 당사자들은 중재 절차에 대해 합의할 수 있고 합의가 없는 경우 중재판정부가 적절한 방법으로 그 절차를 진행할 수 있다. 중재 판정은 당사자 간에 다른 합의가 없으면 중재판정부의 과반수 의결로 판정을 내리며, 당사자 간에는 법원의 확정 판결과 동일한 효력을 지닌다(원창희, 2016: 265-270).

한 예로, '의료사고 분쟁 중재(사례 39)'는 신청인은 진료 과정에서 나타난 엉덩이 부위 괴사 증상은 피신청인 병원 의료진의 의료 과실로 인한 것임을 주장해 피신청인 병원 치료비 및 향후 치료비 배상을 청구함에 대해, 피신청인은 의료 과실이 없었다고 주장했다. 신청인들은 당초 조정 신청을 해 조정 절차가 진행되던 도중 중재 합의를 하고 이에 따라 조정 절차에서 중재 절차로 이행했다.

이 분쟁에서 쟁점이 된 사안은 주사 처치(감염 예방 조치 소홀 등)상 과실 유무, 진단 및 지도 설명 의무 위반 여부, 염증에 대한 진단 및 처치상 과실 유무, 손해 범위의 산정 요소, 책임 제한 사유 등이었다. 한국의료분쟁조정중재원에서는 최종적으로 합의에 의한 중재 판정을 내렸다.

| 제4절 | 조정-중재 및 약식기소

조정-중재란 조정을 통해 먼저 분쟁 해결을 시도해 보고, 만약 여의치 않은 경우 구속력 있는 중재를 시도하는 절차다. 이때 조정인은 역할을 바꿔 중재인이 된다. 당사자들은 협상을 통해 합의 실패 시 중재를 받기로 미리 정해 두는 경우가 일반적이다. 이 방법은 당사자들이 중재인의 약식 결정을 피하기 위해 조정 기간에 더 분쟁 해결 노력을 할 수도 있지만, 반대로 마지막에 중재가 있다는 점을 알고 있기에 진지한 합의 노력을 하지 않거나 양보를 쉽게 하지 않는 현상이 일어날 수 있다(Ponte & Cavenagh, 1999: 97).

반면, 약식기소(minitrial)는 전통적인 분쟁 해결 방법인 협상과 소송을 혼합한 조정 방법이라 할 수 있다. 이 방법은 비록 판사가 분쟁 해결에 개입하기는 하지만 전적으로 분쟁 당사자들 간의 자발적 요구에 의해 행해지는 분쟁 해결법이다. 통상 양측의 대표와 중립적인 조언 자격인 판사가 관여한다. 약식기소 전 각 당사자는 비공식적으로 핵심 서류, 증거물, 진술서 요약본 등을 교환한다. 각 당사자는 또한 하루에서 4일 내에 시간, 장소, 절차 등 형식에 합의하고, 핵심 증인들의 간단한 진술 내용 등을 확인한다. 청문에서는 기본적인 사항에 대해 질문, 응답 후 판사가 제안한 권고를 수용하면 일이 마무리된다(Harvard Business Review, 2000: 175).

약식기소는 양 당사자가 협상, 조정, 소송을 활용해 정교하게 문제 해결 방법을 짜는 것을 허용한다. 형사소송법 제448조 이하의 약식절차는 공판절차를 거치지 않고 검사가 제출한 자료를 서면심리로 조사해 피고인에게 벌금, 과료, 또는 몰수를 과하는 간이한 형사절차다. 실무상 기소되는 사건의 60% 이상이 약식절차로 처리되고 있으므로 약식절차의 적정한 운용은 전체 형사사법 시스템에서도 중요한 의미를 지닌다.

약식절차는 한정된 사법자원의 효율적인 배분을 도모하고 공개재판에 따르는 피고인의 심리적 · 시간적 · 경제적 부담을 덜어주기 위한 목적으로 도입된 제도로서, 피고인의 재판청구권이나 피해자의 재판절차진술권을 제한할 수 있으므로 법익 간 균형을 유지하는 방식으로 운영할 필요가 있다. 우리나라는 1995년에, 약식명령에 대한 정식재판청구권을 실질적으로 보장하기 위한 정책적 고려를 바탕으로 원래 상소제도에서 인정되는 불이익

변경 금지 원칙을 정식재판청구 사건에도 적용하도록 하는 내용의 형사소송법 제457조의 2(형종 상향의 금지 등)를 2017년 12월 19일 신설했다. 이에 따르면, ① 피고인이 정식재판을 청구한 사건에 대해서는 약식명령의 형보다 중한 종류의 형을 선고하지 못한다. ② 피고인이 정식재판을 청구한 사건에 대해 약식명령의 형보다 중한 형을 선고하는 경우에는 판결서에 양형의 이유를 적어야 한다고 규정하고 있다.

그러나 영업범 등이 불이익 변경 금지 원칙을 남용해 영업정지 등 행정처분을 지연시키고 형사 판결의 기판력 적용 시기를 넓힐 목적으로 정식재판을 청구하는 사례가 발생하고 정식재판에서 추가로 확인된 피해를 양형에 반영할 수 없다는 문제도 발생할 소지가 현실적으로 존재한다(서효원, 2016: 381-414).

| 제5절 | ADR 방법 선택 시 고려 사항

대안적 분쟁 해결 기법(ADR)에 의한 갈등 해결 사례로는 대구 농수산물도매시장 시설 현대화사업 갈등(사례 6. 민-민 갈등, 2013~2020), 한약 조제권을 둘러싼 한약분쟁 갈등(사례 27. 민-민 갈등, 1993), 울진 신화리 원전 주변 지역 갈등(민-민 갈등. 2013~2014), 국립서울병원 이전 갈등(사례 28. 관-민 갈등, 1989~2010) 등이 있다. 조정과는 달리 중재인의 중재에 법적 강제력을 부여하는 중재의 방법으로 문제를 해결한 사례는 의료사고 분쟁 중재(사례 30. 민-민 갈등, 2012)를 들 수 있다. 조정의 한 예로, '대구 농수산물도매시장 갈등 사례'는 2017년 2월까지 농수산물도매시장의 완전 이전을 주장하는 측과 현 위치에서 재건축을 주장하는 측, 그리고 입장을 유보한 측으로 갈등이 심화됐다. 10여 년간 계속돼 온 이해 당사자 간의 갈등이 전환점을 마련한 것은 2017년 3월 이후 경제부시장을 위원장으로 '도매시장 시설현대화사업 추진협의회'를 구성하고, 제3자인 외부 갈등 전문가의 투입을 통한 이해관계 조정 노력이 큰 역할을 했다.

위에서 설명한 ADR(조정, 중재 등)은 각각 나름의 장단점이 있으므로 당사자는 어떤 방법이 자신의 처지에 가장 맞는지를 판단해야 한다. 이 경우 고려해야 할 요소들은 다음과 같다(Harvard Business Review, 2000: 176-184).

첫째, 믿음(commitment)으로, 만약 양 당사자 간 정직하지 못하다거나 불신이 많다면 ADR의 장점은 많이 퇴색된다. 각 당사자의 대리인은 ADR에의 편견이나 선입견을 내려놓고 열린 마음으로 이를 신뢰해야 종합적인 분쟁 해결 방법도 나올 수 있다.

둘째, 관계(relationship)로, ADR은 두 당사자 간에 서로 호의적인, 상생 해법을 찾기 때문에 서로 미래에 서로 좋은 관계를 유지하고자 하는 경우 유용하다. 소송의 경우 각 당사자가 가장 자신에게 이익이 되는 해법을 놓고 다투기 때문에 미래에 큰 앙금이 남을 수 있다.

셋째, 비밀(privacy)로, 소송에서는 판사가 법적으로 보호받아야 할 영업 등 당사자들의 비밀을 보호하고자 노력하지만, 재판 과정에서 당사자의 모든 소중한 정보나 사적 비밀들을 보호해 주기는 실제 어렵다. 하지만 ADR, 특히 중재(arbitration)는 당사자들의 제반 사항이 중재 과정에서 비밀로 엄격히 보호될 수 있기 때문에 이점이 많다.

넷째, 긴급성(urgency)으로, 많은 분쟁은 신속히 해결할 필요가 있다. 특허라든가 영업 비밀 사항들은 경쟁사가 신제품을 출시하기 전까지 서둘러 보호돼야 한다. 따라서 긴급을 요하는 사안들은 소송보다 조정, 중재의 방법이 신속한 해법을 얻을 수 있다.

다섯째, 재정(finances)으로, 분쟁 당사자들의 절대적·상대적 재정 상태가 분쟁 해결 방법의 선택에 영향을 준다. 만약 당사자의 재정 상황이 여유가 없다면 빠른 분쟁 해결 방법을 우선 고려할 것이다. 하지만 재정이 궁핍한 피고가 만약 사건이 빨리 처리되더라도 그에 따른 추가 지급 의무가 없는 경우에는 지연 처리로 상대적인 덕을 볼 수도 있다. 한편, 재정 여력이 두 당사자 간에 큰 차이를 보일 경우, 재정력이 약한 당사자는 ADR 방법보다는 소송을 더 원할 수도 있다. 왜냐하면 통상 재정력이 센 당사자는 재정력이 약한 상대에게 그 궁박을 활용해 겁박 등의 방법으로 상대에게 ADR을 악용할 여지도 있기 때문이다.

여섯째, 원칙(principle)으로, 성추행사건 등 명예나 평판이 중요한 사건의 경우에는 쟁점을 두고 명확한 판단을 기하는 소송이 ADR보다 더 나을 수 있다.

일곱째, 복잡성(complexity)으로, 복잡한 분쟁사건의 경우 소송보다 오히려 ADR이 시간과 비용을 줄일 수 있다는 측면에서 좋은 방법일 수 있다. 하지만 오히려 사안의 복잡성으로 ADR이 부적합하다는 반론도 가능하다. 가령 분쟁 결과에 따라 거액이 걸린 건의 경우 소송을 통해 정리하는 것이 나을 수 있다.

여덟째, 당사자 개입(executive involvement)으로, 어떤 분쟁사건의 경우 당사자는 나서지 않고 변호사를 통해 분쟁을 해결하고 싶을 때가 있다. 이 경우는 당사자가 직접 문제 해결에 개입하는 ADR이 바람직스럽지 않다. 하지만 분쟁 당사자가 직접 분쟁 해결에 시간과 공을 들이는 ADR이 창의적 해법을 주는 경우도 있다.

갈등 사례 분석모형

chapter 7

　공공정책갈등은 통상적으로 이해관계자의 다양성, 주제의 복합성, 기간의 장기화, 정권의 이념추구성향 등 다양한 요소에 의해 영향을 받아 복잡한 양태를 띤다. 따라서 공공갈등 사례를 어떤 목적과 측면에 관심을 두고 살펴보는 것도 중요하다. 따라서 이 장에서는 다양한 갈등 사례 분석모형의 특징을 살펴보고, 실제 사례 적용을 통해 이해를 넓히고자 한다.
　국내에서 진행된 공공갈등에 관한 연구 경향은 크게 세 가지로 구분할 수 있다. 첫째, 갈등관리적 측면에서 사례를 분석하거나, 둘째, 이론모형을 적용하여 갈등 사례를 종단적 측면에서 분석하거나, 셋째, 갈등 행위자들의 인식을 분석하는 경향을 띤다.
　먼저, 갈등 해소를 위한 갈등관리적 측면에 중점을 둔 연구들은 갈등 사례를 선택하여 갈등의 성공적 해결 또는 갈등 해소 실패의 경우 각각의 원인을 분석하여 정책적 함의를 제시하는 경향이다. 대다수의 경우 대안적 분쟁 해결 방식(ADR)이나 숙의민주주의적 갈등 해소 방법을 적용하여 갈등을 해소할 것을 제안한다. 대안적 분쟁 해결 방식(ADR)으로 갈등 해소를 요구한 연구들은 협상, 조정, 중재적 방법을 적용(지병문·지충만, 2002; 성지은, 2005; 정정화, 2012; 김선희, 2005)하였다. 숙의민주주의 측면에서 갈등관리를 제안한 사례들은 거버넌스의 성공 사례를 분석하고 다른 사례와 비교 분석(홍성만·이종원, 2009; 정정화, 2011; 윤종설·주용환, 2014; 이상헌, 2005; 전상인, 2005; 정규호, 2007a)하였다.

다음으로, 다양한 이론 모형을 활용한 갈등 사례 분석들이 시도되었다. 선행 연구에서 많이 활용된 갈등 분석모형은 옹호연합모형(Advocacy Coalition Framework: ACF, 통상 10년 이상 장기적으로 지속 되어온 갈등에서 정책 행위자의 행태와 정책결과를 설명하고, 정책변동 및 갈등의 본질 규명), 제도분석틀 모형(Institutional Analysis and Development framework: IAD, 물리적 속성, 공동체의 속성, 사용 규칙 등 외생변수가 행위자의 행태와 상호작용에 미치는 영향과 결과 파악), 프레임이론(Frame Theory, 갈등 행위자가 가진 인식 프레임의 구조와 특성을 분석하고, 갈등 프레임의 차이를 파악하여 갈등의 원인 규명), 정책네트워크이론(Policy Network Theory, 정책 행위자들의 입장을 파악하고, 이들 간의 갈등·협력 관계 속성, 수평적·수직적 네트워크 구조의 변화 요인을 분석하여 갈등의 구조를 파악), 정책갈등 프레임워크(Policy Conflict Framework: PCF) 모형, 담론분석(Discourse Analysis, 정책담론의 구성·주체·주장을 토대로 정책과정의 의미에 중점을 두어 정책갈등의 원인 파악), 근거이론(Grounded Theory, 갈등 행위자의 인식과 경험을 귀납적으로 해석해서 갈등의 본질 파악), 정책 흐름 모형(킹던의 정책의 창: 정책문제, 정책대안, 정치의 흐름이 각각 진행되다가 정책의 창이 열리면서 정책의제로 형성되는 과정을 설명), 정책정당성이론(policy legitimacy approach: 정책의 내용과 절차 측면에서 정책이해관계자의 선호가 반영되고 동의가 확보되었는지를 분석), 정책 논변 모형(policy argument model: 정책 주장의 본증-반증의 반복을 통해 정책의 타당성 확보 여부를 평가) 등이 있으며, 이론별로 나름의 장단점이 있으므로 갈등 사안에 따라 적절한 갈등 분석모형을 활용할 필요가 있다.

마지막으로 갈등 행위자들의 인식을 분석한 연구들은 행위자들의 프레임 구조를 파악(주경일 외, 2003; 안혜원 외, 2009; 권향원 외, 2015)하거나 귀납적 연구방법(최흥석 외, 2003; 이광석, 2014)과 설문조사를 통해 갈등 행위자들의 인식을 분석(김서용, 2005; 전영상·현근, 2011; 윤태웅, 2012)하는 경향이다.

다음에서는 이중 주요 갈등 사례 분석모형별로 특징과 장단점을 파악해 보고, 이 이론모형을 적용하여 분석한 대표적인 갈등 사례들을 간단히 언급하고자 한다.

|제1절| 옹호연합모형

1 옹호연합모형의 개념

사바티어(Paul A. Sabatier)는 1986년 정책과정의 동태성과 정책변동에 대한 인과적 해석의 틀을 제시해 주는 옹호연합모형(Advocacy Coalition Framework: ACF)을 제시했다(Sabatier, 1988). 옹호연합모형에서는 다양한 집행 관련자들을 분석단위로 한 상향적 접근방법을 채택하고, 여기에 사회경제적 조건과 법적 수단이 어떻게 참여자들의 행태를 제한하는지를 살피는 하향적 접근방법의 관점을 결합하는 것이다. 특히 정책 하위 체제 내의 지지 연합(옹호연합)간 갈등과 타협 과정을 강조한다. 정책 참여자들은 정책 문제에 대

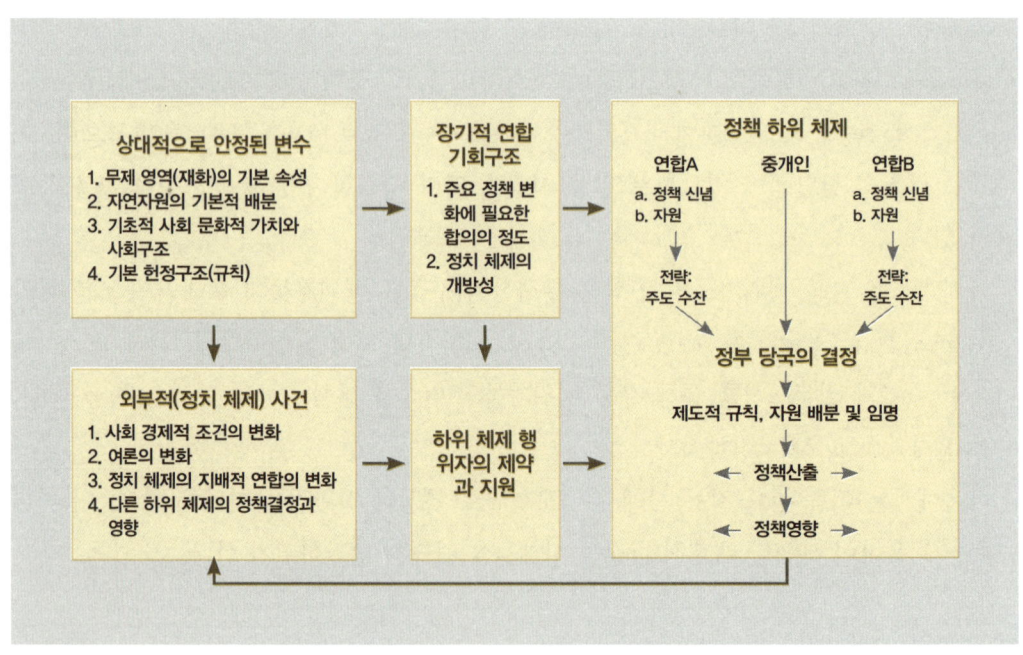

출처: Weible & Sabatier(2007: 202).

[옹호연합모형의 분석틀]

한 신념 체계를 가지고 있으며, 정책 하위 체제 내의 집단별로 동일 신념 체계를 가진 수개의 지지 연합을 형성하여 정책집행에 참여한다. 만약 지지 연합 간에 갈등이 생기면 정책 중개인(broker)이 나서서 중개를 한다. 이런 과정을 거쳐 정책이 결정되면 정책을 집행하고, 다시 새로운 정책결정 과정으로 환류된다. 따라서 옹호연합모형에서는 정책 행위자 및 지지 연합간 상호작용 및 정책결과를 비교적 중장기적 시간적 흐름에 따라 인과적으로 설명할 수 있으며, 정책과정 전반에 걸쳐 일어나는 정책 지향 학습을 확인할 수 있다(Jenkins-Smith & Sabatier, 1993: 3-4; 전진석, 2003). 이러한 옹호연합모형의 구조는 이전 [그림]과 같다.

2 옹호연합모형의 기본 전제

이 모형은 다음과 같은 기본 전제를 깔고 있다. 첫째, 10년 이상의 장기간에 걸친 시계열 자료가 요구된다. 즉, 장기간에 걸친 행위자들의 신념 변화가 정책변동으로 어떻게 연결되는지에 관심을 둔다. 둘째, 체제론적 접근 방법을 취하고 있다. 즉, 개별 행위자들의 신념으로 연결되어 있는 정책 하위 체제에 관심을 둔다. 셋째, 개별 행위자들의 신념으로 연결되어 있는 정책 하위 체제(옹호연합)들은 서로 갈등 관계를 지닌다. 넷째, 옹호연합모형은 신념 및 정책변동의 기제에 관심을 가진다. 다섯째, 공공정책은 신념 체계라는 용어로 개념화된다. 여기에는 가치의 우선순위, 인과관계에 대한 인식, 세계관, 정책수단에 대한 인식 등이 포함된다. 여섯째, 옹호연합의 신념과 전략은 정책 지향 학습을 거치면서 조정되거나 정책 중개자에 의하여 중개됨으로써 변화한다(Hill, 2005: 73).

3 옹호연합모형의 구성 요소

1) 외적 요인

외적 요인은 정책 하위 체제에 제약과 자원으로 영향을 끼치는 요인으로 '상대적으로 안정적인 외적 변수(relatively stable parameters)'와 '외적 사건(external events)'으로 구성된다. '상대적으로 안정적인 외적 변수(relatively stable parameters)'에는 문제 영역의 기본적 속성, 자연자원의 기본적 배분, 기초적인 사회문화적 가치와 사회 구조, 기본 헌정 구조가 포함된다. 이들 변수들은 변화에 저항하는 속성을 지니고 있기 때문에 정책 참여자들은 이런 안정적인 변수들을 목표로 대개 선정하지 않는다. 가령, 〈사례 16. K-2·대구공항 통합 이전 갈등〉의 경우를 생각해보면, 군사공항인 K-2로 인해 인근 도시계획의 큰 틀이 변화되기 어려운 환경을 들 수 있다. 한편, '외적 사건(external events)'은 사회경제적 조건의 변화, 여론의 변화, 정치 체제의 지배적 연합의 변화, 다른 하위 체제의 정책결정과 영향 등으로 정책 하위 체제에 직접적인 영향을 미친다(Weible & Sabatier, 2007: 125-126). 가령, 〈사례 16〉에서 오랫동안 국가재정의 부담이란 이유로 고착 상태에 머물렀던 K-2·대구공항 이전 현안이 2013년 현 대구공항 부지를 팔아 신공항을 건설한다는 '기부 대 양여 방식'의 「군공항 이전 및 지원에 관한 특별법」의 제정이란 '외적 사건'으로 이전의 전환기를 마련한 것을 들 수 있다.

2) 장기적 연합 기회 구조

ACF 모형에서는 '상대적으로 안정적인 외적 변수'와 '정책 하위 체제'를 중개하는 역할을 하는 '연합 기회 구조'를 제기한다. 이것은 주요 정책 변화에 필요한 합의의 정도와 정치 체제의 개방성을 의미한다. 옹호연합 간에 정책 변화를 위한 합의의 필요와 정도가 높을수록 반대자와의 타협이 더 쉬울 것이다. 가령, 〈사례 16〉에서 신공항 이전 후보지 물색이 당시 인구 소멸 지역 1위로 내몰린 경북 의성군과 인근 군위군의 인구 유입 필요성과 도시발전의 위기감 속에 두 지자체가 신공항 유치 경쟁과 공동 유치 합의에 이른 것을 들 수 있다. 정치 시스템의 개방 정도는 정책 제의가 거쳐야 할 의사결정 수단(venue)의 숫자와 각 수단에의 접근성(accessibility)의 기능을 의미한다.

3) 정책 하위 체제

정책 하위 체제는 옹호연합, 정책 중개자, 정책 산출의 세 가지로 구성되며, 정책 신념,

자원, 전략 선택, 정책 지향 학습 등이 포함된다. 정책 하부 체제의 행위자들은 각자 나름의 옹호연합을 형성하고 다른 옹호연합과 경쟁하며, 그 과정에서 외부 충격과 정책 지향 학습을 통해 각 연합의 신념 체계와 전략을 조정하기도 하고, 정책 중개인에 의해 조정되기도 한다(Weible & Sabatier, 2007). 옹호연합은 신념 체계에 의해 동기부여를 받는 이해관계자들이다. 이들은 중앙 및 지방정부의 공무원, 비정부 조직, 지역사회 집단, 연구자와 과학자, 언론인, 고객 집단 등이 포함된다. 이들은 제한된 합리성을 가지고, 계층적 신념 체계에 의해 인식들을 여과하고, 이익보다는 손실을 기억하고, 반대자들의 악의성을 과장한다(Sabatier and Jenkins-Smith, 1999). 가령, 〈사례 16〉에서 옹호연합은 신공항을 유치하고자 하는 의성군과 군위군, 이전을 추진해야 하는 대구시와 당시 행정구역내 신공항 입지를 통해 새로운 도시발전의 전기를 꾀하는 경북도를 들 수 있다.

정책 중개자는 옹호연합간의 신념이나 전략을 조정하는 제3자이며, 통상 행정부가 이 기능을 수행하나 법원이나 다른 행위자들도 수행할 수 있다. 여기에서 정책 중개자는 군사 공항의 관리자이면서 동시에 관련 지자체간의 협상을 통합 조정하는 국방부가 될 수 있다. 옹호자들의 신념은 깊은 신념(개인의 기본철학), 정책 신념(정책문제와 관련하여 제시하는 전략), 2차 신념(정책 신념 집행 시 필요한 도구)으로 나누어진다. 자원에는 결정을 위한 공식적인 법적 권위, 여론, 정보, 인적자원, 재정자원, 리더십 등이 있다(Weible & Sabatier, 2007: 129).

정책 산출은 옹호연합 구성원들의 공유된 신념을 정책화한 것이다. 〈사례 16〉에서 정책 산출은 협상을 통해 신공항 이전지가 군위 소보면·의성 비안면으로 최종 확정된 것을 들 수 있다. 옹호연합은 다양한 방법으로 그들의 신념과 전략을 수정하기도 한다. 이러한 정책변동의 방법으로 기존 ACF 모형에서는 정책 지향 학습과 외부 충격을 들었으나, 새로운 ACF 모형에서는 내부 충격과 협상에 의한 합의를 추가하고 있다(Weible & Sabatier, 2007: 130). 〈사례 16〉에서 대구시와 경북도는 이전 예정지였던 군위군과 의성군의 주민 각 100명씩으로 숙의형 시민의견조사위원회를 구성해 이전지를 선정하는 '숙의민주주의적 공론조사' 방식을 도입해 최종 결론을 이끌어냈다. 일종의 정책 지향 학습의 장을 양 이전 후보지 주민들에게 제공한 셈이다. 한편, 이전지 결정 막판 협상에서 협상의 조건으로 군위군이 요구한 '군위군의 대구시로의 행정구역 편입' 문제가 현안으로 부상했다. 경북도는 경북 도의회 의원들간의 찬반 대립 갈등을 두 차례에 걸친 의견 수렴을 통해 최종적으로 도의회의 막판 승인을 이끌어 냈다. 이는 ACF 모형에서 내부 충격과 협상에 의한 합의 과정으로 이해될 수 있다.

　옹호연합모형은 분석틀로서의 나름의 장점에도 불구하고, 몇 가지 단점도 지적된다. 첫째, 다원주의가 활성화되지 못한 체제에 적용하기에는 힘들다(이병길, 1992: 33). 둘째, 변수의 조작화에 관심을 두자 않아 인과관계의 파악에 어려움이 있다(김순양, 2010: 4). 셋째, 연합형성의 기초를 이익개념이 아닌 신념체계로 보는 것이 적합하지 않다는 지적이 있다. 넷째, 정책변동이 가능한 조건으로 외부환경적 요인의 발생과 정책학습으로 체계화시키고 있으나 이들이 정책변동의 결정으로 이루어지는 과정에 대한 설명이 미흡하다는 점(이병길, 1992: 33-34), 다섯째, 불분명한 정책변동의 시작점, 정책학습으로만 국한되는 상호작용, 많은 변수로 시기별 분석상 제약(Weible & Sabatier, 2007) 등이 지적되고 있다.

| 제2절 | 제도분석틀 모형

1 제도분석틀 모형의 개념

　공공갈등 중에서 매립장, 화장장, 추모공원 등 비선호 시설과 관련된 갈등은 대표적인 '님비(NiMBY)' 시설 갈등이다. 이런 시설은 공공재적 성격으로 편익은 고르게 나타나나 비용은 입지시설 주변 지역에 한정되어 나타난다(Armour, 1991). 따라서 비선호 시설 설립 주체와 입지주민과의 사이에 공공갈등이 빈번하게 발생한다.

　이러한 비선호 시설 입지선정 과정에서 지역주민의 합의를 이끌어내려면 거버넌스적 접근이 필요하며, Gray(1989)는 지역사회의 동의는 단순한 주민참여가 아니라 지역사회 홍보와 교육 과정에의 참여를 통해 가능하다고 주장한다. 거버넌스는 본질적으로 정치적인 속성으로 인해 협상과 타협이 중요하고, 다양한 참여자들 간의 상호작용에 미치는 영향에 관심을 갖는다는 점에서 제도분석틀 모형(Institutional Analysis and Development Framework: IAD)이 유용하다고 할 수 있다(이명석, 2002: 329). 제도분석틀 모형은 거시적 제도 및 중범위적 규칙을 통해 나타난 개별 행동의 결과와 행동 상황에 영향을 주는 조건적 환경을 설명할 수 있는 이론적 모형이다. 이 모형은 특정 상황에서 개인의 행동 양식 및 행동에 의해 초래되는 결과의 전체 메커니즘을 이해하고 설명한다는 점에서 의의를 가진다(최홍석 외: 2004: 12).

② 제도분석틀 모형의 구성 요소

제도분석틀 모형의 구성 요소는 물리적 속성(physical/material attributes), 공동체의 속성(community attributes), 사용규칙(rules in use), 행동의 장(action arena)에서의 행동 상황(action situation)과 참여자(actors), 이들 제반 요소들의 관계에서 나타나는 상호작용의 패턴(pattern of interaction), 그리고 그에 따른 결과(outcomes) 등이다(Ostrom et al., 1994: 27-49).

첫째, 물리적 속성이란 개인들의 상호작용이 일어나는 사회현상에 관련되는 여러 가지 자연적 조건을 말한다. 대상이 공공재인가 아니면 사적재인가에 따라 개인들의 유인 구조는 달라질 것이다. 가령, 〈사례 23 부천시 추모공원 조성 갈등〉에서 물리적 조건은 공유재의 성격을 띤 추모공원을 들 수 있다. 추모공원은 사용 시 요금을 지불하는 요금제의 성격을 띠나, 지역주민들 입장에서는 비배제적 성격을 지니고 추모시설의 한정성으로 인해 경합성도 띠고 있다.

둘째, 공동체의 속성은 행동의 장을 구성하는 개인들의 공동체의 특성과 이들이 공유하는 규범 등을 의미한다. 〈사례 23〉에서 공동체의 속성은 화장장 건립을 반대하는 부천화장장 반대투쟁위원회와 건립에 찬성하는 부천추모공원조성위원회를 통해 알 수 있다. 찬성 측은 부천시 공무원들, 일부 부천시민들로서, 관내 추모공원 시설 건립의 필요성을 주장하며, 도로 개설, 상수도 설치, 자연 취락 지구 도시계획 입안, 주민 숙원사업 추진 약속 등을 통해 지방정부의 확고한 의지로 갈등을 조정해야 한다는 입장이다. 또 2009년 11월 대법원 판결에서 추모공원 건립이 전혀 문제가 없다는 승소 판결을 받았으며, 2003년부터 수차례에 걸친 시민 의견 수렴을 통해 건립 부지를 발표했다는 입장이다. 한편, 반대 측은 부천시의회 민주당 소속 의원들, 일부 건립 예정지 주변 지역 부천주민들, 건립 예정지에서 200여 미터 밖에 떨어져 있는 인근 서울시 구로구 주민들 일부로서, 현 화장장 건립이 공청회 등 법적 절차를 무시하고 지역주민들의 동의 없이 강제적으로 추진하고 있고, 주민 집단거주 지역과 가까워 적절한 입지 조건이 아니며, 주민들의 재산가치 하락과 적절치 못한 보상으로 주민의 행복추구권을 위협한다고 주장했다(김관보·이선영, 2010: 277-280).

셋째, 사용규칙은 행동의 장에 참여하는 개인의 범위, 자격, 권한, 개인들의 행동이 결집되는 절차, 행동의 장에서 개인들이 받는 보상함수 등을 의미한다(이명석, 1996: 52). 〈사례 23〉에서 사용규칙은 「부천 추모공원조성추진위원회 설치 및 운영 조례」와 화장장 건립에 대한 찬반 참여자들이 자신의 주장을 뒷받침하고 있는 법률인 「장사 등에 관한 법률」(찬성측 근거; 법에 의거해 부족한 장묘시설을 건립)과 「국토의 계획 및 이용에 관한 법률」(반대측 근거: 동 법에 의거한 주민공람공고, 시의회 의견청취, 도시계획위원회 심의 등 '절차'를 생략했다고 주장)을 들 수 있다.

한편, 행동의 장은 개인들의 의사결정과 선택이 이루어지는 영역을 의미한다. 앞의 물리적 속성, 공동체의 속성, 사용규칙이 행동의 장에서의 유인 구조와 어우러져 행동 상황이 형성된다. 〈사례 23〉에서 부천 화장장 건립을 둘러싸고 찬반 양 참여자들의 갈등이 심

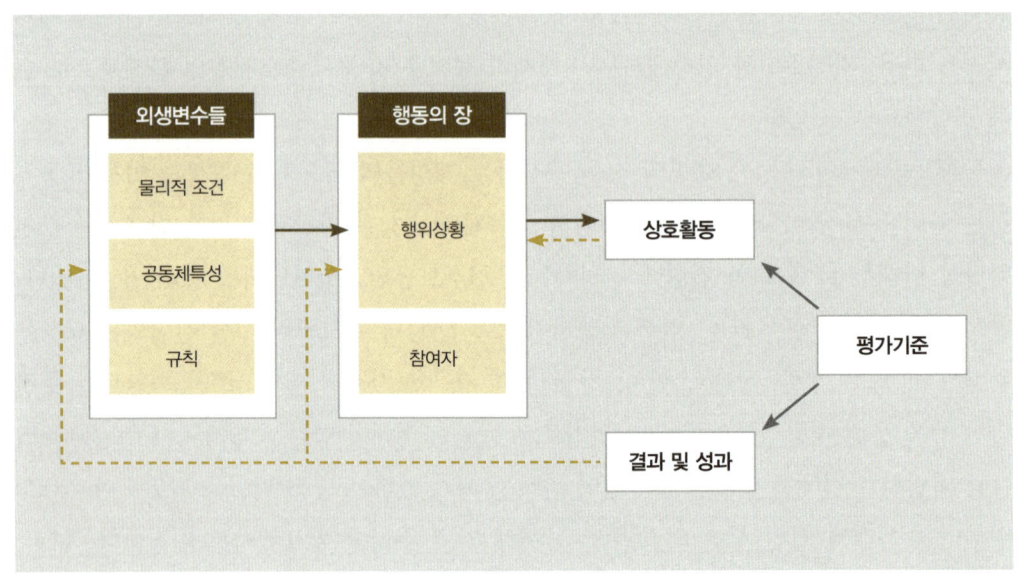

출처: Ostrom(2005); Ostrom et al.(1994: 37).

[IAD 분석틀]

화되고, 부천시와 서울시 구로구 주민들 사이에서 경기도는 갈등 조정자로서 '관련 지자체간 사전 협의 후 사업을 추진'하라고 요구했다. 이 '상황'이 행위자인 '개인(actors)'과 상호작용을 해 의미 있는 결과(outcomes)를 도출해 낸다. 즉, 제도분석틀(IAD)은 물리적 속성과 규칙에 의해 구성되는 '행동의 장'에서 합리적인 개인들이 어떻게 상호작용을 하며, 그 결과는 무엇인지를 분석한다. 〈사례 23〉에서 2007년 경기도는 부천시 추모공원 건립에 따른 '변경안'을 부천시와 구로구가 상호 지속 협의한다는 조건부로 사업을 승인해 주었으나, 국토부는 서울시와 경기도가 협의조정이 안된 상태로 사업을 승인하는 것은 맞지 않다는 입장을 견지했다. 이후 민선5기 부천시와 구로구의 새로운 자치단체장이 취임하면서 원인 제공자의 자진취하로 갈등은 종결되었다.

제도분석틀을 적용한 갈등 사례 분석으로는 부천시 화장장 건립 갈등의 조정 및 협력 과정을 다룬 김관보·이선영(2010) 외에도 용담댐 수리권 분쟁의 지방정부간 조정 과정을 다룬 홍성만 외(2004), 서울 추모공원과 울산 하늘공원의 입지갈등의 조정과정을 다룬 함요상·현승현(2013) 등이 있다.

이러한 제도분석틀 모형의 구조는 이전 [그림]과 같다.

|제3절| 정책 네트워크이론

① 정책 네트워크이론의 개념

네트워크 사회에서는 정부의 정책과정이 다수의 이해관계자들과 상호작용으로 결정되는 경우가 일반적이다. 정책 네트워크는 네트워크 사회에서 공공정책에 영향을 미치고자 하는 이익집단들과 정부 사이의 다원적 관계를 분석하기 위해 발전된 이론적 틀이다(Bulkeley, 2000: 728). 이 모형은 중범위 수준으로 분석하는데, 공사 부문의 범위를 초월한 행위자들 간 관계의 속성을 파악하고, 이들이 보유한 자원에 따라 관계가 형성되는 과정에 초점을 둔다(김순양, 2010: 179). 정책 네트워크이론(Policy Network Theory)은 하위 정부(sub-government)와 이슈 네트워크(issue network)의 개념에서 발전한다. 하위 정부는 미국의 정책형성이 특정 소수의 행위자에 의해 결정되는 하위 체제임을 주장한 것이고 (Marsh, 1998), 소수의 이해관계자들이 정보와 권력을 독점하면서 정책결정 과정을 주도하는 정책 공동체로 연결된다(Rhodes and Marsh, 1992). 반면에 이슈 네트워크는 정책이 결정되는 과정이 특정 소수에 의해서 지배되기 보다는 다양한 이해를 지닌 개인이나 집단이 참여하여 상호작용하는 유동적인 개념으로 이해된다(Dorey, 2005: 149-156). 따라서 이해관계자들의 진입과 퇴장이 쉬운 편이며, 네트워크의 경계를 찾기가 어렵다. 정책 네트워크이론은 분석을 통해 공식적, 비공식적 참여자들을 규명하고, 정책 이슈에 따라 상호작용하는 행위자들의 관계를 밝혀주므로 복잡한 정책 환경과 갈등 상황을 이해하는데 유용하다고 하겠다.

2 정책 네트워크의 구성 요소

정책 네트워크의 구성 요소는 학자마다 조금씩 다르게 정의하고 있는데, Ripley & Franklin(1984)은 정책 네트워크의 구성 요소를 행위자, 행위자 간 관계의 안정성, 영향력으로 구분했으며, Dohler(1991)은 행위자와 그 연합, 네트워크의 구조, 거버넌스의 구조, 상호작용의 유형, 네트워크의 전략적 선택성으로 구분했다. Rhodes와 Marsh(1992)는 구성원, 통합, 자원배분, 권력으로 구분했다. 김순양(2003)은 네트워크의 구조(멤버십 구성, 주도적 참여자, 참여자의 이해, 게임 규칙의 준수), 상호작용(상호작용의 기조, 채택 전략)을 구성 요소로 분류했으며, 김영종(2006)은 행위자, 상호작용, 권력 분포로 분류했다. 우리나라에선 대체로 정책 네트워크의 구성 요소로 행위자, 상호작용, 네트워크 구조로 구분하는 경향이 있다(김순양, 2010).

정책갈등과 관련하여 행위자(갈등 당사자, 이해관계자, 조정자), 상호작용(갈등 주체간 협력의 정도와 갈등의 정도), 네트워크의 구조(수평적 소통과 수직적 불통, 개방성과 폐쇄성)의 큰 틀 속에서 갈등 사례를 분석할 수 있다(방성훈·변창흠, 2012). 수평적 소통은 갈등 상황에서 정보 및 자원의 흐름이 상호 교환적인 경우를 의미하고, 수직적 불통은 정보 및 자원의 흐름이 위계적이어서 한쪽이 자신들의 의견을 제시하더라도 그 상대방이 수용해 주지 않는 상황을 의미한다고 할 수 있다. 개방성은 네트워크 구조의 경계가 열려 있어 다른 행위자들 간에 진입과 탈퇴가 비교적 자유로울 때를 의미하며, 폐쇄성은 네트워크의 구조가 폐쇄되어 내부 행위자 외의 다른 외부 행위자들의 진퇴가 자유롭지 못할 때를 의미한다고 볼 수 있다.

정책 네트워크의 선행 연구는 대개 통계 프로그램을 이용한 양적 연구[KTX 오송역 입지를 둘러싼 정부 간 갈등 사례(권향원·한수정, 2016) 등]와 심층 면접이나 문헌 검토를 통해 네트워크의 유형을 분석하는 질적 연구['전통시장 시설현대화 사업'과 '대형마트 의무휴업제'를 비교 분석한 이연경(2015); 은평뉴타운 사례를 중심으로 도시 재정비사업의 갈등을 분석한 김진선·김종호(2016); 수도권 매립지에 관한 정책형성 과정을 다룬 신상준(2017); 서울 용산4구역 재개발 사례의 갈등 구조를 분석한 여관현·최근희(2012) 등]로 나뉜다.

제4절 정책갈등 프레임워크 모형

1 정책갈등 프레임워크 모형의 개념

Weible & Heikkila(2017a: 24)에 따르면, 정책갈등 프레임워크(Policy Conflict Framework: PCF) 모형은 Sabatier(1988)의 옹호연합모형(ACF)의 접근 방법을 상당 부분 도입하여 창안한 것인데, 옹호연합모형은 시간의 흐름에 따른 정책 행위자 및 옹호연합 간의 상호작용과 정책 결과를 인과적으로 설명하고, 정책과정 전반에서 일어나는 정책 지향 학습을 확인할 수 있다(Jenkins-Smith & Sabatier, 1993: 3-4). 하지만 옹호연합모형은 정책갈등이 발생한 상황적 맥락(정치, 경제, 사회, 문화, 기술, 법제도)인 정책 환경을 포괄적, 심층적으로 파악하지 못하는 단점이 있다.

한편, 정책갈등 프레임워크(PCF) 모형은 "정책 환경 → 정책갈등의 인지적, 행태적 특성 → 정책갈등의 환류"라는 논리적 연계를 가지고, 정책 환류가 다시 정책 환경에 영향을 미치는 순환 구조를 가지고 있어 정책갈등 사례를 통합적으로 분석하기 적합하다.

2 정책갈등 프레임워크 모형의 구성 요소

Weible & Heikkila(2017a, 2017b)와 Weible(2008)에 따르면, PCF의 세 가지 구성 요소는 다음 [그림]과 같이 정책 환경(policy setting), 정책갈등 에피소드(episodes of policy conflict), 정책갈등의 환류(feedback)이다. 즉, '정책 환경'이 '정책갈등 에피소드'에 영향을 미치고, '정책갈등 에피소드'의 인지적, 행태적 특성이 '정책갈등의 환류'에 영향을 끼쳐 산출물(outputs) 또는 결과(outcomes)를 낳는다. 다시 '정책갈등의 환류물'은 기존의 '정책 환경'에 영향을 미치는 과정이 반복된다는 것이다.

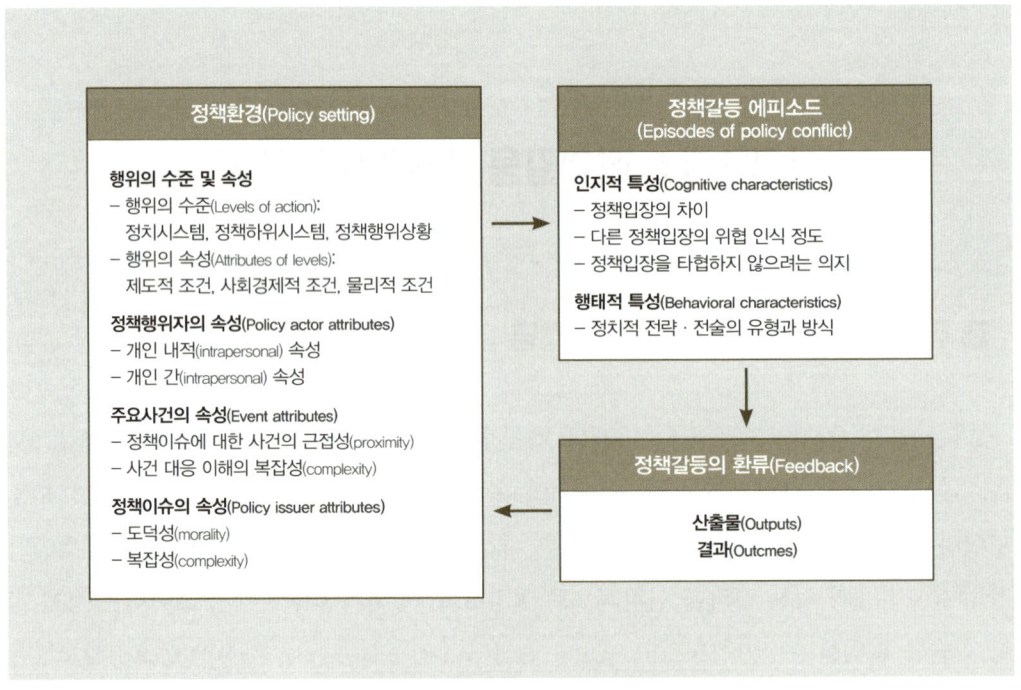

[정책갈등 프레임워크 모형의 흐름도]

먼저, '정책 환경(policy setting)'은 행위의 수준 및 속성(levels of action, attributes of levels), 정책 행위자의 속성(policy actor attributes), 주요 사건의 속성(event attributes), 정

책 이슈의 속성(policy issue attributes) 등 네 가지다.

여기서 행위의 수준(levels of action)은 정치 시스템(가령, 정책결정 및 국비 등을 지원하는 중앙정부), 정책 하위 시스템(가령, 정책집행을 담당하는 광역 및 기초 자치단체 또는 시·도 의회), 정책 행위 상황(가령, 정책 이슈에 대해 논쟁하는 모든 공식·비공식 무대)을 의미한다. 한편, 행위의 속성(attributes of levels)은 제도적 조건(가령, 환경부의 폐기물 매립 제로화 정책), 사회경제적 조건(가령, 십수년 간 각 지자체의 폐기물 불법 매립 관행화), 물리적 조건(가령, 지자체의 공공소각시설 노후화 및 용량부족)으로 구분할 수 있다.

정책 행위자의 속성(policy actor attributes)은 갈등 상황에 놓인 정책 행위자의 '개인 내적 속성'과 '개인 간 속성'으로 구분된다. '개인 내적 속성'은 개별 정책 행위자의 핵심 신념, 정책 지식, 위험과 편익에의 인식, 개인 자원으로 정책갈등의 인지적 특성에 영향을 미친다(Weible & Heikkila, 2017a: 27). 가령, 일선 구청장은 불법 폐기물 처리의 대책으로 적법성, 편익과 비용 등의 관점에서 조속히 관내 공공소각장을 건설하려는 강한 의지를 갖게 된다. 정책의 수혜자인 민간단체 등은 자신이 감당해야 할 개인적 비용을 공공편익보다 더 민감하게 받아들이고 정책 추진을 반대하거나 저항하는 경우가 많다. 한편, '정책 행위자 개인 간 속성'은 네트워크 관계 기반, 조직 제휴, 정책에 영향을 미치는 수단으로 활용 가능한 정치적 자원으로, 이는 정책갈등의 특성을 형성한다(Weible & Heikkila, 2017a: 33). 가령, 사업장 폐기물 처리 대책을 놓고 광역지자체의 각 국 마다 바라보는 입장이 다를 수 있다. 환경국 입장에서는 관내 시장 상인 또는 민간단체의 폐기물 처리의 적법성과 적실성을 따지는 입장인 반면, 시장 상인을 지원하는 임무를 띤 경제국의 입장에서는 새 정책 도입에 따른 상인들의 폐기물 처리 시의 비용 부담 증가 호소 등 민원에 더 민감하게 반응을 보이는 경우가 일반적이어서 지자체 내 부서간 갈등을 빚거나 선택 정책수단에서 차이를 보이는 경우가 많다. 주요 사건의 속성(event attributes)은 정책 이슈에 대한 사건의 근접성(proximity)과 사건 대응·이해의 복잡성(complexity)을 의미한다. 주요 사건은 정책 행위자가 사건을 어떻게 해석하고 대응하느냐에 따라 정책갈등이 일어나는데 사건이 시공간적 근접성을 띨수록, 사건이 복잡성을 띨수록 갈등은 증폭된다.

정책 이슈의 두 가지 속성(policy issue attributes)인 복잡성과 도덕성은 정책갈등의 프레이밍(framing)과 논쟁(narrative debate)뿐만 아니라 정책 행위자의 이해와 학습 변화에 의해 영향을 받는다(Weible & Heikkila, 2017a: 33). 가령, 폐기물 처리시설인 매립장의 경우 환경부는 가연성 폐기물은 별도로 소각하고 불연성 폐기물만 매립장에 반입처리토록 하고 있는데, 실제 폐기물의 유형별 엄격한 구분이 현실에서 쉽지 않고, 매립장의 반입처리 비용이 사설 소각장에 비해 훨씬 저렴한 관계로 민간 폐기물 배출자는 비록 불법일지라도 자신이 배출한 폐기물을 가연성과 불연성 모두 지자체가 운영하는 매립장에서 관행적으로 처리하려는 속성을 쉽게 버리지 못한다.

다음으로, '정책갈등 에피소드(episodes of policy conflict)'는 정책갈등의 인지적 특성과 행태적 특성으로 구분된다. 먼저, 정책갈등의 '인지적 특성'은 정책의 입장 차이, 다른 정책 입장의 위협 인식, 정책 입장을 타협하지 않으려는 의지 등 세 가지를 뜻한다. 가령, 사업장 폐기물의 공공소각장 반입처리 시 공공소각 시설의 처리 용량이 충분치 않은 경우, 어떤 집단에게 반입 우선권을 줄 것이냐의 문제와 관련, 정책 행위자가 어떤 행정 가치(형평성, 공익, 효율성 등)를 더 우선시하느냐에 따라 선택하는 정책의 입장 차이가 있게 된다. 또 다른 정책수단을 선택할 경우 가지게 되는 행정적 부담이나 민원, 형평성 문제 등 위협인식에 따라 정책수단이 달라질 것이다. 그리고 정책 행위자는 자신이 중시하는 행정 가치를 가급적 훼손시키지 않고 갈등 사안을 처리하고자 하기 때문에 자신이 선택한 정책 입장을 고수하려는 경향을 갖는다. 다음으로, 정책갈등의 '행태적 특성'은 정책 행위자가 사용하는 정치적 전략, 전술의 유형과 방식을 파악하면 정책갈등의 행태적 특성을 규명할 수 있다(Weible & Heikkila, 2017a: 31). 정치적 전략의 방식은 세 가지 유형이 있는데, 상대에게 자신의 정책 입장을 강요하는 강압적 방식, 타협의 여지가 있을 경우의 협력적 방식, 상대측의 전략과 전술을 차단하려는 적대적·경쟁적 방식으로 구분된다(Dahl, 1963).

마지막으로, 정책갈등의 환류(feedback)는 정책갈등의 산출물(output) 또는 결과(outcome)로 정책의 실질적 이슈 변화, 정책 행위 상황을 구조화하는 제도적 장치의 변화, 정부관료의 입장 변화를 의미한다(Weible & Heikkila, 2017a: 34). 가령, 민선8기 대구시의 갈등 해소 차원에서 특정 집단의 사업장 폐기물의 매립장 반입 금지에서 특수종량제 봉투 공급을 통한 매립장의 반입 허용으로의 정책 변화, 또는 시장의 방침을 근거로 공공소각장의 사업장 폐기물 반입 불허에서 부분 허용으로 조건부 허가를 하는 정책의 변화 등을 예시로 들 수 있다.

3 정책갈등 프레임워크 모형의 사례 적용: 대구시 사업장 폐기물 처리방식 갈등 사례

다음에서는 대구 농수산물도매시장 사업장 생활계폐기물 처리방식 관련 갈등 사례(2015~2020. 관-민 갈등)를 PCF 모형을 적용하여 분석해 보고자 한다.

1) 갈등 개요

대구 농수산물도매시장은 「농수산물 유통 및 가격 안정에 관한 법률」 제17조에 의거, 대구시가 개설한 공영 중앙도매시장이다. 주요 기능으로 농수산물의 원활한 수급 및 가격 안정으로 생산자와 소비자를 보호하고, 상장경매를 통한 거래의 공정성과 투명성을 확보하는 한편, 생산자와 출하자에 유통 관련 정보 제공을 목적으로 한다. 2018년 12월 말, 총 13개 단체 549개 사업장이 있으며, 폐기물 처리업체는 ㈜청하환경으로 사업장 생활계 폐기물(6톤/일)은 사설 업체에 위탁처리하고, 엽채류(17톤/일)는 퇴비공장에 재활용한다.

갈등의 발단은 2015년 9월 대구시에 대한 정부의 합동감사로 시작되었다. 당시 대구시는 십수년 동안 사업장 생활계 폐기물과 일반 생활 폐기물을 함께 시 위생 매립장에 반입해 관행적으로 매립 처리해 오고 있었다. 감사원은 사업장 생활계 폐기물의 매립장 반입 허용이 폐기물 관리 법령에 위배됨을 지적하고 시정 명령을 내렸다. 이에 따라 대구시는 후속 조치의 일환으로 '사업장 생활계 폐기물 불법 매립 개선 대책(2016.1.12.)'을 마련했다.

대구시는 정부의 '매립 제로화 정책'에 부응해 사업장 생활계 폐기물 중 불연성 쓰레기는 시 위생 매립장의 반입을 허용하고, 소각 가능한 쓰레기는 사설 소각장에 맡겨 처리하게 방침을 세웠다. 당시 대구시의 공공소각장은 시설이 거의 포화 상태라 민간의 사업장 생활계 폐기물을 받아줄 여력이 거의 없었다. 사업장 생활계 폐기물을 배출 중이던 전통시장, 학교, 병원 등 민간과 공공기관에서는 2016년 3개월의 시범 실시 기간을 거쳐 2016년 4월부터는 새로운 시 방침(가연성 사업장 생활계 폐기물 매립장 반입 금지)을 적용받게 되었다. 민간 사업장 생활계 폐기물 처리시설을 이용할 때 과거 시(市) 매립장에 반입 처리할 때보다 약 30~50% 비용이 증가하게 되었다. 여기저기서 불만의 목소리가 쏟아졌다.

그중에서도 특히 대구 농수산물도매시장 상인들의 반발이 컸다. 이들은 새로운 시 방침 적용 후에도 꾸준히 처리비용이 상대적으로 싼 시 매립장 또는 공공소각장의 반입을 강력하게 요구했다. 급기야는 상인들은 자신들이 매일 배출하던 사업장 폐기물을 처리하지 않고, 농수산물도매시장 마당에 수개월간 방치하며 쌓기 시작했다. 2016년 10월에는 마당에 엄청난 쓰레기 태산(800여 톤)이 만들어졌다. 악취가 진동하자 주변 주민들로부터 민원이 빗발쳤다. 결국 상인들과 대구시 간에 쓰레기 처리 방식을 놓고 격한 갈등과 지루한 협상이 전개되었다.

2) 갈등 협상 추진 경위

2015.9	대구시의 정부합동감사 개시 - 사업장 생활계 폐기물의 매립장 반입 허용이 폐기물 관리 법령에 위배됨을 지적
2016.1.12.	대구시, '사업장 생활계 폐기물 불법 매립 개선 대책' 수립 - 사업장 생활계 폐기물 중 불연성 쓰레기는 시 매립장의 반입을 허용하고, 소각 가능한 쓰레기는 사설 소각장에 맡겨 처리 방침.
2016.1~3	대구시, '사업장 생활계 폐기물 불법 매립 개선 대책' 시범 실시(계도 기간)
2016.4~	대구시, '사업장 생활계 폐기물 불법 매립 개선 대책' 정식 도입 실시
2016.9	대구 농수산물도매시장 상인들, 사업장 생활계 폐기물을 시 매립장 반입 허용 요구 (시의 새로운 방침 도입 후, 도매시장 내 사업장 쓰레기 수개월 적채로 주변 민원 야기)
2016.10~12	폐기물 처리 1차 협상 전개(대구시 VS. 대구 농수산물도매시장 상인) - 대구시, 대구 농수산물도매시장 운영 관리 조례 개정 추진 (대구 농수산물도매시장 전용 종량제 봉투를 공급하여 대구시 매립장 내 반입하는 방안 마련을 위해, 북구청에 조례 개정 협조 요청) - 상인들이 쌓은 야적 쓰레기 800여 톤은 도매시장에서 자체 처리 요구(시→상인)
2016.11~2017.9	대구시, 북구청과 대구 농수산물도매시장 운영 관리 조례 개정 협의 - 북구청, 타 사업장과의 형평성 문제 및 민원 발생 우려로 조례 개정 난색 표명 ※ 사업장 폐기물 소각장 반입 제한 조치(2016.4) 이후, 대구 농수산물도매시장 내 분리 배출 철저 등으로 도매시장 폐기물 발생량 급감 (2016.1~3) 12.2톤/일 → (2016.4~12) 8.6톤/일 → (2017.1~9) 5.2톤/일
2017.4~12	도매시장 폐기물을 대구시 공공소각장에 반입 처리하는 대안 협의 (대구시 경제국 농산유통과 ↔ 대구시 환경국)
2018.1~12	대구 농수산물도매시장 운영 조례 개정 등을 통해 폐기물 처리 비용 지원 방안 강구
2019	폐기물 처리 2차 협상 전개(대구시 VS. 대구 농수산물도매시장 상인)
2019.4.4	대구시, 대구농수산물도매시장 사업장 생활계 폐기물 공공소각장 반입계획 수립 - 도매시장 배출자 변경 및 공공소각장 일부 조건부 반입 허용(협상 종료).

3) PCF 모형 적용

① 정책 환경

여기서 행위의 수준(levels of action)은 정치 시스템(폐기물 정책을 담당하는 환경부), 정책 하위 시스템(폐기물 처리를 집행하는 대구시 및 기초자치단체 또는 의회), 정책 행위 상황(사업장 폐기물을 매립장에 불연성, 가연성 구분 없이 관행적으로 반입 처리해 온 대구시 환경행정)을 의미한다. 한편, 행위의 속성(attributes of levels)은 제도적 조건(2015년 당시 환경부의 폐기물 매립 제로화 정책), 사회경제적 조건(십수년 간 각 지자체의 폐기물 불법매립 관행화), 물리적 조건(당시 대구시의 공공소각 시설 노후화 및 처리 용량 부족)으로 구분할 수 있다.

정책 행위자의 속성(policy actor attributes)은 갈등 상황에 놓인 정책 행위자의 '개인 내적 속성'과 '개인간 속성'으로 구분된다. '개인 내적 속성'은 개별 정책 행위자의 핵심 신념, 정책 지식, 위험과 편익에의 인식, 개인 자원으로, 당시 대구시의 녹색환경국장을 맡고 있었던 필자로서는 감사원의 감사 지적 사항을 시정에 반영하고 사업장 생활계 폐기물 처리 개선 방식을 조기에 안착시키려는 강한 의지를 가졌다. 농수산물도매시장 상인들은 '합법성 준수' 보단 자신에게 돌아오는 폐기물 처리비용 증가를 더 민감하게 받아들이고 정책 추진에 반발하였다. 한편, '정책 행위자 개인 간 속성'은 당시 사업장 폐기물 처리 대책을 놓고 대구시 환경국 입장에서는 관내 시장 상인들의 폐기물 처리의 적법성과 적실성을 따지는 입장인 반면, 시장 상인을 지원하는 임무를 띤 경제국의 입장에서는 새 정책 도입에 따른 상인들의 폐기물 처리 시의 비용 부담 증가 호소 등 민원에 더 민감하게 반응을 보여 지자체 내 부서간 신경전을 벌이거나 선택 정책수단에서 차이를 보이는 경우가 많았다.

주요 사건의 속성(event attributes)은 정책 이슈에 대한 사건의 근접성(proximity)과 사건 대응·이해의 복잡성(complexity)을 의미하는데, 대구시 사업장 생활계 폐기물 처리의 경우, 매립장의 대안인 공공소각장의 처리 용량 부족 문제, 농수산물도매시장 상인들과 기타 다른 전통시장 상인들과의 새 폐기물 개혁 시책 적용에서의 형평성 문제, 벤치마킹 대상인 타 시도의 폐기물 시책이 각 시·도의 제반 형편에 따른 각자도생적 처리방식에 따른 벤치마킹의 어려움, 공공시설(성서 소각장) 반입 시 위해성 논란으로 인근 주민들의 반발 등 새 환경 시책 도입에 따른 갈등의 복잡성이 깔려 있었다. 또한 새 사업장 생활계 폐기물 시책 도입 시 조속한 감사원 지적사항 반영을 위해 새 제도 도입에 따른 시범 기간을 '3개월'만 부여했다. 이 제도 도입의 시간적 근접성이 갑작스런 폐기물 처리 비용 증가 상황에 처한 상인들의 더 큰 반발을 불러온 면이 있었다.

정책 이슈의 두 가지 속성(policy issue attributes)인 복잡성과 도덕성은 이 사례의 경우, 환경부는 가연성 폐기물은 별도로 소각하고 불연성 폐기물만 매립장에 반입 처리토록 하였는데, 실제 폐기물의 유형별 엄격한 구분이 현실에서 쉽지 않은 점, 매립장의 반입 처리 비용이 사설 소각장에 비해 저렴한 관계로 민간 폐기물 배출자는 자신이 배출한 폐기물을 가연성과 불연성 모두 지자체가 운영하는 매립장에서 적법성 여부에 상관없이 관행적으로 계속 처리하려는 속성을 쉽게 버리지 못해 새 제도 도입 관련 협상 단계에서 설득에 큰 어려움을 겪었다.

② 정책갈등 에피소드

정책갈등 에피소드는 정책갈등의 인지적 특성과 행태적 특성으로 구분된다. 먼저, 정책갈등의 '인지적 특성'은 정책의 입장 차이, 다른 정책 입장의 위협 인식, 정책 입장을 타협하지 않으려는 의지 등 세 가지를 뜻하는데, 이 대구시 갈등 사례의 경우 대구 농수산물도매시장 상인들은 사업장 폐기물의 매립장 반입이 막히자, 줄기차게 대구시가 운영중이던 공공소각장으로의 반입처리 허용을 요구하였다. 당시 필자는 시 공공소각 시설의 처리 용량이 거의 여력이 없는 상태에서 특정 집단에게만 공공소각장 반입권 허용 시 다른 전통시장 등 민간 단체들의 반발 등 형평성 문제를 고려해 그 요구를 협상에서 수용하지 않았다. 대신, 필자는 폐기물 관리법 제18조 및 시행규칙 제13조를 활용해, 2016년 10월 협상에서 그간 도매시장 마당에 상인들이 불법 적채해 온 사업장 폐기물 800여 톤을 도매시장에서 자체 처리(사설업체 위탁)하는 것을 조건으로, 구청의 조례를 개정해 3년에 걸쳐 현 생활 폐기물 종량제 봉투 가격보다 낮은 가격으로 '농수산물도매시장 전용 종량제 봉투'를 공급해 매립장에 반입하는 방안을 제시했다. 아울러 도매시장 폐수 처리비 및 전기, 수도료 등 폐기물 처리비용 간접 지원 방안도 검토키로 했다. 당시 필자는 십수년 만에 새로 도입한 '대구시 사업장 생활계 폐기물 처리 개선 시책(2016.4)'이 제대로 정착되는 것이 중요하다고 판단했다.

하지만 이 방안은 종량제 봉투 제작 및 판매가 구청의 소관이어서, '농수산물도매시장

전용 사업장 생활계 폐기물 종량제 봉투'를 제작·공급하는 것을 북구청 조례에 포함시켜 개정해야 하는 대구시 북구청의 협조가 필수적이었다. 당시 북구청의 배광식 청장은 다른 사업장과의 형평성, 추가적인 예산 소요, 민원 발생 등의 이유로 조례 개정에 난색을 표명했다. 결국 몇 차례의 협의 끝에 관련 추가 소요 예산은 시비로 북구청에 지원키로 하고 조례 개정을 합의했다. 다음으로, 정책갈등의 '행태적 특성'은 정책 행위자가 사용하는 정치적 전략, 전술의 유형과 방식을 파악하면 정책갈등의 행태적 특성을 규명할 수 있는데, 본 대구시 갈등 사례에서, 필자는 당시 농수산물도매시장 상인들의 주된 이해관계가 자신들이 배출하는 '폐기물의 저렴한 처리'임에 맞춰, 새 제도 개혁 도입(2016.4)의 취지를 훼손하지 않으면서 그 전 상인들의 폐기물 처리비용 수준에서의 대안 제시를 하는 '협력적 방식'을 협상에서 제시하려고 노력했다.

③ 정책갈등의 환류

정책갈등의 환류는 정책갈등의 산출물(output) 또는 결과(outcome)로, 정책의 실질적 이슈 변화, 정책 행위 상황을 구조화하는 제도적 장치의 변화, 정부관료의 입장 변화를 의미한다(Weible & Heikkila, 2017a: 34).

위의 대구시 갈등 사례에서, 대구 시내 사업장 폐기물 매립장 반입 제한 조치(2016.4월) 이후, 대구 농수산물도매시장 내 가연성 폐기물 민간 위탁 처리에 따른 비용 부담 증가로 상인들의 불만이 고조되어 약 2년 반에 걸친 1차 폐기물 처리방식 협상이 진행됐다. 필자가 초기 협상을 이끌었던 대구시와 농수산물도매시장 상인들과의 1차 협상(2016~2018)에서는 '대구시 사업장 생활계 폐기물 처리 개선 시책(2016.4)'을 모든 대상 집단에게 적용하되, 이 시책을 거부해 온 도매시장 상인들에게는 구청의 협조를 얻어 매립장 반입이 가능한 특수종량제 봉투 공급을 통한 갈등 해소에 주력했다. 당시 1차 협상 종료 시 대구 농수산물도매시장 내 외부 차량 쓰레기 무단투기 단속 강화 및 분리 배출 철저 등도 병행 시행했는데, 1년 후 도매시장 폐기물 발생량이 거의 1/2로 급감해 상인들의 사업장 생활계 폐기물 처리 비용 부담을 크게 상쇄시키는 부수적 효과가 발생했다.

그러나 당초 시도했던 '도매시장 전용 종량제 봉투 지원 관련 조례 개정'이 북구청의 비협조로 무산되자, 대구 농수산물도매시장 상인들은 도매시장 내 가연성 폐기물을 시 공공소각장에 반입 처리해 줄 것을 다시 줄기차게 요구해 2019년 들어 대구시와 상인 간에

2차 협상이 진행됐다.

　대구시는 도매시장 내 가연성 폐기물의 시 공공소각장 반입 처리를 검토한 바, 2018년 말, 다른 지자체의 경우, 공공처리 시설에 공영 도매시장만 반입 허용하는 곳은 인천 1곳이었고, 부산, 광주, 대전은 모든 사업장 생활계 폐기물 반입을 허용하고 있었으며, 서울, 울산은 종량제 봉투를 사용토록 하여 처리하고 있었다. 대구시는 공공소각장 반입 허용 시 예상되는 문제점으로, ① 다른 사업장 생활계 폐기물(관내 발생량 일 300톤) 배출자와 형평성 문제 발생, ② 사업장 폐기물 전체 반입 시 공공소각 시설 용량 부족(성서 소각장 시설) 용량 320톤/일, 당시 가동율 290톤/일로 91% 포화 상태로 시설 노후화로 추가 반입 여력 없음, ③ 지역 기업, 수집·운반 업체 등에서 지속적으로 공공처리 시설 반입 요구 우려, ④ 시 공공 처리 시설(성서 소각 시설) 반입 시 위해성 논란으로 인근 주민 민원 발생, 개체 사업 추진 차질 우려 등을 예상했다.

　고심 끝에 대구시는 '농수산물도매시장 사업장 생활계 폐기물 공공소각장 반입 계획(2019.4.4.)'을 수립해, 공영 도매시장의 공공성을 감안하여 성서 소각 시설 반입을 허용하되, 기존 배출자를 변경신고[㈜청하환경→대구 농수산물도매시장 환경협의회(신설)]토록 하고, 반입조건을 부여해 ① 반입량 제한: 180톤/월[발생량 6톤/일, 다른 사업장 폐기물 반입차단], ② 분리수거 철저: 성상 조사 후 반입(재활용품, 엽채류 등 폐기물 반입 금지)토록 했다. 이로써 2015년 9월 대구시의 정부합동감사로 발단이 된 대구 농수산물도매시장 상인들과 대구시 간 사업장 생활계 폐기물 처리 방식 갈등은 4년 만에 종지부를 찍게 되었다.

　결론적으로 이 대구시 환경 갈등 사례는 PCF 모형을 통한 분석으로 1차 협상에서 도출된 '갈등 집단을 위한 특수종량제 봉투 공급을 통한 매립장 반입 허용으로의 정책 변화'라는 '산출물(output)'이 수년의 정책집행 기간을 보내면서 피드백이 되어 '새로운 정책 환경' 속에서 갈등의 재점화가 일어나고, 2차 협상을 통해 '시장의 방침을 근거로 특정 집단의 공공소각장 사업장 폐기물 조건부 부분 허용'으로의 결과(outcome)로 귀결된 것을 볼 수 있다. 또한 정책 행위자의 갈등 상황 인식 및 프레임 전환에 따라 갈등 해법이 달라질 수 있음을 보여주는 의미 있는 환경 갈등 사례라 하겠다.

4) 폐기물 관련 법령 및 다른 시·도 조례(2016년)

■ 폐기물 관리법
- 생활 폐기물은 사업장 폐기물 외의 폐기물을, 사업장 폐기물은 배출 시설을 운영하는 사업장이나 폐기물을 1일 300킬로그램 이상 배출하는 사업장을 말함(법 제2조).
- 사업장 폐기물 배출자는 환경부령이 정하는 배출 시설을 운영하는 자나 폐기물을 1일 300킬로그램 이상 배출하는 자를 말함(법 제2조, 시행규칙 제18조).
- 사업장 폐기물 배출자는 그의 사업장에서 발생하는 폐기물을 스스로 처리하거나 위탁하여 처리하여야 한다(법 제18조).
- 사업장 일반 폐기물로서 생활 폐기물과 성상이 유사하여 생활 폐기물의 기준 및 방법으로 수집·운반·보관·처리할 수 있는 경우에는 구·군 조례에서 정하는 방법에 따라 생활 폐기물의 방법으로 처리(법 제13조, 시행규칙 제14조 및 별표 5)

■ 지방자치단체 조례
- (서울 송파구) 구청장은 사업장 일반 폐기물로서 생활 폐기물과 성상이 유사하여 생활 폐기물의 기준 및 방법으로 수집·운반·보관·처리할 수 있는 경우에는 생활 폐기물과 동일하게 수집·운반·보관·처리할 수 있다.
  일반 규격봉투는 생활 폐기물용 봉투와 사업장용 봉투로 분류하고, 사업장용 봉투는 일반사업자용 봉투와 가락시장용 봉투로 재분류한다(제15조).
- (부산 사상구) 배출자는 구청장이 지정하는 종량제 봉투에 담아 이를 배출하여야 하며 사업장 생활계 폐기물에 대해서는 별도의 종량제 봉투를 사용하게 할 수 있다(제6조).
- (울산 남구) 사업장 생활 폐기물로서 생활 폐기물과 성질과 상태가 유사하여 생활 폐기물의 기준 방법으로 수집·운반·보관·처리할 수 있는 경우에는 생활 폐기물과 동일하게 수집·운반·보관·처리할 수 있다(제13조).

| 제5절 | 담론분석

1 담론분석의 개념

전통적인 정책 연구에서는 정책 목표와 이해관계(interests)는 이미 주어진 것으로 가정하고, 분석의 초점을 이익 추구 행위자들이 취한 행위의 유형으로 상정하며, 이때 참여자의 행위는 정책 문제를 둘러싼 이해관계나 권력관계에 따른 합리적 행동의 결과로 정의한다(Fischer, 2003; Schön & Rein, 1994). 이런 시각에서는 의사결정 과정을 행위자들 간의 각자의 이익을 중심으로 한 타협과 조정의 거래로 해석한다. 그러나 담론분석자들은 정치적 갈등의 문제를 경제 효율성에 기반을 둔 이성적 판단의 결과나 외생적으로 고정된 이해관계에 따른 충돌의 결과로만 환원시키는 것의 한계를 지적한다(Hajer & Wagenaar, 2003). 즉, 전통적 방법으로는 행위자들이 어떤 방식으로 정책 문제를 정의하고 정책 문제를 해결하기 위해 어떠한 상호작용을 하는지에 대한 설명이 불가능하다고 지적한다(Schön & Rein, 1994: 15).

담론적 접근 방법은 관념과 지식이 사회 현실을 구성하는 핵심적인 요소라고 보는 사회구성주의적 관점에 기반을 두고, 정책 문제를 둘러싼 이해관계는 정책결정 과정에서 관념과 담론 실천에 의해 새롭게 형성됨을 주목한다(Braun, 1999). 즉, 담론(discourse)은 특정한 일련의 실천 내에서 의미가 생산 또는 재생산되는 관념(ideas), 개념(concepts), 범주화(categorizations)의 특정한 조합이라고 정의되며, 사회적 행위자는 이러한 특정 관념의 집합체인 담론을 생산하고 지지하는 존재로 규정된다(Hajer, 1995: 44). 담론분석(Discourse Analysis)은 담론들이 어떻게 생성되고 경쟁하며 변화하는지에 대해 관심을 두며, 1980년대 후반 이후 정책 과학 분야에서 '세계를 이해하고 동시에 변화시키려는 시도'로 관심을 끌게 됐다(Campbell, 2004; Nelson, 1996).

우리나라의 행정학 또는 정치학 분야에서는 담론의 아이디어에 대한 이론적 논의가 하연섭(2004)에 의해 본격 진행됐으며, 공공갈등 사례의 담론 실증연구로는 한탄강 댐 건설 사례를 중심으로 한 수자원 갈등 프레임 분석을 한 주경일·최홍석·주재복(2004), 방사성 폐기물 처리장 입지선정의 과정을 분석한 강민아·장지호(2007), 하남시 광역 화장장 유치 갈등의 과정을 분석한 허창수(2009), 세 곳의 국방 군사 시설 입지 갈등의 원인을 분석한 은재호(2011) 등이 있다.

② 프레이밍과 담론분석

프레이밍(framing)은 사회적 행위자들이 간주관적(間主觀的) 의미를 창조하기 위해 사용하는 일종의 설득 장치로, 목적, 상황, 제약 조건에 따라 정책 문제의 부분적 특성을 선택 주목(selective attention)하고 이름을 부여하는 과정(naming)을 의미한다(Entman, 1993; Rein & Schön, 1993: 270). 프레이밍 행위는 정책 상황의 사회적 의미를 구성하며, 이에 따라 그 상황의 의미를 재구성하고 문제 해결을 위한 행동 양식에 대한 전략까지도 결정하게 한다. 프레이밍 작업은 각 행위자들이 동일한 정책 문제를 각기 다르게 정의 내릴 수 있도록 하며, 각기 다르게 형성된 프레임은 정책 문제에 대해 전혀 다른 대안을 선택할 수 있게 한다(Jachtenfuchs, 1997: 25). 프레임은 특정 상황에서 어떤 행동이 적절한 것인지를 규정하고 알려줌으로써 광범위하게 공유되는 규칙과 규범들의 구성을 위한 기본적인 형성 요소(buiding blocks)의 역할을 하게 되며, 규범적 질서를 정당화하는데 기여한다(Payne, 2001: 39). 이러한 관점에서 볼 때, 정책결정 과정에서 프레이밍을 이용해 다양한 형태로 담론(공식 발표문, 담화문, 선언, 반박문, 회의록 등)을 제시하는 과정은 행위자들의 이해 관계와 세계관을 구성함으로써 참여자 간의 '합의 동원(consensus mobilization)'과 '행위 동원(action mobilization: Klandermans, 1984)'을 이끌어내는 의미 부여의 정치학에서 매우 중요한 전략이라 하겠다.

③ 프레이밍의 유형과 기법

쉔과 라인(Schön & Rein, 1994)은 정책 분쟁 당사자들이 주로 활용하는 프레이밍으로 크게 두 가지를 들고 있다. 하나는 주어진 사실이나 증거에 대한 '선택적 주목(selective attention)'의 전략(Entman, 1993)이고, 또 하나는 '동일한 사실에 대해 다른 해석을 제시하는 방식'이다. 가령, 실업자 수의 증가를 고용 기회의 감소로 경제적으로 해석할 수도 있고, 근로의욕의 상실이라는 사회문화적 현상으로 해석할 수도 있다(Druckman, 2001).

벤포드와 스노우(Benford & Snow, 2000)는 프레이밍에 대한 기존 문헌(Entman, 1993)의 분류에 따라 프레이밍 작업을 '문제 진단적 프레이밍(diagnostic framing)', '처방적 프레이밍(prognostic framing)', '동기 유발적 프레이밍(motivational framing)'의 세 가지 내용으로 나누어 설명하고 있다. 문제 진단적 프레이밍은 행위자들이 특정한 정책 상황에서 발생한 문제를 자신들의 입장에서 구체적으로 정의하고 구성하는 작업을 의미한다. 처방적 프레이밍은 정의된 문제에 대해 해결 방안을 규명하는 것 또는 상대방이 제시한 해결책에 대해 반박하는 담론 활동을 의미한다. 동기 유발적 프레이밍은 담론을 공유하는 행위자들을 동원하고 참여 유도하도록 동기화 언어를 사용하는 것을 의미한다. 더 나아가, 벤포드와 스노우(Benford & Snow, 2000)는 프레이밍 과정이 프레임 규명(frame articulation), 프레임 확대(frame amplication), 프레임 연장(frame extention), 프레임 변형(frame transformation)과 같은 과정을 겪으면서 형성되고 발전되어 감을 주장한다.

4 공공갈등의 담론분석 사례

강민아 · 장지호(2007)는 방사성 폐기물 처리장 입지 선정 과정을 담론분석을 통해 제시했다. 기존 연구들이 경주시 입지 선정 이전의 방폐장 입지 선정 노력을 정책 실패로 규정하고 그 패인을 규명하고자 했다면, 이 논문은 방폐장 입지 선정의 필요성을 찬성하는 측(가치 중립적 과학기술 우선주의적 담론)과 사업 자체를 반대하는 측(생태 주의적 담론)의 참여자들 간 의사소통 방식과 내용이 어떻게 형성됐는지에 초점을 맞추고 프레이밍 전략 형성 및 발전 과정에 주목했다. 한편, 은재호(2011)는 국방 · 군사 시설 입지 갈등의 원인을 분석하면서 담론분석을 통한 원인 진단 지표와 유형을 제시했다. 즉, 담론분석의 일환으로 우선 심층 면접으로 1차 자료를 생성(인터뷰)하고, 인터뷰를 요약해 텍스트를 생성하고(담론 생성), 여기서 요약 명제를 도출해 1차 범주화하고(내생적 범주화), 이를 통해 쟁점을 도출해 2차 범주화하고(내생적 범주화), 최종적으로 갈등 원인을 유형화해 3차 범주화(외생적 범주화)하여 최종 갈등 원인을 추출하고자 했다.

담론분석은 정책 담론의 구성, 주체, 주장을 근거로 정책 과정의 의미에 중점을 두어 공공갈등의 원인을 분석하는 장점은 있으나, 갈등의 전체적인 맥락 파악에는 한계를 지닌다. 또 담론분석은 동일한 과학적 사실과 증거에 대해서도 각자의 가치관과 해석에 따라 전혀 다른 결론에 도달할 수 있어, 사회적 담론을 통해 다르게 형성된 인식 프레임이 새로운 정책 아이디어를 형성하거나 프레임 전환을 통해 공공갈등을 해소할 수 있는 전기를 제공할 수도 있지만, 또 다른 공공갈등을 유발할 소지도 있다.

| 제6절 | 근거이론

1 근거이론의 개념

근거이론(grounded theory)은 연구 과정에서 체계적으로 연구 자료를 수집해 연구자가 그 자료와 지속적인 상호 작용을 하면서 맥락적인 이론을 개발하고, 자료를 토대로 코딩을 구성해 연구자의 주관적인 선입견을 배제하는 방법론이다(Strauss & Corbin, 1998: 12; 이영철, 2014: 193). 이것은 연구 자료를 통해 이론을 만들려는 노력이 이루어지는 시점을 선택 코딩 단계로 보고, 이론을 찾을 때까지 자료와 자료를 비교하고 자료와 범주를 비교하며 범주와 범주를 비교하는 등의 지속적 비교 과정을 통해 범주의 속성(properties)과 차원(dimensions)을 발견해 이론화를 시도한다. 근거이론의 코딩(coding) 방법은 통상 개방 코딩(open coding), 축 코딩(axis coding), 선택 코딩(selective coding)의 과정으로 진행되는데, 개방 코딩에서는 원자료에서 얻어낸 정보들을 최소한으로 가공해 낮은 추상화를 시도해 자료의 '사실성'을 강조한다. 축 코딩 단계에서는 개방 코딩에서 얻어낸 개념들을 범주화하거나 범주들 간의 관계를 정리해 '관계성'을 구성해 본다. 선택 코딩에서는 범주들 간의 관계를 통합하고 정교화시키는 과정을 거친다. 이후 각 범주들 간의 관계가 '인과성'이 있는 이야기 구조인지 알아본다(신상준·이숙종, 2017: 166). 강지선·최흥석(2018)은 "한강수계 주민 지원 사업에 대한 주민들의 인식과 경험"을 이해하기 위해 근거이론의 귀납적 연구 방법을 적용했다. 먼저 동 사업과 관련되는 7개 시·군 주민 대표들에 대한 면대면 심층 인터뷰와 포커스 그룹 인터뷰를 통해 1차 자료를 수집하고, 그 외에 기존 연구 자료, 언론 기사, 정부 자료 등을 통해 2차 자료를 모았다. 이후 이 원자료들을 개방 코딩, 축 코딩, 선택 코딩 과정을 거쳤다. 선택 코딩은 모든 범주를 포함하는 중심 주제를 선택하는 과정으로, 범주 간의 관계를 도표, 그림, 이야기, 메모 등의 형태로 정리를 한다(Strauss & Corbin, 1998; 유민봉·심형인, 2011).

❷ 근거이론 적용의 유용성과 한계

한국에서 근거이론을 적용해 공공갈등을 연구한 사례는 신상준·이숙종(2017), 강지선·최홍석(2018) 외에도 마을 만들기 사업 갈등 연구(이민우 외, 2016), 소규모 맞춤형 정비사업의 갈등 연구(여관현, 2017) 등이 있다.

이 근거이론은 공공갈등 사례를 분석함에 있어 몇 가지 이점이 있다. 첫째, 기존의 양적 연구로는 설명하기 어려운 갈등 당사자의 생생한 목소리를 수집해 해석한다는 점에서 현실성을 반영한다(Cresswell, 2013). 정부가 집단 민원 해소 차원에서 많이 활용하는 갈등영향 분석이 정부의 당초 정책 목적 수행을 위한 수단적 측면에서 접근하는 경우가 많은 현실에서, 사업 대상인 지역 주민들의 감정이나 사회심리적 경험을 경시하기 쉬운데 근거이론은 이런 점을 보완해 줄 수 있다. 둘째, 근거이론은 복잡한 사회 현상과 구조, 맥락을 설명하고 이해하기 위한 이론의 통합, 생성에 유용한 방법론이다(Heath & Cowley, 2004; Locke, 2001). 특히 패러다임 모형을 활용해 범주들 간의 연결 구조와 미묘한 내재적 관계를 체계적으로 분석해 현상의 본질을 확실히 이해할 수 있다. 더욱이 현실과의 연계 구축이 쉬운 근거이론은 정부 정책의 효과성 제고에도 도움을 줄 수 있다. 셋째, 행정이 전문화되면서 복잡한 복합 공공갈등이 유발되는 상황에서, 새로운 분야의 현상들은 이론화가 부족하기 때문에 근거이론은 새 이론의 발견에 도움을 줄 수 있다.

하지만 근거이론은 갈등 대상을 향한 심층 인터뷰 후 범주화를 위해 필수적으로 코딩 작업을 거쳐야 하는데, 이 과정에서 연구자의 자의성과 주관성이 지나치게 개입될 소지가 항존(恒存)해 연구 과정에서 의도하지 않은 왜곡이 발생할 수 있음은 단점이다.

협상과 문화: 국제적 시각

chapter 8

| 제1절 | **다문화 협상전략의 이해**

   각국이 사용하는 언어가 다르면 국제협상을 할 때 상대의 진위를 오해할 우려가 있다. 그 언어를 형성시킨 문화에 차이가 있기 때문이다. 따라서 국제문제를 놓고 협상하는 당사자는 협상을 계획할 때와 전략을 선택할 때 이러한 점을 고려할 줄 알아야 한다(Brett, 2007: 25-52).

   문화란 무엇인가? 문화는 사회적 상호작용을 하는 집단이 오랫동안 형성시킨 특성을 가리킨다. 통상 문화를 이해할 때 호수 표면에 노출돼 있는 얼음조각에 비유한다. 물 속에 그 사회의 집단 속성이라 할 수 있는 지식구조, 즉 가치(values), 신념(beliefs), 규범(norms)이 잠겨 있고, 물 표면에 그 사회의 지식구조가 표출된 형태인 태도(attitudes)나 행동(behavior)이 노출돼 있는 식이다. 따라서 협상에서도 협상 당사자의 행동을 자칫 자국의 문화적 잣대로 이해해 오판하는 일이 없도록 해야 한다. 이러한 오류를 방지하기 위해 국제협상에선 문화해석가를 필요로 한다.

한 예로, 프랑스의 시멘트 선두기업인 라파르주(Lafarge)사는 중국 남서부에 위치한 원난성(雲南省)에 시멘트 제조기지를 건설하겠다는 목표를 세웠다. 이 회사는 원난성 시장에 조기에 진입해 이윤을 창출할 생각으로, 중국 정부가 만약 가격 조건만 맞으면 매각을 추진할 것으로 믿었다. 하지만 이 예상은 온전히 빗나갔다. 중국 정부의 관심은 돈보다는 프랑스 회사의 시멘트 제조 공정 노하우를 터득하는 데 더 관심이 있었다. 2004년 협상 시 중국 정부는 충분한 외화를 보유하고 있었고, 그들의 관심은 고용을 유지하면서 건설자재의 안정적 공급을 보장하도록 자국의 불충분한 시멘트 제조산업 능력을 제고하는 데 있었다.

처음 프랑스 회사는 중국의 두 개 시멘트 회사 대표와의 협상을 위해 그들 투자팀 소속 두 명의 젊은 기술자를 파견했다. 기술적 측면의 설득을 중요하게 생각한 탓이었다. 하지만 중국은 실무적 세부 협상 이전에 돈독한 인간관계(꽌시: 關系) 구축이 더 중요하다는 것을 그들은 간과한 것이다. 결국 프랑스 회사는 중국으로부터의 인수는 수포로 돌아가고 시멘트 회사 지분의 80%를 사들인 홍콩 회사와 합자회사를 설립했다. 이 사례는 협상에서 문화적 요소가 어떤 영향을 미치는가를 단적으로 보여준다(Lewicki et al., 2015: 337).

문화적 배경이 다르면 협상전략도 달라져야 한다. 각 국가의 문화적 배경에 따라 사용하는 언어의 의미나 문제 인지의 차이가 있을 수 있기 때문이다. 문화적 배경이 다른 국가와의 협상전략인 다문화(cross-cultural) 협상전략은 다음과 같은 3단계로 요약할 수 있다(오세영, 2019: 220-258 참고). 상대와의 문화적 차이 인지, 상대방의 협상문화를 존중, 문화적 차이를 고려한 협상전략(다문화 협상전략) 구사가 그것이다.

첫째, 상대와의 문화적 차이 인지다. 한 예로, 런던 G20 정상회담에서 엘리자베스 여왕을 만난 오바마 대통령 부인 미셸 여사가 등쪽에 친근감의 표시로 손을 살짝 갖다댔다. 그러나 영국 왕실에서는 절대 여왕의 몸에 손을 대서는 안 되는 금기 사항이 있었다. 문화적 차이를 인지하지 못해 벌어진 해프닝인 것이다. 또 다른 예로, 미국 CEO 루빈(Joseph Lubin)은 일본 다케다 와헤이(竹田和平) 회장과 명함을 교환 후 협상을 시작했다. 협상 도중 스트레스를 받은 루빈은 자신도 모르게 다케다 회장의 명함을 동그랗게 접었다 폈다를 반복했는데, 순간 다케다 회장이 화를 내며 퇴장해 버렸다. 일본인은 명함을 자신의 권위를 대변하는 귀중한 분신과 같이 여기는 문화를 몰라 순식간에 벌어진 일이었다.

둘째, 상대방의 협상문화 존중이다. 유럽 정유회사와 한국 납품업체 간 협상에서, 유럽의 구매담당 임원이었던 모리송 이사는 한국 측이 협상 첫날 제공한 만년필 선물을 뇌물로 오해받는 게 걱정돼 거부했는데, 한국 측은 상대가 더 큰 선물을 원하는 것으로 오해해 스테레오 음향기기를 다시 선물로 제공하는 실수를 범했다. 한국 문화에서의 성의 표시가 타 문화권 상대에게는 뇌물로 인지될 수 있는 것이다.

셋째, 문화적 차이를 고려한 협상전략(다문화 협상전략) 구사다. 서양인들은 협상 시 문화적 차이에 따라 한국인과는 다른 태도를 보일 수 있으므로 이러한 면을 고려해서 미리 다문화 협상전략을 세워 둬야 한다. 서양인들은 협상에서 동양인들과는 다른 문화적 측면의 몇 가지 특징을 보인다. ① 협상 대표의 직권으로 현장에서 의사결정을 내리는 경우가 많다. ② 개인의 성과와 책임을 중시한다. ③ 단독협상 진행은 조직 내 신임받음의 표시로 간주한다. ④ 냉정한 행동이 평가를 받는다. ⑤ 상대에 대해 열정적 표현을 않는다 해서 무관심한 것은 아닐 수 있다. ⑥ 지위보다는 능력에 바탕을 두고 상대를 평가한다. ⑦ 대부분의 협상 대표는 연령, 성별에서 다양하다.

하지만 문화적 측면의 이해가 곧 협상의 성공을 담보해 주지는 않는다는 데 협상의 어려움은 현실적으로 여전히 존재한다. 동일 문화권 내에서도 사람에 따라 편차가 존재하기 때문이다. 상대의 행동이 문화적 차이에서 나온 것인지, 동일 문화권 내에서의 그 사람의 원래의 기질이나 중심화 경향에서 벗어난 독특한 성격 때문에 나온 것인지 불확실한 부분이 있는 것이다. 통상 북미나 유럽인들은 개인주의적 특성을 보이고, 중국·한국 등 동남아나 라틴아메리카는 좀 더 집단주의적 특성을 보이며 협상 과정에 심리적으로 영향을 미친다고 한다. 하지만 이 부분도 기존의 연구들은 확신을 주지 못하고 있다고 한다(Gelfand & yours truly, 2004).

| 제2절 | 다문화 협상을 위한 일반적 규칙

다문화 협상에서는 잘 준비한다고 해도 어느 정도의 실수는 어쩔 수 없다. 이하에서는 좀 더 세련된 다문화 협상을 위해 준비해야 할 세부 사항들을 정리해 봤다(Reardon, 2005: 178-180).

첫째, 협상을 시작하기 전에 가능하면 최대한 많이 상대국의 협상팀의 주관심사, 직위 등에 대해 기본 이해를 넓히는 것이 중요하다. 또한 자국의 협상 카드를 잘 정리해 두고 이것을 어떻게 상대에게 잘 전달할지 고민해야 한다. 적절한 선물과 상대국 언어로 간단한 인사말을 준비해 두는 것도 필요하다

둘째, 시간, 정확성, 논리 등에서 국가마다 관심도와 인식 차가 존재한다. 가령, 서양에서는 통상 협상 시간을 정확히 지키는 것을 중요하게 생각하는 반면, 러시아에서는 당일 협상 시간에 지각하는 경우가 허다하다. 따라서 자국의 문화적 인식을 상대국 팀에게 그대로 강요하거나 적용해서는 곤란한 상황을 만들 수 있다.

셋째, 사람들 간의 관계, 친밀감 정도가 협상 성공에 중요하다. 가령, 중국의 경우 대인관계(꽌시)가 협상에서 공식 지위나 법적 절차보다도 매우 중요한 역할을 한다. 협상팀 구성 시 상대 국가의 문화에 따라 인적 구성을 잘 짜는 것도 중요하다.

넷째, 만약 상대국 언어에 익숙지 않다면 전문통역원을 준비해야 한다. 상대의 뜻을 정확히 이해하는 것이 중요하며, 언어로 전달된 것 이면의 숨겨진 뉘앙스도 포착할 수 있으면 협상 타결에 도움이 된다.

다섯째, 협상 상대방에게 당신의 약력이나 핵심 메시지의 개요를 미리 보내 상대가 당신의 과거 경험에 대해 인식하도록 하는 것이 필요하다.

여섯째, 만약 협상 도중 질문이 반복되더라도 인내심을 가져야 한다. 그것은 상대방의 지식, 성실성, 일에의 위임 정도에 대한 일종의 검증일 수 있다.

일곱째, 문화가 다른 상대와의 협상시 관계 형성, 과업정보 교환, 설득, 합의의 4단계를 생각하고 준비하고 또 준비하라. 그리고 각각 단계에 대해 치밀히 준비하되, 유연성도 잃지 말아야 한다.

여덟째, 만약 협상 도중 오해가 발생하면, 시간을 갖고 그 문제가 어디에서 어떻게 유발됐는지 천천히 살펴야 한다. 상대방뿐만 아니라 자기 측의 문제 때문인지도 살펴야 한다. 최고의 협상은 목표를 달성하기 위해 양측 간 차이에 집중하는 것이다.

The Case Study of Public Conflict Negotiation

공공갈등 협상론 사례 중심 해석과 처방

제2편

주요 갈등사례 분석

갈등사례
분석 개관

chapter 9

제2편에서는 제1편 기초적인 협상이론에서 간략하게 살펴본 내용들이 실제 협상 현장에서 어떻게 나타나고 관련되는지를 구체적인 다양한 갈등사례들을 중심으로 살펴보기로 한다. 그간 공부한 협상이론들은 사례를 관찰하는 데 하나의 프레임을 제공하고 분쟁 해결의 지침 역할을 할 수 있을 것이다. 또 중앙정부와 광역 및 기초지방자치단체들의 풍부한 다방면의 사례들을 통해 이론으로는 인식할 수 없는 숨은 문제 해결 노하우와 깨달음을 줄 것으로 생각한다.

2020년 말 현재 기준으로, 국무조정실에서 2018~2020년 말까지 집중관리 중에 있는 전국 갈등 사례는 80여 개(중복 허용)에 이른다(2018~2020년 정부 집중관리 갈등과제 목록, 사회조정실 내부자료, 2021.2). 부처별로는 환경부 13건, 산업부 12건, 국토부 10건, 고용부 10건, 국방부 8건, 교육부 5건, 해수부 5건, 복지부 4건, 방통위 3건, 기재부 3건, 중기부 2건, 산림청 2건 등으로 환경, 경제, 국토, 고용 관련 내용이 상대적으로 많은 편이다.

대표적 갈등 이슈를 간단히 살펴보면, 환경 관련 갈등은 4대강 보 추가 개방 갈등(4대강 보 처리에 대해 농민[해체 시 농업용수 부족 우려]-환경단체[해체 통한 자연성 회복] 간 이견 존재), 대구취수원 다변화 갈등(대구-구미 물 갈등), 설악산 케이블카사업 갈등(설악산 오색지구 케이블카 설치 관련 환경단체[환경 훼손 우려]-양양군[지역경제 활성화] 간 이견) 등이 있다.

경제 관련 갈등은 고준위 방사성폐기물 관리, 태양광발전사업 갈등(수상 태양광 시설 확대 관련해 해당 지역 주민 반발, 2018년 11월 수립된 수상 태양광 추진 기본 원칙[주민 수용, 경관 보존, 저수지 기능 유지 등]에 따라 지구별 세부사업 추진상 갈등), 포항지진 후속 조치 갈등(정부조사연구단이 인근 지열발전소가 포항지진[2017.11.15]을 촉발한 것으로 발표[2019.3.20], 포항 지원사업 예산[1,691억 원, 추경] 편성·집행, 「포항지진특별법」국회 본회의 통과[2019.12.27]) 등이 있다.

국토 관련 갈등은 군공항 이전 갈등([대구] 이전후보지 확정[2020.8.28], [수원] 예비 이전 후보지 선정[2018.2], [광주] 예비 이전 후보지 선정 준비), 공유경제(카풀앱,공유숙박) 활성화 갈등('플랫폼 운송사업' 도입 관련 플랫폼업계−택시업계 종사자 간 이견, 도심 내 숙박공유서비스 허용 관련 신규 사업자−기존 숙박업계 간 이견) 등이 있다.

고용 관련 갈등은 비정규직 고용환경 개선 갈등(비정규직 정규직 전환 및 처우 개선 관련 노동계[비정규직 보호 필요]−경영계[노동시장 경직성 증가 우려] 간 이견), 최저임금 인상 갈등(최저임금 인상 속도, 결정 기준 개편 관련 사회적 이견), 주 52시간 근무제 정착 갈등(300인 이상 특례제외 업종[2019.7.1], 50~299인 사업장[2020.1.1] 등 주 52시간 적용 대상 단계적 확대 중, 탄력근로제 확대를 위한 근로기준법 개정 국회 입법 지원 및 특별연장근로 인가 사유 확대를 위한 시행규칙 개정 추진) 등이 있다.

복지 관련 갈등은 국민연금제도 개편 갈등(국민연금제도 개편 관련 소득대체율 및 보험료율, 재정안정 방안 등을 두고 사회적 논란), 인공임신중절 개선 입법 갈등(헌재의 낙태죄 헌법불합치 결정[2019.4.11] 이후 보완 입법 과정에서 낙태 허용 범위, 절차·요건 등에 대한 이견) 등을 들 수 있다.

교육 관련 갈등은 시간강사 처우 개선 갈등(고등교육법 개정안 시행[2019.8.1]을 앞두고 일부 대학들이 재정 부담을 이유로 강사 고용 규모를 축소하면서 강사 측 반발), 수능·자사고 등 교육현안 대응 갈등(자사고 등의 일반고 전환 시 학부모−학생 반발 등 갈등 심화 우려, 교육부가 2019년도 자사고 재지정 취소 대상 11개교에 대한 결정 완료[10개교 동의, 1개교 부동의], '고교서열화 해소 방안 및 일반고 교육역량 강화 방안' 발표[2019.11.7]) 등을 들 수 있다.

이하의 각 장에서는 위의 사례들 중 일부를 포함해 전국 및 지방의 대표적인 갈등 사례들을 협상, 조정, 중재 등을 중심으로 교통, 경제, 수자원, 도시계획, 환경, 의료, 행정, 국제협상 갈등 등 주제별로 자세히 살펴보도록 하겠다.

교통갈등 사례 분석

chapter 10

사례 1 대구 중앙로 대중교통전용지구 지정 갈등(관-민 갈등, 2003~2009)

1. 사례 개요

대구시는 2003년부터 2009년까지 대구의 상징가로인 중앙로(반월당네거리~대구역네거리 간, 1.05km)를 '친인간·친환경적인 대구 대표 상징거리'로 조성하기 위해 전국 최초로 대중교통전용지구 지정을 추진했다. 대중교통전용지구는 도로 일정 구간을 대중교통인 버스만 통행시키고 승용차와 택시의 통행은 원칙적으로 금지(아침과 심야는 제한적 출입 허용)함으로써 친환경적 거리를 조성하는 사업이다. 당시 중앙로는 2004년 피크 시 평균 통행 속도가 8.1~9.7km/h로 대구시 도심에서 교통 혼잡이 가장 극심한 구간이었다. 또한 보행자가 많으나 보도폭이 협소하고, 보도상의 불법주정차, 노상적치물 등으로 인해 보행환경이 매우 열악했다.

전국에서 선례가 없던 최초의 시도였기에, 2004년 3월 사업기획안을 동성로 상인들에게 설명하자 큰 반발을 불러일으켰다. 당시 상인들은 중앙로에 원칙적으로 대중교통인 버스만 통행시킴에 따른 상권 침해를 우려했다. 초기에 상인들의 반발 등 진통이 있었지만 대구시는 2006년 2월 대중교통전용지구 지정을 포함한 교통, 경제, 문화, 환경 등 전 분야에 걸쳐 중앙로를 입체적으로 격상시키고자 하는 '중앙로 업그레이드 프로젝트(upgrade project) 추진계획'을 수립해 수차례 간담회, 공청회 등을 통해 상인들을 끈질기게 설득했다.

그러나 2006년 이후 대구시의 대중교통전용지구사업은 큰 진척을 보지 못하고 표류하다가 사업 추진 여부를 놓고 시민단체, 전문가 등이 참여한 끝장 토론을 통해 꺼져가던 불씨가 다시 살아나고, 2007년 1월 사업 재추진계획이 수립됐다. 이후 시민들과 언론 등 다수의 지지를 바탕으로 국토부의 국비 지원의 근거를 마련하고, 전국 최초로 대구 중앙로 1킬로미터 남북 구간을 대중교통전용지구로 정부로부터 지정받았다. 대구시는 공사에 들어가 중앙로를 친인간, 친환경적인 대구 대표 상징거리로 조성해 2009년 12월 1일 준공 후 지구 운영에 들어갔다.

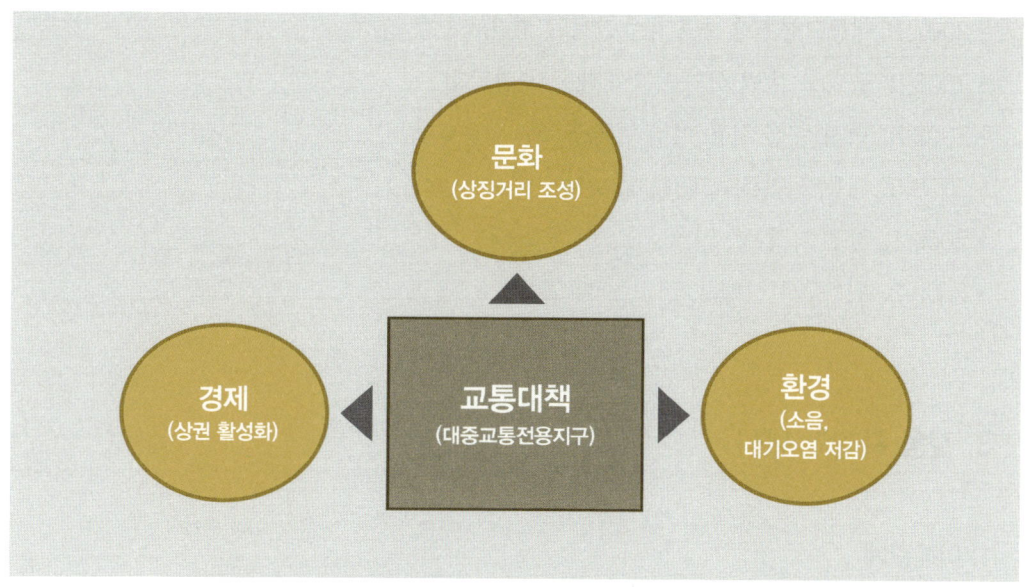

[대구 중앙로 대중교통전용지구 지정 전(2006년)과 지정 후 구상도]

2. 추진 경위

- 2003.2: 대중교통 중심의 교통종합대책 수립 – 대중교통전용지구 구상
- 2004.3: 상인 간담회(상인 대표, 시의원 등)
- 2004.4: 중앙로 대중교통전용지구 지정 용역 착수
- 2004.12: 1차 자문회의(전문가, 시, 경찰청 등)
- 2005.3: 2차 자문회의(정무부시장, 시의원 등)
- 2005.3: 상인 설명회 개최(상가 대표, 시, 중구의원 등)
- 2005.5: 공청회 개최
- 2005.6: 중앙로 대중교통전용지구 지정 용역 완료
- 2006.2: '중앙로 업그레이드 프로젝트 추진계획' 수립(시장 방침)
- 2006.4: 국비 지원 요청(78억 원) 및 건교부 사업 설명
- 2006.8: 대중교통전용지구 지정 여부 간담회(시, 상인, 전문가, 시민단체)

- 2007.1: 대중교통전용지구 재추진계획 수립(시장 방침)
- 2008.2: 중앙로 주변 상가번영회 대표자 간담회
- 2008.3: 택시 통행 허용 여부 여론조사(금지 찬성 86%)
- 2008.5: 대통령 업무보고(대중교통전용지구 조성사업)
- 2009.1: 지구 지정 공고
- 2009.2~11: 공사 시행(2009.12.1 지구 운영)

3. 갈등 사례의 해석

1) 이해관계

이 갈등 사안은 중앙로에 교통 소통과 보행환경 개선을 위한 대중교통전용지구 도입이 필요하냐(공익), 그리고 도입으로 버스만 통행시키고 택시와 승용차는 원칙적으로 금지(아침과 심야는 제한적 출입 허용)할 경우 상권만 더욱 침체될 것이냐(사익)의 '관-민 갈등'이라 할 수 있다. 이해관계자는 사업 주체인 대구시와 중앙로 인근 상인들, 그리고 지구 지정 시 영향을 받는 시민들이다.

대구 중앙로는 대구시 도심의 한가운데를 관통하는 남북간선도로로 대구시가 2009년 정부로부터 대중교통전용지구로 지정받기 전까지는 앞의 사진에서 보듯이 같이 좁은 왕복 4차선 도로였다. 2004년 당시 대구도심부 승용차 평균 통행 속도 25.7km/h인데 반해, 중앙로(대구역~반월당 구간)는 피크 시 승용차의 평균 통행 속도가 6.7km/h이고, 버스가 7.6km/h로 대구시에서 가장 혼잡한 구간이었다(대구시, 내부자료, 2004). 또 보행자가 많지만 보도폭이 평균 2미터 내외로 협소하고, 불법 주정차가 많아 보행자의 보행환경이 어깨가 부딪힐 정도로 매우 열악했다. 게다가 당시 시가지의 확산과 대규모 유통센터 확대에 따른 도심 상권의 지속적인 침체가 가속화되고 있어 상인들의 한숨도 커지고 있었다.

필자는 2004년 당시 대구시 교통정책과장으로 근무하면서 중앙로 남북도로 1킬로미터를 대중교통전용지구로 지정하는 사업을 전국 최초로 기획했다. 사업 기획 당시 대중교통전용지구 지정으로 왕복 4차선인 반월당네거리에서 대구역 사이의 중앙로를 넓은 왕복 2차로로

축소하는 대신, 2미터 남짓한 좁은 인도를 더 넓혀 보행환경을 획기적으로 개선해 궁극적으로 상권 활성화도 도모하고자 했다. 또한 인도의 일부는 반월당네거리 지하 30미터에 위치한 세 곳의 지하수 집수정 시설로부터 깨끗한 지하수를 지상으로 끌어올려 실개천을 만들어 '물길이 흐르는 도심공간'으로 변모시킨다는 아이디어를 냈다. 더운 대구를 식히고 도심에 감성의 공간을 보태자는 착안을 했다.[1]

2004년 3월 필자가 '중앙로 Upgrade Project(대중교통전용지구 도입)'의 초안을 가지고 동성로 상인연합회를 방문했을 때, 상인연합회 사무실에는 상인 수십 명과 당시 시의회 의원이던 류규하 의원(현 중구청장)이 상기된 모습으로 모여 있었다. 대중교통전용지구 구상안을 설명하는 첫 간담회를 연 것이었다. 설명을 들은 상인들은 중앙로에 승용차와 택시가 진입 못 할 경우 상가 매출이 현격히 떨어진다고 주장하며 격렬히 반대했다. "인근 백화점에서 로비를 받았냐", "시장이 부당한 지시를 내렸나" 등 여기저기서 인신 공격성 고성이 터져 나왔다.

갈등 협상에서 자신과 상대의 요구나 입장(position)보다는 양립 가능한 '이해관계(interests)'에 초점을 두고 자꾸 "왜"라고 질문해 봄으로써 상대의 이해관계의 본질에 더 근접할 수 있다. 이 경우 상인들의 입장에서는 공익과 사익은 양립 불가의 대립적 성격으로 규정하고, 대중교통전용지구의 도입이 승용차, 택시의 상가 접근성을 방해해 상권 침체를 가속화한다고 주장했다. 반면, 대구시는 대중교통전용지구 도입으로 당시 남북 왕복 4차선 도로에 의해 동서로 단절된 상권을 물리적 간극을 좁혀줌으로써 시민들의 동서 유동화를 촉진시키면 경제 활력 제고에도 보탬이 될 것으로 봤다. 즉, 공익과 사익의 '윈윈' 결과를 주장했다(도입 효과는 나중 다시 논한다).

당시 필자는 중앙로가 통과 교통의 비율이 상당히 높고, 도심 이용 인구가 20대 이하의 젊은층이 많으며(59% 이상), 도심 주차장은 대부분 이면도로를 통해 접근이 가능하기 때문에 대중교통전용지구를 도입하더라도 상권에 미치는 영향은 적을 것으로 판단했다. 또한 당시 중앙로 및 대구 도심의 상권 침체는 오랜 지하철 1호선 공사 등의 영향도 있지만, 주거지의 외곽화와 광역화에 따른 도심 공동화 현상 심화, 백화점과 대형할인마트 등의 입지, 홈쇼핑

---

[1] 당시 대구 반월당네거리 일대 지하에는 덕산빌딩 앞, 적십자병원 앞, 삼성금융프라자빌딩 앞 등 세 곳에 약 3,000톤/일의 깨끗한 지하수가 모이고 이 물이 지상으로 끌어올려져 그냥 하수도로 버려지고 있는 상태였다. 전문가 자문 결과 이 지하수를 활용해 실개천을 만드는 데 환경적·기술적으로 문제가 없음을 확인했다.

등 상권 변화 등의 원인으로 인한 기존 상가의 경쟁력 약화에 그 원인이 있다고 판단했다.

협상에서 '이해관계'를 규정하는 '과정'의 정당성을 확보하고 문제를 넓은 시각에서 바라보는 것이 중요하다(Marcus, Dorn, & McCulty, 2012: 337-349). 과거에 상권 침체 과정이 어떻게 진행돼 왔는지, 또 미래에 상권 활성화를 위해 대중교통전용지구 지정이 어떤 효과를 안겨줄지 그 변화상에 대한 공감대가 형성되지 않고서는 '전국 최초의 시도'라는 타이틀이 가지는 큰 저항을 극복하기가 쉽지 않은 것이다. 하지만 협상 과정은 계속 시간에 따라 진화하기 때문에 열린 마음으로 자원을 확장한다거나, 시계(時界)를 좀 더 장기(長期)로 돌려 다시 문제를 바라보거나, 변화된 이해관계를 수용할 수 있도록 세부 사항을 조율해 나가야 한다.

2) 객관적 기준의 설정

협상에서 상대방에게 적용할 수 있는 '객관적 기준'이 있게 되면 여러 대안 중 선택의 폭과 유연성이 커질 수 있다. 또 협상 과정에서 객관적 기준은 협상 당사자로 하여금 자신이 상대에게 속고 있다는 불안감을 제거해 줘 한층 부드럽게 협상이 진행되게 한다(Lewis & Spich, 1996: 241).

피셔와 유리(Fisher & Ury, 1991: 85-87)는 객관적 기준을 공정한 기준과 공정한 절차로 구분한다. 공정한 기준으로는 선례, 시장가치, 과학적 판단, 전문 기준, 효율성, 비용, 법원의 판결, 도덕적 기준, 동등 대우, 전통, 호혜성 들을 들 수 있고, 공정한 절차로는 분배와 선택, 순번제(taking turns), 제비뽑기(drawing), 제3자 활용 등을 들 수 있다.

이 사례에서 사업 주체인 대구시는 갈등 당사자인 상인들을 설득하기 위해 2003년 2월 '대중교통 중심의 교통종합대책' 수립 시 대중교통전용지구 구상을 포함하고, 2004년 4월 '중앙로 대중교통전용지구 지정' 용역(대구시, 2004.5~2005.6)을 수행했다. 설득의 과정으로 2004년 5월 용역 착수보고회(상인, 시의원, 전문가 등)에 이어 수차례 자문회의와 상인간담회, 공청회, 시의회 보고 등을 거쳤다. 또 당시 대중교통전용지구 도입 선례가 국내에는 없었으나, 세계 33개 도시 이상에서 도입되고 있었음을 강조했다.[2] 하지만 전국 최초로 시도된 사

---

2) 미국(미니애폴리스, 포틀랜드 등 13개 도시), 독일(브레멘 등 5개 도시), 프랑스(리용 등 7개 도시), 캐나다(밴쿠버, 캘거리), 기타 6개 도시 등에서 대중교통전용지구가 도입, 시행 중이었고, 전반적으로 상가 매출액이 증가하고, 도심 발전에 기여했으며, 교통 혼잡 및 대중교통 서비스 개선에 효과가 있었다고 평가되고 있다.

업이어서 '모델 사례' 견학 등 체험학습을 통한 갈등 해소를 할 수 없어 애로가 컸다. 해외 사례는 많았으나 한국과 문화적 차이가 있어 상대 설득에 한계가 있었다.

3) 갈등관리: 당사자 개입 및 제3자 개입

갈등의 관리는 당면한 갈등 현안에 대해 어떻게 효과적으로 해결책을 찾는가의 문제다. 이 사례의 경우 대구시는 제3자 개입 없이 직접 갈등 해결에 적극 나섰다. 아래의 표와 같이 두 차례에 걸친 상인 및 시민 설문조사를 통해 이 사업에 대한 의견조사를 시행해 관심을 유도했다. 2004년과 2005년 두 차례 설문조사 결과, 상인들은 간담회, 공청회 등을 통해 대중교통전용지구 지정에 대한 선호도가 높아졌으나 1차 조사에서 찬성 32%, 반대 68%, 2차 조사에서 찬성 40%, 반대 55%로 여전히 반대 여론이 높고, 아케이드 설치와 주차장 추가 확보 등 상권 활성화 대책의 우선 시행을 요구했다. 반면 시민들은 1차 조사에서 59%, 2차 조사에서 67% 정도가 대중교통전용지구 도입에 찬성을 표명했다(대구시, 설문 결과, 2004, 2005). 이후 언론 등 여론의 지속적 지지는 사업의 정당성에 힘을 보탰다.

〈 대구시 대중교통전용지구 도입 설문조사 〉

설문조사	상인		시민	
	찬성	반대	찬성	반대
1차(2004.7)	31.8%	67.7%	58.5%	39.2%
2차(2005.5)	40.0%	54.8%	67.0%	30.4%
증감	+8.2	-12.9	+8.5	-8.8

출처: 대구시 교통정책과 내부자료.

갈등관리에서 놓치지 말아야 할 중요한 부분은 갈등 당사자가 외부에 표출하는 행위 이면에 내심 의도하는 '숨은 뜻'을 파악하는 것이다. 이 사례의 경우 상인들은 대구시가 주최한 공청회를 통해 자신들의 요구를 키워 나갔다. 필자는 당시 공청회를 주관하며 휴식시간에 상인 대표들과 편하게 대화를 나눴다.

"사업 잘 도와주세요."(필자)

"어쩝니까, 여기 공청회선 이렇게 반대 표명을 강하게 해야지요. 허허."(A상인 대표)

필자는 이 짧은 휴식 대화를 통해 상인들의 무게 중심이 초기의 강한 반대에서 '더 많은 것'을 얻어내자는 쪽으로 이동하고 있음을 내심 간파했다.

대구시는 중앙로 대중교통전용지구 지정에 따른 문제를 최소화하고, 상인들의 요구를 반영해 교동시장 내 공영주차장 건설, 시티투어(City Tour) 버스 운영 등 동성로 상권활성화계획 수립도 병행 추진했다. 중앙로 일대는 인근의 동성로와 교동시장의 패션주얼리 특구, 약령시 한방특구, 경상감영공원 등과 연계시켜 이 일대 전체를 대구의 대표적 테마거리 및 문화관광 클러스터로 조성한다는 구상을 통해 갈등 해소에 전력했다.

하지만 2006년 이후 대중교통전용지구사업은 큰 진척을 보지 못하고 표류했다. 표면적으로는 상인들의 극심한 사업 반대와 지속적 민원이 주된 지연 사유였지만, 내면적으로는 시 인사 이동으로 반대집단과 머리를 오래 맞댄 갈등관리자의 교체로 구심점이 약화된 데도 원인이 있었다고 본다. 사업 진척이 더뎌지고 있던 어느 날 필자에게 윗어른의 특명이 떨어졌다. "오늘 교통국에서 끝장 토론을 하니, 회의에 참석해 불씨를 살려라." 졸지에 필자는 2006년 8월 전(前) 교통정책과장 자격으로 대중교통전용지구 지정 여부 간담회에 참석해 애초 이 사업을 기획했던 취지와 비전을 설명하며 당시 교통정책과와 사실상 갑논을박을 하는 어색한 상황을 겪게 됐다. 장시간 끝장 토론 뒤 사업의 필요성에 다수가 공감하고 조기에 사업을 마무리하는 쪽으로 관련 전문가, 시민단체의 의견이 모아졌다. 우여곡절 끝에 꺼져가던 불씨가 다시 살아나고, 2007년 1월 사업 재추진계획이 수립됐다.

4) 프레임 전환

둘 이상의 당사자 사이에서 일어나는 갈등관리 또는 협상에서 당사자의 주관적 인식에 따라 그 과정과 결과가 달라진다. 이러한 당사자의 인식틀이 '프레임'이다. 프레임은 인지된 현실의 양상을 선택하고, 특별한 문제를 정의하고 원인을 진단하며, 도덕적 평가를 하고 처방을 제시하기 위해 좀 더 명쾌히 의사소통할 수 있도록 만드는 것이라 할 수 있다(Entman, 1993: 52).

통상 협상 초기 단계에서는 특성 부여 프레임(characterization frame), 정체성 프레임(identity frame)이 중요하다. 이는 상대방에 대한 인식과 관련된 것으로 상대를 극도로 불신하거나 부정적인 존재로 간주할 경우 협상이 어려워진다. 이 대중교통전용지구 지정 시례의 경우에도 사업 초기 동성로 상인들이 대구시에 극도의 불신을 보이며 사업 자체를 강하게 비판해 진척이 어려웠다.

당시 필자는 이 문제를 '교통의 관점'에서만 바라보면 답이 없다고 보고 중앙로의 '교통 개선과 경제 개선'의 병행 해법을 제시하는 '프레임 전환'을 시도했다. 프레임 전환(reframing)은 갈등 이슈에 대한 지각을 새롭게 하거나 갈등의 실체와 해법에 대한 당사자의 지각을 변화시키는 과정을 말한다(Dana, 2001: 43). 이 프레임 전환은 막다른 길에 이른 협상과 논쟁 이슈를 두고, 제로섬적 협상에서 상생협상에 이르기 위한 건설적이고 효과적인 치료법이라 할 수 있다.

필자는 사업 반대집단인 상인들을 설득하기 위해 처음의 '교통' 중심의 좁은 목표를 확대해 대구도심부 전반의 업그레이드를 새 목표로 설정하고 사업명을 당초의 '대중교통전용지구 추진사업'에서 '중앙로 업그레이드 프로젝트'로 아예 바꿨다.

5) 최적 대안의 모색

객관적 기준이 협상에서 잘 적용되면 각 당사자가 자신의 기존 입장만 고집하지 않게 되고 '원칙협상'이 가능하게 된다. 즉, 이해관계를 통합시킴으로써 파이 자체를 더 키워서 쌍방이 최대한의 편익을 가져오게 하는 비영합적(non zero-sum) 상황에서의 상생이다. 상생협상을 위한 '최적 대안의 모색' 방법으로는 이해관계의 조정(adjustment), 이해관계의 교환, 이해관계의 연계, 상위 이해관계의 제시 등 크게 네 가지 방법이 있다(하혜수·이달곤, 2017: 238-247).

'이해관계의 조정'은 당사자의 유사한 이해관계를 어떤 기준이나 실정에 맞춰 정돈하는 것을 말한다.[3] '이해관계의 교환'은 이슈 교환, 이슈 분리, 가외의 보상 요구, 파이의 확대 등의

---

3) 가령, 이집트와 이스라엘의 평화협정 사례에서 조정자인 밴스(Cyrus Vance) 장관은 영토 회복과 국민 자존심 회복이라는 이집트의 이해관계와 전쟁 재발 시 완충지대를 확보하고자 하는 이스라엘의 이해관계를 조정해 '시나이반도 전부의 반환과 유엔 평화유지군 주둔'이라는 창조적 대안을 개발했다.

전략을 말한다.⁴⁾ 이해관계의 연계는 이해관계의 교환이 여의치 않으면 두 이해관계의 연계를 통해 갈등을 해소하는 방법이다. 상위 이해관계의 제시는 주로 조직 내 부서 간 갈등에서 갈등을 빚는 두 과를 조직 개편을 통해 한 국장 밑에 둬 상위 목표를 위해 서로 협력하게 할 수 있다.

이 대중교통전용지구 지정 갈등(사례 1)에서, 필자는 사업에 반대하는 동성로 상인들을 설득하기 위해 처음의 '교통' 중심의 좁은 목표를 확대해 도심부 전반의 업그레이드를 새 목표로 설정하고, 국비를 추가 확보해 '사업의 연계 및 파이 확대전략'으로 갈등 해소를 시도했다. 일종의 프레임 전환을 시도한 것이다. 당시 우리나라에서 도심에 대중교통전용지구를 시행한 사례가 전무해 국비 지원의 법적 근거가 부재했다. 당시 국토부 김정희 담당과장을 찾아가 이 사업의 필요성을 설명하고 국비 지원을 요청했으나 법적 지원 근거가 없다며 난색을 표명했다. 나중에 공청회에 국토부 과장을 초청해 동 사업 지원을 재차 요청했다. 국토부는 만약 대구시에 국비 지원 후 전국 지자체가 다 지원을 요청하면 어떻게 하냐고 우려를 표명했다. 당시 필자는 "앞으로 10년 안에는 복잡하게 이해관계가 얽혀 있는 대도시 중심부 도로를 오히려 좁혀 인도를 넓게 만드는 힘든, 무리한 시도를 사서 할 공무원이 결코 나타나지 않을 것"이라고 장담하며 설득했다. 또한 우리나라 최초로 이 대중교통전용지구를 성공시키면 세계 도심재생의 롤모델이 될 것임을 강조했다.⁵⁾

국토부는 신사업과제 발굴 부담을 안고 있는 상태에서 대구시의 획기적 시도와 정책 제안을 뿌리치기 어려웠다고 본다. 「대중교통의 육성 및 이용 촉진에 관한 법률 시행령」이 제정(2005.7.27)되고, 고심 끝에 국토부는 "지자체가 대중교통전용지구를 지정할 경우 국비를 지원할 수 있다."는 문구를 시행령에 한 줄 삽입해 넣었다. 국비 지원을 위한 근거가 마련되고, 2008년 5월 21일 대통령 업무보고시 대중교통전용지구 추진이 보고됐다.

---

4) '이슈 교환'은 자신에게는 낮은 우선순위지만 상대에게는 높은 우선순위인 이슈를 서로 교환함으로써 상호 만족을 증진시키는 것을 말한다. '이슈의 분리'는 하나의 협상 이슈에 대해 양 당사자가 의견이 갈릴 때 그 이슈를 둘로 쪼개 분리해 각각 처리하는 전략이다. '가외의 보상 요구'는 당초 협상에서 포함되지 않았던 요구를 해 본 협상 성사의 대가로 이를 취하는 것을 말한다. '파이의 확대'는 파이의 분배보다는 파이 자체를 더 키워 상호 만족 수준을 높이는 전략이다.

5) 공교롭게도 대구시가 2003년 대중교통전용지구 지정을 첫 기획한 지 10년 뒤 2012년 서울시가 대구시에 이어 전국 두 번째로 연세대 앞 도로 550미터를 대중교통전용지구로 지정받아 사업을 추진한 것은 아이러니하다.

4. 갈등 해소

우여곡절 끝에 대구 중앙로 대중교통전용지구가 2009년 12월 1일 개통됐다. 이후 대구시는 시내버스 이용객 증가(전년도 대비, 22.2%)와 함께 통행 위반 차량 감소로 대중교통전용지구가 점차 안정화 단계에 접어들자 2010년 2월 1일부터 3월 31일(2개월간)까지 택시 통행 허용 시간을 2시간 연장(변경 전 22~09시, 변경 후 21~10시)해 시험 운영했다.

이 사업이 마무리되면서 대구시와 중구청은 중앙로와 인근 동성로 일대를 근대골목 명소화사업 추진을 통해 명실공히 대구 대표 상징거리로 발전시켜 나갔다. 보도가 과거보다 한층 넓어진 걷기 좋은 거리를 바탕으로 대구 중심가 활력 제고, 역사성을 기반으로 한 도시이미지 개선으로 인근 도시재생사업의 단초를 마련했다. 그 결과 15년 만에 정부가 이 일대를 '전국 10대 관광명소'로 지정하는 쾌거로 이어지게 됐다. 특히 문재인 정부가 도시재생사업을 전국적으로 확대 지원하면서 한층 더 명소화작업이 가속화돼 갔다.

필자가 당시 대중교통전용지구를 추진하면서 가장 고심을 한 부분 중의 하나는 바로 중앙로에 인접한 (구)대구극장이었다. 당시 대구극장은 극장 기능을 상실하고 도심 유료주차장으로 영업을 하고 있었다. 현장에 서서 직원들과 지도를 들고 수차례 고민해 봐도 중앙로를 통해 출입하지 않으면 다른 통로가 사실상 보이지 않았다. 그렇다고 대구극장만을 위해 승용차의 통행을 허용할 수도 없는 노릇이었다. 결국 기존 주차장을 시가 매입 후 다른 활용 방안을 모색하는 것이 최선이었다. 이 민원을 해결하지 못한 채 당시 다른 자리로 보직을 옮겨 이후 오랫동안 마음에 짐이 됐다. 대구시는 수년에 걸쳐 여러 가지 활용 방안을 검토하고 의회의 동의를 얻어 부지를 중구청이 시티투어버스 전용주차장으로 사용하는 쪽으로 결론을 냈다.

5. 대중교통전용지구 도입 평가

대구시가 2008년 3월 26일 실시한 '중앙로 택시 통행 허용 여부 여론조사'에서 조사 대상 시민의 86%가 택시 통행 금지에 찬성했다. 이러한 상황에서 대구시는 보행환경 개선 및 상권 활성화라는 사업의 긍정적 효과를, 상인들은 새 제도 도입으로 도심 차로만 더 막힐 것이라는 부정적 파급 효과를 놓고 갈등을 빚었다.

　대구시의 대중교통전용지구 도입 10년 후 2020년 평가를 보면, 당초의 승용차 통행이 막히면 도심 통행이 마비될 것이라는 우려는 기우에 불과했다는 사실이 통계로 밝혀졌다. 대구시 '교통 관련 기초조사'에 따르면, 대중교통전용지구가 지정된 해인 2009년 중앙네거리, 대구역네거리 교통량이 각각 20,581대, 24,492대였는데, 10년 뒤인 2019년 교통량이 각각 15,128대, 20,048대로, 각각 26.8%, 18%가 줄어들어, 시민들이 승용차 대신 대중교통을 많이 이용하는 것으로 나타났다(매일신문, 2020.4.28).

　또 교통 전문가 및 시민들 다수는 대구시의 대중교통전용지구사업에 호의적 반응을 보였다. 교통 전문가들은 대구시의 대중교통전용지구 도입이 대중교통 활성화를 목표로 삼은 앞선 정책으로, 보행자 편의 중심에 맞춰가는 세계적 추세에도 부응하며, 국내 첫 도입임에도 불구하고 순탄하게 정착한 사례로 평가하고 있다. 또한 중앙로의 보행 여건이 개선되면서 대구 근대골목 등 이후 진행된 도심재생사업의 발판이 됐다고 평가한다(매일신문, 2020.4.28). 2021년 7월 대구시민 300명을 대상으로 실시한 설문조사에서 일반인 응답자의 69%(매우 만족 20%, 만족 49%)가 이 같은 중앙로의 변신에 만족을 표시했고, 불만족은 5%에 그쳤다(한국

[대구 중앙로 개선 전(2006년): 인도폭(평균 2m) 협소 및 동서 단절]

일보, 2022년 4월 8일). 다만, 일부 시민단체는 당시 진행된 경관개선사업이 너무 천편일률적으로 진행된 면이 있다고 아쉬움을 표한다.

[대구 중앙로 개선 후(2019년 현재): 인도폭 2~3배 확장 및 동서 소통 활발]

대구시가 2003년 첫 사업 기획 후 2009년 지정된 대중교통전용지구는 그 후 여러 도시가 벤치마킹해 도입을 시도했다. 2020년 현재 우리나라에는 대구시에 이어 2012년 서울시의 연세대 앞 도로 대중교통전용지구 지정(김상신·이수진, 2014), 2013년 부산시의 서면 동천로 대중교통전용지구 지정(이은진, 2016) 등 전국 세 곳에서 지정, 운영 중이다. 이 밖에도 제주도의 2020년 대중교통전용지구 도입 검토, 수원시의 2022년 트램 및 대중교통전용지구 도입 검토 등 긍정적 파급 효과를 가져왔다.

토의 과제

- 대중교통전용지구란 무엇인가?
- 이 사례에서 프레임(framing)과 프레임 전환(reframing)이 가지는 의의는 무엇인가?
- 갈등의 외연적 양태와 내재적 양태에 대한 해소 방안은?

사례 2 플랫폼 운송사업과 택시산업 간 갈등*(민-민 갈등, 2013~2020)

1. 갈등 개요

 규제혁신의 차원에서 기존의 일반적인 택시와는 다른 플랫폼 운송사업이 사회 이슈로 등장했다. 국내에서 승차공유서비스업이 시작된 것은 2013년 미국 승차공유서비스 기업인 '우버(Uber)'가 국내에서 서비스를 시도하면서부터다. 세계 1위 승차 공유업체인 우버는 2013년 8월 한국 시장에 진출해, 차량을 보유한 일반인과 승객을 연결해 주고 수수료를 받는 일반 승차 공유서비스 '우버X'를 시작했다(한국일보, 2019.7.20).
 그러나 택시단체가 생존권 수호 차원에서 격렬히 저항했고, 서울시는 우버가 허가받은 노란 번호판이 아닌 일반 차량으로 승객을 무허가 운송한다며 수사기관에 고발했다. 결국 우버는 법원에서 불법영업으로 판단받아 서비스를 중단했다. 현재 국내 우버 서비스는 고급택시 서비스인 '우버 블랙'과 음식배달 서비스인 '우버 이츠' 등 일부에 그치고 있다.
 2018년 2월에는 카카오 모빌리티가 차량 공유 스타트업 '럭시(LUXI)'를 인수하고 10월에는 카풀 크루(car pool crew: 드라이버)를 모집하면서 사업을 시도하자, 택시업계가 대규모 생존권 사수 결의대회를 하며 반발했다. 택시기사들의 분신 자살도 잇달았다. 서울시 내 플랫폼 운송사업이 확대되자, 개인택시 면허권 가격이 2017년 약 9천만 원대에서 2019년 5월 전까지 약 6,500만 원대로 내려앉았다(최재성, 2020: 40).
 국토부는 갈등을 해소하기 위해 2019년 3월 택시업계, 민주당, 카카오 회사로 구성된 '택시·카풀 사회적 대타협 기구'를 구성해, 플랫폼 서비스 관련 여섯 가지 합의안을 도출했다. 이어 2019년 7월 17일에는 국토교통부가 '혁신 성장과 상생 발전을 위한 택시제도 개편 방안'을 통해 타다 등의 플랫폼 운송사업 제도화 방안을 발표했다(최재성, 2020: 38). 이 안은 규제혁신형 플랫폼 택시 제도화, 택시산업 경쟁력 강화, 국민 요구에 부응하는 서비스 혁신 등을 골자로 하며, 특히 플랫폼업계를 운송, 가맹, 중개 세 개 영역으로 나눠 제도권 안으로 흡수하는 데 초점을 뒀다(한국일보, 2019.7.20).

---

* 최재성(2020) 참고.

국토부의 2019년 7월 17일 택시제도 개편안은 표면적으로는 갈등을 해소하는 듯했으나, 곧이어 렌트카 기반의 차량 서비스인 '타다'로 갈등이 옮겨갔다. 현행 여객자동차 운수사업법에 따르면, 11~15인승 승합차를 단체관광을 위해 임차하는 경우 운전자 알선은 예외적으로 허용된다. '타다' 회사는 이 예외 조항을 근거로 승객이 차량을 호출하면 11인승 승합차로 사용자를 목적지까지 데려다주는 운송 서비스를 시도했는데, 회원 수가 단기간에 급증했다. 이번에도 택시업계는 이를 사실상 불법으로 판단하고 중단을 요구했다. 서울택시조합 측은 2019년 2월 '타다'와 관련해 쏘카(SOCAR) 대표를 업무 방해 혐의로 고발했다(MK뉴스, 2019.2.18). 이후 2020년 2월 플랫폼 운송사업자의 1심 무죄 판결, 검찰 항소 등으로 택시와 플랫폼 운송사업 간의 갈등이 지속됐다. 그러나 2020년 3월 '여객자동차 운수사업법 개정안'이 국회 본회의를 통과함으로써 운전기사가 포함된 11인승 승합차를 호출하는 '타다 베이직 서비스'는 법적 기반을 상실하게 됐다.

'타다' 회사 측은 정부로부터 면허를 받아 기여금을 내고 허가된 범위 내에서 차량 대수를 확대해 사업을 계속할 수 있으나, 큰 틀에서 택시총량제를 준수해야 하고 허가될 면허의 총량이나 기여금 규모를 예측하기 어려운 이유 등으로 '타다 베이직 서비스'를 2020년 4월 11일부터 중단했다.

2. 갈등 사례의 해석

1) 이해관계

이 사례는 산업의 트렌드 변화에 따라 서비스 혁신의 일환으로 등장한 택시 플랫폼 사업자(우버, 카카오 모빌리티, 타다)와 기존 택시업계 간 여객자동차운수사업법 개정 관련 업권을 두고 다투는 '민-민 이익갈등'이다. 국토부는 주무부처로 제3의 조정자 역할을 하고 있다.

2) 갈등관리: 당사자 개입 및 제3자 개입

정부는 갈등관리 조정자로서 사회적 대타협을 통한 차량 공유 서비스 확대라는 방침을 제시했다. 이 방침은 어정쩡한 상태에서 정치권이 택시업계의 편을 들면서 2020년 3월 '여객자동차 운수사업법 개정안'이 국회 본회의를 통과(유예 기간 1년 6개월)해 '타다'가 사업을 접게 됐다. '타다'와 택시업계 간 갈등은 이후 사법의 영역으로 이어졌다. 당시 「여객자동차 운수법」은 원칙적으로 렌터카 사업자가 차를 빌려 주면서 기사를 알선하는 것을 금지했는데, 다만 11~15인승 승합차를 빌리는 경우 예외적으로 기사 알선을 허용했다.

'타다' 서비스를 제공한 쏘카 회사측은 '타다'가 택시가 아니라 기사가 딸린 렌트카 사업이라 주장했다. 반면 검찰은 '타다'가 면허 없이 사실상 콜택시 영업을 해서 「여객자동차 운수법」을 위반했다고 주장했다. 2024년 7월 대법원은 '타다' 사업이 렌트카 사업이라 판단했다 (주간경향, 2024.8.19.). 결국 이 갈등사안은 갈등조정자인 정부가 원만한 해법을 제시하지 못하고, 또 다른 제3자인 법원의 판결에 의해 갈등을 종결시킨 사안이라 하겠다.

3) 최적 대안의 모색

플랫폼 운송사업 진입에 대한 택시산업과의 갈등 완화의 핵심은 단기적으로는 택시 종사자의 급여 및 면허 가격 하락으로 택시 종사자가 겪게 되는 생존권 위협 해소이며, 중장기적으로는 택시산업의 고품격 서비스 수준 확대를 통한 경쟁력 강화라 할 수 있다.

이 갈등해소는 양 갈등 당사자 간에 과연 모두를 만족시키는 적절한 '합의 영역(zone of acceptance)'을 찾아낼 수 있느냐의 문제로 귀결된다. 이와 관련한 갈등 완화 방안을 제시하면 다음과 같다.

첫째, 공정 경쟁할 수 있는 시스템을 마련해 플랫폼 종사자에게는 진입 정당성을 제공하고, 택시 종사자에게는 피해를 최소화할 수 있도록 해야 한다. 관련 해외의 사례를 보면, 미국은 교통네트워크회사(Transportation Network Company: TNC)법 제정을 통해 플랫폼의 제도화 및 관리 운영을 추진했다. 뉴욕시는 우버(Uber)와 리프트(Lyft)를 통한 택시시장 과포화 방지를 위해 플랫폼 서비스를 인정은 하되 운행은 일부 제한했고, 동시에 옐로캡(Yellow Cab)의 등록 기준과 규제를 완화했다(NYC, 2019). 미국 매사추세츠주는 플랫폼 이용 요금의 0.2달러를 발전기금으로 부과하고 이 중 25%를 택시산업 보조금으로 활용하고 있다. 호주 뉴사우스웨일스주는 'Point to Point Transport Regulation 2017'을 제정해 2018년 2월부터 5년간 한시적으로 약 2억 5,000만 호주 달러의 펀드 조성을 위해 플랫폼 이용 시 '승객 서비스 부담금(Passenger Service Levy)'을 부과하고 있다(최재성, 2020: 44).

둘째, 개인택시 면허권 이원화 방안이다. 택시총량제 범위 내에서 플랫폼 운송사업을 제도권 내로 흡수하고, 현재 택시 수급이 불일치하는 시간과 지역을 중심으로 개인택시 면허권을 주야간으로 이원화해 플랫폼 운송사업자가 야간을 운영하는 방안을 검토해 볼 수 있다. 다만 이 경우 택시 수급 시공간, 수익 창출 가능성, 제도적 지원 시책 등을 면밀히 검토해야 할 것이다(최재성, 2020: 45).

셋째, 현「물가안정에 관한 법률」에서 규제하는 택시요금을 일정 범위 내에서 자율화해 시장 메커니즘이 산업생태계를 조성케 하는 방안을 검토해 볼 수 있다. 이 대안은 사업자가 현시장의 다양한 사업성을 발굴해 '물가 안정'과 '소비자의 교통 편의성 증진'이라는 두 가치의 합의 가능 영역을 모색해 보는 것이다.

이 사례는 산업의 트렌드 변화에 따라 출현하는 신산업과 기존 산업 간 이익갈등으로 두 갈등집단 간에 합의 영역이 넓지 않을 경우 갈등이 쉽게 풀리지 않음을 보여준다. 이 사안은 갈등의 조정을 맡은 국회가 택시업계의 목소리에 더 무게를 두고 2020년 3월 '여객자동차 운수사업법 개정안'을 의결하고, 뒤이어 대법원에서도 "'타다' 기사를 근로자로 최종 판단"해 택시업계의 손을 들어줌으로써 2024년 7월, 신산업 시도로 인한 갈등이 수면 밑으로 가라앉은 형국이다.

토의 과제

- 최근 '4차 산업혁명'이 새로운 산업 패러다임으로 정착하면서 향후 공공 분야에서 공유경제(Sharing Economy)를 기반으로 한 '대시민 서비스 확대 시도'와 '기득권 집단의 반발을 의식한 규제혁신의 위축' 사이에서 '갈등 조정자'로서 정부의 역할은 무엇인가?
- 갈등 해소 시 '합의 가능 영역(zone of acceptance)'의 기능은 무엇인가?

사례 3 수성구 진달래공원 산책로 정비사업 갈등(민-민 갈등, 2012~2015)

1. 갈등 개요

대구시 수성로 교학로 8길 소선여중 앞 도로(교학로길)는 평소 주민들의 주차 차량과 교직원·학부모들의 통학 차량이 뒤엉켜 등·하교 시 학생들이 크고 작은 부상을 입는 일이 잦았다. 이미 수년 전부터 좁은 왕복 2차선의 통학로를 놓고 주민들과 학교 간 갈등의 골이 깊어 사이가 나쁜 상태였다. 2012년 4월 학교 측과 학부모 측은 안전한 통행로 확보를 위한 공사를 요구해 '보행통로'를 설치하기로 결정하고 안내 현수막을 설치했으나 평소 주차공간이 부족한 인근 주민들의 반대에 부딪혔다.

[대구 수성구 진달래공원 산책로 정비사업 위치도]

주민과 학교 간 간담회를 개최했으나 인근 지역 주민은 등·하교 시간대 통행 차량의 대부분은 주민들의 출퇴근 차량이 아니라 교직원 및 학부모 차량이고, 안전사고를 유발하는 것 또한 주민이 아니라 교직원과 학부모 차량이라고 주장했다. 그리고 골목길 도로가 협소해 펜스를 설치해도 실효성이 없고 주차 및 통행에 불편만 초래할 것이라며 통학로 정비에 반대 의견을 표명했다.

대구 소선여중 통학로 문제로 학부모 30여 명이 구청을 항의 방문해 민원을 제기하고, 지역 언론에서도 통학로 미설치 시 교통사고 위험이 높다고 보도되기도 했다. 소선여중 정문 및 진입로에 주차 금지, 시차제 진입금지구역으로 지정해 통학로 확보 방안을 마련했으나 교통사고 위험성은 여전히 남아 있었다.

그 후 2년여 정도가 지나도 문제가 해결되지 않자 2014년 학부모 수십 명과 학교 관계자는 부구청장 면담을 신청해 민원을 제기하기에 이르렀다. 주민들 역시 거주민의 주차공간이 절대적으로 부족하다는 이유로 민원을 제기했다(매일신문, 2014.5.23).

2. 갈등 사례의 해석

1) 이해관계

이 사례에서 갈등 당사자는 소선여중학교 학생들과 학교 인근 주민으로 '민-민 갈등' 형태라 할 수 있다. 두 집단은 아래 표와 같이 학생들의 안전한 통학권과 주민들의 주차권이라는 상호 '이익갈등'으로 10여 년 이상 누적된 감정적 반감과 갈등을 빚어 왔다.

〈 대구 소선여중 인도 설치 관련 이해관계자의 입장 〉

학부모·학교	지역 주민
• 등·하교 때마다 통학로에 통행 차량, 주차 차량이 학생들과 뒤엉켜 크고 작은 사고 발생으로 안전한 통학로 확보를 위해 인도 설치 요구	• 과거 학교 이전 시 충분한 진입도로 미확보에 대한 불만 누적 • 등·하교 시간 학부모 차량 통행 제한이 우선
• 통학로 양쪽 주민 주차 차량 때문에 보행공간 부족	• 인도 설치 시 주민들의 주차공간 부족

이 경우 갈등 현장에서 오래 깔린 '갈등의 역사성'을 이해하는 것이 문제 해결의 첫걸음이다. 이 사례의 경우 갈등 당사자 간 표면적 주장을 넘어 10년 넘게 학교 측과 주민들 간에 깔린 감정의 골을 이해하지 않고서는 대화 진전이 거의 불가능했다. 피셔와 샤피로(Fisher & Shapiro, 2005)는 『이성 저 너머(Beyond Reason)』에서 상대에게 호감을 느끼면 상대를 이해하는 감정적 유대감이 생길 가능성이 크며, 따라서 서로 분쟁적 상황에서는 서로의 부정적 감정을 완화하는 사전작업이 필요하다고 한다. 결국 소모적 감정보다는 '문제 해결'에 초점을 맞춰야 제대로 된 합리적 해법을 찾을 수 있다. 다이아몬드(Diamond, 2010)는 사람이 감정적으로 되면 원만한 설득이 힘들어지므로 상대의 감정을 배려해 이성적인 판단을 할 수 있도록 유도하는 것이 필요하며, 이를 '감정적 지불(emotional payment)'이라 부른다.

2) 객관적 기준의 설정

이 사례는 좁은 골목길을 두고 상호 공간 확보전이 전개되는 형태다. 따라서 도로 사용의 객관적 기준을 제시해 한쪽의 양보를 받아내기가 사실상 어려운 사안이라 할 수 있다. 이때는 필자가 수성구 부구청장으로 근무하고 있는 시절이었다.

필자는 일단 구청을 방문한 수십 명의 소선여중 학부모와의 면담을 통해 주민들과 학교 간 10년 가까이 갈등의 골이 깊게 패여 있음을 인지했다. 바로 소선여중 현장을 찾아 문제의 본질이 어디에 있는지를 파악하고자 인근 주민들과 소통을 시도했다. 주민들은 학교가 과거 이 장소로 옮겨올 때 충분한 진입도로를 학교 부담으로 확보하지 않아 현재의 교통대란이 일어나고 있다며 학교에 대한 원성이 높았다. 아울러 등·하교 시간 학부모 차량 통행 제한이 우선 실시돼야 한다고 주장했다. 학생들을 위해 인도를 설치하면 좁은 도로에 주민들의 주차공간 부족 문제가 발생하므로 이에 대한 반대도 심했다.

2014년 11월 27일 8명의 주민이 모여 교통 개선 간담회를 개최했다. 양측의 의견이 팽팽히 갈렸다. 학교 측은 소선여중 학생들의 등·하굣길의 위험과 불편함을 개선해 주기를 바랐다. 반면, 주민들은 등·하교 시 학부모 차량으로 붐비는 것이 가장 큰 문제이므로 등·하교 시간(7:30 ~ 8:30, 15:30 ~ 16:30)에 1시간씩 차량 진입을 금지해야 한다고 말했다. 또한 인근 부지 매입을 통한 주차장 설치를 요구하는 입장이었다. 한쪽의 이야기만 들으면 안 된다는 말은 바로 이런 것이다.

3) 갈등관리: 당사자 개입 및 제3자 개입

간담회 결과 학부모 측과 주민 측의 대립만 커졌다. 양 당사자들은 서로 강한 불신을 하는 특성 부여 프레임(characterization frame)을 견지하고 있었다. 필자는 양 갈등 당사자들이 좀 더 문제를 감정적 대립 없이 객관적으로 인지해야 해답을 찾을 수 있을 것으로 보고, 다음 간담회 때부터는 간담회장에 언론석을 마련해 회의 전 과정을 기자들이 지켜보게 하는 '오픈회의 방식'을 적용했다. 이 방식은 사람들로 하여금 자기 입장에서만 문제를 바라보고 일방적 주장을 하는 대신, 언론이라는 객관적인 제3자가 지켜보고 있음을 의식하게 함으로써 대화의 합리성을 제고하는 데 기여했다.

4) 프레임 전환

갈등 사안에서 당사자들이 특정 틀에 생각이 갇혀 있으면 대화가 중단되고 난관에 봉착하게 된다. 이 경우 발상의 전환을 통해 유연성을 확보할 필요가 있다. 소선여중 학교 측과 학부모들은 아침마다 통학 시 학생들이 차량과 충돌사고가 잦아 위험하다며 '학교 정문 쪽(남측)' 전용인도 확보를 요구했다. 주민들의 주차 차량으로 더 좁아진 도로에 대한 불만도 컸다. 하지만 필자가 현장에서 살펴본 바, 이 도로는 대로변 도로가 아닌 골목길 도로라 주민들의 주차난이 심해 도로를 확폭하지 않는 한 주민들에게 주차를 희생하면서까지 도로 일부를 통학전용 인도로 내놓으라고 요구하기에는 무리라는 생각이 들었다. 한편, '학교 북측' 골목도로 인근(청구매일맨션 옆)에는 소공원이 자리잡고 있었으나 언덕 형태로 지형이 높고 시설도 낙후돼 주민들로부터 외면받는 상태였다.

오랜 갈등이 돌파구를 찾지 못한 것은 고정관념 문제 때문이었다. 학교 남측 정문은 차량 접촉사고가 빈번한데 반해, 북측 보조문은 상대적으로 한적했으나, 늘 학교 정문을 기준으로 해법을 찾으려 한 것이다. 필자의 착상은 '학교 정문 쪽(남측)'이 아니라 '학교 북측' 보조 출입문 옆에 위치한 진달래공원 옆 골목길을 확장해 통학전용 인도를 확보할 수 있지 않을까 하는 것이었다. 이참에 낙후된 소공원도 정비하면 일석이조일 것 같았다. 발상의 전환이었다.

이 아이디어를 가지고 대구시 당시 여희광 행정부시장을 방문했다. 부시장과 다시 소선여중 현장을 조용히 찾아 필자의 아이디어를 설명하자, 부시장은 대구시가 특별교부금 수억 원을 지원해 주겠다고 힘을 실어줬다. 이제 학교와 인근 주민들의 동의만 구하면 오랜 갈등에 마침표를 찍을 수 있을 것 같았다.

5) 최적 대안의 모색

필자는 중재안으로 시비와 구비를 투입, '학교 후문 쪽' 옆 진달래공원 산책로 정비 공사를 통해 기존 도로 옆에 별도 통학로를 확보함으로써 학생들의 등·하굣길 안전을 확보하는 방법을 제안했다. 또한 안건으로 나왔던 일방통행 지정은 주민의 의견을 반영해 추후 논의하고, 등·하교 시간 차량 진입 금지 시간은 학교 측이 설득 후 추진하기로 했다. 주차장 설치 문제는 당장 부지 매입에 어려움이 있어 주민들과 협조 후 추진하기로 했다.

구청이 제시한 중재안으로 진달래공원 산책로 정비 공사를 시작하자 또 다른 민원이 제기됐다. 이번에는 공원 남측에 거주하는 주민들이 공사 중에 발생하는 소음 때문에 생활에 방해가 너무 크다는 민원을 제기했다. 주민들의 반대에 구청은 정비 공사를 즉시 중지했다. 그리고 다시 토론회를 개최했다. 대안은 세 가지로 제시됐고, 최종 아래 그림과 같이 공원 남측 도로와 옹벽은 그대로 유지하면서 공원 서측 경사로를 학생들이 안전하게 이용할 수 있도록 데크 계단과 난간을 설치하고, 언덕 형태인 현 낡은 공원을 평탄하고 쾌적하게 정비해 학생들이 걷기 편하게 조성키로 조정했다.

수성구 소선여중 옆 진달래공원에 통학용 데크를 신설한 모습(2015.5)

수성구 소선여중 옆 낡고 방치된 진달래공원을 새로 정비한 모습(2015.5)

[수성구 진달래공원 정비 후 모습]

  학교 북측의 방치된 소공원을 통해 통학로도 확보하고 공원도 단정히 정비하자 학부모 및 인근 아파트 주민들은 주변 환경이 쾌적해졌다고 매우 흡족해했고, 옹벽을 그대로 유지 활용함으로써 소음 민원도 해결했다. 이 사안은 갈등 당사자들이 기존의 자신의 입장만 고집하는 입장협상(positional negotiation)에서 탈피해 상호 '이해관계(interest)'에 초점을 맞추고 대안을 적극 모색하는 원칙협상(principle negotiation)에 입각해 갈등 해소에 성공한 사례다. 구청에서 민원을 해결하려는 강한 의지를 가지고 수차례 현장에서 아이디어를 찾는 끈질긴 노력과 고민을 통해 10년 갈등 당사자들의 마음문을 서로 열게 하고, 이웃 간 화합과 신뢰, 웃음을 되찾게 해 준 것이 무엇보다 큰 협상의 성과였다. 필자가 대구시로 자리를 옮긴 2015년 이후, 주민들과 소선여중이 이진훈 수성구청장을 찾아가 10년 해묵은 숙제를 해결해 준 데 대한 감사장을 전달했다는 후문을 듣고 당시 갈등 조정 역할을 맡았던 부구청장으로서 마음이 뿌듯했다.

토의 과제

- 이 사례의 이슈는 무엇인가?
- 이 사례에서 사용된 창조적 대안은 무엇인가? (프레임 전환)
- 갈등 사안에서 감정은 어떻게 협상에 영향을 미치는가? (감정적 지불)

사례 4 ㅣ 대구시 북구 회전교차로 설치사업 갈등*(관-민 갈등, 2010~2011)

1. 갈등 개요

이 사례는 기초지자체가 국가경쟁력강화위원회의 '기초법질서 확립을 위한 교통운영체계 선진화 방안'의 일환으로 일반 신호교차로보다 안정성이 우수한 회전교차로를 도입한 사례다. 도입 초기에 사업에 대한 이해가 없던 주민들이 반대해 갈등을 겪었으나 이를 극복하고 주민과의 협상을 통해 갈등을 해소한 모범 사례라 할 수 있다.

대구시 북구 동천동 동천워터피아네거리와 삼성디지털프라자네거리는 아래 그림과 같이 2005년 4월 15일 어린이집 버스와 승합차 충돌사고로 21명의 인명 피해가 발생하는 등 매년 9~11건의 교통사고가 지속적으로 발생하는 곳이었다. 따라서 북구청은 이를 근본적으로 해결하기 위해 '2010년 교통안전 개선사업 추진계획' 수립, 회전교차로 설치를 추진했다. 2011.8.11~11.28 동천동 동천워터피아네거리, 디지털프라자네거리를 사업비 360백만 원(국·시비)을 들여 회전교통섬, 진입부 교통섬, 기타 교통안전시설 설치에 들어갔다.

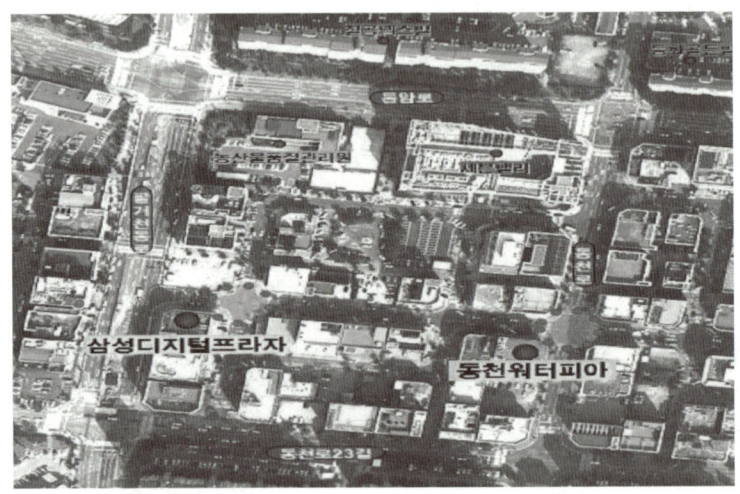

* 대구시(2016), 「2016 갈등관리 우수사례집」 참고.

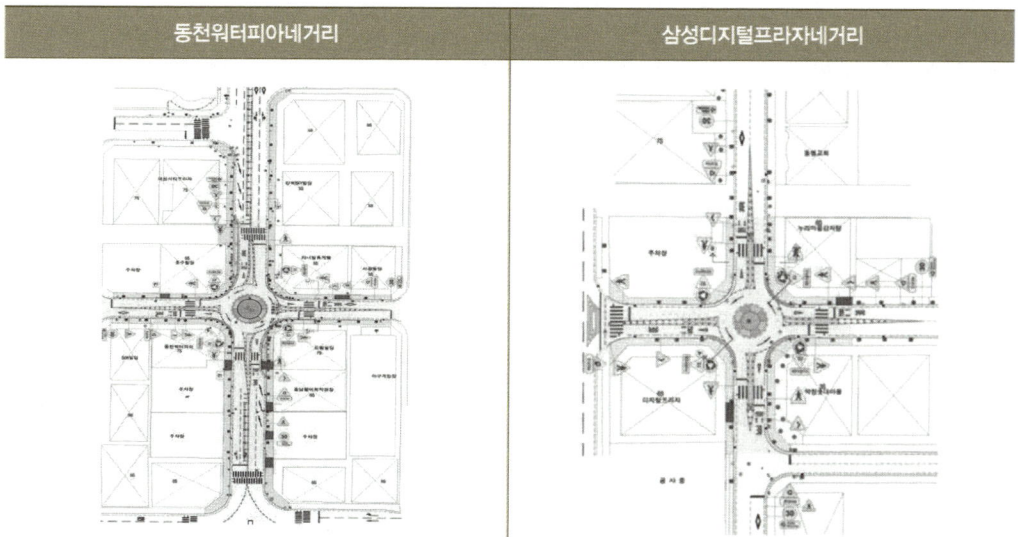

[대구시 북구 회전교차로 설치사업 위치도]

북구청은 2010년 12월 15일 1차 '회전교차로 기본 및 실시설계 용역 주민설명회'에 이어, 2011년 9월 2차 회전교차로 공사 착공에 들어갔다. 그러자 2011년 9월 9일 인근 상가 건물주 등 주민들이 공사 중지 집단민원을 제기했다.

주민들은 사업에 대한 이해가 없이 인도변, 도로변 불법주정차 불가에 따른 상권 위축 우려로 사업 반대 의사를 표명했다. 상권 활성화 없는 사업 시행에 반대하고, 상권 활성화 대책 수립 후 사업을 시행할 것을 북구청에 요구했다. 또 회전교차로 대신 신호등, 과속방지턱 등 대체시설을 요구하며 상가 점포주는 집단 반대 시위에 들어갔다.

2. 갈등관리

북구청은 주민들과의 갈등을 해소하기 위해 2010년 말부터 2011년 4월까지 네 차례 주민설명회를 개최했다. 이 설명회에 북구의원, 경찰 관계자, 동자치위원, 상가 건물주, 아파트 대표 등이 참석했다. 그후 2011.3.24~3.28까지 5일간 다음 그림과 같이 동천워터피아네거리에 PE드럼통 등을 설치하고 노면 표시를 한 후 CCTV 동영상을 촬영하며 '현장 시험 운영'에 들어갔다. 한편, 2011.9.16~9.17 양일간 서울시 송파구, 안산시, 평택시 등 회전교차로가 이미 설치된 지역 상권 영향 검토차 선진지 견학을 실시했다. 이어 2011.9.23 주민간담회를 개최해 타 시·도 사례 및 상권 영향 분석 결과를 설명하고, 교통 피해자의 의견을 들었다. 한편, 노외 주차장 12개소 일제 정비로 주차공간을 확보했다.

[대구 북구 동천워터피아네거리 '현장 시험 운영' 장면]

3. 추진 경위

- 2010.2.24: 회전교차로 설치 계획 수립
- 2010.4.12~12.7: 기본 및 실시설계 용역
- 2010.12~2011.4: 주민설명회 4회 개최
- 2011.3.24~3.28: 회전교차로 시험 운영
- 2011.5.11: 회전교차로 추진 방침 결정(각 기관 의견 수렴 결정)
- 2011.8.11: 공사 착공
- 2011.9.10: 주민 집단민원(상권 위축) 발생
- 2011.9.16~9.17: 타 시·도 운영 사례 견학
- 2011.9.28: 주민간담회 개최
- 2011.11.28: 공사 준공

4. 최적 대안의 모색

북구청은 교통사고가 잦던 동천워터피아네거리에 주민과의 협상을 통해 아래 그림과 같이 회전교차로를 설치함으로써 교통사고를 대폭 감소시키고, 불법주차 방지로 차량 통행 및 보행 여건을 개선했다. 또한 중앙교통섬 내 조경시설 설치로 도시 경관도 개선했다. 결국 타 시·도 우수 사례 견학 지원 및 주민설명회 개최로 불확실한 기대 효과에 대해 주민들에게 신뢰감을 높여주고, 주민 요구 사항에 대한 적극적인 검토 및 반영으로 주민 만족도를 이끌어 갈등을 성공적으로 해소했다.

[대구 북구 동천워터피아네거리(좌)와 삼성디지털프라자네거리(우)의 개선 전과 개선 후 전경]

토의 과제

- 이 사례에서 갈등 해소를 위해 도입된 방법은 무엇이며, 이를 '협상의 무기'의 관점에서 논해 보자(이 책 제3장 4절 참고).

사례 5 구리-포천 고속도로 건설 갈등*(관-관 갈등, 2007~2017)

1. 갈등 개요

구리-포천 고속도로는 2012년 7월 3일 착공해 2017년 6월 30일 개통된 것으로, 아래 그림과 같이 수도권 동북부 지역 교통난 해소와 지역관광산업 육성을 위해 교통 인프라를 확충하는 사업이다(연합뉴스, 2017.6.27). 제4차 국토종합계획 수정계획(2006~2020) 수도권 간선도로망 계획에 제시된 전국 간선 고속도로망계획 중 남3축의 기능을 수행하며, 중부고속도로와 대전-진주-통영의 연결축이다. 구리-포천 고속도로는 경기도 구리시 교문동을 시점으로 왕복 4~6차로 총연장 50.54킬로미터로 민간투자사업 방식인 BTO(Build-Transfer_Operate) 방식으로 건설됐으며, 소유권은 국가에 귀속되고 민간이 30년(2014~2043) 운영하게 된다.

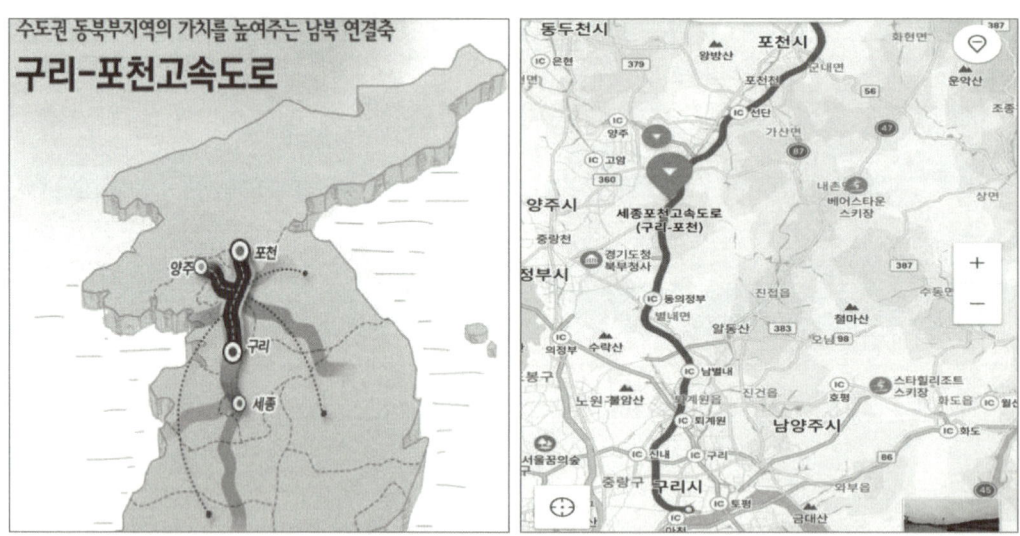

[구리-포천 고속도로 건설 위치]

---

* 진종순(2012) 참고.

2005년 12월 건설교통부의 도로정비기본계획 수정계획(2006~2010)에 이러한 계획이 반영됐다. 구리-포천 고속도로는 2007년 우선협상 대상자로 대우컨소시엄이 지정된 후 이후 약 1년간 구리시의회와 구리 살리기 범시민연대본부를 중심으로 한 주민의 반대가 이어졌다. 노선 반대 결의문 채택(구리시의회: 2007.8.23, 범대위: 2007.11.11), 노선조정건의서 제출(2008.1.8), 구리시민 궐기대회(2008.5.31), 노선 반대 탄원서와 청와대 접수(2008.6.12), 국민감사 청구서 감사원에 제출(2008.6.23), 과천 청사 앞 릴레이 1인 시위(2008.7.1) 등 구리시와 지역 주민의 반대가 심화됐다.

국토해양부는 2008년 7월 구리시장, 구리시의회 의장, 시의원, 범대위 관계자와의 면담을 실시하는 등 조정을 위한 노력을 시도했다. 구리시는 노선 우회안을 제안했으나, 정부가 이를 받아들이지 않으면서 갈등은 다시 번졌다. 2008년 9~10월 국회의사당과 국토해양부 앞에서 대규모 궐기대회가 있었다. 이후 2009년 4월 갈등조정협의회는 대안으로 제3의 전문기관인 한국토목학회에 노선타당성 용역을 의뢰했으나, 구리시통과반대 범시민대책위는 이의를 제기하며 수용을 거부했다(구리넷, 2010.10.16). 2009년 11월에는 주민의 요구에 따라 ㈜서울북부고속도로의 주관으로 환경영향평가 및 주민공청회를 개최했지만, 합의는 불발됐다.

2010년 3월 문화재 현상 변경 과정에서 노선이 일부 변화됐고, 감사원감사에서도 공사 중단의 사유가 없는 것으로 결론나면서 2010년 10월 국토부, 구리시, 범시민대책위, ㈜서울북부고속도로 간에 사업 협조를 위한 양해각서를 체결해 갈등이 종식됐다.

〈 구리-포천 고속도로 사례의 갈등 과정 〉

날짜	사례 전개 과정
2002.7.26	민간사업 제안서 접수
2005.12	도로정비기본계획 수정계획(2006~2010)에 반영(건설교통부)
2007.8.13	구리시의회, 서울-포천 간 민자 고속도로 건설반대 결의문 채택
2007.11.11	구리시살리기 범시민연대본부 반대 결의문 채택
2007.12.17	구리시청, 사업자 선정 관련 재평가 요구

2008.1.8	구리시청, 대통령직인수위에 노선 조정 건의서 제출
2008.5.31	구리시 구간 배제를 촉구하는 구리시민 궐기대회 개최
2008.6	범대위 청와대, 감사원에 탄원서 제출, 릴레이 1인 시위
2008.7	국토부, 구리시 관계자 면담
2009.4.3	갈등조정협의회, 한국토목학회에 노선타당성 용역 의뢰
2009.11.17	㈜서울북부고속도로, 구리-포천 고속도로 환경영향평가서(초안) 및 계획노선 공청회 개최
2010.3	문화재청, 구리-포천 고속도로 협상 변경 승인
2010.10.13	구리시-국토부 양해각서 체결
2012.7.3	공사 착공
2017.6.30	공사 준공

2. 갈등 사례의 해석

1) 이해관계

구리-포천 고속도로는 사업 자체의 필요성을 놓고 국토해양부를 대신한 경기도, 여타 관련 지자체, 사업 시행자는 찬성을 하는 반면, 시점부인 구리시를 대표하는 범시민대책위와 시민사회단체는 사업을 반대해 갈등을 빚은 '관-관 이익갈등' 성격의 사업이다.

사회간접자본 시설을 둘러싸고 고속도로 건설 편익은 의정부시, 양주시, 포천시 등 다수 지역으로 분산되는 반면, 고속도로 건설로 인해 구리시는 부담하는 비용이 집중되는 성격을 지닌 갈등이다(아시아경제, 2011.4.18). 이익갈등은 양 당사자가 근본적으로 문제 인식의 틀을 달리하는 가치갈등과는 달리 협상을 통해 충분히 타협점을 모색할 수 있어, 편익과 비용의 균형점을 찾으면 해법을 도출하기가 상대적으로 쉽다.

2) 최적 대안의 모색

구리-포천 고속도로 건설과 관련한 갈등 논점과 대안의 모색을 정리해 보면 다음과 같다.

첫째, 사적지, 조망권, 환경 보전과 관련해, 구리시는 구리-포천 고속도로 건설로 인해 조선왕릉이 있는 동구릉, 고구려 유물이 있는 아차산, 생태 복원을 한 장자호수공원의 미관 저해, 금호아파트의 조망권 침해 등 환경문제가 발생한다고 주장한다. 반면, 국토해양부와 사업 시행자 측은 동구릉은 고속도로 노선과 떨어져 피해가 거의 없고, 아차산은 심도 100미터 지하터널을 통과하므로 환경 훼손의 방지가 가능하고(국토해양부 보도자료, 2008.7.29), 교문동 아파트의 경우 검토안에서는 720미터 떨어져 조망권 침해가 없다고 주장한다.

실제로 문화재청은 동구릉 훼손과 관련해 다섯 차례 문화재 현상 변경안을 부결시켰고, 동구릉 지역에서 이격거리를 더 두도록 조정하는 등 조치를 취해 갈등을 완화했다.

둘째, 월드디자인센터, 고구려테마공원과 관련해, 구리시는 구리-포천 고속도로가 이들 시설 건립에 지장을 준다고 주장했다. 이 지역이 구리시 내에서 구리시가 개발할 수 있는 유일한 땅이므로 구리시가 계획한 월드디자인센터, 고구려테마공원 조성이 무산되면 구리시의 세수가 줄어드는 것을 우려했다. 이에 반해, 국토해양부는 월드디자인센터 개발이 사업 타당성이 약하다고 봤고, 고구려테마공원의 경우도 구리시가 뒤늦게 이 일대에 구리-포천 고속도로가 통과한다는 것을 인지한 후 이 사업을 기획한 게 아닌가 하는 의심을 표명했다.

실제로 국토해양부와 구리시는 2010년 10월 15일 상호 구리-포천 고속도로 건설에 대한 양해각서를 체결해, 국토부는 월드디자인센터와 고구려테마공원 건립을 지원하고, 대신 구리시는 구리-포천 고속도로 공사에 협조하기로 협상했다.

셋째, 갈매동 구간과 관련해, 구리시는 오랫동안 그린벨트로 존치되다가 최근 일부 지역이 해제된 갈매동이 구리-포천 고속도로로 인해 지역 단절이 생기지 않을까 걱정했다. 국토해양부는 기술적 측면을 고려해 갈매동 영업소 위치를 이전 가능하다는 입장을 표명했다. 결국 두 기관은 2010년 10월 15일 양해각서를 통해 갈매동 위치를 500미터 외곽으로 이전한다는 합의를 봤다.

넷째, 교통 체증과 관련해, 구리시는 구리-포천 고속도로가 건설되면 구리시의 교통 체증이 심해지고, 구리시가 국도가 잘 정비돼 있고 서울과의 접근성도 좋아 고속도로 건설의 실익이 적다고 주장했다. 반면, 국토해양부는 이미 경기 북부로 통하는 간선도로인 3번, 43번 국도가 교통이 혼잡하며, 출퇴근시간대에도 도로가 포화 상태이므로 고속도로 건설이 시급하다고 주장했다.

실제로 국토해양부와 구리시는 상호 양해각서를 체결해, 국토해양부는 구리시 주민들의 숙원사업인 지하철 6호선 연장, 구리남양주선, 별내선 공사 시 구리시에 적극 협조하고 구리시는 고속도로 건설에 협조하기로 협상을 했다.

이 사업은 두 당사자가 구리-포천 고속도로 건설을 놓고 갈등을 겪으면서도 상호 의존하는 관계에 있었기 때문에 이익의 상호 조정으로 비교적 쉽게 기관 간 갈등을 해소할 수 있었다. 결국 이익갈등은 각자의 편익과 비용의 관점에서 호혜적 협상(mutual negotiation)을 통해 해결될 수 있다. 결국, 문제와 갈등의 상호 인지, 상호 이해관계에 초점을 맞추고, 유연한 협상을 통해 이익갈등을 해소한 사례라 할 것이다.

토의 과제

- '구리-포천 고속도로 건설 갈등 사례'는 어떤 유형의 갈등인가?(가치갈등, 이익갈등, 정책갈등)
- 이 사례에서 양 당사자 간 갈등이 어떻게 상생협상으로 마무리될 수 있었나?

경제갈등 사례 분석

chapter 11

사례 6 대구 농수산물도매시장 시설현대화사업 갈등
(민-민 갈등, 2013~2024)

1. 갈등 개요

　대구 농수산물도매시장은 서울 가락시장과 강서시장에 이어 전국에서 세 번째로 많은 거래 물량을 자랑하는 시장이다. 1988년 설립된 농수산물도매시장의 거래량 증가에 따른 공간 협소, 불합리한 교통 체계 등으로 10여 년 전부터 농수산물도매시장 이전 및 시설현대화 요구가 끊임없이 제기돼 왔다.
　대구시는 그 해결을 위해 2007년, 2012년, 2015년 세 차례 연구용역을 시행했지만 그 방향과 해법을 두고 2014.8~2017.2까지 유통 종사자 등 이해관계자 간 대립이 격화돼 왔다(대구신문, 2016.9.5). 2016년 6월 23일 용역 최종보고회 개최 결과, 이전 후보지 순위가 대구시내 달성군 구라지구 〉 북구 팔달지구 〉 달성군 하빈면 대평지구 순으로 제시됐으나, 도매상인들 간의 이해관계의 대립으로 이전 논의가 무산됐다. 이에 대구시는 2017년 3월 이전

[대구 농수산물도매시장 현 위치도]

vs 재건축으로 이견을 보이는 유통 종사자 간 합의 도출을 위해, 경제부시장을 위원장으로 유통 종사자, 관련 전문가, 갈등 전문가, 관계 공무원으로 구성된 '도매시장 시설현대화 추진협의회'를 운영해 15회에 걸친 난상토론을 거쳤다.

2018년 4월 13일 '위원 전원 합의'로 '현부지(대구광역시 북구 매천동 527-3번지) 확장 재건축'으로 시설 현대화 방향을 확정해, 2019년 10월 농식품부가 실시한 공영도매시장 시설 현대화사업 정부 공모에 선정되고, 총사업비의 30% 국비 지원이 확정됐다(영남일보, 2019.12.11.). 권영진 대구시장은 총사업비 1,075억 원을 투입해 현 도매시장 동편의 토지 17,304㎡를 매입하고 경매장, 지하주차장, 잔품처리장, 교량 등을 설치하며, 상가 자부담으로 관련 상가를 매입 부지에 신축 이전하고 대구시로 기부채납 한다는 계획이다.

〈 대구 농수산물도매시장 시설현대화사업 개요 〉
- 기간/위치: 2019~2023년/대구광역시 북구 매천동 527-3번지

- 사업 규모
    - 부지 면적: 171,425㎡
        증축 건축물 연면적: 20,901㎡(지하 1층, 지상 1층)
- 총사업비: 1,075억 원(국비 421억 원, 시비 654억 원)
- 주요 시설
    - 경매장: 3,017㎡
    - 지하주차장: 16,529㎡
    - 잔품처리장: 1,295㎡(쓰레기처리장, 화장실 포함)
    - 출입문: 당초 5문 ⇒ 변경 6문(증 1문)
    - 교량: 신설 1개
    - 관련 상가: 매입 부지에 신축 이전(건물 기부채납)

2. 추진 경위

- 2005: 상인들이 이전 필요성 제기(이전과 전면 재건축 양측으로 의견 충돌)
- 2013: 한국농촌경제연구원 2차 용역 결과 4곳 거론
- 2015.1~8: 시설현대화 타당성 및 기본 계획 수립 용역 실시(3차 용역)
- 2016.6.23: 용역 최종 보고회 개최(본부장, 유통 종사자, 주민 등)
    ⇒ 〔용역 결과〕 이전 후보지로의 이전이나 현 부지 순환식 재건축 모두 타당
    * 이전 후보지 순위: 구라 〉 팔달 〉 대평 순
- 2016.9~10: 도매시장 유통 종사자 분야별 의견 청취(4회)
    ⇒ 〔의견 결과〕 이전: 7개 단체, 재건축 : 6개 단체
- 2017.3.24: 도매시장 시설현대화사업 추진협의회 구성 · 운영
    - 구성: 경제부시장 외 21명(시, 북구청, 유통 종사자, 전문가)
    - 운영: 5회(간담회 4, 다른 도매시장 현장 견학 1)
- 2017.5~12: 갈등 전문가 영입, 소협의회 구성 · 운영
    ① 1~7차 회의 이전, 재건축 양측 주장 팽행선

* 첨예한 이해관계 대립으로 시설현대화계획 백지화 우려
    ② 8차 회의 / 11.20 새로운 '확장 재건축안(제3안)' 제시
    ③ 9차 회의 / 12.8 유통 종사자 13명 '확장 재건축안' 설명
- 2017.12.12: 도매시장 시설현대화 추진협의회(5차 회의)
- 2017.12~2018.3: 유통 종사자 '확장 재건축안' 합의서 작성
- 2018.4.13: 도매시장 시설현대화사업 '확장 재건축안' 확정
- 2023.3: 대구시, 농수산물도매시장 위치 재변경(북구 현위치→달성군 하빈면)

3. 갈등관리: 제3자 개입

대구 농수산물도매시장 갈등은 도매시장이 다양한 이해관계를 가진 상인들로 구성돼 입장이 통일되기 어려웠다. 2017년 2월까지 아래 표와 같이 농수산물도매시장의 완전 이전을 주장하는 측과 현 위치에서 재건축을 주장하는 측, 그리고 입장을 유보한 측으로 갈등이 심화됐다.

대구시는 2017년 5월 이후 갈등조정 전문가를 외부에서 영입해 투입시켜 갈등 당사자들의 속마음을 파악해 '이해관계'에 초점을 맞춰 돌파구를 찾아갔다.

〈 대구 농수산물도매시장 상인들의 입장 〉

쟁점	재건축 지지 측	이전 지지 측
이해 당사자	G사, D사	H사, N사 등
상권 정상화 기간	10년	3년
부지	주변 시설 매입	생산자용 여유지
결정 방식	합의 결정 선호	불가피 시 투표 용인
주 관심사	도매시장 본래의 기능에는 부적절 인식. 도매인제 도입 우려	이전을 통해 유리 상권 확보 관심. 도매인제 입지 강화

갈등 전문가 투입 결과, 상인들은 본인들의 상가 입지 변화에 민감해 재건축 또는 타지 이

전을 주장했으나, 신속한 정책결정이 이뤄져야 한다는 데는 다들 공감했다. 이 사안을 두고 협력기관은 각각 나름의 역할 수행에 충실했다. 우선 이 사업 시행자인 대구시는 2017년 3월 '도매시장시설현대화 추진협의회'를 구성·운영하고, 시설현대화 추진 과정에 나타난 이해관계자 간 대립과 갈등을 해소하는 데 주력했다. 또한 유통 종사자들의 주장을 경청하고 발전 방안을 제시하는 데 집중하는 한편, 시·유통 종사자·지역민 간 문제 해결을 위한 신뢰 구축에 공을 들였다. 경쟁 후보지인 북구와 달성군은 사업 추진에 필요한 대체 부지 제공에 협조했다. 갈등 당사자들인 도매법인, 시장도매인, 중도매인은 시설현대화 추진 필요성에 공감하고, 유통 종사자 간 갈등 해결을 위한 대화와 협력을 모색했으며, 회의와 면담을 통해 각자의 주장을 들은 후 문제점과 발전 방안을 제시했다. 갈등 전문가는 각 업종별 상인 대표와 자신과의 대화 내용을 다른 상인들에게는 '비밀'로 관리해 줌으로써 상인들이 속내와 내심 이해관계를 터놓을 수 있게 했다.

10여 년 간 계속돼 온 이해 당사자 간의 갈등이 전환점을 마련한 것은 2017년 3월 이후 김연창 경제부시장을 위원장으로 '도매시장 시설현대화사업 추진협의회'를 구성해 잦은 소통을 통해 상호 신뢰를 구축하고, 제3자인 갈등 전문가의 투입을 통한 '소그룹 비밀 유지 방식'의 이해관계 조정 노력이 큰 역할을 했다. 이해 당사자들은 겉으로는 상권 활성화를 명분으로 세웠으나, 실질적인 관심사인 '본인 기득권의 위축 또는 포기 요구'에 큰 우려와 불안을 갈등 전문가에게 표출했다고 할 수 있다. 결국 이러한 걱정이 적은 기존의 부지에 시설을 개선하는 최종안이 다음 그림과 같이 현실적인 대안으로 수용됐다.

또한 대구시로서는 '현 부지 존치'라는 최적 대안을 도출해 냄으로써 이전 시 4배 이상이 소요될 사업 예산을 최소 예산을 투입해 효율성을 극대화하는 한편, 필자가 일자리경제본부장으로 근무하던 2018년 막판 상인들과의 협상에서 도매시장 내 부족한 주차장 문제를 '지하주차장 추가 확보'라는 추가 대안을 제시함으로써 갈등 종결로 이끌 수 있었다. 이 방법은 협상에서 '부수적 보상 제공(nonspecific compensation)' 전략으로, 한쪽이 다른 쪽에 자신이 중요하게 생각하는 이슈에의 답을 취하는 대신, 자신에게는 덜 중요한 다른 보상을 제공하는 방법이다. 협상이 거의 마무리 단계까지 온 상태에서 '주차장 문제'로 협상이 다시 뒤틀어짐을 막은 셈이다.

4. 갈등의 재점화

　이 건은 2005년 상인들이 이전 필요성을 첫 제기한 이후, 도매시장의 이전 여부에 대해 세 차례나 검토용역을 거치고 상인들간의 오랜 갈등을 겪은 후 2018년 현 북구 위치에 '확장재건축'으로 결론이 나 국비가 지원되어 재건축 절차가 시작된 사안이었다.

　그런데 2022년 7월 민선8기 홍준표 시장 취임 후 선거공약이었던 대구 농수산물도매시장(매천시장) 이전을 본격 검토하고, 더욱이 2022년 10월 매천시장 농산 A동에 화재가 발생한 것을 계기로 과거 이전 후보지 중의 하나였던 달성군 하빈면 대평지구로 이전하기로 사업계획을 변경했다(매일신문, 2023년 3월 31일). 대구시는 2031년까지 달성군 하빈면에 4천여억 원을 투입해 278,000㎡ 부지에 경매와 가공, 선별 등 첨단 도매유통시설을 갖춘 도매시장을 건립한다는 목표를 세우고, 사업비 중 건축비의 30%는 국비지원금으로 충당한다는 구상이다. 한편 현 매천시장 후적지는 용역결과를 토대로 개발할 계획이다.

　당초 현 매천시장 부지 내 확장재건축의 경우, 상인들간의 치열한 선호입지갈등을 겪고 '현 질서'를 유지하는 쪽으로 결론이 난 사안인 만큼, 추후 달성군 하빈면으로의 이전이 본격화되면 또 한 번 상인들간 입지를 놓고 큰 갈등을 겪을 가능성이 크다.

토의 과제

- 갈등 해소 방법으로 제3자 개입(조정)이 가지는 의의는 무엇인가?
- 이 사례에서 '갈등조정 민간전문가'가 투입돼 각 이해관계 집단 간 입장을 좁히는 데 기여했다. 제3의 조정자의 역할을 '협상가의 자질' 측면에서 논해 보자(이 책 제3장 참조).
- 갈등의 재점화는 어떤 경우에 일어날 수 있는가?

사례 7   **대구 성서2차산단 열병합발전 건설 갈등**(관-민-민 복합 갈등, 2015~2021)

1. 갈등 개요

R(주)는 2015년 대구 달서구 성서공단남로 일원에 2020년까지 Bio-SRF(Biomass-Solid Refuse Fuel) 열병합발전소를 건설할 예정으로 사업을 추진했다. 대구시는 2015년 6월 한 업체가 신청한 전기 발전을 위한 '개발계획 및 실시계획 변경 건'을 승인했다. 이어서 2017년 9월 R(주)가 사업 방식 변경 차 신청한 사업계획 승인 건을 승인했다.

대구시 달서구에 폐목재를 태워 증기와 전기를 생산하는 민자 BIO-SRF 열병합발전소 건설이 추진되자 환경오염을 우려한 주민들이 반발하고, 달서구의회도 '성서산단 열병합발전소 반대 결의문'을 채택했다. 한편, 달서구는 2017년에는 이 사업에 긍정적 입장을 견지했으나, 지역 주민의 반대가 심해지고 달서구의회도 발전소 건설 반대 입장을 밝히자 입장을 바꿨다. 대구시는 발전시설 입지가 주민건강권 침해 및 쾌적한 환경에 악영향을 크게 미친다고 판단해 2019년 4월 '성서2차 개발계획 및 실시계획 변경 요청 건'에 거부 처분을 내렸다. 달서구도 2019년 3월 사업자의 건출 허가 사항 변경 신청 건을 보류했고, 2019년 7월에는 R(주)가 성서산단과 입주계약 체결을 하지 않은 채 건축 변경을 신청해 절차를 어겼다는 이유로 신청을 반려했다(대구신문, 2020.2.5).

이에 시행사는 "사업 자체를 불가능하게 처분하는 것은 부당하다"고 주장하며 2019년 6월 대구시를 상대로 행정소송을 제기했으나 2021년 11월 11일 대법원은 대구시의 승소 판결로 결론을 맺었다.

2. 추진 경위

- 국토교통부, 산업입지법 시행령 개정: 2012
  - 산업시설용지 내 신·재생에너지설비업 입주 가능
- 대구시, 성서2차 개발계획 및 실시계획 변경 승인(전기 발전): 2015

       성서2차 개발계획 및 실시계획 변경 승인(사업 변경): 2017

       달서구 주민들의 발전소 건립 반대 집단민원 발생: 2018~2019

       시·구의회 및 대구환경운동연합, 경실련 등 성명서 발표: 2018~2019

       성서2차 개발계획 및 실시계획 변경 요청 거부 처분: 2019

      – 사유 : 주민건강권 침해 및 환경문제를 유발하는 발전시설 입지 부적절

- 달서구, 대기배출시설 설치 허가(녹색환경과): 2015

       건축 허가(건축과): 2017

       건축 허가 사항 변경 신청 건 보류: 2019

- 산업통상자원부, 발전용량 15MW 전기발전사업 허가(전기위원회): 2017

       전기발전사업 공사계획 조건부 인가(전력산업과): 2018

- 행정소송 판결: 2021.11.11(대법원)

      – 법원은 행정관청이 대기오염물질 등이 더 이상 배출되지 않도록 할 공익상의 이유로 업체의 사업계획 변경 요청을 거부한 것은 정당하다며 피고(대구시) 최종 승소 판결

3. 갈등 사례의 해석

1) 이해관계

    이 사안은 국토교통부가 2012년 11월 산업입지법 시행령을 개정해 산업시설용지 내 신재생에너지설비업 입주가 가능하도록 한 데 근거해, 2015년 사업자가 열병합발전시설 건설을 착수할 때 지자체가 사업을 승인한 후, 사업주의 사업 변경 승인 신청 건에 대해 주민건강권 침해 및 환경문제를 유발하는 발전시설 입지 부적절을 이유로 변경 처분을 불허한 사안이다.

    주된 이해관계자는 사업 시행자인 R(주), 사업 승인권자인 대구시와 달서구, 환경오염 유발을 이유로 건설 반대 민원을 제기한 지역 주민과 시민단체 간 관–민–민 복합 민원 성격을 띤 갈등 사례. 주민의 건강권이라는 공익과 개발권이라는 사익의 충돌이자, 지역경제 진흥과 위해환경 억제라는 가치 중 어느 것을 우선할 것인가의 가치갈등 성격도 띤다.

2) 갈등관리

대구시 달서구에 폐목재를 태워 증기와 전기를 생산하는 민자 BIO-SRF 열병합발전소 건설이 추진되자 환경오염을 우려한 주민들이 반발했다. 이들은 행정기관이 주민 동의 없이 발전소 건립을 추진했다며 사업 철회를 촉구했다. 2018년 11월 반대 주민, 시민단체, 교수들은 달서구청에서 열린 토론회에서 "성서산단은 다른 공단보다 오염물질이 높고 산단과 주거지 이격거리가 너무 짧다"고 주장했다. 달서구폐목재소각장반대대책위는 2018년 12월 13일 대구시청 앞에서 기자회견을 열고 "대구시와 달서구청은 발전소 건설과 관련한 인허가를 철회하고 대기오염물질 배출시설에 대한 정보를 공개하라"고 요청했다. 대책위는 또 "2015년 9월 대구시의 '개발계획 및 실시계획 변경 승인'에서부터 2017년 12월 달서구청의 '건축허가'에 이르기까지 주민 의견은 모두 배제됐다"고 주장했다(뉴시스, 2018.12.13).

정치권에서도 민감하게 반응했다. 달서구의회는 2018년 12월 구의회 본회의에서 '성서산단 열병합발전소 반대 결의문'을 채택하고, 더불어민주당 소속 시의원과 구의회 의원, 시민단체, 주민 등 50여 명이 대구시의회에서 '성서열병합발전시설 건립 관련 토론회'를 열어 사업 반대 입장을 표명했다.

한편, 달서구는 2017년에는 이 사업에 긍정적 입장을 견지했으나, 지역 주민의 반대가 심해지고 달서구의회도 발전소 건설 반대 입장을 밝히자 입장을 바꿨다. 대구시는 발전시설 입지가 주민건강권 침해 및 쾌적한 환경에 악영향을 크게 미친다고 판단해 2019년 4월 '성서2차 개발계획 및 실시계획 변경 요청 건'에 거부 처분을 내렸다. 달서구도 2019년 3월 사업자의 건출 허가 사항 변경 신청 건을 보류했고, 2019년 7월에는 R(주)가 성서산단과 입주계약 체결을 하지 않은 채 건축 변경을 신청해 절차를 어겼다는 이유로 신청을 반려했다(대구신문, 2020.2.5).

이에 시행사는 "적법하게 승인받아 사업을 진행하다가 기간 연장을 신청한 것인데 사업 자체를 불가능하게 처분하는 것은 부당하다"고 주장하며 2019년 6월 대구시를 상대로 행정소송을 제기했으나 2020년 2월 1심에서 패소했다. 대구지법은 1심에서 업체가 대기오염 방지계획을 세우더라도 발전시설의 배출물질이 인근 주민의 건강과 주거·교육환경 등에 영향을 줄 수 있다고 봤다. 또 헌법상 기본권인 환경권과 학교 52개소, 아파트 단지 16개소가 발전시설 반경 2킬로미터 안에 있는 점을 종합해, 대구시의 행정처분이 대기오염물질 등이 더 이상 배출되지 않도록 할 공익상의 이유가 충분하다고 판단해 대구시의 손을 들어 준 상태(대구신문, 2020.2.5)로, 분쟁이 진행되다가 2021년 11월 11일 대법원의 확정 판결로 대구시가 승소했다.

3) 최적 대안의 모색

이 사안은 사업주의 사업 변경 승인 신청 건에 대해 대구시가 주민건강권 침해 및 환경문제를 유발하는 발전시설 입지 부적절을 이유로 변경 처분을 불허한 상태다. 이로써 사업을 반대하는 주민의 민원은 우선 잠재웠으나 조정을 통해 갈등 당사자 간 최적 대안을 찾지 못하고, 행정소송을 통해 결론이 났다. 이 사안은 사업허가권을 가진 중앙정부의 정책 방향과 주민 민원 등 사정 변경에 따라 지방자치단체의 정책 방향이 변경될 수 있음을 보여준 갈등 사안이다.

한편, 이와 유사한 다른 지역의 사례로, 2023년 완공 예정인 충남 내포신도시 열병합발전소는 당초 2010년 집단에너지사업 허가를 받아 2017년 3월 SRF를 사용하는 시설 1기와 LNG를 사용하는 시설 5기를 짓기로 했다. 그러나 주민들의 반대로 당초안대로 추진되지 못하고, 산업자원부가 2017년 6월 전부 LNG시설을 건설하는 것으로 조건부 승인하고 사업주가 이를 수락함으로써 주민들과의 갈등이 종식됐다(경향신문, 2018.9.3; 한국에너지, 2018.12.26).

토의 과제
• 이 갈등 사례가 충남 내포신도시의 열병합발전시설 건립 사례와 협상 진행에서 어떤 차이점이 있는가?

| 사례 8 | **위천국가공단 조성 갈등**(관-관 갈등, 1995~1999)

1. 갈등 개요

위천국가산업단지의 조성 예정지는 아래 그림과 같이 대구 도심에서 20킬로미터 서남쪽에 위치한 대구시 달성군 논공면 위천리 일대다. 대구시는 낙동강변에 300만 평의 농지를 공단으로 조성해 자동차 부품업체, 반도체 등 정밀전자업체, 제어기계업체, 신소재 등 첨단산업체 등을 입주시킨다는 구상이었다. 오폐수 방출량은 1일 8만 톤(공장폐수 5.5만 톤, 생활오수 2.5만 톤) 정도로 추정했다. 대구시는 민자와 국비를 포함해 총 1조 2,419억 원을 투입해 국가공단을 조성한다는 계획을 수립했다(최봉기·이시경, 1999: 206).

[대구시 달성군 위천국가공단 조성 예정지(위천삼거리 일대)]

위천지역은 주변에 지방공단인 달성공단이 인접해 있고, 1995년 3월 1일 위천지역이 대구시로 편입되면서 공단 조성의 움직임이 본격화됐다. 1996년 6월 27일 지방선거에서 대구시장으로 당선된 문희갑 시장은 대구 산업구조 개편 목적으로 지식산업 유치 목적의 위천국가공단 조성을 추진했다.

대구시의 위천국가공단 지정 요구에 대해 건교부는 1995년 6월 24일 지방공단으로 개발할 것을 권유했다. 그러나 대구시는 7월 19일 건교부, 재경원 등에 위천국가산업단지 지정을 재건의했다. 8월 1일에는 대구지역 경제계, 학계, 환경단체 등 609개 시민사회단체에서 '국가공단 지정 범시민촉구 결의대회'를 개최했다. 이에 대해 건교부는 1995년 8월 30일 대구시에 구체적 공단개발계획과 수질오염 방지대책을 제출하도록 요구했다. 대구시는 토지이용계획, 재원조달계획, 수질오염 방지대책 등을 마련하고, 9월 부산지역 설명회 및 11월 개발계획 용역을 계획하고 본격적인 준비에 들어갔다.

대구시의 사업본격화에 반발해 부산시 시의회, 마산시 시의회, 관련 시민단체는 1995년 8월 31일과 9월 1일 대구시를 항의 방문해 대구염색공단, 위천지역 등을 살펴보고 근본적 수질 개선 대책을 요구했다. 또 9월 10일에는 울산시의회와 창원시의회도 위천공단조성사업을 반대하고 나섰다. 1996년 1월 대구시는 부산 경남의 요구를 부분 수용한 수정안을 제시했다. 그러나 이러한 노력과는 상관없이 부산 경남의 반발은 커져만 갔다. 부산 시민대책위는 공단 조성 저지 100만 명 서명운동에 돌입하는 등 갈등의 골이 심해지자 이수성 국무총리는 1996년 2월 22일 "부산 경남 주민들이 승복 않는 한 일방적 공단 추진은 없을 것"이라며 입장을 표명했다.

한편 정치권과 정부의 입장도 혼돈의 연속이었다. 대구시는 1996년 3월 1일 건교부에 국가공단 지정요청서를 다시 제출했다. 건교부는 위천공단 조성 심의 절차를 진행했으나 별 진척을 보지 못했다. 정당 간에도 의견이 갈렸다. 1996년 8월 신한국당 이홍구 대표는 "위천공단의 필요성은 인정하나 낙동강 수질개선종합대책을 추진한 후 공단 지정을 감토한다"는 입장을 밝혔다. 자민련 김종필 총재는 위천국가공단 지정 찬성 의견을 공식 피력했다. 이수성 국무총리는 "위천공단 면적 축소 및 비공해 업체 중심 공단 조성 검토"를 밝혔다.

이렇게 정치권과 정부가 방향을 통일하지 못한 채 대구, 부산 간 갈등의 골만 깊어갔다. 이후 1997년 5월 20일 재정경제원이 '국가공단 지정 중단 및 지방공단 규모를 최대 100만 평으로 확대' 방침을 정하게 되고, 1997년 11월 한국이 IMF 경제위기 사태가 발생하면서 위천국가공단 지정 논란이 소강 상태로 전락하고 말았다.

2. 추진 경위

- 대구시, 정부에 위천국가산업단지 지정 건의: 1995.6.5
- 건교부, 국가공단 지정 불가 통보(건교부 → 대구시): 1995.6.28
- 신한국당 대표, 김영삼 대통령에게 국가공단 지정 건의: 1995.10~1996.2
  - 건교부, 환경영향평가를 거쳐 공단 지정 입장
- 대구시, 공단 지정 최종계획서 제출: 1996.3~4
  - 건교부, 4·11총선 의식해 공단 지정 발표 지연
- 건교부, '공단 규모 축소 후 지정' 내부 방침: 1996.5~6
- 건교부, '선 수질 개선 후 공단 지정' 방침 결정: 1996.8
- 대강 수질개선특별법과 공단 규모 축소 검토로 사업 지연: 1997.1~2
  - 대구시, 공단 규모 축소해 지정 재요청
- 부산시 반대 등으로 규모 축소 후에도 지정 지연: 1997.3~5
- 재정경제원, '국가공단 지정 중단 및 지방공단 규모를 최대 100만 평으로 확대' 방침: 1997.5.20
- IMF 경제위기 사태 발생으로 공단 지정 논란이 소강 상태로 전환: 1997.11~

3. 갈등 사례의 해석

1) 이해관계

대구 위천국가공단지정 갈등 사례는 당시 국가공단이 전혀 없던 대구시가 달성군 논공면 위천리 일대에 국가공단 조성을 추진하자, 이에 낙동강 하류에 위치한 부산시 및 지역의 시민단체가 수질오염을 우려해 반발한 '관-관 갈등'이다. 이 사례의 주 쟁점은 결국 '선 수질 개선 후 공단 지정이냐, 아니면 수질 개선과 공단 지정을 동시에 하느냐'의 문제로 귀결된다.

이 문제 해결을 위한 협상에서 서로의 '입장(position)'이 아니라 '이해관계(interests)'에 초점을 둬야 한다는 원칙에서 보면 문제가 있었다. 자신과 상대의 요구나 입장보다는 상호 양립 가능한 이해관계에 초점을 두고, 이해관계를 규정하는 과정을 잘 정립하는 것이 해결의 요체다. 이 사례의 경우, 국가공단 지정 추진 초기부터 대구와 부산이 서로의 '이해관계'를 바라보는 시각차가 큰 데다가 입장을 조율하려는 '과정적 노력'이 부족했다고 볼 수 있다. 대구권의 경우, 지역의 주력산업인 섬유산업의 사양화 우려 속에 첨단산업으로의 업종 전환이 시급해 '위천공단 조성이 곧 경제적 생존권'이라는 프레임에 집착했고, 부산권은 유일한 취수원인 낙동강 수질 악화를 우려하는 '위천공단 지정은 곧 환경적 생존권 위협'이라는 프레임에 집착했다(소영진, 1999). 이 경우, 양 갈등 당사자들이 프레임 전환을 시도해 상대방의 입장에서 문제를 인지하고 자신의 입장 결정에 함께 고려하는 '역지사지'로 접근해야 '문제해결'에 접근할 수 있는 것이다.

2) 객관적 기준의 설정

갈등 사안에서 상대를 설득시킬 객관적 자료가 준비되면 협상에서 유리한 고지를 차지할 수 있다. 하지만 그 자료가 제시된다고 해서 상대가 바로 수용한다는 것은 별개의 문제다. 만약 상대에게 강한 부정적 태도나 감정을 지니고 있어 불신이 클 때에는 그 프레임을 전환하기 전에는 설득이 쉽지 않다.

대통령의 공약 사항이었던 위천국가공단 지정을 놓고 대구시와 부산시가 극심한 갈등을 빚게 된 데는 이와 관련해 몇 가지 원인을 들 수 있다. 주 쟁점을 살펴보면 다음과 같다(최봉기·이시경, 1999: 210-212).

첫째, 공단 조성과 관련해 낙동강의 물 정화 문제를 바라보는 시각차다. 대구시는 계획대로라면 위천공단 가동 전 대구시내 하수의 3차 처리 및 전량 처리를 완료하고, 공단 폐수를 3차 처리해 BOD를 10ppm 이하로 정화할 계획이라고 발표했다. 시내의 하수 및 폐수가 전량 3차 처리되면 낙동강 수질이 2급수로 회복돼 공단 조성이 수질오염 방지에 도움이 된다는 것이다. 이에 반해, 부산시는 공단 폐수를 3차까지 고도 정수 처리하고 방류수를 BOD 10ppm 이하로 낮춘다는 대구시의 계획은 실효성이 없으며, 특정 유해물질의 처리를 무시한 것이라고 주장한다.

둘째, 낙동강 오염원에 대한 시각차다. 대구시는 위천공단이 낙동강의 오염에 미치는 영향은 미미하며, 낙동강 오염의 주범은 연안 산업단지가 아니라 낙동강 합류 지류인 금호강이라고 주장한다. 대구시는 이후 금호강 수질을 2급수로 개선하기 위해 달서천, 서부, 신천, 북부 하수종말처리장을 확장했고, 금호강의 유지수 확보를 위해 임하댐에서 영천댐으로의 도수로 공사를 했으며, 신천하수처리장의 처리수를 역류시켜 신천에 방류하는 등 수조 원의 예산을 쏟아부었다. 반면, 부산시는 "수질 예측 자료에 독성물질 측정치가 누락돼 있고, BOD 측정 지점도 낙동강 하류 일부 지역이 빠져 신뢰성이 없다"고 주장한다.

셋째, 수질오염에 대한 통계자료의 미비와 신뢰성 미흡이다. 낙동강 폐수 방류와 수질오염에 대한 과학적 연구 성과와 통계자료들이 신뢰성을 갖지 못하거나 환경부 자료들이 제대로 공유되지 못하고 있다. 가령, 대구시의 안전한 취수원 확보 문제와 관련해서도, 대구시와 구미시 간에 낙동강 수질오염 악화를 유발하는 화학물질에 낙동강에 어디에서 얼마나 방류되고 있는지에 대해서도 양 지자체 간에 논쟁이 반복되고 있다.

3) 갈등관리: 당사자 개입 및 제3자 개입

물문제는 여러 자치단체가 상호 의존적 관계에 있으므로 정부가 주도해 자치단체의 의견을 수렴해 광역적 시각에서 해결해 나가야 한다. 하지만 각 개별 지자체가 그 해결 방안을 놓고 감정적 대립을 자칫 낳기 쉽고 지역의 정치적 입김이 더해져 독자적 해결이 쉽지 않다. 산단과 관련된 물 문제에 대한 정부의 적극적 해결 의지의 미약(non-decision)으로 원활한 갈등관리가 안 되는 면이 있다.

위천국가공단 조성의 문제의 경우, 소관 부처인 건설교통부는 대통령 공약 사항이므로 원칙적으로 큰 문제가 없는 한 지정을 추진해야 한다. 하지만 이 경우 당초 건교부에서 환경부로, 다시 국무총리실로, 정치권으로 논의의 중심이 옮겨가며 최종적으로는 자자체에 결정 책임을 전가하는 행태(dilemma toss)를 보였다고 할 수 있다(소영진, 1999: 192-193).

또한 환경부는 위천공단 지정 관련 낙동강 수질평가 주무부처이지만, '정치권에서 해결할 일'이라며 환경평가에의 입장을 유보했다(동아일보, 1996.9.5). 국무총리실은 갈등 조정 총괄 부처이나 위천공단 지정문제를 행정문제가 아닌 정치적 문제(총선 이슈)로 접근하며 집권 여

당인 신한국당에 공을 넘겼다. 그 결과 불과 2년 여 사이에 여덟 번이나 정책이 바뀌는 등 정책의 비일관성(cycle choice) 문제가 불거졌다.

지방정부 차원에서도 다른 지역과 서로 의견 조율 또는 협상 타협을 제대로 시도하지 않았다. 위천국가공단 지정 추진 초기에는 1995년 10월 30일 부산과 1995년 11월 24일 대구에서 각 한 차례 시민단체 중심으로 토론회가 개최됐으나, 이후에는 양 지역 간 합동토론회가 제대로 시행되지 않았다. 또 적극적으로 중앙분쟁조정위원회에 조정을 의뢰하는 방법을 활용하지 않았다.

결국 복잡한 이해관계일수록 문제를 풀어가는 '과정'이 중요하다. 과거에 과정이 어떻게 진행돼 왔는지, 또 미래에 협상을 진척시키기 위해 과정을 어떻게 변화시켜야 하는지가 중요하다. 협상 과정은 계속 시간에 따라 진화하기 때문에 열린 마음으로 이해관계를 제고해 봐야 한다. 특히 이 사안과 같이 공식적 의사소통이 행정구역을 벗어나는 갈등 사안의 경우, 중앙정부는 공식적 의사소통의 장을 법적·제도적 장치를 통해 조성해 주는 '적극적 조정자'가 돼야 한다.

또한 상대를 설득하려면 적법절차를 통한 결정의 정당성 확보가 중요하다. 낙동강 유역에 인접한 전 지역의 자치단체, 시민단체, 주민 대표 등이 모두 합법적으로 정책결정 과정에 참여할 수 있는 기회를 보장해야 한다. 그리고 지역 개발과 환경 보전을 위한 종합적 장기발전계획을 수립, 개별 자치단체의 개발계획을 용이하게 하면서도 동시에 강유역의 환경오염을 공동으로 감시하고 관리할 수 있어야 한다(노진철, 1998). 대구시가 위천공단에의 유치업종 변경 및 막대한 환경기초시설에의 지속적 투자를 결정했음에도 부산지역의 동의 획득에 실패한 것은 이러한 절차적 정당성의 확보에 실패했기 때문이라고도 볼 수 있다.

4) 최적 대안의 모색

위천국가공단 지정 갈등은 1995년 한국이 본격적인 지방자치제를 도입한 이후 민선단체장에 대한 중앙정부의 제어 능력의 저하와 갈등조정제도의 미흡, 본격적인 지방의 입김이 정책에 투영되며 불거진 지역 간 갈등이다. 30년 만에 대통령 비배출지역이 된 대구경북권(TK)과 새로 대통령을 배출한 부산경남권(PK) 간 지역 감정과 경쟁, 불신을 깔고 공단문제의 합리적 대안 모색보다는 일종의 지역 간 힘겨루기 양상을 보였다고 볼 수 있다.

오랜 공백을 두고, 정부는 산업 입지 및 개발에 관한 법률에 따라 국가산단 지정, 육성제도가 생긴 이래 36년 만인 2009년 9월 28일 대구시가 신청한 대구국가산업단지(대구사이언스파크; 대구시 달성군 구지면 일원 258만 평) 지정을 공식 승인했다(연합뉴스, 2009.9.28). 대구시와 달성군은 2012년 6월 지구단위계획 수립 용역을 발주하고, 2014년 12월 대구지방환경청과 전략환경영향평가 협의에 이어, 2016년 3월 부산, 울산, 경남을 상대로 설명회를 가졌다(한겨레신문, 2016.5.12). 대구시는 이로써 위천국가공단 지정 시도가 1999년 무산된 이후 10년 만에 다시 위천지역이 아닌 낙동강변 지역에 국가산단을 지정받는 결실을 얻었다.

대구시가 2009년 달성군 낙동강변에 대구사이언스파크를 국가산단으로 지정받아 2010년 5월 착공할 수 있었던 배경에는 1999년 위천국가공단 지정 무산이라는 아픔을 겪은 후 오랜 세월에 걸쳐 3조 원이 넘는 천문학적인 예산을 투입하며 북부, 달서천 하수처리장 건설 등 낙동강, 금호강 수질 개선을 위한 노력을 끊임없이 하며 국가산단 지정을 받기 위한 '절차적 정당성' 확보 노력에 심혈을 기울인 덕이라 할 것이다.

토의 과제

- 위천국가공단지정 사례에서 입장협상(position negotiation)이 가지는 한계는 무엇인가?
- 협상이 교착 상태에 봉착했을 때 어떤 해소 방법을 생각해 볼 수 있는가?

사례 9 | 경기도 부천시 햇살가게 노점 갈등*(관-민 갈등, 2012~2015)

1. 갈등 개요

경기도 부천시에는 2012년 12월 기준으로 포장마차, 차량, 좌판 등 각종 노점 영업을 하는 가게가 430여 개에 달했다. 과거 노점에 대한 정책 방침은 강경한 편이었고 단속 위주의 관리 체제를 계속해서 유지했었다. 하지만 단속에 따른 행정력은 한계가 있었고 외부 업체에 용역을 의뢰해 소요되는 비용은 연 평균 4억여 원이었다. 이러한 노점정책은 실제 효과에서도 미미했고, 단속이 느슨해지는 틈을 타 또다시 나타났다.

노점상의 문제는 우선 합법적 영업등록 업체가 아닌 관계로 납세의 사각지대에 있었고, 합법 영세상인들과 형평성 문제가 있었다. 이 밖에도 도시 미관, 식품위생, 과세, 보행권, 경제 약자 생존권 등 다양한 문제와 결부돼 있어 해결책을 마련하는 데 어려움을 겪었다.

부천시는 장기적으로 노점의 수를 적정 수량까지 줄여 나가기로 기본 방향을 정했다. 그리고 노점상의 생존권을 고려하면서 시민의 보행권과 거리환경을 효과적으로 개선할 수 있는 노점 양성화 정책, 즉 '노점 잠정허용구역제'에 대한 계획을 수립하기에 이르렀다. 이른바 부천형 노점정책의 탄생이다.

이러한 노점 양성화 정책은 노점상들로부터 노점 말살정책으로 인식됐다. 2012년 9월 부천시가 노점 정비 대책을 발표하자 전국 규모의 노점단체가 반대 입장을 밝히고 연일 집회를 열었다. 노점상들은 인근의 고양, 일산, 광명 등 다른 지방자치단체에서 부천보다 먼저 노점 허가제를 실시했지만 그 결과 노점들은 하나둘 망해갔다고 주장했다. 또한 허가된 곳에서만 장사를 할 수 있으니 자연스레 사람들의 발길이 뜸해졌고, 손님들과 만날 수 있는 공간이 널찍했던 좌판보다 상대적으로 좁은 부스로 옮겨 들어가다 보니 매출이 대폭 줄었다고 했다.

노점단체는 노점 잠정허용구역제 시행과 관련해서 '1년 이상 관내 거주 및 재산 2억'이라는 부천시의 기준 완화를 요구하며 단식 농성에 돌입했다. 하지만 부천시는 물러서지 않았다. 부천시장은 부득이 잠정허용구역제 시행 시 무분별한 확산 방지를 위해 일반 시민 및 노

---
* 대구시(2016), 「2016 갈등관리우수사례집」 참고.

점상들 대다수가 수용할 수 있는 대상자 자격 기준을 다른 시 사례, 기존 노점 현황 등을 종합적으로 고려해 결정하게 됐다며 기준을 완화할 뜻이 없음을 분명히 했다. 서로의 입장 변화가 없이 부천역 등 3개역 광장 노점 정비를 추진하면서 갈등의 골은 더욱 깊어졌다.

특히 부천시 최대 노점 밀집지역인 부천역 광장 개선사업과 연계한 노점 정비대책에서는 4개 노점단체와 첨예한 대립을 하게 됐다. 부천시는 노점 퇴출이나 이면도로로 배제하는 정책이 아니라 통행 불편도 해소하고 노점은 노점대로 영업이 될 만한 장소를 최대한 제공하고자 하는 것이라는 점을 강조했다. 그러나 노점상들은 노점 말살정책이라는 인식이 팽배했으며 노점상의 생존권을 보장하라며 거리로 나섰다.

2. 갈등 사례의 해석

1) 이해관계

경기도 부천시 햇살가게 노점 갈등 사례는 다양한 도시문제를 유발하는 노점을 정비하고자 하는 부천시와 이에 반발해 생존권을 주장하는 노점상 간 '관-민 갈등'이다.

2) 객관적 기준의 설정

부천시는 다음 그림과 같이 노점상 대표와 수차례의 면담 등 대화를 통해 노점을 허용하는 '객관적 기준'을 설정, 합의점을 찾으려고 노력했다. 노점 허가제를 도입하면서 시·구·노점상 간 실무협의체를 구성해 운영하며 노점 판매대 운영규정을 만들었다. 운영규정의 주요 내용을 보면 허가 대상자의 기준, 노점판매대 설치 및 운영 기준 등을 명시하는 등 노점을 양성화하는 대신 기업형은 배제하고 생계형 노점만이 영업을 할 수 있도록 했다. 하지만 이 과정이 순조롭게 진행된 것은 아니었다. 노점상 정비 종합대책을 발표하자마자 전국 규모의 노점단체의 반대 집회가 일어났다. 부천시는 노점상과의 적극적인 대화에 나서는 한편 생계형 노점을 배려하되 정수제(定數制)와 불법전대 금지를 통해 노점의 자연 감소를 유도하겠다는 방침은 지키겠다는 입장이었다.

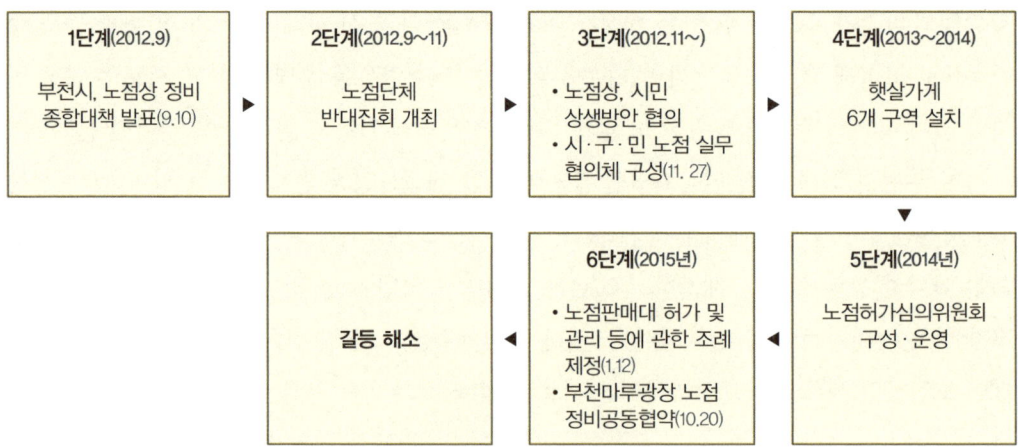

[부천시 노점 갈등 해소 과정]

    갈등의 핵심은 '노점 잠정허용구역제'였다. 부천시는 ▲역 광장, 보도가 협소한 주요 도로변, 7호선 출입구부터 10미터 이상 이격, ▲횡단보도, 버스 및 택시 승강장 구역 전후방 5미터 등에 대해서 노점 절대금지구역으로 설정하고, 이 밖에 '보행자 통행에 지장을 주지 아니하는 도로 및 광장에 노점을 허용하는 지역'을 잠정허용구역으로 지정해 허용구역을 중심으로 허가제를 시행하겠다는 방침이었다. 하지만 노점상들 대부분은 유동인구가 많은 지역에 자리를 잡고 있는데 보행자 통행에 지장을 준다는 이유로 이면도로나 유동인구가 없는 별도 광장으로 집단 이주시키려 한다고 생각했다.

    사실 1987년에 부천역 북부광장 노점을 이전하면서 '베르네풍물시장'을 조성한 바 있었다. 하지만 시간이 지나면서 부천역 북부광장에는 또다시 노점이 만들어졌고 베르네풍물시장은 당초 원계약자의 10% 정도만 남아 있고 대부분 불법 전대돼 운영됐다. 사실상 노점정책의 실효성이 사라진 것이다.

3) 갈등관리: 당사자 개입

    부천시는 집단이기주의의 문제점에 대해 잘 알고 있었다. 노점상 잠정허용구역을 설정하는 데 통행에 불편이 없다면 현 노점의 위치에 허가하고, 통행 불편이 있다면 주변에서 약간 이동시켜 허가하겠다고 제안했다. 문제는 쌍방 간의 신뢰 문제였다. 부천시는 노점상들과 200회가 넘는 협의회 등 각고의 노력 끝에 전국 최초로 '시와 노점상 간 공동 업무협약'을 체결하고 무분별하게 난립했던 노점과 가판대를 아래 사진과 같이 규격화된 거리 가게인 '햇살가게'로 탈바꿈시켰다.

출처: 대구시(2016: 84).

[부천시 햇살가게 정비 전(위)과 정비 후(아래)의 모습]

'햇살가게'란 부천시로부터 노점 허가를 받은 생계형 노점으로 정형화된 규격과 이미지를 갖춰야 한다. 또한 햇살가게는 '부천시 햇살가게 상생위원회'를 통해 선정하며, 선정받은 사람이 간접 운영할 경우 자격이 박탈된다. 3년이 지난 후 부천시의 노점상 수는 2011년 505

개에서 2015년 305개로 40%나 감소했다. 그 사이 기업형으로 운영하거나 주류를 판매하는 노점은 퇴출됐다. 또한 합법적인 노점에 대해 총량정수(TO)제를 시행하고 노점상 증가를 규제해 나갔다.

4) 최적 대안의 모색

부천시는 햇살가게 운영을 위해 몇 가지 운영 기준을 마련했다. 첫째, 잠정 노점허용구역 축소를 위해 노점상 규모가 어느 정도가 적당한지 인식조사를 실시했다. 둘째, 노점 운영 자격 심의를 위해 노점허가심의위원회를 운영했다. 셋째, 노점운영권을 타인에게 양도하거나 상속하지 않고 자립하고자 하는 경우 이를 제도적으로 지원해 노점 수의 자연 감소를 유도했다. 넷째, 노점상도 일정 사용료를 시에 지급하고 점포 제작 비용을 스스로 부담하게 했다. 다섯째, 하나의 점포를 시간대별 또는 요일별로 여러 노점상이 함께 이용할 수 있게 해 저소득 생계형 노점상들이 장사할 수 있게 했다. 여섯째, 점포 위치, 동선 등에 대해 시-상인 간 대화협의체가 함께 분석해 개선책을 찾도록 했다(2016.10.5, 부천시 도로사업단 가로정비과).

부천시는 인근 지자체와 공조해 노점문제에 대해 공동 대응하고 노점실무협의회를 구성해 노점상과 실제적인 소통 창구를 발 빠르게 마련했다. 하지만 판매대 수와 규격, 영업 방식 등에서 합의를 이루기가 쉽지 않았다. 부천시는 부천지역 4개 노점상 단체와 부천마루광장 노점 정비를 위해 3년여 동안 상생 방안을 모색해 왔다. 이견과 갈등, 대립이 있었지만 최종적으로 햇살가게 규격과 수량을 줄이는 데 합의했다.

협약 내용에 따라 판매대 규격(3.8m×1.9m) 내에서 3인이 영업하고 전체적인 수량은 28개로 줄이는 데 노점 회원 42명이 수용했다. 이에 따라 3인 2매대로 통합 영업하고 20일씩 공동 영업한다. 일부 개별 판매대(1인 1매대)를 요구하는 경우에는 전체 규격 내에서 3인이 칸을 나눠 개인 영업을 한다. 또한 기존 부천역 노점상이 47개소이나 합의에 따라 28개소 축소돼 영업을 하고, 면적 또한 55%나 감소한 크기다. 다만 햇살가게 배치는 시 배치계획을 기준으로 하되 노점단체에서 결정하기로 했다. 위치는 주로 지하상가 에스컬레이터 출입구 근처이며, 부천시는 햇살가게 관리자를 고정 배치해 직접 영업하지 않는 경우와 대리영업자를 집중 단속하고 있다.

그동안 많은 지방자치단체에서 노점의 양을 제한적으로 관리하기 노점실명제, 노점일몰제, 허가구역제, 집단이주 등 노점에 대한 양성화를 시도했다. 하지만 매출 하락으로 인해 노점이 반발하거나, 무허가 노점 재발, 불법전대 등 부정적인 문제가 양산되면서 당초 취지를 달성하지 못했다.

부천시의 사례는 세부적인 늘 제자리걸음이었던 노점상 문제를 관이 주도하고 주민과 노점상과의 끊임없는 대화와 협의를 통해 갈등을 해소한 모범 사례다. 노점상과 200회가 넘는 소통을 통해 전국 최초로 노점상과의 공동 업무 협약을 체결한 부천시의 사례는 전국 모든 지자체가 주목하고 벤치마킹하는 노점상 대표 사례가 됐다. 부천시 노점 상생 조례는 전국 지자체에 전파돼 수원시, 대구광역시 수성구 등에서 활용됐다.

부천시의 노점 양성화 정책은 노점의 양적 관리뿐만 아니라 노점 운영자의 사업 방식도 바꿨다. 노점 양성화로 허가받은 노점의 브랜드인 '햇살가게' 운영자들이 협동조합을 설립한 것이다. 전국적으로 노점상이 협동조합을 설립한 것은 부천시가 최초다.

토의 과제

- 경기도 부천시 햇살가게 노점 갈등 사례가 다른 도시 유사 노점상 갈등 사례들과 차이나는 협상전략은 무엇인가?
- 노점상 갈등사례(경기도 부천시, 대구시 중구청)에서 공통된 협상 성공 요인은 무엇인가?

사례 10   대구 중구 동성로 노점정비사업 갈등*(관-민 갈등, 2007~2009)

1. 갈등 개요

　대구 중구는 전통문화의 중심지이자 금융, 유통, 행정기관이 집중돼 있으며 상권의 요충지이기도 하다. 중구의 대표거리인 동성로는 대구역 건너 대우빌딩에서 중앙파출소까지 총 1.6킬로미터로 뻗은 대구 도심 남북길로, 하루 유동인구 60만 명, 중심도로에만 750여 개의 상점이 입점해 주말이면 대구시민 10명 중 1명이 걷는 도심지 최고의 보행구간이다.

[대구 중구 동성로 노점정비사업 구역]

---

* 대구시(2016), 「2016 갈등관리우수사례집」 참고.

그럼에도 백여 개의 불법노점이 도로를 이중 삼중으로 둘러싸고 있어 걸어다니기 힘든 상황이었다. 게다가 전봇대와 한전 배전박스가 온통 뒤엉켜 흉물스럽기 그지없었다(윤순영, 2014: 172). 1990년대부터 생겨나기 시작한 노점상은 2000년대로 접어들면서 우후죽순으로 늘어났고, 도로를 무단 점유하면서 시민들의 보행환경이 나빠지고 도시 미관까지 해쳤다.

2006년 7월 동성로 배전반 지중화 사업을 시작으로 도시 디자인을 개선할 수 있는 기회가 생겼고, 동성로에 대한 공공디자인 사업의 필요성을 관계 부처에 건의했다. 결국 문화체육관광부, 대구광역시, 중구청이 주체가 돼 시민과 함께 시민참여형 공공디자인 개선사업을 추진하기에 이르렀다.

2008년 한전 지중화 사업이 본격화되면서 동성로 공공디자인 개선사업을 위해 동성로 주변에 산재한 약 200여 개의 노점 정리가 필요했다. 그러나 2008년 3월 지중화사업 구간인 대구백화점-대구역에서 영업 중인 130여 개의 노점상 자진 철거는 기한을 넘겼고 강력한 반발에 부딪혔다. 노점상 일부는 수차례 대책회의를 열고 20년 이상의 생계 터전을 하루아침에 빼앗길 수 없다며 저리 건물 임대, 오후 5시 이후 영업이 가능하도록 허용 등을 요구했다.

2. 갈등 사례의 해석

1) 이해관계

이 사례는 대구시 중심가의 보도전용 거리인 동성로를 중구청이 공공디자인 개선사업을 기획하면서 발생한 중구청과 생업권을 주장하는 동성로 노점 상인들과의 '관-민 갈등'이다.

중구청은 다음 표와 같이 2008년 3월 25일 2차 계고와 함께 노점상들이 동성로 무단 점유 상태로 권리를 주장할 수 없는 점, 비위생적 노점으로 중구 이미지 훼손, 각종 짝퉁상품으로 인한 시민 피해 발생 등으로 강제 철거가 불가피함을 밝혔다(매일신문, 2018.3.17). 이와 함께 대구백화점 앞에서 '현장상담반'을 운영하며 창업 상담과 지원, 생활안정자금 융자 알선, 취업 알선 등 실질적인 대책을 마련해 갔다. 노점상의 입장에서 고충을 들어주고 상담하면서도 불법 음반 및 테이프 판매, 길거리 음식 판매 등에 대한 지도 단속을 함께 해 나갔다.

중구청은 2008년 8월 5일 5개월간 여섯 차례 이상에 걸친 간담회와 갑론을박 끝에 '걷고 싶은 명품거리' 착공을 앞두고 중장비를 동원해 동성로 노점 140여 곳에 대한 행정대집행을 실시했다. 저항하던 18개 노점은 결국 철거반에 의해 압류 조치됐고, 나머지 133개의 노점은 대집행이 시작되기 전에 상인들에 의해 자진 철거됐다. 그러나 동성로 노점상 철거를 둘러싼 갈등은 쉽게 가라앉지 않았다.

〈 동성로 노점정비사업 갈등 진행 과정 〉

2007.5	동성로 한전 지중화 및 공공디자인 개선사업 확정
2008.3~8	노점상 자진 정비 독려 및 자진 철거 합의(생계형 노점 구제, 공사 착공 시까지 영업 허용)
2008.3~4	노점상 간담회 6회 개최
2008.3.27	동성로 노점상 '현장상담반' 운영
2008.8.5	동성로 노점상 행정대집행
2008.8~2009.4	생계형 노점 대상자 대체 부지(9개 노선, 76개 노점)
2009.4	행정안전부 특별교부세 신청(5억 지원 - 노점상 특화거리 조성 지원)
2009.3~2009.4	대구시 부시장, 행안부 차관 등 관계관 면담 : 4회(대체부지 입점 및 도로점용 허가, 의존 재원 확인 사전 협의)
2009.4.20	행정안전부, 특별교부세 5억 원 배정

2008년 7월 동성로 일대에서 노점상을 운영했던 상인들은 전국노점상연합회에 가입하고, 8월 한일극장 앞에서 집회를 열어 "중구청의 대안 없는 노점상 강제 철거를 반대한다"며 "앞으로는 무조건 당하지만 않고 본격적인 반대 투쟁에 나서겠다"고 선언했다. 이들 상인은 "서민 생계는 나 몰라라" 하는 중구청에 대해 분노를 느낀다며 최소한의 생계만이라도 유지할 수 있도록 "동성로 일정 구간에서 장사를 허용해 주거나 아니면 다른 곳에 대체 부지를 마련해 주거나 해야 한다"고 주장했다(평화뉴스, 2008.10.8). 전국노점단체는 2008년 11월 1천여 명이 모인 가운데 '노점 탄압 분쇄, 생존권 쟁취 결의대회'를 열었다. 갈등의 외부화가 진행된 것이다.

2) 갈등관리

노점상의 항의와 시위는 수차례 이어졌으나 중구청은 설득과 단속을 계속 병행했다. 결국 생계형 노점상들이 구청의 방침을 수용, 2008년 4월, 당초 현안 사업인 동성로 노점상 정비계획에 따라 유관 기관과 협력 체계를 구축했다. 시민단체와 상가연합 노점상 대표와 공무원으로 구성된 노점상 대책운영위원회는 신속한 갈등 해결을 위해 앞장섰다.

중구청은 노점상 선정운영위원회를 통해 사람의 왕래가 적은 봉산동 14-7번지 도로 일원에 생계형 노점으로 선정된 14대를 입점시켰다. 입점한 지 1주일 이상 돼도 노점을 찾는 고객이 없는 상황이 되자, 중구에서 영업의 활성화를 위해 전기 상용 계량기 설치, 방범등 신설, 교통 체계의 변화 등 다양한 지원을 했다.

중구청은 생계형 노점상을 노점상 특화거리로 이전하면서 부족한 예산을 각고의 노력 끝에 2009년 3월 행정안전부로부터 노점 특화거리 사업 특별교부세 지원을 약속받았다. 이는 가판대 제작, CCTV 및 전기시설, 가림막, 노면 개체 등 노점상 특화거리 조성사업의 디딤돌이 됐다. 또한, 디자인의 통일성을 기하기 위해 특별 제작된 가판대는 특허청에 실용신안 등록도 했다. 노점상 특화거리는 8개 노선에 가판대를 제작하고 노면 정비, CCTV 설치, 전기설비, 환경 정비 등을 통해 자리 잡게 됐다.

3) 최적 대안의 모색

온갖 불법 노점상으로 얽혀 있던 대구의 얼굴인 동성로가 오랜 진통을 겪고 노점상 철거를 통해 대구의 대표적인 걷는 거리로 변신한 데는 몇 가지 성공 요인이 작용했다.

첫째, 무엇보다 평소 도시문화 공간에의 탁월한 혜안을 지닌 당시 중구청장의 강한 리더십이 돋보였다. 동성로를 트인 공간으로 시민들에게 내어주고 보행 중심의 활력 있는 공간으로 살리겠다는 당시 중구청장의 확고한 의지와 노점상이 필요로 한 부분을 채워주는 소통형 마인드가 '아름다운 동성로 거리' 조성이라는 미래형 공공디자인 사업을 성공적으로 이끌 수 있었다고 할 것이다.

둘째, 갈등 당사자인 노점상의 '이해관계'에 초점을 맞춰 경제적 애로 사항을 해소하기 위해 노력했다. 노점특화거리 조성과 지원을 위해 중구청은 행정안전부로부터 특별교부세 5

억 원 지원을 약속받았고 디자인을 적용한 노점가판대를 제작, 지원하는 등 노점상들에게 다양한 지원을 아끼지 않았다. 또한 노점 허가제(실명제- 허가증 비치)로 이용하는 손님들에게 신뢰감을 조성했고, 일부 노선에는 분식류 판매 규제를 완화해 매출 수익을 높일 수 있도록 했다. 선진화된 가판대 노점상은 2011년 대구 세계육상선수권대회 개최 기간 동안 관광객들에게 볼거리를 제공했다. 아울러 노점상 실명제, 도로점용료와 대부료를 부과해 세수 증대에 크게 기여했다.

셋째, 동성로 노점 정비는 과거처럼 단순 철거 위주의 사업이 아니라 이해 당사자 간 협의를 통해 지속 가능한 '최적 대안'을 만들어 갔다는 데 그 의의를 찾을 수 있다. 먼저, 생계형 노점 소상공인 융자 알선, 특화거리 지원을 위한 특별교부금 확보 등 다각도로 심혈을 기울였다. 그리고 도심 미관에 어울리는 디자인형 노점 가판대를 제작해 배치했고 야간 조명 시설을 구비해 특화된 거리 조성에 기여했다. 또한 불법 노점상 정비 시 강제 철거와 생계형 노점에 대한 구제제도를 동시에 구사함으로써 공공디자인 사업이 가능했다. 이 사업의 성공을 통해 동성로만이 가지는 고유한 역사성을 반영한 대구의 아이콘으로 조성함으로써 대구 도심에 새로운 활기를 불어넣는 계기가 됐다.

3. 연관 사업의 진행: 중앙로 대중교통전용지구 지정

2006년 전후 중구청이 동성로 노점상 철거를 기획하던 당시, 대구 중심을 남북으로 관통하는 대표 도로인 중앙로는 상습적 교통 정체와 침체된 상권으로 신음하고 있었다. 이를 개선하고자 당시 대구시는 동성로 인근 중앙로 1킬로미터(대구역~반월당역 사이)를 전국 처음으로 '대중교통전용지구' 지정을 추진했다. 2004년 당시 대구시 교통정책과장을 맡은 필자는 당초 남북 왕복 4차선 도로를 왕복 2차선 도로로 만들고 대신 좁은 인도를 대폭 넓혀 친보행자 중심 도로로 만들며, 승용차와 택시 통행은 원칙적으로 금지시키고 버스 등 대중교통만 통행하도록 하는 대중교통전용지구를 기획해 국토부로부터 지정을 받았다. 이 중앙로가 2009년 준공됨으로써 대구의 대표 보도인 동성로와 대표 차도인 중앙로가 각각 보행전용도로와 보행 중심의 대중교통 전용도로로 거듭나게 됐다.

이후 이를 기반으로 발전시킨 대구근대골목은 2012년에는 '한국 관광의 별', 2013년 지역

문화 브랜드 대상 수상, 2017년 한국관광 100선에 뽑히면서 이 일대는 국내 대표 도시재생 사업의 성공 모델로 정착하는 계기가 됐다.

토의 과제
• 대구 동성로 노점상 갈등 사례에서 '리더십'은 어떻게 협상에 영향을 미쳤는가?

사례 11 부산 구포가축시장 갈등*(민–민 갈등, 1950년대 후반~2020)

1. 갈등 개요

　부산 구포 가축시장은 6·25전쟁 후 60여 년간 전국 최대 규모의 개 도축시설이 존치됐다. 구포가축시장은 성남 모란시장(현재 도축 폐지, 소규모 유통), 대구 칠성시장(해방 후 17곳 개 고기 상가 존치)과 함께 전국 3대 개시장이다. 구포가축시장은 점포 수 및 도축상가가 19개소로 거래량이 연 40,000두(100두/일 이상)에 달했다. 개를 반려동물로 인식하는 문화가 확산되면서 1980년대부터 동물보호단체와 일부 시민들은 개 도축에 대한 비난이 거세졌다. 특히 2017년 이후 개 도살, 식육문제가 TV, SNS상으로 부정적으로 유포돼 부산시의 도시 이미지가 크게 훼손되자, 부산시에서는 이 문제가 중요 현안으로 부각됐다(김창수, 2020: 56-57). 부산 구포가축시장 상인들과 동물보호단체 간 갈등이 심해지자 부산 북구의회는 2016년 이후 전통시장 활성화를 위해 구포가축시장 폐쇄를 요청했다.

2. 추진 경위

- 1950년대: 6·25전쟁 후 도심 속 전국 최대 규모 개, 가금류 도축시설 존치
- 1980년대: 88올림픽을 앞두고 개식육문제 쟁점화
- 2016~2017: 동물보호단체와 구포가축시장 상인 간 갈등 심화
- 2016~2019: 북구의회, 구포가축시장 폐쇄 요청
- 2017.9~2018.4: 부산시 북구 TF팀 구성, 운영
- 2018.7: 부산시 북구청장 취임, 상인간담회 개최(10여 차례)
- 2018.10: 부산시 구포가축시장 밀집지역 정비 방안 마련
- 2019.4.10: 부산시 북구 구포가축시장 환경 정비 및 폐업 상인 지원에 관한 조례 제정

---
* 김창수(2020) 참고.

- 2019.7.1: 구포가축시장 폐업 상인 지원 협약식 개최
- 2019.7~2020.12: 구포가축시장 정비 착공 및 준공

3. 갈등 사례의 해석

1) 이해관계

이 갈등 사례는 오랫동안 영업을 해온 부산 구포가축시장 상인들과 동물 보호 차원에서 도축을 반대하는 동물보호단체 간 '민-민 갈등'이다.

2) 갈등관리

민-민 갈등이 심해지고 이로 인해 부산시의 도시 이미지 훼손이 우려되자 부산 북구의회는 2016년 이후 전통시장 활성화를 위해 구포가축시장 폐쇄를 요청했다.

북구청은 2017년 갈등 해소를 위해 부산시, 국회의원, 동물보호단체 등과 민·관·정 협력 네트워크를 구축해, 북구 부구청장을 단장으로 하는 TF추진단을 발족하고 14차례에 걸친 보고회를 가졌다.

2018년 7월 민선 7기 북구청장이 취임하자 그간 행정 내부적으로 갈등 해소 방안을 논의하던 것을 외연을 넓혀 TF팀과 부산시, 상인, 동물보호단체 등과 활발한 간담회가 개최되고, 폐업 상인들을 지원하는 방안에 대해 협상이 전개됐다(부산시, 부산시 북구, 2019: 48-55).

3) 최적 대안의 모색

부산 북구청은 부산시의회를 설득해 2019년 4월 10일 전국 최초로 폐업 상인 지원 조례를 제정해, 7월 1일에는 폐업 상인 지원 협약식을 거행했다. 이 협약서에는 생활안정자금(폐업일로부터 상가 준공 월까지 월 3,135,670원 지원, 준공 익월로부터 10년간 월 30만 원 지원), 환경정비 지역 내 공유재산 상가 계약(최초 5년 수의계약 및 3회 연장 가능, 상가 배치 및 업종은 폐업 상인과 협

의 조정)을 담았다.

북구청은 상인 생계대책과 함께 도시환경 개선도 병행해 상생 모델을 보여줬다. 전통시장 주변의 부족한 인프라 확충을 위해 공영주차장 확보(120면), 문화광장 조성, 폐업 상인 업종 전환을 위한 주차창 내 임대상가 조성(17호)도 추진했다(부산시 북구, 2019: 90). 부산시와 부산시 북구의 협업도 돋보였다. 부산시는 사업 입안과 시비(市費) 확보를, 북구청은 도시계획 추진과 상인 소통을 맡았다.

부산 북구 구포가축시장 갈등 해소 사례는 수십 년간 지속돼 온 오랜 민-민 갈등을 민선 7기 부산시 북구청장의 강한 문제 해결 의지와 적극행정으로 상생협상을 이끌어 낸 성공 사례라 할 수 있다.

첫째, 북구청 공무원들은 전국 최초로 폐업 상인 지원 조례를 제정해, 생활안정자금, 환경정비지역 내 공유재산 상가 계약 등 상가 폐업에 따른 구체적인 대책을 제시했고, 공영주차장 조성과 반려견 놀이터, 반려동물복지문화센터 등을 조성해 합의 가능 영역(zone of possible agreement: ZOPA)을 넓혀 당초의 입장협상(principled negotiation)에서 호혜적 협상(mutual negotiation)에 이르렀다. 즉, 다섯 가지 갈등 해결 방식 중에서 회피, 경쟁, 수용 방식보다는 중간지대를 넓혀 협동, 호혜적 협상을 통해 문제를 원만히 해결할 수 있었다(Thomas & Kilmann, 2008).

둘째, 상인들과의 협상 과정에서도 일방적·형식적 협상이 아니라, 폭스와 밀러(Fox & Miller, 1995: 111-159)가 제시하는 숙의민주주의에 입각해 포괄성(모든 이해관계자가 논의 과정에 참여), 진정성(토론 참여자들 간의 신뢰 바탕의 의미 있는 소통), 능동적 주의(1회성 형식적 토론이 아닌 반복적인 토론 기회 보장), 실질적 공헌(폐업 보상과 같은 단순 사익 추구가 아닌 새로운 삶의 터전을 마련하는 공공가치의 추구) 등에 충실했다.

토의 과제

- 부산 구포가축시장 갈등 사례가 대안 모색 과정에서 돋보이는 점은 무엇인가?
- 갈등 해결을 위한 '숙의민주주의' 적용 시 유의점은 무엇인가?

수자원갈등 사례 분석

chapter 12

사례 12 대구 취수원 다변화 갈등(관–관 갈등, 1991~2024)

1. 갈등 개요

대구는 식수원의 67%를 낙동강 표류수에 의존하고 있고, 1991년 페놀사고 이후 잦은 낙동강 수질오염 사고로 시민들의 불안감이 상존하자 좀 더 안전한 취수원 확보가 절실했다. 대구시는 구미 해평취수장에서는 검출되지 않는 유해물질이 대구의 매곡정수장에서는 지속적으로 검출되자 구미공단의 영향을 받지 않는 상류지역으로 취수원 이전이 시급하다고 판단, 국토부에 취수원 이전을 건의하고 구미시에 협조를 요청했다. 1969년 낙동강 취수장 건설 당시는 취수원 상류 구미공단이 없었으며, 1973년 구미가 1공단을 조성한 후 현재 5공단을 조성 중에 있다.

대구시는 2004년 취수원 이전에 대한 필요성을 제기하고, 당초 새 취수원으로 다음 표에 있는 구미 상류지역과 안동댐, 상주시 퇴강, 예천군 삼강을 후보지로 고려했다. 2008년에 구미시의 건의로 한국건설기술연구원이 낙동강수계 취수원 이전 타당성 검토 용역을 수행했는데, 갈수기 물 부족 문제 심화, 환경 파괴, 사업비 과다, 지방정부 간 분쟁 가능성 등의

출처: 대구시 취수원이전추진단(2020).

[낙동강 수계 현황]

이유로 타당성 없음으로 결론을 내렸다. 대구시는 2009년 1월 1,4 다이옥신(1, 4-dioxine) 검출로 두류정수장 가동이 중지되자, 안동댐으로의 취수원 이전을 추진했다. 이에 구미시, 칠곡군, 상주시 등이 반대하고 나섰다. 대구시는 정부가 추진한 4대강살리기사업을 통해 수중보 설치로 유량이 풍부하다고 여겨진 구미시 일선교 부근을 이전 후보지로 놓고 다시 2009년 타당성조사에 들어갔다. 하지만 구미시의 반대로 2010년 9월 대구 취수원 이전 예비타당성조사가 중단됐다(류도암, 2018: 110-112).

〈 낙동강 수계 취수시설 현황 〉

구분	취수장명	급수 계통 (정수장)	취수원	시설용량 (천㎥/일)	준공 연도	급수지역
안동시	용상1	용상1	낙동강 (반변천)	31.5	1979	도청 신도시
	용상2	용상2	낙동강 (반변천)	80.3	1979	안동시 일원 및 의성지역
예천군	지보	지보	낙동강	1.0	1996	지보면(소화, 마전, 매창, 신풍리 등)
	풍양	풍양	낙동강	1.0	1983	풍양면(흔효, 오지, 공덕, 낙상리 등)
상주시	사벌매호	도남	낙동강	20.0	2014	6개 동지역, 사벌, 청리, 공성면
구미시	해평(광역)	구미광역	낙동강	464.0	1998	(공업) 구미1~4공단 (생활) 구미시, 칠곡군, 김천시
	구미(광역)	구미광역	낙동강	400.0	1996	
	구미	구미	낙동강	190.0	1970	(공업) 1, 2, 3공단, (생활)인동동지역
고령군	고령	고령	낙동강	46.0	2008	고령, 성주, 창녕군 대합넥센산단 일원
대구	문산	문산	낙동강	210.0	2009	북구, 달성군
	매곡	매곡	낙동강	770.0	1984	중구, 서구, 남구, 북구, 달서구, 달성군
	죽곡	죽곡	낙동강	210.0	1996	(공업) 염색공단, 서대구공단, 성서공단
진주시	진주	진주1,2	남강댐	220.0	1992	진주시 전역
	남강	사천, 용강, 대송	남강댐	325.0	1989	통영시, 사천시(동서동 외 3개 동)
함안군	칠서 (강변)	함안	낙동강 (강변여과수)	22.7	2004	가야읍, 대산, 칠서, 군북, 여항, 함안면
	칠서	칠서	낙동강	440.0	1984	마산시, 창원시, 함안군

창원시	본포	반송	낙동강	285.0	1967	(공업) 창원공단, 두산중공업, 차룡단지 등
	북면	북면	낙동강 (강변 여과수)	11.0	2001	북면
	대산	대산	낙동강 (강변 여과수)	63.0	2013	의창구, 성산구, 동읍, 대산면
김해시	창암	명동, 삼계	낙동강	270.0	2003	김해시 전역(덕산권역 제외)
양산시	원동	대암댐, 온산	낙동강	1,275.0	1980	(공업) 대암댐, 온산(정), 용연공단 등 (생활) 울산광역시, 양산시
	신도시 (범어 연계)	범어	낙동강	32.4	2007	삼성동 일원, 강서동 일원
	신도시 (신도시 연계)	신도시	낙동강	41.8	2007	삼성동 일원, 강서동 일원
부산	매리	덕산	낙동강	1,725.0	1986	중구, 서구 동구, 영도구, 부산진구, 사하구, 강서구, 사상구, 남구, 연제구, 김해시, 진해시
	물금	화명	낙동강	840.0	1969	동래구, 연제구, 해운대구, 금정구, 기장군
	회동	명장	회동댐	340.0	-	고군면, 진도읍
	법기	범어사	범기댐	8.8	-	금정구: 선두구동, 청룡노포동 전역, 남산동 일부 기장군: 철마면 일부

출처: 대구시 취수원이전추진단(2020).

    이후 2010년 10월에 구미시 범시민 반대추진위원회가 구성돼 대시민토론회 개최 등 대구 취수원의 구미로의 이전에 체계적으로 반대운동을 전개했다. 구미시는 대구 취수원의 상류 이전은 주민들의 재산권 침해, 유지 용수 부족 및 수질 악화, 상수도요금 상승 등이 초래될 수 있다며 지속적으로 반대했다. 대신 구미시는 이전 대안으로 대구시에 평소에는 문산, 매곡취수장을 활용하고, 갈수기는 강변 여과수 등을 활용하는 방안을 건의했다.

    대구취수원 다변화 이슈가 본격적인 전환점을 마련한 것은, 국토부가 2014년 3월 경북·대구권 맑은물 공급사업 검토 용역을 발주해 그 결과를 바탕으로 2015년 8월 10일 '2025 수도정비 기본계획'을 발표하면서부터다. 국토부는 대구취수원 이전과 관련, 구미공단 상류에 강변 여과수를 개발(70만㎥/일, 사업비 4,900억 원)해 대구(43만), 구미(18만), 김천·칠곡·고령·성주(9만)에 공급하는 안과 구미 해평취수장으로 대구취수원을 이전(45만㎥/일, 사업비

3,300억 원)해 대구(43만), 칠곡·고령·성주(2만)에 공급하는 두 가지 방안을 제시했다.

하지만 국토부의 용역 결과를 놓고 대구시와 구미시는 그 해석에서 팽팽한 대립각을 견지해 그 접점을 찾지 못하다가 2015년 3월 대구와 구미의 전문가 각 10명으로 '대구·구미 민관협의회'를 구성해 2016년 11월 16일까지 총 아홉 차례에 걸친 회의를 개최했다. 2016년 11월 9차 회의에서 양측은 양 도시 관심 사항을 국무총리실에 공동 건의하기로 합의하고, 국토부에 대구시 3개 항, 구미시 5개 항의 건의 사항을 담은 공동건의문을 제출했으며, 중앙정부의 좀 더 강화된 역할을 요구했다. 2017년 이후 국무총리실이 중심이 돼 대구취수원 이전 방안에 대해 논의가 시작됐으며, 2021년 이후 환경부가 취수원 현안에 대해 제시한 적극적인 중재안을 양 도시가 수용함으로써 타결의 실마리를 찾아가고 있다.

2. 추진 경위

- 1991년 페놀사고 후 세 차례(2006, 2009, 2012년) 취수원 이전 건의(대구시→국토부)
- 한국건설기술연구원, 낙동강 수계 취수원 이전 타당성 검토 용역 수행: 2008
- 대구 취수원 이전 예비타당성조사 중단(구미시 반대): 2010.9
- 구미시, 범시민 반대추진위원회 구성, 활동: 2010.10
- 국토부, 경북·대구권 맑은물 공급사업 검토 용역 시행: 2014.3~12
- 취수원 이전 대구시민 설문조사(1,000명, ㈜파워리서치): 2015.8.21~8.23
    * 대구시민의 73.7% 구미공단 상류 이전 필요
- 취수원 이전 조속 추진을 위한 중앙부처 협의: 2015~2016
- 대구·구미 민관협의회 9회 개최: 2015.3~2016.11
- 양 도시 관심 사항 검토 국무총리실에 공동 건의: 2016.11.16
- 국무조정실 주재 관련 기관(국토부·환경부 참석) 실무회의: 2017.2.22
- 국무총리, 강정고령보·매곡정수장 현장 방문: 2017.6.21
- 토론회(정부·대구·구미·더불어민주당 TK특위) 개최: 2017.8.24
    - 취수원 이전 공동협의체* 구축 해결 및 정부·대구가 구미 지원 필요
        * 구성: 국무조정실장, 환경부·국토부 차관, 대구·경북도·구미 부단체장 등

- 국무조정실, 공동건의문 회신: 2017.11.30
    - 취수원 이전 문제는 지역 간 합의가 선행, 추가적인 검증 용역은 민관협의회 사전 동의 및 결과 수용 전제로 중앙정부에서 시행
- 국무조정실 주관 실무협의 9회 개최: 2017.9~2018.9
- 국무총리 주재, '낙동강 수계 현안 관련 자치단체장 간담회': 2018.10.18

〈간담회 내용〉

- 참석 : 국무총리, 국무조정실장, 환경부차관, 문화재청장, 대구시장, 경북도지사, 울산시장, 구미시장
- 합의 내용 : ① 대구·구미 물 문제 해결을 위한 연구용역 2건(낙동강 유역 통합물관리 방안, 구미산단 폐수 전량 재이용 타당성조사) 동시 추진 합의
② 대구 물 문제 해결 시 운문댐 물을 울산과 일정 비율 공유

- 정부 주관 용역 2건 2019년 국비 예산 반영: 2018.12.8
    * 성서산단 폐수처리수 재이용사업 타당성조사 및 기본 계획 수립 용역
- 환경부, 낙동강유역물관리위원회에서 '낙동강 통합 물관리 방안' 의결: 2021.6.24
    * 대구취수원을 낙동강 상류 구미 해평취수장(30만 톤)과 추가 고도 정수 처리(28만 8,000 톤)로 '대구취수원 다변화' 결정
    *낙동강 수계기금에서 착공 시부터 매년 100억 원을 구미시에 지원 결정
- 대구시, 구미시와 맺은 취수원 협정 파기: 2022
- 대구시, 맑은 물 하이웨이 추진안(안동댐 취수원화) 건의(→환경부): 2023.11

3. 갈등 사례의 해석

1) 이해관계

양 도시 간 1차적 이해관계는 협상 의제와 직접 관계된 요구이고, 2차적 이해관계는 협상

시 직접 요구하는 것 이면에 깔린 상대의 욕구(interest)를 파악하는 것이다. 이 갈등 사례에서 대구시는 '새 취수원으로의 이용'이 1차적 요구이고, 구미시로서는 '구미시 취수원 이용 반대'가 1차적 요구라 할 수 있다. 그러나 대구시가 만약 이 협상을 통해 구미시(경북도) 또는 중앙정부로부터 '구미취수원의 일부 이용 또는 다른 대안 제시'를 받을 수 있다면 협상 이면에 깔린 '2차적 요구'를 달성하는 셈이다. 또 구미시의 '이전 전면 반대'라는 1차적 요구 이면에 깔린 '최소한의 안정적인 취수원 유지 및 취수원 인근 주민들이 걱정하는 재산권 피해 등에의 경제적 보상'이라는 '이면에 깔린 요구'가 확실히 담보된다면 협상이 용이할 수 있다. 하지만 이 경우 실제 협상의 어려움은 설사 그러한 욕구가 있더라도 대개 협상이 마무리 단계로 발전하기 직전까지 '내적 욕구'를 노출하기 꺼린다는 점이다.

이 사례에서 대구시와 구미시 간 취수원 다변화 관련 주요 이해관계는 크게 ① 상수원보호구역 확대 지정으로 인한 구미지역 주민의 재산권 침해 우려, ② 낙동강 유량 감소로 인한 구미국가산업단지 공업용수 부족 등 수량 변화 우려, ③ 낙동강 유량 감소로 인한 구미지역 수질 악화 우려 등 세 가지를 대표적으로 지적할 수 있다.

이 밖에도 구미시는 대구시가 구미 취수장을 공동 이용 시 기존의 대구취수장지역을 상수원보호구역에서 해제해 개발이익을 취할 것이라 주장하는 반면, 대구시는 낙동강 하류 수질 오염 예방과 국지적 가뭄, 구미시의 취수량이 부족할 경우 등 비상 상황을 대비해 구미 취수원을 공동 이용한다고 하더라도 대구취수장을 존치시킬 것임을 강조하고 있다.

(1) 재산권

- 대구시 입장

    구미 해평취수장은 이미 상수원보호구역이 지정돼 있어, 취수장을 공동 이용해도 추가 확대가 없어 재산권 침해 없음.

    또한 공장 설립 승인지역은 지방 취수시설을 대체하기 위해 20만㎥/일 이상의 광역취수시설을 개발한 경우 유하(流下)거리를 20㎞에서 10㎞로 축소가 가능함(수도법 시행령 부칙 제4조).

- 구미시 입장

    대구취수원 이전 시 상수원보호구역 확대로 주민 재산권이 침해됨.

- 상수원보호구역 : 3.32㎢(거리 3.25㎞)
- 공장 설립 제한지역 : 219.92㎢

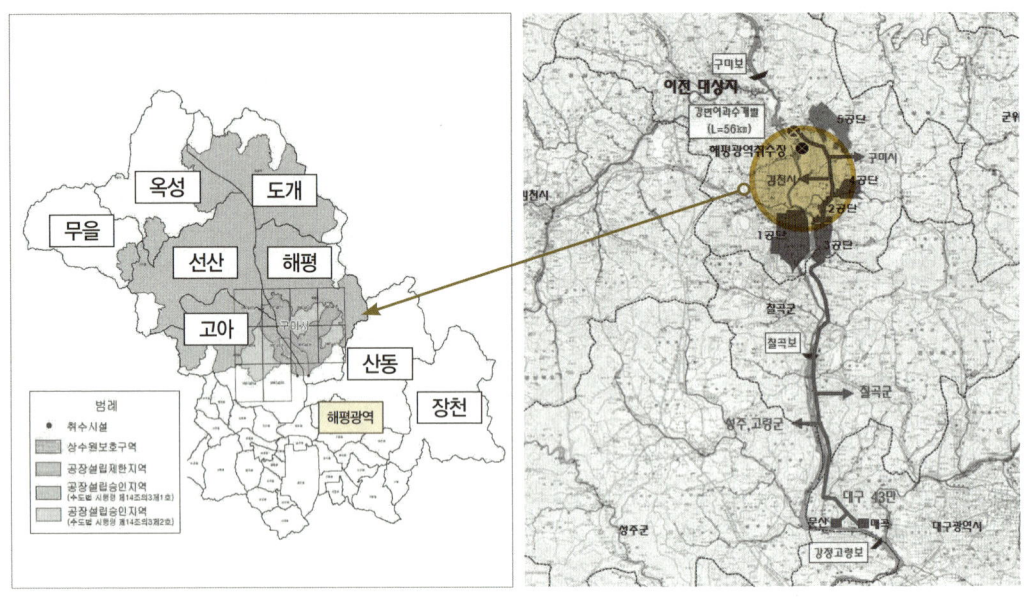

출처: 대구시 취수원이전추진단(2020).

[구미시 상수원보호구역 및 공장 설립 제한·승인지역 현황]

(2) 수량

- 대구시 입장

  대구에서 취수하고자 하는 30만 톤/일은 구미에서 흘려보내는 일 평균 유량 1,035만 톤(최근 6년 평균)의 약 3%에 불과(※국가수자원관리종합시스템)하고, 낙동강 권역의 최대 가뭄*을 기준으로 검토한 결과 물 부족은 발생하지 않는 것으로 나타났음.

  * 1966~2007년(총 41개년) 기간 중 낙동강 권역의 과거 최대 가뭄(1994~1995년) 기간
  ※ 출처: 국토부「경북·대구권 맑은물 공급 종합계획」검토 용역(2014년).

- 구미시 입장

  대구취수원 이전 시 낙동강 유량 감소로 구미국가산업단지 입주업체들이 수질오염 및

환경규제 강화로 불이익 우려. 또한 기업 유치 애로로 인한 구미경제 악화 및 향후 구미 공단 등 지역 개발에 악영향을 끼치지 않을까 우려. 낙동강 유역에 가뭄이 도래할 경우 유량 부족으로 수질에 미치는 영향 및 수질 보전대책 수립이 필요함.

(3) 수질

- 대구시 입장

  취수원을 공동 이용해도 수질에 미치는 영향이 거의 없고, 갈수기 상황(10년 빈도)을 고려해 분석한 결과, 취수원 이전 후에도 사업 대상구간(구미보~강정고령보)은 같은 수질 등급 유지

구분		T-N (mg/L)	T-P (mg/L)	Chl-a (mg/㎥)	BOD (mg/L)	COD (mg/L)
칠곡보	이전 전	2.328	0.034	27.558	1.132	10.378
	이전 후	2.297	0.035	27.345	1.145	10.494
	등급 변화	-	Ib → Ib	-	Ib → Ib	V → Ib
강정 고령보	이전 전	3.745	0.088	51.178	1.949	17.868
	이전 후	3.885	0.094	56.898	2.119	19.421
	등급 변화	-	II → II	-	Ib → II	IV → IV

* T-N(총질소),T-P(총인),Chl-a(클로로필-에이), BOD(생물학적 산소요구량), COD(화학적 산소요구량)
출처: 국토부 「경북·대구권 맑은물 공급 종합계획」 검토 용역(2014년).

- 구미시 입장

  대구취수원 이전으로 인해 수질오염 총량제의 근간이 흔들려 구미 경제에의 영향 걱정. 우선 취수원 이전 논의보다는 국가에 의한 낙동강 중상류 구간에 대한 중장기적인 수질 보전대책이 선행될 필요가 있음.

2) 갈등관리(당사자 개입 및 제3자 개입)와 프레임 전환

(1) 대구-구미 대정부 공동 건의 이전(~2016년)
- 신공항 건설 이슈 부각 이전(대구경북 대립적 입장 견지)

국토부의 2014년 용역 이후, 2015년 2월 구미시장의 제안으로 대구와 구미의 전문가 각 10명으로 '대구·구미 민관협의회'를 구성해 다음 표와 같이 2016년 3월 17일 1차 회의를 시작으로 총 아홉 차례에 걸친 회의를 개최했다. 국토부의 용역 결과를 놓고 대구시는 구미 해평취수장 이전이 가능하다고 주장했고, 구미시는 그 해석에서 팽팽한 대립각을 견지해 그 접점을 찾지 못한 채 갈등의 골만 깊어갔다. 대구시는 국토부에 예비타당성조사를 의뢰해 그 결과에 따르자고 제안한 반면, 구미시는 국토부의 용역 결과를 부정하고 새로운 검증 재용역을 실시할 것을 주장해 계속 회의가 공전됐다.

이에 양 도시는 전문가 중심으로 소위원회를 구성해 해법을 찾기로 하고 숱한 격한 대립을 극복하고 2016년 11월 9차 회의에서 양 도시 관심 사항을 국무총리실에 공동 건의하기로 극적으로 합의했다. 국토부에 대구시 3개 항, 구미시 5개 항의 건의 사항을 담은 공동건의문을 제출하고 중앙정부의 좀 더 강화된 조정자 역할을 요구했다. 2016년까지는 두 도시가 취수원 이전을 놓고 지속적으로 대립각을 세워 갈등이 심화된 시기라 할 수 있다.

민관협의회 운영 이전부터 구미시는 대구시가 취수원의 구미 이전을 일방적으로 밀어붙인다고 강한 불만을 표출하고 상대를 불신하는 특성 부여 프레임(characterization frame)이 형성돼 있었다. 또한 대구시와 구미시는 당사자 간 긴밀한 협상보다는 국회 대정부 질문 등 권력 수단에 의존하는 것이 더 효과적이라는 갈등관리 프레임을 갖고 있었다고 볼 수 있다. 즉, 대구시는 KDI 예비타당성조사 의뢰와 시의회 결의안 채택 등을, 구미시는 중앙부처 항의 방문과 구미 반추위 성명서 발표 등 주민들을 통한 압박 등에 의존하는 경향을 보였다.

국토부도 광역상수도사업의 주체로서 중립적이고 적극적인 조정자 역할을 하기보다는 양 도시의 합의가 먼저라는 입장을 견지해 양 당사자의 갈등 프레임 전환을 위한 시도에 소홀했다고 본다. 2016년 11월 민관협의회 9차 회의까지 양 도시가 팽팽히 평행선을 달리다, 9차 회의 후 양 도시 관심 사항을 국무총리실에 공동 건의한 후 2017년부터는 국무총리실이 중심이 돼 대구취수원 다변화 방안에 대해 서서히 진전된 논의가 시작됐다.

〈 '대구·구미 민관협의회' 주요 내용 〉

구분		일자	협의 내용
2015년	1차	3.17	• 위원장 선임 • 협의 기간 ⇨ 미합의
	2차	4. 9	• 국토부 용역 검증(구미시, 3개월) • 취수원 이전 선진지 견학(합의 ⇒ 메르스 사태로 무기 연기)
	3차	5.21	• 시민공청회 개최(실무협의 후 결정) ⇨ 미합의
	4차	7.22	• 구미시 검증용역 중간보고(국토부 용역 전반적 부정, 수량 부족 및 상수원보호구역 추가 지정 없음을 인정)
	5차	9. 3	• 국토부 용역 설명(건기연) • 전문가 소위원회 구성 합의(수질 부분 추가 논의 합의) – 예타, 재용역 등 논의(예비타당성 신청 제안 ⇨ 구미시 반대)
	전문가 회의	9.22	• 구미시, 취수원 이전을 하지 않는 조건으로 수질 변화 검토 주장(대구시 : 미수용)
2016년	6차	1.14	• 구미시, '대구취수원 구미 이전 전제하지 않는 조건'으로 낙동강 전반 수질 변화 검토 및 추가 대안(공문 발송) 제시
	7차	3.29	• 구미 5개 제안 사항 설명 및 토의 ⇨ 우리 시 검토 결과 타당성 없음 결론 • 취수원 이전에 따른 구미지역 수질오염 총량제의 목표 수질, 할당부하량 변화 등 검증 필요 * 환경부 검증 의뢰를 위한 공동건의문을 8차 회의 시 재협의
	8차	6. 1	• 취수원 이전에 따른 구미지역 낙동강 수질에 미치는 영향 공동 검증 제안 * 구미시는 대가뭄 도래할 경우 유량 부족 등 4개 사항 9차 회의에서 논의 제의
	9차	11.16	• 양 도시 관심 사항 검토 국무총리에 공동 건의 – (대구시 3개 항) 구미시 우려 사항 중 수질문제 조사 등 – (구미시 5개 항) 낙동강 수량 및 중상류 수질 관련 조사 등

2017년	국무
	총리실
	주재
	실무
	회의
		2.22	• 참석 : 18명(중앙정부 7, 대구 5, 구미 6)
			 – 중앙부처 : 국무조정실 물관리팀장 외 2, 국토부 수자원개발과장 외 1,
			   환경부 담당 서기관 외 1
			• 내용 : 양 도시 공동건의 배경 설명 및 청취(해당 부처에 전달)
			   * 국무총리실, 민관협의회는 대화가 중단되지 않도록 지속 운영 당부

출처: 대구시(2017), 대구 구미 민관협의회 개최 결과(1회~9회).

(2) 대구-구미 대정부 공동 건의 이후(2017년~)

– 통합신공항 이전 이슈 부각 이후(2018.7~. 대구경북 상생 프레임 전환)

2017년 들어 총리실이 중심이 돼 취수원 다변화 논의가 본격화되는 시점에 대구시가 역점 사업으로 추진하던 대구공항 이전사업이 K-2 군공항과 대구공항을 통합해 기부 대 양여 방식으로 경상북도 지역으로 후보지를 옮기는 논의가 본격 점화됐다. 그러면서 과거 상대적으로 형식화됐던 대구경북의 상생 협력 노력이 좀 더 진정성을 띠면서 취수원 이전문제도 과거 '갈등 대립 구도'에서 '상생 협력 구도'의 큰 틀 속에서 바라보는 프레임 전환이 일어났다.

2018년 7월 민선 7기 시대가 열리면서 취임한 대구시장과 경북도지사는 지역의 가장 큰 현안인 대구공항과 K-2 군공항의 동시 통합 이전을 강력히 추진하면서 대구시와 경상북도가 행정구역을 떠나 사실상의 운명공동체라는 인식을 더욱 공고히 하게 됐다. 국가경제에 이어 지역경제 침체 속에서 대구시는 구미경제의 활력 제고가 곧 대구 발전에도 중요하다는 인식 제고와 함께 2023년까지 구미-대구-경산을 잇는 대구권 광역철도 건설로 상생 협력 분위기가 강화되고, 구미시와의 대립적 입장을 뛰어넘어 상생의 관점에서 취수원 문제를 조명하기 시작했다.

경상북도 이제까지 기초지자체인 구미시가 취수원 이전문제의 주 당사자라는 소극적 자세에서 탈피해 대외적으로 취수원 문제 해결과 통합신공항 문제를 함께 중요 이슈로 부각시키면서 대구시와의 공조 노력을 강화했다.

3) 최적 대안의 모색: '취수원 다변화' 노력

2018년 7월 이후 주무부처가 국토부에서 환경부로 이관되고 10월에는 국무총리 주재로 '낙동강 수계 현안 관련 자치단체장 간담회'가 개최되면서 갈등 해소 방향을 잡아갔다. 2019년 10월 현재 환경부 주도로 대구·구미 물 문제 해결을 위한 연구용역 2건(낙동강 유역 통합 물 관리 방안, 구미산단 폐수 전량 재이용 타당성조사)이 2020년 말까지 동시에 진행됐다.

2021년 5월 현재 대구시와 구미시 간에 위 두 용역 결과를 놓고 실무진 간에 세부 검토와 협상이 진행됐다. 대구시는 과거 '취수원 이전'이라는 기존의 시각을 전환해 '취수원 다변화'로 정책 프레임을 전환했다. 대구시는 구미시가 해평취수장 공동 이용을 허용할 경우 상생발전기금 등 경제적 인센티브 제공 또는 구미 국책사업 지원 등을 통해 구미 주민들의 '2차적 욕구'를 충족시켜 '이해관계'에 초점을 맞춰 협상을 타결한다는 입장을 견지했다. 2021년 들어 신임 한정애 환경부 장관이 취임하면서 정부도 양 도시 간 갈등 중재 노력에 적극성을 보였다. 해평취수장 인근 주민들도 최근 '해평취수원 상생 주민협의회'를 조직한 데 이어, '지역 발전'을 전제로 해평취수원의 구미-대구 공동 이용 문제를 공식 논의할 수 있다는 입장을 보였다(매일신문, 2021.5.28).

그간의 오랜 논의를 토대로, 환경부가 2021년 6월 24일 낙동강유역물관리위원회에서 '낙동강 통합 물관리 방안'을 의결하고, 대구취수원을 낙동강 상류 구미 해평취수장 취수(30만 톤)와 대구 문산·매곡정수장 초고도 정수 처리(28만 8,000톤)로 '취수원 다변화'를 결정했다. 이와 더불어 정부는 낙동강수계기금을 통해 착공 시부터 매년 100억 원씩 구미시에 지원하는 방안 등을 발표했다(뉴스윈, 2021.7.9). 이 시기는 2022년 대통령선거가 1년도 채 남지 않은 시기로 정부 여당과 구미시 등 지자체들이 격동적 정치환경 속에서 지역 발전을 위한 가치 재정립과 맞물려 협상이 전개됐다고 볼 수 있다. 한편 대구시는 구미시 상생 발전을 위해 일시금 100억 원을 2021년 7월 대구시 추경예산에 반영해 대구시의회가 의결했다. 이에 대해 구미 해평 주민들은 "반대를 위한 반대는 그만하고, 취수원 공동 이용을 수용해 낙후된 해평지역을 살려야 한다"며 정부의 결정에 찬성을 표명했다(뉴스윈, 2021.7.9). 구미시장도 정부의 입장을 수용하는 결단을 내림으로써 대구시와 구미시 간 오랜 물 갈등 협상의 큰 틀이 타결됐다. 이후 후속 조치로 2022년 4월 4일 환경부, 대구시, 경북도, 구미시 간에 '구미 해평취수장의 대구경북 공동이용' 방안을 담은 '맑은 물 나눔과 상생발전에 관한 협정'이 체결됐다(매일신문, 2022년 4월 5일).

결론적으로 이 사안은 협상방법론 측면에서 대구-구미 간 취수원 이전문제를 놓고 오랜 대립각을 세우는 입장협상(positional negotiation)을 견지해 상호 한 치의 진전도 보기 어려웠다. 하지만 2015년 3월 시작된 대구·구미 민관협의회는 2016년 11월 제9차 회의까지 가는 오랫동안 치열한 논쟁과 각고의 노력 끝에 양 도시 관심 사항을 국무총리실에 공동 건의하기로 극적으로 합의했다. 필자는 당시 대구시 환경국장으로 이 대구·구미 민관협의회에 참여해 4차~9차 회의까지 협상하면서 구미시 우려 사항 중 낙동강 수질문제 조사 등 3개 항을, 구미시는 낙동강 수량 및 중상류 수질 관련 조사 등 5개 항을 건의문에 포함시켰다. 이로써 정부가 좀 더 적극적인 갈등 조정자로서 나서는 계기를 마련한 것이다. 여기에는 민관협의회 협상 테이블에서 민간위원으로 참여했던 대구, 구미 물 문제 전문가들의 집요한 노력과 인내, 헌신이 돌파구를 마련하는 데 기여했다.

또한 민선 7기 이후 권영진 대구시장과 이철우 경북도지사가 지역의 가장 큰 현안인 대구공항과 K-2 군공항의 동시 통합 이전을 강력히 추진하며, 그간 양 광역지자체가 신공항 문제와 취수원 문제를 각각 별개의 문제로 취급하던 '대립적 시각'에서 벗어나 '통합적 해결'을 모색하는 프레임 전환을 이끌어 냈다.

결국 상생협상을 위해서는 리더의 강한 문제 해결 의지, 정치·행정적으로 우호적인 환경 변화, 협상 실무단들의 협상 능력 등이 종합적으로 필요하다. 특히 협상 테이블에서는 양 당사자가 상대의 감정을 해치지 않도록 유의하면서, 상대의 의중과 숨은 관심사를 순차적 질문과 응답을 통해 교환하고, 기존 진행된 용역 등에 대한 체계적 검증을 통해 상호 신뢰를 구축해 가는 지속적인 인내와 노력이 필요하다 하겠다.

4) 갈등의 재점화

지난 30년 난제였던 좀 더 안전한 대구취수원 확보와 관련, 2022년 4월 4일 오랜 갈등 끝에 이제 매듭을 맺기 시작한 대구시와 구미시 간의 '맑은 물 나눔과 상생발전에 관한 협정'은 2022년 7월 민선8기 홍준표 대구시장과 김장호 구미시장이 선거를 통해 새로 취임하면서 빛을 보지 못하고 다시 물 갈등이 재점화됐다. 김장호 구미시장은 전임 민주당 출신인 장세용 시장이 대구시와 맺은 협정이 구미시민의 뜻에 맞지 않는다며 이견을 피력했고, 바로 이어 홍준표 대구시장은 이에 반발, 안동댐 물을 대구에 공급하는 방향으로 급선회했다. 대구시는 2023년 11월 안동댐에서 하루 63만 톤 규모의 수량을 취수해 대구에 공급하는 '맑은 물 하이웨이 추진안'을 환경부에 건의했다(영남일보, 2024년 7월 16일). 대구시는 동 사업에 드는 사업비가 1조 4천억 원에 달할 것으로 추산하고, 예비타당성조사 면제 등을 담은 '낙동강 유역 취수원 다변화를 위한 특별법' 제정을 통해 난관을 타개해 간다는 전략이다. 환경부는 2022년 체결된 물 협정이 갑자기 파기된 데 대해 난감해 하다가, 2024년 안동댐으로의 변경안을 수용하면서도 하루 평균 취수량으로 최대 46만 톤이 적절하다는 입장을 표명했다. 안동시의 권기창 시장은 대구시의 제안을 긍정적으로 수용하며, "안동댐이 안동의 재정적, 정책적 지원을 이끌어내는 보물단지로 거듭나길" 기대했다.

안동댐을 취수원으로 활용하는 방안은 과거 대구시가 검토한 복수의 취수원 확보안들 중의 하나로, 구미 해평취수장을 공동 이용하는 방안 등 다른 대안에 비해 사업비가 과도하게 소요될 것으로 판단해 후순위로 검토됐던 사안이다. 향후 막대한 사업비를 정부로부터 어떻게 성공적으로 확보하느냐, 또 아직 사업초기상태로 안동댐의 기술적 취수가능성, 안동댐에서 부족한 취수량은 어디서 어떻게 확보할지, 안동댐 인근 주민들의 요구사항 등 향후 표출될 제반 문제와 갈등들에 어떻게 잘 대처하느냐가 사업성공의 관건이다.

토의 과제

- 대구 취수원 다변화 갈등 사례와 같은 물 문제 분쟁에서 '합의 가능 영역(zone of acceptance)'을 찾기 어려운 이유는 무엇인가?
- 이 사례에서 협상의 프레임 전환이 가지는 의미와 평가는?
  또 '1차적 요구'와 '2차적 요구'는 협상에서 어떤 의미를 지니는가?
- 취수원 확보와 관련 '갈등의 재점화'의 동인은 무엇인가?

사례 13 | 울산 반구대 암각화 보존 갈등(관-관 갈등, 2000~2021)

1. 갈등 개요

　울산시 울주군에 소재한 반구대 암각화(盤龜臺岩刻畵)는 울산시의 식수원으로 사용되고 있는 태화강의 지류인 대곡천 상류에 위치한다. 1975년에 발견된 반구대 암각화는 가로가 약 10미터, 세로가 약 3미터로 선사시대의 생활상을 보여주며, 문화적 가치를 인정받아 1995년 국보 제285호로 지정됐다(울산광역시, 2010). 그러나 1968년 대곡천 하류지역에 사연댐이 건설되면서 암각화는 겨울철 갈수기를 제외하고는 연중 약 8개월을 물속에 잠기면서 침식에 의한 훼손이 심각해졌다(이찬희 외, 2012). 특히 2005년에는 대곡천 상류에 대곡댐이 건설돼 더욱 침수가 길어졌다.

[울산 반구대 암각화]

　국토부와 문화재청은 암각화 보존을 위해 사연댐 수위를 낮추는 방안을 검토해 왔으나, 울산시는 암각화 주변 제방 설치, 유로 변경, 가변형 임시 물막이시설인 카이네틱(kinetic) 댐 설치 등 방안을 제시하고 울산시의 식수원 부족을 걱정하며 중앙정부와 맞섰다. 사연댐은 울산지역 수돗물 생산을 위해 필요한 하루 35만 톤 중 18만 톤을 공급한다. 울산시는 사연 댐 수위를 낮추는 대신 울산시의 대체 식수원을 정부가 마련해 줄 것을 요구했다. 반면, 국 토부는 사연댐 수위 조절에 따른 일평균 3만 톤의 수원 손실량은 인근 낙동강 수원으로 보존 가능하다는 입장이며, 문화재청은 암각화 주변 환경을 훼손하는 울산시 제안을 수용 불가하다는 입장을 견지했다(장현주·정원옥, 2015: 909-910).

기관 간의 갈등이 지속되자 2009년 국무조정실이 조정자로 나서 국토부, 문화재청, 울산시, 한국수자원공사 등이 참여하는 '정책조정협의회'가 구성됐다. 국무조정실은 일평균 2만 톤급 소규모 댐 2개 건설 안을 제시해 조정을 시도했으나, 울산시가 실효성에 의문을 제시하며 반대해 조정은 수용되지 않았다(경상일보, 2009.7.21). 이후 2013년 5월 박근혜 대통령이 국무회의에서 갈등관리 시스템의 필요성을 강조하자(경상일보, 2013.5.28), 국무조정실은 다시 조정에 나서 2013년 6월 정부와 울산시가 가변형 투명 물막이 설치에 합의하게 됐다(매일경제, 2013.6.16). 하지만 임시 물막이시설 안은 2014년 1~3월 사이에 문화재위원회 심의가 안전성 등을 이유로 보류됐고(한국일보, 2014.3.30), 2016년 실험에서 누수 현상으로 실패로 귀결됐다(연합뉴스, 2016.5.24).

이후 울산시는 정부가 대구시와 구미시 간 대구취수원 확보 문제를 해결하기 위해 2019년 3월부터 '낙동강 유역 통합물관리 방안 연구용역'을 추진하자 2020년 연구용역 결과에 따라 사연댐 수위를 낮출 수문을 설치하겠다는 입장을 견지했다. 이 연구용역은 낙동강 수계의 대구경북에 안정적으로 물을 공급한 후 여분의 남는 청도 운문댐 물을 울산시에 지원한다는 방안을 담고 있다. 반구대 암각화 보존에 찬성하는 입장인 '대곡천 반구대 암각화군 유네스코 등재 시민모임'은 2019년 7월 29일 울산시에 사연댐 수문 설치를 요구하는 기자회견 및 단식 농성을 벌여갔다(서울 Public News, 2019.8.20).

2019년 9월 울산시는 울주군 및 문화재청과 반구대 암각화 보존 방안에 대해 협의 후 양해각서(MOU)를 체결했다. 즉, 사연댐 여수로 부분에 수문을 설치해 영구적으로 댐의 수위를 조절하는 방안을 문화재청이 제시했고, 이를 울산시가 전격 수용한 것이다. 이 협약의 주요 내용은 반구대 암각화 보존 방법, 울산시 물 문제, 반구대 암각화 세계유산 등재, 반구대 암각화 주변 관광자원화, 반구대 암각화 관람 및 주변 환경 개선, 세계유산 등재 추진위원회 추진 등 6개 사항이다. 3개 기관은 우선 '반구대 암각화 보존 방안'과 관련한 보존관리계획 수립 용역을 진행하기로 합의했다(파이낸셜뉴스, 2019.9.10).

2. 추진 경위

- 2001.9: 울산시, 반구대 암각화 주변 문화관광자원화사업 설계안 발표
- 2001.10: 학계·시민단체, 반구대 보존을 위한 '반구대 명승지 지정심의서' 제출 (문화재청은 지정 불가 결정)
- 2002.7: 학계·시민단체, 물막이벽 설치를 통해 암각화 보존 주장. 갈등 표출
- 2003: 울산시, 차수벽 설치 제안(무산)
- 2007.7: 문화재청·울산시, 가변형 임시 물막이댐 설치 합의
- 2009: 국무조정실 조정 시작(정책조정협의회 운영)
- 2011: 울산시, 생태 제방 설치 제안(무산)
- 2013.6: 국무조정실 재조정, 문화재청·울산시, 가변형 임시 물막이시설 설치협약 체결(2013년 5월 박근혜 대통령의 갈등관리 시스템 구축 필요성 언급 이후 조정 탄력)
- 2014.3: 문화재위원회, 가변형임시 물막이시설 설치안 심의 보류
- 2016.4: 가변형 임시 물막이시설 설치 중단 결정(실험 실패)
- 2018: 국무총리 주재 관계 기관 간담회
- 2019.4: 낙동강 유역 통합물관리 방안 연구용역 양해각서(MOU) 체결
- 2019.7: 시민단체, 사연댐 수문 설치 요구 릴레이 기자회견 및 단식 농성
- 2019.9.10: 울산시·울주군·문화재청, 반구대 암각화 보존 방안 양해각서(MOU) 체결

3. 갈등 사례의 해석

1) 이해관계

이 사안은 울산시의 취수원 확보와 문화재청의 암각화 보존이라는 두 공익을 놓고 2001년 이후 근 10년이란 오랜 기간 동안 가치갈등을 벌인 장기 협상 사례다. 여기에 국토부와 국무조정실이 제3자로 조정자 역할을 수행했다.

반구대 암각화 보존 관련 주요 쟁점은 다음과 같다.

쟁점＼이해관계자	문화재청	울산시	국토부
주된 이해관계	암각화 보존	취수원 확보	
보존 방법	사연댐 수위 조절	대체 수원 확보 후 사연댐 수위 조절	문화재청과 울산시 협의 시 사연댐 수위 조절 가능
수위 조절에 따른 수원 손실량	3만 톤/일	6만 톤/일	3만 톤/일
낙동강 수원 활용	동의	반대	동의
대체 수원 활용	동의	반대	동의

출처: 문화재청 내부자료.

2) 갈등관리: 당사자 개입 및 제3자 개입

(1) 갈등 생성기(2001~2003년): 관-민 갈등

1965년 울산지역 공업용수 부족을 해결하기 위해 대곡천에 암각화에서 하류로 4.6킬로미터 떨어진 곳에 사연댐이 설치된 후 대곡천 하류지역은 수몰됐고, 암각화도 매년 4~8개월 수몰됐다. 1971년 동국대 문명대 교수팀이 암각화를 처음 발견했으나 제대로 세간의 관심을 받지 못하다가 언론 보도를 통해 지난 40여 년 동안 암각화가 훼손돼 왔다는 사실이 알려지게 됐다(세계일보, 2000.6.8). 2000년 8월 울산시는 반구대 암각화 주변을 원시자연 생태공원으로 조성하고 세계문화유산 등재 계획을 발표했다. 이에 따라 울산시는 2001년 9월 '반구대 암각화 주변 문화관광자원화사업 설계안'을 발표하며, 135억 원을 들여 암각화는 보존하되 주변은 개발하는 쪽으로 방향을 잡고 진입도로 확장과 주차장 설치 공사를 구상했다. 이에 반대해 시민단체와 학계에서는 좀 더 안전한 암각화 보존을 위해 문화재청에 '반구대 명승지 지정심의서'를 제출하면서 갈등이 시작됐다(경향신문, 2003.8.28; 서울문화투데이, 2013.5.30). 이때는 암각화 보존이라는 문화재 보존 '가치갈등'과 울산시의 암각화를 활용한 주변 문화관광자원화사업이라는 지역경제 부흥을 생각하는 '이익갈등'이 혼재하며 '관-민' 간에 갈등이 서서히 싹트기 시작한 시기라 할 수 있다.

(2) 갈등 확산기(2003~2013년): 관-관-민 갈등

울산시가 2003년 암각화를 활용한 주변 문화관광자원화사업을 시작하면서 시민단체의 반발이 커졌다. 이에 울산시는 문화재청에 2007년 3월 물막이벽을 설치해 암각화를 보존하는 방안을 건의했고, 문화재청은 2007년 7월 31일 이를 수용했다(내일신문, 2007.8.1).

이 당시만 해도 문화재청은 울산시와 시민단체 간 갈등의 중심에서 어느 정도 벗어난 입장을 견지했다. 하지만 울산시가 2008년 7월 기존 물막이벽 대신 터널형 유로 변경안을 지역 국회의원에게 제시하면서 암각화 관광자원화에 무게를 두자, 문화재청은 사연댐의 수위를 암각화가 침수 안 되는 한계선인 52미터로 유지하며 암각화 보존 상태를 점검해 나가겠다는 입장을 견지했다(경상일보, 2008.8.26). 이에 대해 울산시는 수위 조절안이 갈수기 물 부족과 암각화 보존 모두에 별 도움이 되지 못한다는 비판을 함으로써 문화재청과 본격적인 갈등이 시작됐다(부산일보, 2008.8.26). 2011년 암각화 보존 여론이 강해지자 울산시와 문화재청의 갈등은 고조되다가 2012년 대선을 통해 박근혜 정부가 들어서면서 새로운 전기를 맞게 됐다.

(3) 갈등 조정 · 완화기(2013~2021년)

2013년 3월 15일 박근혜 대통령이 반구대 보존운동가인 변영섭 교수를 문화재청장으로 임명함으로써 새로운 계기가 마련됐다. 2013년 5월 말 박근혜 대통령은 국무회의에서 체계적 갈등관리 시스템의 필요성을 강조하자 국무조정실이 나서서 조정자 역할을 하게 됐다(경상일보, 2013.5.28). 국무조정실은 가변형 투명 물막이 설치안을 대안으로 제시했고, 2013년 6월 16일 정부와 울산시가 이 안에 합의함으로써 문화재청과 울산시의 갈등도 완화기로 접어들게 됐다(매일경제, 2013.6.16).

이후 2019년 9월 울산시는 지속적 협의를 통해 울주군 및 문화재청과 반구대 암각화 보존 방안에 대해 협의 후 양해각서(MOU)를 체결했다. 즉, 사연댐 여수로(餘水路)에 부분에 수문을 설치해 영구적으로 댐의 수위를 조절하는 방안을 문화재청이 제시했고, 이를 울산시가 전격 수용한 것이다. 울산시가 문화재청의 제안을 전격 수용한 것은 신임 울산시장 취임 후 식수원 확보보다는 암각화 보존이 우선이라는 울산 시민들의 인식 변화를 반영한 것으로 보인다. 울산시는 사연댐 건설사업에 따른 수문 설치 설계 용역을 발주해 2027년 말 완공할 계획이다(울산제일일보, 2024.7.14.).

정부는 2021년 6월 24일 낙동강유역물관리위원회를 열어 2028년까지 대구취수원으로 구미 해평취수장을 일부 활용하도록 하고, 이와 함께 울산 암각화 보존을 위해 청도 운문댐 물의 일부를 울산시에 공급한다는 결정을 내렸으나(뉴스윈, 2021.7.9.), 최근 대구시가 취수원을 구미 해평 취수장에서 안동댐으로 변경·추진함에 따라 새로운 갈등요인이 되고 있다.

3. 최적 대안의 모색

이 현안이 해결의 실마리를 찾아간 것은 2009년 국무조정실 조정이 시작(정책조정협의회 운영)된 시점 및 특히 2013년 5월 박근혜 대통령의 사실상의 정부 역할 언급에 따라 국무조정실이 재조정에 나선 이후라 할 수 있다. 박근혜 정부가 문화융성정책과 국정대통합을 중요 국정철학으로 다루고, 울산시 박맹우 시장의 '가뭄 등에 대비한 장기적인 수원 확보 및 관리 방안' 계획 등 정책 의지가 협상 진전에 긍정적인 영향을 미쳤다고 볼 수 있다.

하지만 이 사안은 갈등 조정기에 협상 당사자 간 자발적 문제 해결이라기보다는 정부의 외부적·권위주의적 조정에 의존한 문제 해결 촉진이라는 성격을 다분히 띤다. 즉, 정책 변동에 대한 합의 정도와 정치 체제의 개방성 정도를 기준으로 볼 때, 다원주의, 조합주의, 권위주의형 가운데(Sabatier & Weible, 2007) 결국 권위주의형 문제 해결에 가깝다. 또한 민선 7기 울산시장이 취임하면서 2019년 문화재청과 새 대안에 대해 합의가 쉽게 진척된 점은 이 협상이 협상 당사자 간 시스템보다는 다분히 협상의 최고 리더의 '인적 요소'에 의해 큰 영향을 받았음을 부인할 수 없다. 따라서 가치갈등의 경우 정책의 우선순위를 어디에 둘지에 대해 갈등 초기에 리더 차원에서 큰 입장이 정해진다면 갈등을 조기에 종식시킬 여지가 큼을 시사한다.

토의 과제

- '지역경제 활성화'와 '문화재 보존'이라는 두 가치를 놓고 이를 '입장협상'과 '원칙협상'의 관점에서 협상 전개 과정을 음미해 보자.
- 대구취수원 다변화 갈등(사례 17)과 울산 반구대 암각화 보존 갈등(사례 18) 간 조정자로서의 정부의 '합의 가능 영역(zone of acceptance)' 관점에서 상생안을 논해 보자.

사례 14 한탄강댐 건설 갈등*(관-민 갈등, 1995~2009)

1. 갈등 개요

한국수자원공사는 1995년부터 2년간 유역조사 용역을 실시한 결과, 2021년 임진강 유역에 연간 36억 1,700만 톤의 물 부족이 예상되자 한탄강댐 건설계획을 구상했다. 그러나 1996년, 1998년, 1999년 파주 문산지역에 연이은 홍수가 발생해 약 1조 원의 재산 피해와 128명의 인명 피해가 발생하자, 정부는 1999년 12월 28일 국무회의를 통해 파주·문산 등 경기 북부지역과 철원지역 등 임진강 전 유역에 수해 방지, 용수 공급, 수력 에너지 개발, 수리시설 및 하천의 정상적인 기능 유지의 목적으로 한탄강댐 건설을 추진했다(충청투데이, 2011.10.17).

출처: 중앙일보(2016.3.18).

[한탄강댐 건설]

---

* 한노덕(2014) 참고.

하지만 정책결정 과정에서 다양한 이해관계자의 의견 수렴이나 참여 없이 국가 차원에서 추진함으로써 강 상류지역인 철원지역 주민들을 중심으로 건설 반대운동이 시작돼 지역 주민들 간, 건설교통부, 수자원공사, 환경단체 사이의 갈등으로 확대됐다. 그러자 2003년 12월 노무현 대통령은 강원도를 방문한 자리에서 댐 건설에 대한 재검토를 약속 후 지속가능발전위원회에 한탄강댐 갈등 조정 절차를 추진하도록 지시했다. 이후 갈등조정위원회에서 2004년 2월부터 16차례 조정회의, 5차례 기술검토 소회의 등을 거쳐 '저류지 2개소 및 홍수조절용댐' 건설 안이 결정됐으나 반대 측 주민들의 수용 거부로 무산됐다. 이후 2005년 5월 국무조정실로 업무 이관 후 임진강유역홍수대책특별위원회가 구성되고, 2006년 8월 22일 한탄강 홍수조절용 댐 건설을 결정하자 주민과 환경단체가 강력히 반발하며 행정소송을 제기했다.

한탄강댐 건설에 따른 편익은 댐 상류 및 댐 하류지역이 모두 볼 수 있지만 댐 건설에 따른 주요한 피해 등의 부담은 상류지역에 집중돼 비용-편익 불일치에 따른 갈등이 유발되는 특징을 가지고 있었다. 한탄강댐 건설 갈등 사례는 조정(mediation)이라는 대안적 분쟁 해결 기법(ADR)을 시도했지만 성공하지 못하고 결국 2009년 5월 반대 주민 측인 원고의 패소 판결에 따라 갈등이 종결됐다.

2. 추진 경위

- 1995.6~1997.12: 건교부, 임진강 유역조사
- 1999.12~2000.12: 건교부, 한탄강댐 기본 설계
- 2001.1~2003.8: 한탄강댐 기본 계획 수립 추진 및 협의
- 2003.12.19: 대통령 강원도 방문 시 댐건설계획안 재검토 제안
- 2004.2~2004.11: 지속가능발전위원회 갈등 조정(홍수조절용댐 건설 결정)
- 2005.1.5.~2.25: 감사원 감사(홍수량 산정 및 대안 비교를 통한 댐 건설 여부 결정 권고)
- 2005.5.23: 업무 이관(지속위에서 국무조정실로)
  – 댐 반대 측, 지속위 조정 결과 수용 거부 및 공동협의회 참여 거부
- 2005.8.24: 임진강홍수대책특별위원회 산하에 '검증·평가실무위원회' 설치 운영

- 특별위원회: 국무총리 등 정부 15인과 민간인 7인 등 22명
• 2006.8.22: 임진강홍수대책특별위원회 5차 회의에서 '홍수 조절 전용댐 및 천변저류지' 건설안 최종 결정
• 2007.2.28: 한탄강 홍수조절용 댐 실시계획 고시 및 공사 착공
• 2007.3~2009.5: 행정소송 전개(원고인 반대 주민 측 패소 판결). 분쟁 종료

3. 갈등 사례의 해석

1) 이해관계

한탄강댐 건설 갈등은 한탄강댐 건설에 찬성하는 입장인 건설교통부와 수자원공사와 댐 건설에 따른 환경 파괴와 문화재 피해를 우려하는 환경단체 간 가치갈등으로, 댐 주변 주민들은 찬반이 갈리는 사안이었다.

건설교통부와 수자원공사는 홍수 예방과 물 부족 문제로 인한 대책 수립이 필요함을 주장하며, 친환경적 홍수조절용 댐 건설로 환경 및 주민 피해 최소화가 가능하며, 전국 홍수대책의 일부분으로 한탄강댐 건설이 불발되면 전국 계획이 차질을 빚을까 우려했다. 반면, 사업에 반대하는 환경단체는 댐 건설에 따른 환경 파괴 우려와 문화재 피해를 우려했다. 지역 주민들은 찬반이 갈렸는데, 찬성 주민들은 조속한 해결과 보상을 원하며 사업이 지연될 경우 삶의 질 저하를 우려한 반면, 사업 반대 주민들은 정부정책과 사업의 타당성을 불신하고, 사업 추진 절차의 위법성을 주장하며 한탄강 상류지역 침수 우려를 표명했다(이주형 외, 2014: 9).

2) 객관적 기준의 설정

한탄강댐 건설 갈등은 갈등 당사자 간 협상 과정에서 절차적 적법성과 투명성 문제가 제기됐다. 주민공청회와 설명회가 제때 이뤄지지 않은 점이 있었고, 환경영향평가도 정부 선정 전문가를 중심으로 평가가 이뤄져 중립성에 대한 불신이 제기됐다. 2005년 5월 23일 감사원은 '한탄강댐 건설사업 추진 실태' 감사 결과 "건교부가 객관적 근거 없이 추진한 만큼

원점에서 재검토해야 한다"고 판정해 사업 시행자의 입지를 약화시켰다.

또한 한탄강댐 건설은 임진강 하류의 홍수를 통제하고 물 부족 문제를 대비하기 위한 것이지만, 사업의 타당성에 대한 견해가 대립됐다. 반대 측은 설계 홍수량 산정 과정 및 댐의 홍수 조절 효과의 타당성 문제를 제기했다. 또한 물 부족 논리에 관해서도 해석이 달랐다.

댐 건설의 안전성과 관련해서도, 지역 언론(강원일보, 2013.1.27)은 댐 건설에 대해 지형지질상 댐의 분리, 누수 발생, 피폭으로 인한 손상 가능성 등의 문제를 지적했다. 또한 한탕강댐 부근에 동양 최대의 다락대사격장이 있고, 댐 건설로 수몰되면 폭발물, 탄피 등에 의한 수질오염 가능성을 제기했다.

댐 건설 예정지역은 자연생태문화재의 최대 보고이며, 문화적으로도 연천군 전곡리 구석기 유적 등이 있는 신생대 제4기층으로 댐 건설로 문화유적과 환경 파괴 가능성도 제기됐다.

3) 갈등관리: 당사자 개입과 제3자 개입

(1) 사전 협의 절차

공청회나 설명회가 이미 댐 건설에 대한 제반 문제가 결정된 이후에 사후 설득과 교육 차원에서 이뤄지는 경향이 있었다. 또한 공청회 과정을 주민들의 의견을 적극적으로 수렴하는 과정으로 보기보다는 절차적 정당성을 충족시키기 위한 수단으로만 활용하려 했고, 주민들도 자신들의 주장을 세력화하는 장으로 생각하는 경향이 있었다(주경일, 2005: 3).

(2) 갈등영향분석

댐 건설 절차는 기본 구상, 댐 건설 타당성 검토를 거치고 환경영향평가 협의를 하게 된다. 그 후 사업의 기본 계획을 고시한 다음 기본·실시설계와 시공자를 결정하는 절차를 거쳐야 한다. 그런데 한탄강댐 건설의 경우 구「환경·교통·재해 등에 관한 영향평가법」(2001.1.1) 제6조에 따라 주민 의견 수렴 절차를 거치기는 했으나 동법 시행령 제9조에 따라 개최됐던 공청회는 연천, 철원 주민들의 반대로 의견 제출이 없었고, 동법 시행령 제8조에 따른 설명회의 경우도 개최 7일 전에 공고를 해야 하는 규정을 어김으로써 역시 절차적 흠결이 있었음이 지적되고 있다(이주형 외, 2014: 9).

또한 한탄강댐 건설사업은 환경영향평가협의회와 기본 계획 고시도 되지 않은 상태에서 댐 건설 기본설계 및 실시설계·시공의 일괄입찰을 실시해 용역 수행자를 선정하는 절차상 문제점이 제기됐다. 댐 건설 필요성을 검토·확정하고 환경영향평가서를 작성하는 과정에서도 정부가 선정한 전문가들을 중심으로 이뤄져 이들의 중립성에 대한 신뢰 문제가 제기됐다.

(3) 갈등관리심의위원회 운영

한탄강댐 건설 갈등 사례의 경우 공공갈등관리규정이 제정되기 이전에 발생했기 때문에 이 규정에 따른 갈등관리심의위원회는 개최되지 않았다. 그러나 한탄강댐 건설 갈등에 대한 해결책을 모색하는 과정에서 「공공기관의 갈등관리에 관한 법률안」마련의 계기가 됐다는 점에서 의미가 있으며, 비록 법률안은 국회에서 통과되지 못했으나 공공갈등관리규정이 제정됨으로써 이 규정에 포함될 내용의 일부가 한탄강댐 건설 갈등관리 방식으로 활용됐다.

(4) 갈등조정협의회(ADR) 활용

2003년 12월 대통령 지시로 지속가능발전위원회가 한탄강댐 갈등 해결을 위한 조정 프로세스를 맡게 돼 한탄강댐갈등관리준비단을 설립했고, '한탄강댐갈등조정소위원회'를 구성해 '한탄강댐 문제 조정 관련 당사자회의'에서 2004년 6월부터 9월까지 3개월간 조정을 통해 합의안을 도출하기로 했다.

이 당사자회의에서 주민 대표, 정부·환경단체 대표 및 조정위원 등이 수차례의 조정회의를 개최했으나 합의 도출에 실패했다. 이 당사자회의는 "지속가능발전위가 구성한 갈등조정소위원회가 최종 결정을 하면 이를 수용할 것이며, 더 이상 반대 행동을 하지 않는다"는 것을 골자로 최종 합의문에 참석자 전원이 서명 날인하고(2004.8.27) 조정소위원회로 결정 권한을 넘겼다.

갈등조정소위원회의 노력과 중립적 제3자의 조정에 대한 이해 당사자 간의 기대 등으로 갈등 해결 방식이 조정에서 '조정적 중재'라는 국면으로 전환됐다. 조정적 중재는 조정인들에게 갈등 사안에 대한 해결 방안 마련을 의뢰하고 갈등 당사자들이 그에 따르도록 하겠다고 합의하는 것인데, 법적 구속력의 결여로 한계를 지녔다(정정화, 2012: 1-24). 한탄강댐 건설반대 공동대책위원회는 갈등조정소위의 활동의 편향성과 투명성 결여를 이유로 중재안을 거부했다.

한편 갈등조정소위원회는 '임진강 유역 홍수 피해 방지를 위한 공동협의회'를 설치해 1년 이내에 천변 저류지와 댐의 홍수 조절 효과를 검증하고, 이에 따라 댐 건설 규모를 축소하는 방안 등을 검토할 수 있도록 했다. 하지만, "댐 건설의 백지화가 전제되지 않고 홍수조절용 댐을 건설하는 협의기구에는 참여할 수 없다"고 주장하는 반대 측의 불참으로 공동협의회 구성은 실현되지 못했다.

갈등조정소위원회와 당사자회의(찬반 주민 각 4명, 정부와 환경단체 각 3명, 조정위원 4명 등 총 18명)를 통해 갈등 해소가 여러 차례 시도됐다. 그러나 정보 왜곡과 의견 수렴 절차 미흡 등으로 사회적 합의가 유지되지 못했다. 댐 건설의 경제성 분석 결과에 대한 불신은 갈등을 키웠다. 또한 사회적 합의를 존중하는 문화적 토양 부족도 문제가 됐다(이주형 외, 2014: 9). 또한 조정전문가의 부재와 중재자의 권한의 한계가 불분명한 점도 아쉬운 점이다.

4) 최적 대안의 모색

댐 건설은 사회적 필요성이 인정되는 경우라고 하더라도 그 정책 효과는 집단 간에 다르게 나타날 수 있기 때문에 '최적 대안의 모색' 단계에서 필요성 및 댐 건설에 따른 직간접적인 영향에 대한 사실 관계 중심의 조사와 공론이 필요하다. 갈등조정소위원회는 중재안이 거부된 이후로 한탄강댐 관련 갈등 조정 업무를 국무조정실로 이관했다. 국무조정실은 '임진강유역홍수대책특별위원회'와 '전문가검증평가단'을 구성해 한탄강댐 건설계획의 타당성과 대안 검토 작업을 했다. 이후 임진강유역홍수대책특별위원회의 제안으로 '한여울 지역발전협의회'가 구성됐다. 그러나 정부 차원에서 지역발전협의회를 단순히 댐 건설에 대한 주민들의 수용성을 높이기 위한 수단으로만 생각하고 참여와 심의 과정을 소홀히 해서 발전적 대안을 이끌어 내는 데 한계가 있었다. 한탄강댐 건설 갈등은 결국 2년 2개월(2007.3~2009.5) 간의 법적 공방으로 표면상 원고 패소 판결로 종결됐다.

토의 과제

- 갈등 해결 방법으로 조정, 중재, 조정적 중재의 차이점은?
- 공공갈등의 해결 절차는 무엇인가?(공공정책 갈등 발생 – 갈등영향분석 – 갈등조정협의회 구성– 정책 수정)

도시계획갈등 사례 분석

chapter 13

사례 15 제주해군기지 건설 갈등(관-민 복합 갈등, 1993~2018)

1. 갈등 개요

제주해군기지 건설 갈등은 1993년부터 정부 내에서 해군기지의 필요성이 제기되면서 20여 년 지속돼 온 공공갈등이다. 2002년 해양수산부가 제주도 연안항 기본계획(안)을 발표하면서 쟁점으로 부각됐고, 2005년 4월에 해군이 '제주 해군기지 추진기획단'을 만들면서 사업이 본격화됐다. 이후 2007년에 이명박 대통령의 선거공약이었던 '관광미항 기능을 가진 제주해군기지 건설'사업을 강정마을 일대에 본격화해 2014년까지는 건설한다는 계획을 수립했다.

국책사업으로 추진하는 제주해군기지 건설사업은 제주 지역의 시민사회단체, 해군기지 건설 예정 지역인 강정마을 주민 등을 포함한 제주도군사기지반대도민대책위원회 등과의 갈등으로 사업 추진이 지연됐다가, 결국 2010년 법적 판결에 의해 건설할 수 있게 됐다.

정부는 2011년 2월에 해군기지 건설현장사무소를 개소하고, 사업 반대단체를 대상으로

출처: 문화일보(2011.9.2).

[제주해군기지 건설 조감도]

공사방해금지 가처분신청을 하고 사업을 추진했다. 반면, 제주도의회는 2011년 9월 공사 중단을 주장하는 행정사무조사 결과를 발표했고, 해군은 구럼비 암반 시험 발파를 강행했다. 2011년 12월 해군기지 예산을 국회에서 삭감키로 합의해 건설이 중단되는 듯했으나, 2012년 2월 정부는 해군기지 건설을 강행하기로 발표하고, 3월 구럼비 바위 발파를 단행했다(은재호, 2011; 심준섭, 2012).

주민들은 해군기지 건설 필요성에 대한 검증 참여 불참 및 공사 중단 요구 기자회견을 행했고, 정부와 사업 반대집단 간 갈등은 계속됐다. 이에 굴하지 않고 정부는 2015년 12월 해군 제주기지전대를 창설한 후 제7기동전단을 제주기지로 이전시키고 2016년 2월 26일 준공식을 했다. 하지만 강정마을 내 해군기지 찬성 주민과 반대 주민 간 갈등, 안보와 경제 대 생태와 인권 간 이념 갈등은 쉽게 치유되지 않았다. 반대운동 과정에서 698명의 주민 등이 연행됐고, 이들이 재판에 회부돼 구속 30명, 불구속 450명, 약식기소 127명 등에 이른다(연합뉴스, 2018.7.27). 이후 정부는 2017년 12월 12일 국무회의를 열어 제주해군기지 공사 지연 책임을 묻기 위해 주민들에게 제기한 구상금청구소송을 취하하는 내용의 법원조정안을 수용했다(경향신문, 2017.12.12). 민선 7기 도지사에 취임한 제주도지사는 강정마을 주민에게 그간의 갈등에 대해 공식 사과하고, 2018년 10월 11일 제주해군기지에서 거행된 '2018 제주 관

함식'에 문재인 대통령이 참석해 제주해군기지를 평화의 거점으로 만들겠다고 천명하며 그간의 갈등의 골이 치유되기를 희망했다(쿠키뉴스, 2018.10.11). 한편, 제주도는 2016년부터 강정마을 공동체회복사업을 시작해 총 143억 원을 농업, 청정환경 분야, 친환경에너지 분야 등 8개 사업에 투입했다.

2. 갈등 사례의 해석

1) 이해관계

제주해군기지는 일종의 '공공재'로, 기지 입지에 따른 편익은 한국 전체로 분산돼 있는 반면에 시설 입지에 따른 비용은 입지지역 토지 소유자 및 해당 지역의 주민에게 집중되는 성격을 가지고 있다. 또한 제주해군기지 건설 갈등 양상은 지역 주민, 군, 제주특별자치도, 중앙정부 등 다주체 간 갈등을 띤 '복합 갈등'적 성격을 띤다. 또 새 군사기지의 건설이라는 점에서 국가안보와 관련한 이념 대립이 커다란 국민의 관심사로 떠올랐고 평화와 안보, 개발과 보존이라는 '가치갈등'이 제기됐다.

해군기지 건설 반대집단은 기지 건설이 제주특별자치도의 평화의 섬 이미지를 해치고 강정마을의 생태환경을 해칠 수 있다고 주장한다. 찬성집단 측에서는 국가안보상 필요와 지역개발의 필요성을 주장하고, 행정절차상 필요한 요건을 충족했다고 주장한다.

2) 객관적 기준의 설정

제주해군기지 건설과 관련해서는 제주해군기지 건설에 관한 기본 입장, 절차적 정당성, 입지 선정의 타당성, 신뢰성, 정보 공개 여부 등 갈등 당사자 간 사업의 당위성을 놓고 실체적 측면과 절차적 측면 모두에서 '객관적 기준의 설정' 면에서 많은 갈등의 쟁점들이 나타나고 있다.

이 사례는 우선 사업의 '절차적 타당성' 측면에서 군과 지역 주민의 입장이 상반된다. 지역 주민들은 해군기지 유치에 대한 설명회나 공청회가 없었다고 주장했다. 강정마을 토지주

협의회도 "해군기지 추진에 있어 주민 동의 과정이 무시된 채 정부, 해군, 제주도와 도의회가 밀어붙이기식으로 행정절차를 마쳤다"고 주장했다. 또 해군은 초기 최적지로 거론됐던 화순이나 위미2리와 위미1리 주민들이 반대한다는 이유로 환경적 가치가 높은 강정마을이 갑자기 후보지로 선정됐다는 것이다. 반면, 해군은 항만 공사 착수를 위한 모든 인·허가, 협의를 진행했다는 입장이다. 즉, 국방·군사시설 실시계획 승인, 문화재 현상 변경 허가, 절대보전지역 변경, 환경영향평가 협의, 부지 매입 및 어업 보상, 농지 전용 허가 등 행정절차를 모두 정상적으로 거쳤다는 것이다(이명숙, 2013).

제주해군기지 건설 반대집단은 '내용' 측면에서도 기존 해군기지 건설이 민·군복합형 관광미항으로 변경됨에 따른 설명 부족, 입지 선정 시 강정마을 주민의 유치 의사 표명 시 대표성 확보 점검 미흡, 제주특별자치도민 여론조사 방법론에 대한 불만 등이 지적됐다(이주형 외, 2014). 또한 절대보전지역 축소 과정에서 해군기지 건설 반대 측은 현장조사의 전문조사 기관에의 미의뢰, 도시계획위원회 심의 절차 생략, 환경 피해 최소화에 소홀 등에 문제가 있다고 주장했다. 또한 강정 해안의 절대보전지역을 해제해야 할 어떤 사실도 입증된 바가 없다고 주장했다(연합뉴스, 2009.11.4).

이러한 군사시설을 포함한 비선호시설 입지 갈등을 줄이기 위해서는 이해관계자에게 객관적 정보를 신속하게 제공해 군사시설에 대한 이해와 신뢰의 수준을 제고할 필요가 있다. 그리고 필요하면 이해관계자가 공동으로 사실조사를 함으로써 의구심을 해소시킬 필요가 있다고 본다.

3) 갈등관리: 당사자 개입 및 제3자 개입

이 사례에서는 갈등 조정을 위해 국방부, 총리실, 국회, 제주도의회 등 여러 기관이 개입했고, 갈등조정협의회(ADR)를 활용했다. 제주해군기지 건설 갈등과 관련해 몇 차례 조정 시도가 있었으나 결국 의미 있는 성과물을 내는 데는 실패했다고 할 수 있다.

우선, 2007년 1월 제주해군기지 건설문제를 논의하고자 갈등 당사자인 제주특별자치도, 국방부, 반대단체, 찬성단체로 구성되는 '상설협의체'가 구성됐다. 그러나 제주도민 대토론회 개최를 위한 의제 선정, 일정 논의, 토론자 구성 등 절차적인 문제를 조율하는 데 그쳤다. 2007년 5월에는 제주해군기지 건설과 관련한 강정마을 '여론조사'도 실시했는데 찬성

56.0%, 반대 34.4%로 강정이 해군기지 최종 예정지로 확정되는 근거가 됐다. 그러나 강정 주민들이 석 달 후인 8월 자체 주민투표를 실시한 결과 사업 반대가 94%로 나타나 여론조사를 통한 민심의 파악은 한계를 노출했다. 한편 시민단체는 제주해군기지 건설과 관련, 환경 보존이나 문화재 보호 등의 문제를 제기해 쟁점을 부각시키는 역할을 했으나, 한편으로 관-민 갈등에 개입함으로써 가치갈등으로 전환시키며 갈등을 복잡하게 만드는 측면도 있었다(이명숙, 2013: 208).

2008년 3월부터는 「제주특별자치도 설치 및 국제자유도시 조성을 위한 특별법」 제152조에 따라 제주특별자치도 사회협약위원회를 운영했으나 자문기구의 성격상 한계가 있었다. 2008년 9월 정부는 국가정책조정회의를 통해서 민·군복합형 관광미항 건설 방안과 함께 지역 발전을 위한 정부 차원의 지원을 약속했으나 주민과의 갈등은 계속됐다. 제주특별자치도와 제주특별자치도의회도 여론조사 등 조정 노력을 기울였으나 직접적인 권한과 조정 능력 부재로 오히려 갈등을 심화시키는 결과를 가져오기도 했다(이주형 외, 2014: 9).

이 건과 관련한 적법절차에서도 갈등 당사자 간에 바라보는 간극이 컸다. 제주특별자치도는 지역주민설명회, 공청회, 환경영향평가심의위원회 심의, 제주도의회 동의 등 제반 필요 절차를 거쳤다고 주장하는 반면, 2009년 4월 강정마을 주민들은 환경영향평가 등 절차에 문제가 있다며 행정소송을 제기했다. 주무부처인 국방부는 2010년 3월 환경영향평가를 반영해 새로 만들어진 사업계획을 승인하고, 갈등관리심의위원회를 개최(2011년 1회, 2012년 2회, 2013년 2회)했지만 전체 갈등관리 과제 추진 실적과 추진전략에 대한 개괄적 점검 수준으로 운영했기 때문에 제주해군기지 갈등의 구체적 해결에 기여했다고 보기는 어렵다. 강정마을 주민들은 절대보전지역 축소 결정이 위법하고 환경영향평가가 부실하니 제주해군기지 설립을 취소해야 한다고 주장했으나, 대법원은 제주해군기지 설립은 적법하다는 판결을 내렸다(한국경제신문, 2012.7.6).

갈등 조정 차원에서 국무총리실에서는 국방부 등 정부 관련 부처와 제주특별자치도지사 등이 참여하는 '제주해군기지건설지원협의회'를 구성·운영하고, 정부와 제주특별자치도 간 '민·군복합항 건설지원협의회'를 구성해 운영했다. 2010년 6월 지방선거 이후에는 제주특별자치도지사와 제주특별자치도의회 간 해군기지갈등해소특위를 구성해 갈등해결촉구결의안을 채택하는 등 여러 활동을 전개했다(이주형 외, 2014).

한편, 국회는 2008년도 예산안 심의·의결 시 제주해군기지는 제주도와의 합의를 거쳐야 한다는 부대 의견을 의결했다. 국회에서 2013년도 예산안 심사·의결 시에도 제주해군기지가 민·군복합형 관광미항으로 기능할 수 있도록 하는 내용의 부대 의견을 통과시켰다. 그 내용은 ① 군항 중심으로 운영될 것이라는 우려 불식, ② 15만 톤급 크루즈 선박의 입항 가능성에 대한 검증, ③ 항만관제권, 항만시설 유지·보수비용 등에 관한 협정서 체결 등의 조속 이행을 요구했다.

이에 따라 국방부·해양수산부·제주특별자치도는 2013년 3월 '민·군항만 공동사용협정'을 체결했다. 또한 2014년 2월 26일 김우남 의원 대표 발의로 '사면·복권 및 갈등해결 협의체 구성 등을 통한 제주민·군복합항 관련 갈등 해결 촉구 결의안'이 발의됐다.[1] 하지만 이러한 갈등 조정 노력은 실패하고, 결국 법원의 판결에 따라 사업의 방향이 정해지게 됐다.

4) 최적 대안의 마련

제주해군기지 건설 갈등은 이해 당사자들 간 해군기지 건설의 필요성과 당위성에 대한 인식차가 존재해 서로를 불신의 대상(아이덴티티)으로 간주했다. 갈등 상황에서 상호 신뢰를 쌓고 원칙협상(principle negotiation)을 하기 위해서는 투명한 정보 공개, 절차적 민주성, 정책 결정 과정에서의 실질적 참여를 보장하는 것이 필요하다.

국가안보와 관련된 공익사업의 경우, 국민을 대상으로 좀 더 적극적인 숙의 과정을 거치고 그 후에 순차적으로 입지 선정 절차에 따라 해당 지역 주민과의 세부적인 논의 과정을 거치는 것이 갈등 예방과 사업을 성공으로 수행하는 데 필수적이라 할 수 있다.

또한 사실조사는 객관성과 중립성을 담보하기 위해 이해 당사자들이 참여하는 공동사실조사(joint fact-finding) 형태를 띨 필요가 있다. 공동사실조사는 현재 진행 중인 갈등 원인 또는 사실 관계 파악을 위해 갈등 당사자들이나 소속기관, 또는 사실 조사자(fact finder)를 임명할 수 있는 권한을 가진 이가 객관적이고 중립적인 제3자에게 의뢰하는 것을 말한다. 사실 조사자들은 갈등의 해소를 위한 대안을 제시하거나 결정을 내리는 것이 금지돼 있다.

---

1) 주요 내용은 ① 제주민·군복합항 관련 사법처리자에 대한 사면·복권 실시, ② 정부는 완전히 파괴된 채 아직도 복원되지 못하고 있는 강정마을의 공동체를 회복하고 제주민·군복합항을 둘러싼 다양한 갈등을 해결하기 위해 정부, 제주도, 강정 주민 등이 참여하는 갈등해결협의체를 조속히 구성할 것을 촉구, ③ 주민 참여에 기초한 민·군복합형 관광미항 관련 지역발전계획 재수립 등이다.

다만, 사실 조사자들은 갈등의 요인을 파악하고 평가해 보고하는 임무를 수행하며, 경우에 따라서는 강제성을 띠지 않는 대안을 제시할 수 있다(임동진 외, 2011).

환경영향평가나 갈등영향분석 과정에서도 대표성을 가진 시민 참여가 중요하며, 이들이 전문적 평가나 분석 과정을 이해할 수 있도록 하는 프로그램 운영도 필요한 것으로 보인다. 제3자 개입의 경우에도 갈등관리 전문가에 의한 조정이 이뤄질 수 있도록 제도적 보완이 필요하다. 또한 복합적 공공갈등을 예방하고 해결할 수 있는 통합적 공공갈등관리 시스템을 구축할 필요가 있다.

토의 과제

- 제주해군기지 건설 갈등 사례에서 협상 상대에 대한 부정적 감정 등 특성 부여 프레임(characterization frame), 정체성 프레임(identity frame)은 협상에 어떠한 영향을 미치는가?
- 제주해군기지 건설 갈등의 경우, 강정마을 주민들이 정부에 대해 가진 불신의 프레임을 극복하기 위한 방법으로 어떤 대안적 분쟁 해결 방법(ADR)이 활용됐나?

사례 16 · K-2 · 대구공항 통합 이전 갈등(관-관-민 복합갈등, 2007~2024)

1. 갈등 개요

K-2는 우리나라 공군의 최신예 전투기가 운용돼 온 도심 내 군사공항으로, 지난 50여 년간 극심한 소음과 고도 제한 등 막대한 피해를 유발해 왔으나, 대구시민들은 국가안보를 위해 커다란 고통과 피해를 묵묵히 감수해 왔다. K-2 군공항은 전국 최대 소음 피해 유발시설로서, 피해 면적이 49.1㎢(대구시 면적의 5.6%)로 광주의 3.4배, 수원의 6.2배에 달하고, 피해 규모는 24만 명(대구시민의 약 10%)으로 수원이 14만 명, 광주가 1만 명인데 비해 그 규모가 훨씬 크다. 또한 고도 제한으로 인한 재산권 침해도 대구 전체 면적의 13%인 114.33㎢에 달한다(대구시, 대구경북 통합신공항 추진상황 자료, 2020.8.10).

대구공항의 수용 한계도 초과한 지 오래다. 2019년 대구공항 이용객이 467만 명으로 수용 한계인 375만 명을 초과했고, 도심에 위치해 활주로 연장이 사실상 불가능해 중장거리 노선 취항에 제약을 받고 있다.

K-2 군공항 소음 피해 보상은 2010년부터 2019년 6월 말까지 4,012억 원의 보상금이 지급됐으며, 이를 연평균으로 계산하면 연간 약 400억 원 정도에 이르고 있다. 그러나, 점점 심해지는 소음 피해가 감당할 수 있는 한계를 넘어서면서 2007년 11월 동구와 북구 주민이 주축이 돼 'K-2 이전 주민비상대책위원회'가 발족돼 K-2 군공항 이전을 요구했고, 이후 주요 정당의 대선공약과 국정과제에 수차례 반영됐으나 번번이 무산됐다. 이는 전국 16개의 항공전술 작전기지가 위치한 시·도에서 모두 함께 국가재정으로 군공항 이전을 요구할 경우 천문학적 재정이 필요하게 돼 정부가 이를 수용할 수 없었기 때문이다.

이러한 어려움을 타개하기 위해 지난 2013년 4월 현 부지를 개발해 매각한 대금으로 새로운 군공항을 건설하는 이른바 '기부 대 양여' 방식을 규정한 「군공항 이전 및 지원에 관한 특별법」을 제정했다. 법 제정 후 대구시는 이 법에 따라서 군공항을 이전하기 위한 노력을 계속했으나, 군공항만 받아줄 이전 후보지를 확보할 수 없어 별다른 진척이 없었다.

이 상황을 해결하기 위해 대구시와 국방부가 군공항 이전 후보지 물색과 함께 K-2 공군 전력 재배치 등 몇 가지 대안을 검토했으나 모두 실현 가능성이 낮거나 추진이 불가능한 것으로 결론이 났다. 더구나 이러한 상황에서 2016년 7월 영남권 신공항 건설이 김해공항 확장과 대구민간공항 존치로 결정되면서 군공항 이전 부지 확보뿐만 아니라 이전 재원 마련까지 불가능하게 됐다.

이후 대구경북이 정부에 신공항 관련 대책 마련을 강력히 요구한 끝에 2016년 7월 11일 K-2 군공항과 대구민간공항의 통합 이전이 결정되고, 2016년 8월 30일 국방부가 'K-2 이전사업 타당성평가' 결과 '적정' 판정을 받음으로써 '기부 대 양여' 방식에 의한 재원 마련과 공항 이전 후보지 확보 등이 해결돼 이전사업 추진이 가능해졌다.

하지만 이 과정에서 지역 일각에서는 소음의 진원지인 K-2 군공항만 이전하고 대구공항은 대구 내에 존치시키자는 주장이 나오고, 2018년 6월 13일 지방선거를 앞두고 공항 이전 문제가 지역의 최대 핫이슈로 부상하면서 그 추진 방안과 관련, 대구시민들 간에 논란과 갈등을 빚었다(한국일보, 2018.4.9).

한편, 통합공항 이전 예비 후보지 내에서는 군위군과 의성군이 각각 2016년 10월 이후 공항 유치활동과 일부 주민들을 중심으로 유치 반대집회가 일어나는 등 주민들 간에 갈등이 심화됐다. 우여곡절 끝에 2017년 2월 16일 예비 이전 후보지로 '군위 우보'와 '군위 소보·의성 비안' 두 곳이 선정되고, 2018년 3월 14일 대구시, 경북도, 의성군, 군위군 4개 지자체장의 합의를 국방부 선정위가 수용함으로써 이전 후보지로 선정됐다.

또한, 신공항 이전 구상이 착수되고 구체화되면서 당초 대구시와 경북도간 신공항건설 합의사항의 해석을 놓고 이견과 갈등이 재점화되고 있다.

2. 추진 경위

- 2013. 4. 5: 「군 공항 이전 및 지원에 관한 특별법」 제정
- 2016. 6.21: 영남권 신공항 대신 김해공항 확장 발표(국토부)
- 2016. 7.12: K-2·대구공항 통합 이전 건의서 제출(대구시 → 국방부)
- 2016. 12월: 「대구공항 예비 이전 후보지 조사」 용역 완료(국방부)
- 2017. 2.16: 예비 이전 후보지 선정(군위 우보, 군위 소보·의성 비안)
- 2019. 11: 통합신공항 최종 이전지 2021. 1.21 주민투표로 결정하기로 합의

- 2020. 1.22: 이전 후보지 유치 신청
  - 군위군은 단독 후보지인 군위 우보지역만, 의성군은 공동 후보지인 군위 소보·의성 비안지역 이전후보지로 신청
- 2020. 7.3: 국방부, 제6회 이전 후보지 선정위원회 개최
  - 단독 후보지는 선정 기준 미충족으로 부적합 판정. 공동 후보지는 유예기간인 2020. 7.31.까지 신청이 을 경우 자동 부적합 판정
- 2020. 7.4 ~ 7.30: 군위군민 유치 신청 설득
  - 대구시장·경북도지사, 통합신공항 유치 호소문 공동 발표(7.20, 7.29)
  - 군위군에 5개 설득(안) 제시
- 2020. 7.31: 군위군, 최종 공동 후보지(소보)에 유치 신청
- 2020. 8.28: 군공항 이전부지 선정위원회, 군위 소보면·의성 비안면을 대구 군공항 이전 부지로 확정
- 2020. 11.6: 대구 통합신공항 기본계획 수립 용역 착수
- 2021. 10.14: 경상북도의회, 군위군의 대구 편입(행정구역 변경) 찬성 의결
- 2023. 7.1: 군위군, 대구시로 행정구역 편입됨.
- 2024: 대구경북통합신공항 화물터미널 입지문제로 대구시, 경북도간 갈등표출

3. 갈등 사례의 해석

1) 이해관계

K-2 군공항과 대구민간공항의 통합이전사업의 이해관계자는 현 공항이 위치한 대구시 및 공항 인근 대구시민, 그리고 이전 후보지인 경상북도와 군위, 의성 군민들로, 민-민 갈등이자 사업 주체인 대구시와 경상북도 군위군·의성군 간 관-관 갈등, 그리고 입지선정위원회를 주관하는 국방부가 의사결정 주체로 참여하는 일종의 복합 갈등 형태를 띠고 있다.

〈 K-2·대구공항 통합 이전 이해관계 〉

이해관계인		요구 사항
기초 지자체	군위군	• 당초: 군위 우보 단독 유치 희망, 의성과의 공동 유치 반대 • 최종: 공동 후보지(군위 소보) 유치 신청(5개안 조건부)
	의성군	• 의성 비안-군위 소보 유치 희망 • 군위와 의성이 균형 발전되도록 시설 배치 요구
대구시		• 민항 존치, 재원 조달 가능성 등에 대한 일부 시민 이견 표출 조율 • 군공항, 민간공항 공동 이전으로 거점신공항 건설 필요성 강조 • 종전 부지는 첨단기술 기반의 스마트시티로 조성
경상북도		• 경북은 통합신공항 이전 시 광역교통망 확충, 항공 관련 산업과 관광·레저산업 등 연관 산업을 집적시켜 대규모 공항복합도시로 조성 효과 기대

출처: 대구일보(2019.5.16).

[대구공항 통합 이전 후보지 위치도]

2) 갈등 쟁점

대구신공항 이전과 관련한 갈등 쟁점은 크게 여섯 가지로 구분할 수 있다.

첫째 쟁점은 예비 이전 후보지 내 '대구공항 통합 이전' 반대 여론이다. 경북 군위와 의성 지역에 대구공항이 이전해 오는 것은 찬성이나 K-2 군공항이 이전해 오는 것은 반대하는 입장이다. 군위군은 2017년 2월 국방부가 군위 우보, 군위 소보·의성 비안지역을 예비 이전 후보지로 선정하자 5월부터 군위군 일부 주민들은 '통합공항유치 군위군 반대추진위원회'를 결성하고 군위군수에 대한 주민소환운동에 돌입했다(경향신문, 2017.8.20). 이들은 K-2 군공항이 이전해 올 경우 전투기 소음으로 인한 주거권 침해, 가축 피해 우려, 군사보호구역 등 재산권 침해 우려를 지적하며, 대구시민들의 민원 해소를 위해 이용된 것이라는 인식이 강했다.

둘째 쟁점은 대구광역시 내 '대구공항 통합 이전'에 대한 이견 표출이다. 대구공항 통합 이전 후보지가 2017.2. 16 선정된 후 9개월이 되도록 이전작업이 속도를 내지 못하자 대구시민들 사이에 통합 이전을 찬성하는 집단과 반대하는 집단 간 갈등이 일어났다. '시민의 힘으로 대구공항지키기 운동본부'는 "동대구역과 교통 연계망이 뛰어난 현 대구공항을 이전하는 것은 지정학적 장점을 스스로 포기하는 것"이라며 이전에 반대했다. 반면, 2017년 9월 발족한 '통합신공항 대구시민추진단'은 "K-2 군공항과 대구공항 통합이전사업을 최우선 국정과제로 삼아야 한다"며 강한 찬성을 이어갔다(중앙일보, 2018.12.11.).[2] 대구시는 통합신공항 접근성 개선대책(대구시, 통합신공항 추진계획, 2020.8)을 수립했으며, 개선사업이 완료되면 대구에서 통합신공항까지 40분~1시간 내 접근이 가능할 것으로 예상된다.[3]

---

2) 대구시 주장: 군공항만 이전하고 대구공항이 존치할 경우 예상 문제점에 대해, ①현재 대구공항에는 2,755m와 2,743m 2개의 활주로가 있으며, 그중 2,755m는 주(主)활주로이고 2,743m 활주로는 비상시에만 사용하는 예비활주로임. 주활주로를 3,200m로 연장할 경우 「공항시설법」 시행규칙 제4조의 규정에 따라 고도 제한 총 면적은 현재보다 약 140만 평 확대되고, 3,500m로 연장 시에는 약 230만 평 더 넓어짐. ② 현 상태에서 군공항이 이전하고 민항만 존치한다고 가정할 경우, 고도 제한 총 면적은 4,840만 평에서 5,350만 평으로, 약 510만 평이 늘어나게 됨. 특히 고도 제한의 피해를 가장 많이 받는 군공항의 비행안전 5구역에 해당되는 적용 구역이 반경 2,286m에서 4,000m로 늘어남에 따라 고도 제한 면적이 626만 평에서 2,026만 평으로 현재보다 3배 이상 늘어나게 된다는 것이 더 큰 문제라고 주장(대구시의회 답변: 2019년).

3) 대구시는 통합신공항 접근성 개선대책으로, 2021년 개통 예정인 대구 4차 순환도로(성서~지천~안심, 32.5km)와, 조야~동명 광역도로가 2019년 11월 예비타당성조사를 통과해 2024년 개통을 목표로 추진 중이다. 중앙고속도로 확장사업(금호JC~의성IC, 현 4차로에서 6차로로, 2024년 완료 목표)과 신공항 진입도로(6.2km, 공항IC~신공항)의 신설을 추진 중에 있다. 철도는 대구경북선철도(61.3km, 대구신공항~의성)가 2021년 7월 5일 '제4차 국가철도망 구축계획'에 반영됐다. 이 밖에도 경상북도와 군위 관통도로(4차로, 25km, 동군위IC~신공항도로) 등을 협의하고 있다(대구경북 통합신공항, 2021.9.14, 대구시 내부자료).

셋째 쟁점은 '지원사업에 대한 대구광역시와 경상북도 간 이견'이다. 대구공항 통합 이전에 따른 이전 지역주민 지원사업비 규모(약 3,000억 원)에 대한 이견으로, 대구광역시는 국방부에 제출한 건의서를 통해 「군공항이전 및 지원에 따른 특별법」에 의거, 종전 부지 개발 이익금 내에서 비용(기지 건설비, 지원사업비)을 충당하는 방안으로 약 3,000억 원을 제시했고, 경상북도는 향후 연구용역을 통해 지원사업비가 증액 필요하다는 입장이다.

넷째 쟁점은 예비 이전 후보지 지자체(찬성 주민 포함) 간 유치 경쟁이다. 예비 이전 후보지가 포함된 의성군과 군위군 모두 통합신공항 유치를 희망하며 경쟁했으나, 2020.8.28. 국방부 군공항 이전부지 선정위원회가 군위 소보면·의성 비안면을 대구 군공항 이전부지로 최종 확정했다(한겨레신문, 2020.8.28).

다섯째 쟁점은 K-2 군공항은 군사시설인데 전액 국비사업으로 하지 않고 '기부 대 양여 방식'으로 추진함이 타당한가 하는 논쟁이다. 대구시 권영진 시장은 그간 K-2 군공항 이전사업이 대통령 선거공약 및 국정과제에 수차례 포함됐으나, 대규모 정부재정 투입이 곤란하다는 이유로 번번이 무산된 바 있어, 차선책으로 '기부 대 양여' 방식의 「군 공항 이전 및 지원에 관한 특별법」(이하 '군공항이전법')을 제정(2013년)해 군공항 이전의 돌파구를 마련하게 됐다는 입장이다. 다만, 신공항 접근성 제고를 위한 관련 도로, 철도 등 인프라사업은 대도시권 광역교통기본계획 및 제4차 국가철도망 구축계획(2021~2030년)에 반영해 국비로 추진되도록 하겠다는 입장이다.

2021년 9월 개최된 '군공항 이전 사업 방식 개선 방안 심포지엄'에서는 이 사업이 약 10조 원 소요되는 대규모사업이고 사업 특수성과 공공성을 감안할 때, 국가 차원의 지원이 필요하며 민간사업자의 부담을 완화하는 방향으로 현 특별법의 개선이 필요하다는 의견 등이 제기됐다(경북도민일보, 2021.9.28). 대구시는 성공적 대구경북통합신공항 추진을 위해 신속히 군공항이전법이 개정될 수 있도록 국회, 정부와 적극 협의하겠다는 입장이다.

여섯째 쟁점은 통합신공항 운영 시 적정 수준의 이용객이 없을 경우 운영 부담 가중 등 공항 수요 관련 논쟁이다. 2017년 대구경북연구원 분석 결과, 현재 분석 가능한 아시아권 등 단거리 노선에 국한해 보더라도 2055년에 국내선과 국제선을 합쳐 약 712만 명 ~ 최대 1,000만 명의 충분한 항공 수요가 있다고 예측됐다(대구경북연구원, 2017년). 향후 도로, 철도 등 접근성 제고를 위한 5조 원 이상의 교통 인프라가 확충되고, 미주, 유럽 등 장거리 노선 운행이 가능한 3,200m 이상 활주로와 연간 26만 톤 이상의 항공물류 수송 능력을 갖춘 '중

남부권 거점공항'으로 자리매김하면 수요는 더욱 늘어날 것으로 전망되고 있다.

3) 최적 대안의 모색

대구시는 통합신공항 이전과 관련한 갈등을 해소하기 위해 다양한 방법을 강구했다. 우선 공항 이전에 따른 제반 갈등을 조정하기 위해 대구시, 이전 부지 지자체, 주민대표, 갈등조정 전문가로 '갈등조정협의체'를 구성하고, 보상, 지원사업에 대한 이견 사항 조정 및 신기지·민항 건설사업 및 사업 종료 후 운영에 관한 의견 수렴을 하도록 했다. 또한 '갈등관리협의체'를 둬 대구공항 통합 이전에 따른 관계 기관에 사업 추진 협의를 하도록 했다. 이는 국방부, 공군, 대구시, 경상북도, 기초지자체가 참여해 국방부 주관으로 사안이 있을 때마다 수시 회의를 개최했다. 그리고 대구 민·관 사업 추진 협력 체계를 구축해 대구시 공항 추진 관련 민간단체 및 지역 오피니언 리더들의 의견을 수렴했다. 또 대구경북상생협력회를 활용해 대구, 경북의 소통 창구로 활용했다.

통합신공항 최종 이전지 선정은 국방부가 2019년 11월 이전부지 선정위원회를 열어 숙의형 시민의견조사위원회가 권고한 내용을 반영해 이전 부지 선정 기준을 마련하기로 하고(대구일보, 2019.11.24.), 2020. 1.21 주민투표 방식을 활용해 갈등을 수렴했다. 숙의형 시민 의견 수렴 방식은 숙의형 시민의견조사위원회 구성, 시민참여단 표본 추출, 시민참여단 숙의, 설문조사 순으로 진행된다. 이 숙의형 시민참여조사는 국내 공론화 사례에서 최초로 무작위로 추출한 시민 200명(군위군 100, 의성군 100명)이 직접 이해관계자로서 참여하고, 공익적 관점에서 합의를 했다는 데 큰 의의가 있다. 주민투표 결과 2020.1.22 군위군은 단독 후보지인 군위 우보지역만, 의성군은 공동 후보지인 군위 소보·의성 비안지역을 이전 후보지로 신청했다.

2020.7.3에는 국방부가 제6회 이전 후보지 선정위원회를 개최해, 단독 후보지는 선정 기준 미충족으로 부적합 판정을 내렸고, 공동 후보지는 유예기간인 2020.7.31까지 신청이 없을 경우 자동 부적합 판정을 내리도록 결정했다. 시간이 초읽기에 몰린 대구시장과 경상북도지사는 군위군을 설득하기 위해 통합신공항 유치 호소문을 공동 발표(7.20, 7.29)했으며, 수차례 군위군수와 군민들과의 면담을 통해 군위군의 대구광역시 편입 추진을 포함한 5개 설득안을 조건으로 2020.7.31 군위군이 최종 공동 후보지(소보)에 유치 신청을 했다. 이후

국방부는 2020년 8월 28일 군공항이전부지 선정위원회를 열어 최종적으로 군위 소보면·의성 비안면을 대구군공항 이전 부지로 확정했다(한겨레신문, 2020.8.28).

하지만 이전 부지 확정 후 일부 경상북도 의회의원들 사이에서 "군위군의 일방적인 주장에 못 이겨 경상북도 집행부가 의회에 사전 충분한 설명도 없이 성급히 군위군의 대구 편입 동의 서명을 강요했다"는 불만이 표출됐다(뉴데일리 대구경북, 2020.9.10). 그 결과, 경상북도 의회는 군위군의 대구광역시 편입 추진을 위한 '경북 관할구역 변경(안)'에 대한 의견 청취' 건에 대해 의회 내에서 이견이 표출되면서 안건을 2021년 9월 2일 부결시켰다(경북일보, 2021.9.2.). 이후 경상북도 의회는 행안부로부터 경상북도 의회의 명확한 입장을 요구받고, 우여곡절 끝에 의견 재청취에 나서 2021년 10월 14일 군위군의 대구광역시 편입 추진을 위한 '경북 관할구역 변경(안)'에 대한 의견 청취' 건에 대해 찬성 의결 후 그 결과를 행안부에 제출했다(쿠키뉴스, 2021.10.17). 향후 이 편입 건은 정부 국무회의를 거쳐 국회 입법을 통해 마무리하게 된다.

이로써 2007년 대구시 동구와 북구 주민이 주축이 돼 K-2 군공항 이전을 요구한 이후 오랜 민원과 갈등을 극복하고 15년 만에 대구경북통합신공항 이전이 결정됐다. 이 사례는 소음민원이 지속됐던 도시계획시설인 군공항 이전과 관련한 대구지역 내부 갈등 및 이전 후보지 간 경쟁과 갈등, 대구시와 경북도 간 광역 협력, 군위군의 대구시로의 행정구역 개편 추진, 국방부의 조정 등 복합 갈등 해결 시도 사례라 할 수 있다.

대구경북통합신공항 이전합의 시 당초 계획은 대구시가 통합신공항 건설 기본계획 수립, 이전 주변지역 지원사업 및 K-2 종전 부지 개발 구상 마스터 플랜 수립, 사업시행자 지정, 신공항 건설 사업계획 승인 절차를 거쳐 군위·의성지역에 2029년경 신공항을 조기 개항한다는 계획이다. 사업 방식은 기본적으로 기부 대 양여 방식으로, 사업 시행자가 신공항(신기지)을 먼저 건설해 국방부에 기부하고, 국방부는 사업 시행자에게 기존 군공항 부지 등 시설물을 양여하는 방식으로, 사업 시행자는 양여 받은 부지를 개발해 투자금을 회수하게 된다.

4) 갈등의 재점화

2022년 7월 홍준표 시장이 새로 민선시장으로 취임 후 신공항건설 사업방식 재검토에 들어갔다. 기존의 '기부 대 양여 방식'의 신공항건설을 사업의 더욱 안정적인 추진을 위해 국가

재정지원을 강화하는 방식으로 변경하는 것이다. 그 노력의 결과, 2023년 4월 13일 신공항 건설 사업에 국비지원 강화를 골자로 하는 '대구·경북통합신공항 건설을 위한 특별법' 제정이 국회에서 의결됐다. 이 특별법에는 기존의 '기부 대 양여 방식'의 신공항건설과정에서 발생하는 건설비 부족분 국비지원, 예비타당성조사 면제, 종전부지(군공항 후적지) 개발사업에 대한 인허가 등 건설사업에 시너지를 낼 수 있는 조항이 추가됐다(매일신문, 2023.4.13).

또한 2024년에는 '대구·경북통합신공항 건설을 위한 특별법 일부 개정 법률안'을 입법화하는 노력을 진행 중에 있다. 기존의 '기부 대 양여 방식'의 신공항건설은 공항이전사업을 추진하는 과정에서 기부재산(신공항)이 양여(종전부지) 재산가치를 초과할 때 정부가 예산범위 내에서 지원할 수 있게 되어 있다. 추진 중인 개정안은 신공항개발을 용이하게 하기 위해 국가가 신공항 초과사업비를 재량적으로 지원할 수 있다고 규정한 조항을 의무적으로 지원하도록 변경하는 내용 등을 골자로 하고 있다(연합뉴스, 2024.6.11.).

한편, 신공항이전 구상이 구체화되면서 당초 대구시와 경북도간 신공항건설 합의사항의 해석을 놓고 이견과 갈등이 재점화되고 있다. 당초 어렵게 합의됐던 2020년 7월의 대구시, 경북도간 통합신공항이전 공동합의문에는 민간공항터미널은 군위군에 배치하고, 공항신도시(배후산단 등)는 군위군과 의성군에 각각 330만㎡를 건설한다고 되어 있다. 이후 2020년 8월 25일에 합의한 공동합의문에는 항공물류·항공정비산업단지 및 관련 산업단지를 의성군에 조성한다고 되어 있다. 문제는 경북도와 의성군은 항공물류단지에 화물터미널 배치를 당연시했고, 반면 대구시·군위군은 입지의 적정성 측면에서 민간화물터미널은 마땅히 여객·화물 터미널을 포함한다고 해석했다. 국토부는 2023년 8월 화물터미널을 군위군에 배치한다는 내용의 대구민간공항이전 사전타당성검토 연구용역결과를 발표했다. 이에 의성군이 의성지역에 화물터미널 배치를 요구하며 강하게 반발하자, 대구시, 경북도는 2개월 뒤 군위에 여객화물터미널을 설치하고 의성에는 화물기전용터미널을 건립하는 중재안에 합의했다. 하지만 국방부는 화물수요부족으로 복수의 화물터미널은 필요 없다는 입장을 견지했다가 다시 수용검토로 입장을 선회하는 등 갈등이 계속되고 있다(서울신문, 2024.8.1). 또 화물터미널 입지를 놓고도 의성군은 장래 확장가능성을 염두에 두고 활주로 서북쪽(비안면 일대)을, 국토부는 경제성을 고려해 남동쪽(봉양면)을 선호하는 등 파행을 거듭하고 있다.

최근 신공항 화물터미널 입지를 놓고 갈등이 지속되자 홍준표 대구시장은 군위군 소보면과 의성군 비안면에 공항을 건설하는 기존방안을 폐기하고 군위군 우보면에 단독으로 공항을 짓는 플랜 B를 검토할 수도 있다고 해 이에 경북도가 '합의 위반'이라며 강하게 반발하고 있다. 또한 대구시는 신공항 사업자선정도 건설경기 침체와 부동산 시장 위축으로 기존 spc 방식의 민간사업자공모가 애로사항을 겪자 공영개발방식 등 다른 방안들을 다각적으로 검

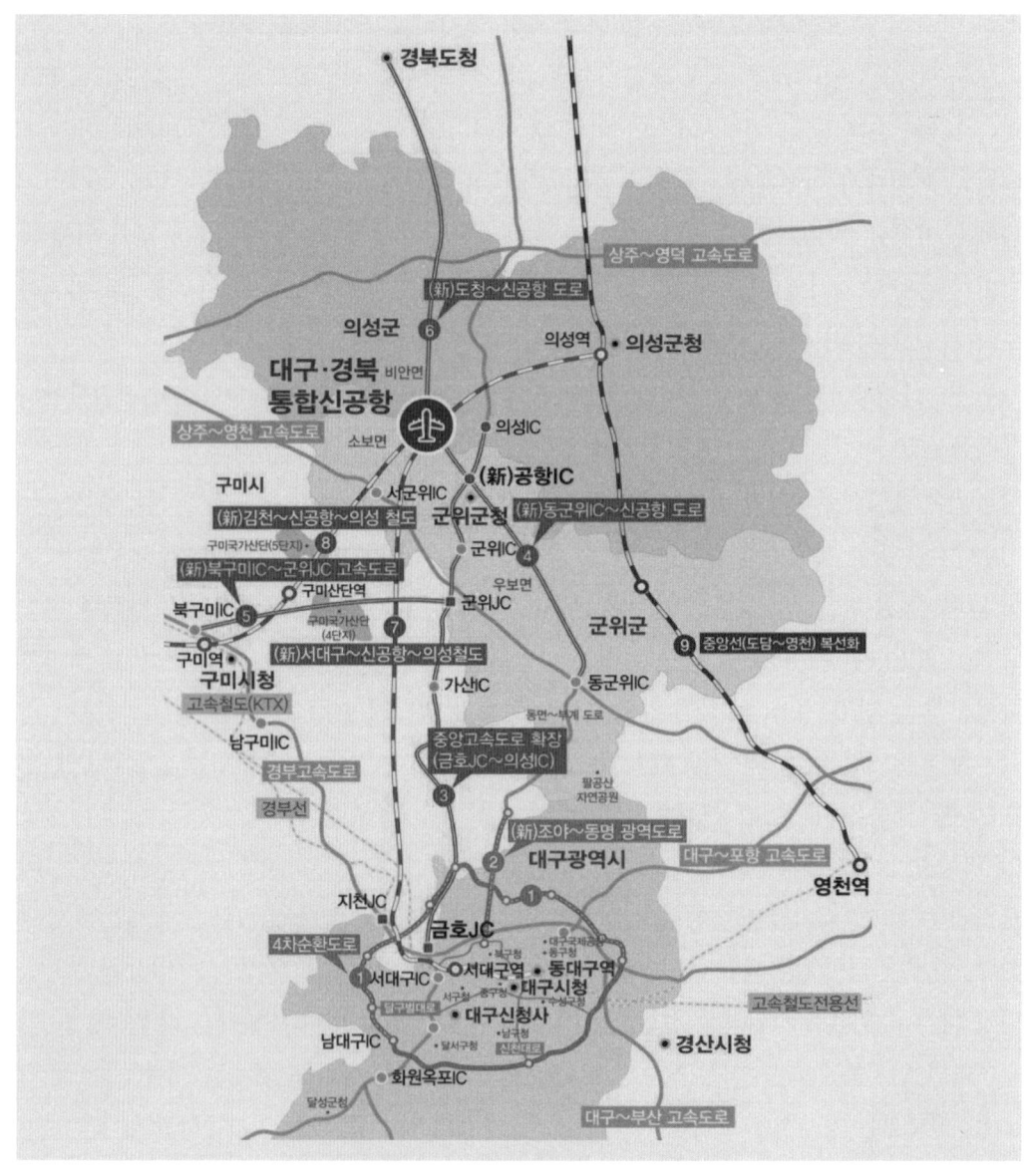

출처: 대구시(2021.9.14).

[통합신공항 접근교통망 계획(안)]

토 중에 있다(국민일보, 2024.9.26). 결국, 오랜 기간이 소요되는 대형 인프라사업의 경우, 당초 사업합의를 하였더라도 세부 사업진행과정에서 발생되는 입지갈등, 이익갈등을 어떻게 잘 해소해 가느냐가 관건이다.

〈 대구경북 통합신공항 사업 개요 〉

구분	군공항(K-2) 이전	민간공항(대구국제공항) 이전
이전 부지	경북 군위군 소보면 · 의성군 비안면 일원	
면적	6.93㎢ → 15.3㎢(민항 제외) (210만 평) (463만 평)	0.17㎢(5만 평) → 미정(사타 용역 후 확정)
근거 법률	군 공항 이전 및 지원에 관한 특별법	공항시설법
재원	기부 대 양여*	기존 민항부지 매각대금 + 정부재정
주체	국방부 ↔ 대구시 ↔ 민간사업자	국토부/한국공항공사
내역	활주로, 군 부대, 종전 부지 개발	민간 터미널, 계류장, 주차장
사업비	약 8.88조 원 추정 ※ 기본계획 수립을 통해 사업비 재산정	약 1조 원 추정 ※ 사업타당성 용역 후 확정(국토부)
추진 방식	군 공항과 민간공항 동시 이전 · 건설이긴 하나, 별개의 사안으로 추진	

출처: 대구시, 대구경북 통합신공항, 2021.9.14, 대구시 내부자료.

토의 과제

- K-2 · 대구공항 통합 이전과 관련된 협상 이슈는 어떤 것들이 있나?
- K-2 · 대구공항 통합 이전 협상에서 어떤 협상전략들이 구사됐나?
- 협상에 적용된 숙의형 시민 참여 방법은 어떻게 활용되나?
  (숙의형 시민의견조사위원회 구성, 시민참여단 표본 추출, 시민참여단 숙의, 설문조사 순)
- 대형 인프라사업의 경우, 사업진행에 따른 갈등의 재점화는 어떤 방식으로 발화되나?

사례 17 대구 동물원 이전 갈등(관-관 갈등, 2011~2024)

1. 갈등 개요

사적 제62호인 달성공원은 우리나라에서 가장 오래된 토성이다. 달성공원 동물원은 1970년에 생겼으며, 1,500여 마리의 동물이 유치되며 명성을 날렸으나 시설 노후화에 따라 인기가 식어갔다. 그러다가 2010년 3월 달성토성복원사업이 3대 문화권 사업에 선정돼 동물원 이전을 포함한 조성사업이 확정됐다. 2001년 1월 8일 수성구 구름골에 동물원을 조성하는 계획이 수립돼 '대구대공원 공원조성계획'이 결정 고시됐다. 이후 2007년부터 일곱 차례 민자 유치 시도가 있었으나 사업타당성 결여 등으로 무산됐다.

2011년 8월 달성군 하빈면이 동물원 유치건의서를 대구시에 제출했고, 2012년 11월 수성구는 대구대공원 구름골로 동물원 이전을 요청하는 공문을 대구시에 제출했다. 이어 2013년 들어 달성군과 수성구의 주민대표들이 각 지역으로의 유치 집회를 벌이며 갈등이 고조돼 갔다.

대구시는 2013년 1월부터 동물원 이전 입지 선정 타당성조사 연구용역을 발주해 수성구 구름골, 달성군 다사 문양지구, 달성군 하빈 대평지구 등 3개 이전 후보지 분석에 들어갔다. 하지만 대구시는 2013년 12월 민자 유치가 불투명한 상태에서 이전 후보지 논의는 무의미하다고 판단해 용역을 잠정 중단하고 추후 민간 투자가 가시화되면 후속 절차를 다시 밟기로 결정했다.

이후 대구시는 수차례의 민자 유치가 여의치 않자, 사업 방식을 전환해 다음 그림과 같이 2017년 5월 17일 대구대공원 공영개발추진계획을 발표하면서 사업이 본격적인 궤도에 들어갔다. 대구대공원 개발사업은 당초 권영진 시장이 근린공원(1,879천㎡)으로 시설 결정이 된 수성구 삼덕동 산 89번지 일원에 2018~2023년까지 1조 2,500억 원 정도(민자)를 투자해서 1,653천㎡(비공원사업 274천㎡/ 공원사업 1,379천㎡)에 동물원과 반려동물 테마파크를 조성하고, 나머지 부지에는 공동주택을 건설한다는 구상이었다. 이후 토지보상 지연 등 후속 행정절차가 미뤄지면서 2022년 5월 '대구대공원 관리·운영방안 연구용역'이 착수되고, 2024년 5월 대구도시공사가 본격 공사에 들어가 2027년경 준공 예정이다(대구신문, 2024년 5월 7일).

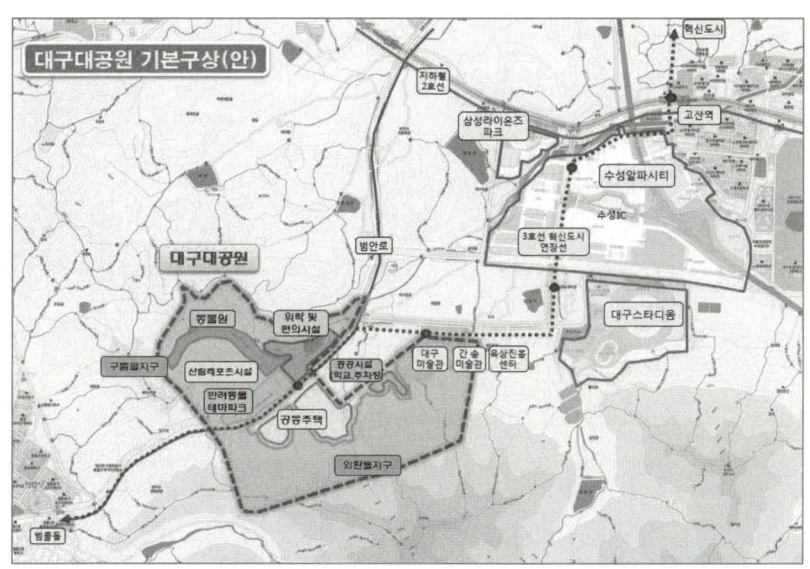

[대구대공원 공원계획 조성도]

2. 추진 경위

- 2001.01.08: 대구대공원 공원조성계획 결정 고시(구름골동물원)
- 2011.08.31: 달성군 하빈면 동물원 유치건의서 제출(하빈면 내 5개소)
- 2012.08.17: 하빈면 '달성공원동물원 하빈유치추진위원회' 발족
- 2012.11.19: 수성구청, 대구대공원 구름골동물원 이전 요청 공문
- 2013.01~2014.01: 동물원 이전 입지 선정 타당성조사 연구용역
- 2013.01.23: 수성구의회 동물원 이전 특별위원회 구성(김삼조 의원 외 6)
- 2013.02.22: 달성군의회 동물원 이전 건의문 제출(배사돌 의장 외 7)
- 2013.08.20: 하빈면 노인회장 청와대 청원서 제출
  - 교도소 이전에 따른 인센티브, 지역균형발전 관심 요망
- 13.12.27: 동물원 이전 연기 발표
  - 시 재정사업 추진 곤란, 구체적인 민간투자자 확보 어려움

- 2017.05.16: 대구대공원 공영개발추진계획 발표
- 2018.4: 사업제안서 접수(대구도시공사)
- 2018.7: 협상 대상자 선정
- 2018.11: 민간공원 특례사업 제안서 수용(대구도시공사)
- 2019.10: 도시계획위원회 심의
- 2020: 협약 체결 및 사업 시행자 지정
- 2022: 대구대공원 관리 및 운영방안 연구용역 착수, 토지보상

3. 갈등 사례의 해석

1) 이해관계

2001년 1월 대구대공원 구역 내 동물원조성계획(수성구 구름골)에 따라 민자유치사업 검토 중 2010년 3월 달성토성 복원이 3대 문화권 사업으로 선정돼 동물원 이전 사업이 본격 대두되면서 갈등이 표출됐다. 갈등 당사자는 기초자치단체인 대구시 수성구와 달성군 및 토지소유자 등 지역 주민이다. 당사자의 이해관계는 아래 표와 같다.

〈 대구 동물원 이전 관련 이해관계 〉

이해관계자	주장 내용
수성구	• 도시계획 결정 고시(2001년 1월)된 수성구 내 구름골 이전이 마땅 - 그간 구름골 일대가 공원으로 묶여 20여 년간 재산상 불이익을 받은 만큼, 2017년 5월 대구대공원 공영개발계획에 따라 동물원 이전 필요 - 접근성 우수, 주변 시설(스타디움, 미술관, 야구장 등)과 시너지 효과가 기대됨.
달성군	• 달성군 하빈면으로 동물원을 이전할 것을 요구 - 하빈면은 자연친화적이며 확장 가능성이 높은 지역으로, 교도소 이전 등 비선호시설 건립에 따른 인센티브 및 지역균형 발전 차원에서 동물원 이전 필요
대구시	• 대구대공원은 개발이익을 내부화하는 공영개발 방식으로 추진(민간공원 개발, 동물원 이전 등) • 기존 동물원 이전 후 달성역사공원 조성공사 추진 예정
민간개발사업자	• 동물원 이전 사업 제안을 통해 사업 참여 기회 부여 희망

2) 갈등관리

(1) 달성군과 수성구의 갈등: 유치 갈등

수성구와 달성군의 동물원 유치 갈등은 동물원 입지계획의 기득권을 주장하는 수성구와 지역 간 균형 발전을 주장하는 달성군의 '입지갈등'으로, 수성구는 대구대공원지역이 가지는 주변 입지와의 시너지를 강조한 반면, 달성군은 대구교도소 입지, 방천리 쓰레기매립장, 문산 및 매곡 정수장 등 기피시설 다수 입지에 따른 인센티브 측면에서 동물원의 달성군 이전을 요구했다.

이 부분은 타당성 용역을 통해 입지의 장단점, 사업비 정도, 민자 유치 가능성 등 제반 사정을 종합한 기술적 타당성과 지역 균형 발전 효과 등 정책적 타당성을 종합해 갈등 해소 방안을 모색해야 하는 사안이라 볼 수 있다. 특히 이 사안은 대구시의 재정 압박으로 민자유치 사업이 성사돼야 돌파구를 마련할 수 있는 사업이었다.

(2) 수성구와 대구시의 갈등: 사업주도권 갈등

수성구는 대구대공원 개발과 관련해 2014년 구 자체적으로 타당성 용역을 실시하고 공원 조성 권한을 대구시가 수성구로 위임해 줄 것을 요구했다. 수성구는 구청장의 관심을 바탕으로 구의회에서도 동물원 이전 특위(2013년), 대구대공원 특위(2016년) 등을 구성해 대구대공원 개발 및 동물원 이전을 대구시에 촉구해 왔다(내일신문, 2017.5.18). 수성구는 2016년 11월 두 민간사업자가 제안한 민간개발사업안에 대해서도 깊은 관심으로 가지고 청사진을 구상하고 있었다.

대구시 권영진 시장은 이 대구대공원 개발권이 법적으로 광역지자체인 대구시에 있음을 분명히 하고, 2017년 5월 대구대공원 개발 청사진을 발표했다. 이에 수성구는 이 공영개발안이 민간업체가 제시한 제안안과 유사하다며 권한위임을 못 받은 것에 대해 불만을 표출했다.

3) 프레임 전환 및 최적 대안의 모색

2013년 12월 대구시가 동물원 이전 연기를 발표한 이후, 2016년 11월 2건의 민간 공원개발 사업제안서가 시에 접수됐으며, 국토부 및 대구시 도시공원위원회 자문 결과 과다한 환경 훼손 우려로 불수용 결정이 났다. 대구시는 대구대공원지구 내 동물원 이전사업 건만으로는 사업타당성이 약한 점, 동 지구 내 환경 훼손을 최소화할 필요가 있는 점, 당시 추진 중이던 애견테마파크와 기존 미술관 등 주변 시설과의 시너지 효과 등을 종합 고려해, 2017년 5월 공영개발 방식으로 추진하기로 결정했다. 남측 외환들지구에는 환경 등급 1~2등급지역은 보존하면서 3~4등급 지역에 미래형 공공주택을 건설하기로 했다.

대구시는 구름골 내 동물원 이전사업과 관련해 두 가지 큰 갈등 프레임의 전환을 시도했다. 첫째, 사업지구의 확대다. 대구대공원 북측 구름골 내 동물원 이전사업이 가졌던 사업성 한계 문제를 대구대공원 남측 외환들 지역을 포함시켜 남북측 지역의 동시 개발로 전환해 사업의 유연성을 확보했다. 둘째, 공영개발 방식을 채택해, 남측 외환들지구에 공공주택 건설로 발생하는 비공원사업의 수익금 다수를 민간개발사에 귀속시키지 않고 공원사업에 투입해 사업의 공익성과 효율성을 높이도록 했다. 민간공원특례사업과 연계해 동물원이전사업을 추진키로 한 것이다.

대구시가 대구대공원지역을 민간공원특례사업으로 추진하면서, 2020년초 사업 시행자 지정 후 7월부터 시행되는 공원 일몰제 전까지 도시계획시설 실시계획 고시 인가 후 지주들과의 부지 보상을 놓고 또 한 차례 갈등이 빚어졌다. 대구대공원 종합대책위 측은 대구시가 구체적인 보상계획도 없이 사업을 추진하려 한다고 반발했다(매일신문, 2019.11.5). 동물원의 대구대공원 이전에 대해 시민단체들은 현재 구상하고 있는 동물원이 동물복지를 외면한 '동물감옥'이 될 것이라는 우려도 표명했다. 이에 대해 대구시는 이전 조성할 동물원 면적이 기존 달성공원보다 5배 정도 커지기 때문에 문제가 없다는 입장이다.

이 사례는 동물원 유치를 놓고 광역시내 두 기초지자체 간에 벌인 입지갈등으로 대구시가 두 지자체를 경쟁을 통해 갈등을 해소하는 방법이 아닌 대구도시공사를 통한 공영개발 방식이라는 제3의 방식을 도입, 갈등 해소의 새로운 돌파구를 마련한 사례다. 대구시가 이러한 사업 방식을 결정하게 된 것은 2001년 1월 8일 결정 고시된 '대구대공원 조성계획'의 계획 입지를 획기적으로 다른 곳으로 바꿔야 할 만한 명분을 찾기는 어려웠던 점, 사전에 달성군 현장시장실을 열어 주민들에게 소통을 통해 갈등의 진폭을 줄여나간 점, 시의 각 단위사업의 문제를 큰 틀 속에서 종합적으로 바라보고 해법을 찾고자 한 점 등이 최적 대안의 모색에 영향을 끼쳤다 할 수 있다.

이 갈등 사례는 기존의 지자체 간 입지 경쟁 및 민자 유치라는 오랜 갈등 프레임을 해체하고 일종의 '창조적 문제 해결(creative problem solving)'을 시도한 것이라 할 수 있다. 대구시는 대구도시공사를 개발 주체로 해서 개발이익을 외부로 유출시키지 않고 내부화해 이를 사업비에 재투입케 함으로써 공적 개발의 명분과 예산 절감 효과를 동시에 노렸다. 이로써 동물원 유치를 놓고 오래 대립각을 세웠던 두 기초지자체의 갈등은 일단락됐다.

토의 과제

- 대구 동물원 이전 갈등 사례에서 갈등 해결을 위한 프레임 전환(reframing)이 가지는 의의는?

사례 18 서울시 청계천 복원사업 갈등(민-관 갈등, 2007~2015)

1. 갈등 개요

청계천 복원사업은 광화문의 동아일보 앞에서 마장동 신답철교 구간의 5.8킬로미터에 대한 청계천 복개 구조물과 고가도로의 철거 및 주변 재개발사업이다. 이 사업은 단순 철거 및 재개발사업이라기보다는 과거의 성장 위주 패러다임을 탈피해 새로운 도시 개발의 전환점을 제시하는 중요한 의미를 지니는 상징사업이었다고 볼 수 있다(허태욱, 2004). 이 사업은 2003년 7월 1일 착공해 2005년 9월 30일 준공했으며, 사업비는 총 3,867억 원이 소요됐다. 청계천 복원을 공약했던 이명박 후보가 서울특별시장에 취임한 후 취임식 날인 2002년 7월 1일 청계천 복원추진본부를 구성하며 시책화했다. 7월 2일에는 청계천복원지원연구단을 서울시정개발연구원에 뒀고, 9월 18일에는 청계천복원시민위원회를 구성해 사업전문성 및 시민 의견 수렴 기능을 맡게 했다(서울특별시, 2006).

청계천 복원지원연구단은 2002년 11월 24일 청계천복원사업 기본계획의 중간연구 결과를 발표했다. 복원 구간은 동아일보사에서 신답철교까지 5.8킬로미터로 하고, 2003년 7월 1일 착공을 제안했다. 청계천 상인 대책으로는 이 사업이 '시유지사업'으로 영업손실 보상의 근거가 없다는 원칙을 견지해 상인들을 위해 청계로 2차로 보장과 상인용 주차공간 확보를 제시했으며, 3개 공사구간을 분리함으로써 공기 단축으로 시민 불편 최소화를 기했다(서울특별시, 청계천복원사업 추진보고, 2003). 상인들은 2002년 8월 12일 청계천상권수호대책위원회를 구성해 초기부터 영업손실 보상문제 제기를 통해 협상 이슈로 키워가며 상인 이익의 대변인 역할을 맡겼다.

한편, 동대문패션타운 내 의류상가 중 청계천변 인접 평화시장, 신평화시장, 동평화시장 상인들은 2003년 2월 '의류상가대책위원회'를 구성해 반대활동을 전개했다. 서울시는 2003년 6월 25일 상인들과 이 사업에 대한 합의안을 도출하고 7월 1일 청계천복원사업을 착공했다(서울시, 2006).

이 사업은 논의 초기 청계천 주변의 이해관계가 복잡하게 얽혀 있어 처음부터 성공에의 확신이 쉽지 않았다. 사업 선례도 없었고, 청계천 주변의 상권, 노후주택 재개발, 노점상 생존, 교통 혼잡, 복원 후의 범람 등 복잡한 문제가 얽혀 시민이나 공무원들이나 사업 성공에 회의적이었으며, 전시행정이 아니냐는 지적도 있었다(박민진, 2003). 또한 관련 이해 당사자들과 사전 논의가 제대로 된 것이 없어 잠재적 갈등 소지가 큰 사업이었다.

2. 갈등 사례의 해석

1) 이해관계

서울 청계천복원사업은 갈등 행위자의 이해관계를 중심으로 크게 세 시기로 구분해 볼 수 있다. 1기는 사업 초기 서울시가 전면보수(서울시)냐 복원(시민단체)이냐를 놓고 청계천살리기연구회와 '관-민 갈등'을 빚은 시기, 2기는 본격적으로 사업이 전개되며 주변 상인들과 생존권 문제를 둘러싸고 '관-민 갈등'이 심화된 시기, 3기는 복원과 관련해 문화재 복원 방식을 놓고 서울시와 문화재청 간 '관-관 갈등'이 빚어진 시기로 구분해 볼 수 있다.

2) 갈등관리

(1) 민-관 갈등: 보상 및 생존권 갈등

청계천복원사업 논의가 처음 제기된 것은 1990년대 초반으로 알려져 있으며(박명현, 2004: 89), 본격적인 정책 이슈로 등장한 것은 2000년 9월 청계천살리기연구회(청계천 포럼)의 결성으로 볼 수 있다. 이들은 심포지엄을 통해 청계천 복원의 역사성, 물 처리 방식, 환경영향평가, 교통영향분석, 경제성 평가, 주변 개발 비용 산출 등 다양한 주제에 대해 다뤘으며, 한겨레신문 기획특집을 통해 소개(한겨레신문, 2002.6.28)됐으나 논의 수준은 당시 아이디어 수준에 머물렀다고 볼 수 있다.

한편, 청계고가는 근 30년이 되면서 안전문제가 제기돼, 1994년부터 1999년까지 남산1호 터널에서 마장동까지 5.8킬로미터에 이르는 전면 보수공사가 계획, 진행되면서 서울시와 청계천포럼 간 '전면 보수' 대 '복원 및 재개발'이라는 상반된 입장이 날을 세웠다.

2002년 2월 21일 이명박 서울시장 후보가 기자간담회를 통해 '청정환경 유지를 위한 청계천 복개도로 원상 회복'을 선거공약으로 제시했다. 이 후보는 복원을 통해 수변공원의 조성과 쾌적한 도시환경을 마련해 환경, 역사, 문화가 함께하도록 함으로써 청계천 주변을 국제비즈니스센터로 만들겠다는 비전을 제시했다.

서울시는 신임 시장이 취임하는 당일인 2002년 7월 1일 '청계천 복원추진본부'를 구성하고, 7월 2일에는 '청계천복원지원단'을 서울시정개발연구원에 뒀으며, 9월 18일에는 일종의 의결기구인 '청계천복원시민위원회'를 구성해 사업 전문성 및 시민 의견 수렴 기능을 맡게 했다(서울특별시, 2006).

이어 서울시는 2003년 2월 11일 청계천복원 기본계획(안)을 발표했다. 공사 구간을 3단계로 나누고, 사업 기간은 2003년 7월 1일부터 2005년 12월 말까지 복원사업을 완료하는 것을 목표로 했다. 이 내용에는 일방통행제, 가변차로제 도입, 버스중앙차로제 도입, 주차요금 인상 등의 계획을 포함했고, 상가 대책으로는 상가밀집지역 영업환경 보장, 2.5미터의 조업(操業) 주차공간 마련 등을 제시했다.

복원사업안이 알려지면서 주변 상인을 중심으로 사업 반대가 격화돼 갔다. 2003년 1월 17일 대규모 상인 집회를 시작으로, 2월에는 복원사업 주변 의류상가를 중심으로 의류상가 대책위원회가 결성되고, 3월에는 '청계천 노점상 생존권사수 투쟁위원회'가 결성됐다. 시민 단체인 경실련은 교통 주민 대책의 미흡을 주장하며 사업 연기를 요구했다. 하지만 착공을 앞두고 일어난 사업 반대의 핵심은 복원사업 자체에 대한 반대라기보다는 복원 과정에서의 각종 대책 미흡에 대한 반대라 할 수 있다(성지은, 2005: 162). 우여곡절 끝에 이 사업은 2003년 5월 1일 청계천복원시민위원회의 원안대로 의결됐다.

(2) 관-관 갈등

사업이 본격화하자 복원 과정에서 관련 문화재를 복원하는 방식을 놓고 서울시와 문화재청 간 '관-관 갈등'이 시작됐다. 2003년 6월 27일 문화재위원회는 "청계천 복원 공사 중 하천 준설에 앞서 청계천 바닥 등을 발굴해야 한다"는 결정을 내렸다. 이에 더해 청계천복원시민위원회 산하 역사문화 분과위는 서울시 복원계획을 비판하고 원형 복원을 공식 요구했다.

서울시는 이에 복원사업을 일시 중단하고, 문화재청이 요구한 문화재보전 전문가위원회 구성을 수용해 자문위원회를 발족시켰다. 전문가위원회는 광교 등 사적에 대한 가지정문화재 지정을 통한 복원을 요구하면서도 한편으로는 복원사업의 지속적 추진을 추인하는 결정을 내렸다(조선일보, 2004.4.6). 문화재청은 청계천 복원 방법을 결정하기 위해 소위원회를 구성해 최종적 결정권을 부여했다.

3) 최적 대안의 모색

서울시는 청계천복원사업을 진행하는 과정에서 나타난 갈등을 해소하기 위해 대안 모색 과정에서 다양한 갈등 기제를 적절히 적용했다.

(1) 협상 준비

협상 준비 단계는 무엇이 문제인지를 잘 파악해 협상전략을 짜는 것이 중요하다. 이 사업에서 서울시는 청계천 상인들과의 협상전략으로 지피지기 전략(서울시는 주변 상인단체의 현황 조사를 실시해 맞춤형 대응전략을 짜려고 노력), **이원화 전략**(서울시는 반대파 상인들을 강경파와 온건파로 구분해 설득할 때 생각의 차이를 파악, 대응), **협상 파트너 전략**(서울시는 다양한 이해관계집단 중 누구를 주된 협상 파트너로 할 것이냐를 고심), **홍보전략**(서울시는 시민들에게 사업의 비전과 필요성을 홍보하는 데 다양한 방법 활용), **역지사지 전략**(서울시는 상인들과 신뢰를 형성하고 상대의 입장을 배려하는 데 공을 많이 들임) 등 다양한 전략을 구사했다(황기연·변미리·나태준, 2005).

(2) 공통의 목표와 비전 제시

서울시는 사업 초기 언론과 시민들의 지지를 얻기 위해 사업의 비전을 제시했다. '개발에서 환경으로, 차량에서 사람으로, 효율에서 형평으로'라는 새로운 정책 패러다임의 제시는 시민들의 사업에의 지지를 이끌어 냈고, 사업의 명분을 쌓는 디딤돌이 됐다. 실제로 한겨레신문이 2002년 4월 8일 20세 이상 서울시민 500명을 대상으로 실시한 청계천 복원에 대한 설문조사에서, 사업 찬성이 74%로 우위를 나타냈다(장태용, 2019). 이 결과는 서울시에 사업 초기 큰 힘이 됐다. 또한 시민들의 지지를 얻기 위해 적극적 홍보전략을 구사했다. 서울시는 사업 필요성과 비전 각인을 위해 타깃별 전략을 세워 집중적 홍보활동을 펼쳤다. 무엇보다 인간 중심적 환경으로의 전환을 내세우고 지하철 광고, 반회보, 청계천투어, 이벤트 등을 통해 청계천 복원의 당위성을 적극 홍보해 큰 호응을 얻었다. 특히 청계천 지하탐사 프로그램은 2002년 히트행정으로 선정되기도 했다(박명현, 2004: 115).

(3) 반대집단에의 신뢰 확보

갈등관리에서 서울시는 사회 각계각층을 대표하는 '청계천복원시민위원회'를 구성(총 134명, 6개 전문분과위, 당연직 25.8%, 위촉직 74.2%)해 의결 기능을 부여하고, 사업에의 전문성 보완과 비판 기능, 대시민 의견 수렴 기능을 수행케 해 정책의 공평성과 신뢰를 확보하고자 노력했다(강정훈, 2003).

또한 청계천 상인들의 적극적인 의견 수렴 과정을 거침으로써 절차적 정당성을 확보하는 데 신경을 썼다. 사업추진본부의 서울시 간부 및 직원들이 1년간 4,000회 이상 상가를 직접 방문해 여론 수렴 과정을 거쳤고, 7,200회에 걸친 현장민원상담실 운영, 22회의 사업설명회 개최, 12회의 분과위원회 개최 등을 거쳤다(서울특별시, 2003b: 27-28).

(4) 출구전략의 제시

서울시는 청계천 복원과 관련해 상인 종합대책을 수립하면서 중요한 두 가지 원칙을 세웠다. 먼저, 영업 손실에의 원칙 정립이다. 상인들은 사업 초기부터 영업 손실 문제를 강력히 제기했으나, 서울시는 기본적으로 이 사업은 "시유지 대상 사업으로 주변 건물에 대한 물리적 철거가 없이는 영업 손실 보상의 근거가 없다"는 법리적 판단을 내세웠다(장태용, 2019: 743). 대신 이 공사로 인한 영업 불편 최소화(편도 2개 차로 확보, 공구 3개로 분할, 동대문주차장 개방, 무료셔틀버스 운행 등), 청계천 상권 활성화(건물 리모델링 지원, 시장현대화사업비 지원, 경영안정자금 지원 등), 문정지구 이주단지를 조성키로 했다. 서울시는 상인들과의 협상을 통해 당초 원칙을 나름 지키면서도 추후 서울시가 당초 제시한 7만 8천 평의 상인이주단지의 두 배인 15만 평의 이주단지를 조성해 주기로 함으로써 상인들의 협조를 이끌어 냈다(서울특별시, 2003a).

(5) 정책 추진 리더의 자세와 의지 표명

이 사업이 중요한 시장 공약사업이었던 것만큼 서울시장과 집행부 공무원들의 성실한 대민 자세와 정책 의지는 반대집단의 불만을 완화하는 데 일조했다. 특히 이 사업은 2003년 7월 1일 사업 착공이라는 마감 시한을 이미 정해 정책 의지를 표명해 놓고 접근한 사업으로 사업 찬반 여부보다는 대안 논의에 초점을 빨리 맞출 수 있었다.

결론적으로 이 사업은 복잡한 도시문제가 얽혀 있는, 선례가 없던 사업이어서 자칫 실패로 이어질 위험이 큰 갈등 현안이었지만, 협상에서 조직 리더의 비전 제시, 사업 과정의 신뢰성 확보, 협상 원칙의 준수, 다양한 갈등관리 기제가 잘 활용돼 조기에 성공적으로 사업을 마무리할 수 있었다고 평가할 수 있다.

토의 과제
• 청계천 복원사업 갈등 협상 사례의 위기 요인과 성공 요인은 무엇인가?

사례 19 | 장기미집행 도시공원 일몰제 갈등(관–민 갈등, 2016~2020)

1. 일몰제의 의의

장기미집행 도시공원 일몰제(이하 일몰제)는 2000년 7월 기준으로 도시계획시설로 지정된 공원이 2020년 6월 말까지 부지를 매입하지 않는 경우, 공원 지정이 일괄적으로 해제되는 것을 말하는 제도다. 이는 외견상 공원으로 조성된 경우에도 지자체가 부지를 매입하지 않으면 해제 대상으로 취급되며, 미조성 공원의 경우도 마찬가지다.

이러한 제도가 도입된 계기는 학교 부지인 도시계획시설로 결정된 후 실제 사업은 집행되지 않으면서 장기간 재산권 행사를 금지시킨 경기도 성남시 소재 땅주인들이 도시계획시설 소관 법률인 도시계획법 제23조에 대해 헌법소원을 청구하면서부터다(구자훈 외, 2019: 3). 헌법재판소는 지목이 대지인 토지에 대해 매수청구권과 수용신청권의 부여, 지정 해제, 금전 보상 등 다양한 방법을 통해 재산권에 대한 가혹한 침해에 대해서는 적절히 보상해야 한다고 판시했다. 도시공원 일몰제의 대상은 '대지'에 해당하고, 임야나 국공유지는 아니다. 또 20년이 훨씬 지난 공원에 대해서 바로 실효하지 못하게 한 점은 잘못이 아니며, 국토의 계획 및 이용에 관한 법률(이하 국계법)의 목적이나 과소 침해 원칙, 비례의 원칙에 부합한다고 판시했다. 헌재는 과도한 공원일몰제가 도시계획 자체를 무너뜨릴 것을 우려하면서, 헌법상 사익과 공익이 서로 조화될 수 있도록 하는 것이 입법자의 몫이라고 했다.

2. 장기미집행 공원 현황

정부와 지자체가 공원으로 지정한 면적은 2017년 말 현재 924㎢ 정도다. 미집행 면적은 50.8%인 469㎢에 달한다. 이 중 국유지는 123㎢로 전국 일몰 대상 공원의 26%에 해당된다(구자훈 외, 2019: 4).

대구시에는 2017년 말 현재, 다음 표와 같이 총 779개의 도시공원 중 미집행된 공원(조성 주체 대구시 기준)은 총 46개소(근린 44, 체육 2)이며, 이 중 10년 이상 집행되지 않은 장기미집행 공원시설은 41개소다. 이 중 38개소는 20년 이상 장기미집행시설로 2020년 7월부터는 도시공원으로서의 효력이 상실된다.

⟨ 대구시 도시공원 현황(2017년) ⟩

구분	합계	도시공원								
		생활권공원				주제공원				
		계	소공원	어린이공원	근린공원	계	문화공원	수변공원	체육공원	역사공원
개소 수	779	746	109	477	160 ※미집행 44개소	33	13	9	7 ※미집행 2개소	4

출처: 대구광역시 기본통계(2017).

⟨ 대구시 장기미집행 공원 현황(2017년) ⟩

(단위: 천㎡, 억 원)

구분	전체 미집행 시설			10년 이상 장기미집행시설						10년 미만 미집행시설		
				2020년 7월 실효			2020년 이후 실효					
	시설 수	면적	사업비	시설 수	면적	사업비	시설 수	면적	사업비	시설 수	면적	사업비
공원	46	12,456	13,513	38	11,913	12,543	3	48	214	5	540	756

※ 실효 대상 면적 11,913천㎡ 중 사유지 9,817천㎡(82%), 국·공유지 2,096천㎡(18%).
출처: 대구광역시 기본통계(2017).

도시공원은 도시의 자연경관을 보호하고 시민의 건강·휴양 및 정서생활을 향상시키는 주요한 사회기반시설이다. 그러나 장기미집행시설 일몰제에 따른 실효(失效) 시 재산권 행사에 따른 시민 이용권이 제약되고 공원의 소규모화, 분절화에 따른 여러 문제점이 발생할 우려가 있다. 그간 대구시에서는 2001년부터 도시공원 조성 및 부지 매입을 추진해 167개소 공원 중 121개소를 공원으로 조성 완료했으며, 대구대공원, 갈산공원, 구수산공원 3개소에 대해서는 2017년 5월부터 민간공원 조성특례사업으로 민간 개발로 추진했다.

3. 갈등 사례의 해석

1) 이해관계

도시공원 일몰제 갈등은 2020년 7월 일몰제 도래를 앞두고 일몰제로 인해 시민들을 위한 공원 면적이 축소될 것을 우려하는 지자체와 일몰제 대상 공원을 소유하고 있는 땅지주들 간의 '관-민 갈등'이다. 정부는 갈등 당사자이자 제3 조정자로서 갈등 해소 대책을 마련하는 역할을 수행한다. 주된 갈등 사유는 부지 보상 금액 및 보상 시기를 놓고 지자체와 지주들 간 다툼이다.

2) 대구시 공원일몰제 관련 갈등관리: 당사자 개입 및 제3자 개입

대구시는 일몰제 시행에 대비 2016년 공원 실태조사에 나서, 매입 대상 30개 공원 1,178천㎡(356천 평)에 대한 대책 마련에 들어갔다. 일시에 이들 공원을 보상하려면 1,400억 원 이상의 거액이 소요되는 만큼, 대구시는 재정 형편을 고려, 공원 실효 후 개발가능성이 높은 공원들을 우선해 연차적으로 보상하는 방안을 마련했다. 하지만 일몰제 대상 공원 부지를 소유한 지주들은 시의 공원 일부 부지 우선 보상계획에 불만을 품고 전체에 대한 보상을 요구했다.

공원일몰제 시행이 다가오자 대구 수성구 소재 범어공원 지주들은 비상대책위원회를 구성하고 2019년 2월 22일 대구시와 수성구를 상대로 땅 소유주의 동의를 받지 않고 시가 무단으로 설치한 공원 시설물을 철거하라고 요구하고 나섰다. 지주들은 대구시가 이를 수용하지 않을 경우 자신들이 직접 공원 내 시설물 철거 후 구상권을 행사하겠다고 통보하고, 공무원에 대한 형사고발 의사도 표명했다(매일신문, 2019.2.23).

권영진 대구시장은 이에 대해 2019년 4월 30일, 범어공원 내 구민운동장에서 '현장소통시장실'을 열어 갈등을 빚고 있는 지주들과 주민들의 의견을 경청했다. 대구시는 일몰제 대상 범어공원 부지를 일시 매입 시 최소 1,300억 원의 거금이 소요됨을 밝히고, 시가 임대료를 내고 공원으로 이용하는 방안 등을 제안했다(영남일보, 2019.5.1). 지주들은 현장소통시장실 상담 이후에도 지속 상의할 수 있는 자리를 마련해달라고 요구했고, 시는 수성구청에 직원을 파견해 상담기구를 운영하도록 했다. 한편 대구 포함 지자체들은 공원 부지 매입에 따른 막대한 재정 부담을 우려, 정부에 국비 지원을 함께 요구했다.

2019년 5월 정부에서는 아래 표와 같이 지자체가 공원 조성을 위해 지방채를 발행할 경우 지방채 발행액 채무 비율을 예외적으로 제외하고 이자 지원을 50%에서 70%로 확대한다는 내용으로 장기미집행 공원 해소를 위한 관계 부처 합동 추가 대책을 마련했다.

〈 국토교통부 발표(2019.5.28) 지자체 공원 조성 시 추가 지원 대책 〉

구분	내용
기존 대책 개선	① 지방채 발행 이자 지원 확대(광역시·도 50 → 70%까지 확대) ② 지방채 발행한도 예외 허용(한도 초과 발행 시 협의) ③ 도시자연공원구역 제도 개선 ④ 국공유지 실효 유예(10년)
신규 대책	⑤ 공원 조성 절차 단축 등

대구시는 다음 표와 같이 정부의 지원대책을 토대로 장기미집행 공원 해소 종합대책을 2019년 발표했다. 시는 2022년까지 지방채 4,400억 원을 포함한 총 4,846억 원을 투입해서 10년 이상 장기 미집행 시설 41개소 중 우선 조성지역 20개소를 선정해 사유지 전체 필지(3,404천㎡)를 매입한다는 계획이다. 이에 따르면, 우선 조정 대상 공원 20개소를 기존에 추진하는 도시계획시설사업과 추가로 추진하는 도시계획시설사업 그리고 잔여지에 대한 협의 매수로 사업 범위를 구분해 동시에 추진하며, 재원은 이미 투입된 예산 외에는 전액 지방채 발행을 통해 조달할 계획이다.

범어공원을 제외한 4개 공원의 협의 매수 대상 필지는 맹지 또는 개발이 어려운 부지가 대부분이라 할 것이나 대구시는 많은 시민이 이용하는 도심공원시설로서 장기적으로 전체적인 공원 활용을 위한 도시공원에 대한 체계적이고 종합적인 관리를 위해 다음 표와 같이 공원 부지 전체를 매입하고자 하는 것이다.

범어공원의 경우, 미집행 공원부지 대부분인 86%를 협의 매수를 통해 매입해야 하는 보상 규모가 가장 큰 사업 대상이다. 대구시는 재원을 전액 지방채를 투입해 조달할 계획으로

⟨ 대구광역시 장기미집행 공원 총 투자계획(2017~2022) ⟩

구분	사업 개요(2017~2022)	기존 사업(2017~2020)	추가(위탁)사업(2017~2022)	협의 매수(2020)
면적	3,372천㎡	379천㎡	2,045천㎡	948천㎡
사업비	4,941억 원 (시 446,채 4,495)	687억 원 (시 209, 채 478)	2,356억 원 (시 237, 채 2,119)	1,898천㎡ (채 1,898)
추진기관 및 방식	시 추진단, 건설본부, 대구도시공사	건설본부 (재배정/토지보상법)	대구도시공사 한국감정원 보상위탁 (토지보상법)	시 추진단, 북구 (직접 협의 매수)
대상	범어 등 20개 공원	범어, 두류, 학산, 앞산 (4개 공원)	두류, 학산, 앞산, 장기, 망우당, 불로, 신암 등 (18개 공원)	• 범어, 학산, 두류, 장기 • 침산(북구)

출처: 대구시의회(2019: 222).

⟨ 대구광역시 협의 매수 대상 공원 5개소 현황(2019년 11월 말 현재) ⟩

(단위 : ㎡/억 원)

구분	계	범어공원	학산공원	두류공원	장기공원	침산공원	비고
필지 수	216	134	6	8	2	66	매입 시기 2020년
매입 면적	948,443	646,684	126,592	64,280	33,796	77,091	
매입 예산	1,898	1,413	139	76	30	240	

출처: 대구시.

있으며, 정부의 추가 지원대책을 활용한다 하더라도 장기미집행 공원 해소를 위한 지방채 발행 전체 규모가 현재까지 4,500억 원에 이를 예정이다.

　대구시는 2019년 8월 '장기 미집행공원 해소를 위한 대구시 종합대책'에 따라 도심공원 20곳 사유지 매입 절차에 들어가 2023년까지 공원조성을 끝내기로 했다. 하지만 대구시는 달서구 학산공원, 남구 앞산공원, 동구 봉무공원 등 일부 공원을 예산부족으로 토지매입을 연기한다고 밝혔다(KBS, 2024.1.4.). 향후 지주들 중 일몰제에 따른 행정기관의 보상에 불복하면 결국 행정소송에 의해 최종 분쟁이 정리될 수밖에 없다.

4. 다른 지자체의 일몰제 대응과 갈등 해소

2020년 7월부터 일몰제 시행으로 전국 158.5㎢가 도시공원에서 해제된다. 이는 여의도 면적의 약 55배에 해당되는 규모다. 서울시의 경우 2020년 7월 현재 실효 위기의 공원이 약 116개소 95.6㎢(행정구역의 15.8%, 시·구 포함)로 여의도 면적의 33배, 시 도시공원의 83%를 차지하고 있다. 서울시 도시공원 일몰제 대상 사유지를 일시에 보상하려면 소요 금액이 약 13조 7,122억 원 든다(구자훈 외, 2019: 7).

이 일몰제에 대응하기 위해 각 지자체는 나름의 대응책을 마련해 추진 중이다. 서울시는 2000년 이후 2019년까지 2조 9천 356억 원을 들여 84곳 6.93㎢를 매입했고, 2020년에 3천 50억 원을 들여 79곳 0.51㎢도 매수한다. 서울시는 일부는 공원 부지를 매입하는 한편, 민간 개발을 피하기 위해 '도시자연공원구역 지정' 방안을 적용했다. 즉, 법적으로 '일몰제 대상'인 '도시계획시설상 공원'을 '용도구역상 공원'으로 바꿔 사실상의 공원으로의 기능 유지를 꾀하면서, 우선순위를 정해 점차적으로 보상을 추진할 계획이다.

대전시는 일몰제 대상 공원 26곳 중 난개발이 우려되는 12곳을 매입한다. 6곳은 대전시에서 직접 공원을 조성하고 3곳은 민간개발 특례사업으로 추진한다. 대전시는 한 업체에 매봉공원 민간특례사업을 추진하게끔 우선 지위를 부여한 후 다시 이를 뒤집어 법정다툼 상태에 있다. 광주시는 전체 도시공원 19.94㎢ 중 일몰제 대상 공원은 25곳 11㎢로 55%를 차지한다. 광주시는 이 가운데 2019년 12월 공원용지에서 해제한 광목공원을 제외한 장기 미집행공원 24개를 조성하는 실시계획을 마쳤다. 광주시는 민간공원 특례사업 업체 선정을 놓고 검찰 수사 등 잡음을 보이고 환경단체와 갈등 중이다. 부산시는 일몰제 대상 중 공원이 65%로 가장 많다(연합뉴스, 2020.6.30).

일몰제 도입에 따른 각 지자체의 갈등은 행정소송을 통해 마무리될 전망이다. 지자체의 엄청난 재원 부담이 예견되는 갈등 사안의 경우, 중앙정부가 새로운 제도 시행 이전에 장기적인 시계(時界)를 가지고 갈등을 흡수하는 정책적인 노력이 필요하다.

토의 과제

- 일몰제 갈등 해소를 위해 지자체들이 활용한 ADR에는 어떤 것들이 있나?

환경갈등 사례 분석

chapter 14

사례 20 대구 팔공산 구름다리 설치 갈등(관–민 갈등, 2015~2020)

1. 갈등 개요

'팔공산 구름다리 설치사업'은 2015년 '제6차 대구관광 종합발전계획' 수립 시 한국관광공사에서 선도사업으로 제시해 7대 전략사업 중 하나로 선정된 사업이다.

〈 팔공산 구름다리 설치사업 개요 〉

- 위치 : 팔공산 케이블카 정상 ~ 낙타봉 방향
- 사업 기간 / 사업비 : 2017년 1월 ~ 2022년 12월 / 180억 원
- 규모 : 구름다리 설치(B = 2m, L = 320m), 탐방로 정비 및 전망대 확장(84㎡ → 159㎡)
  ※ 산악형 구름다리 중 최고 높이(해발 820m), 최장 길이(320m)

기본 계획 검토 시(L = 직선 250m, 2단)	실시설계 시(L = 직선 320m)
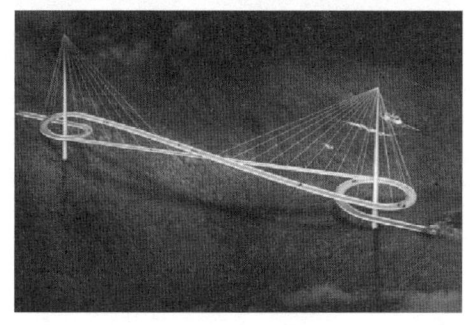	
당초: 사장교 형식	변경: 현수교 형식(환경 훼손 고려)

[팔공산 구름다리 계획도(대구시)]

대구시는 2016년 3월 기본 계획 수립 용역(2016.3~10), 2017년 5월 기본 및 실시설계 용역(2017.5~2020. 10) 후 2018년 11월 주민설명회를 개최했다. 이후 환경영향성 검토(2018.8~12) 및 풍동 실험(2019.1~2) 완료 등 법적 절차를 거쳐 사업을 추진했다.

토지 보상과 관련해서는 「문화재보호법」 제13조 및 「자연공원법」 제15조에 따라 문화재 현상 변경(2020.1.3~4.2) 및 공원계획 변경(2020. 2.13~9.10) 심의 시 팔공산 구름다리 설치를 전제로 동화사의 승인을 받아 절차를 진행했으며, 실시설계가 완료됨(2020.10.31)에 따라 구체적인 보상 부지 위치 및 면적을 확정하고, 「공익사업을 위한 토지 등의 취득 및 보상에 관한 법률」에 의거 동화사에 토지 보상에 대한 의견 청취(2020.11.9) 및 사용 승인 요청(2020.11.24)을 했다.

하지만, 사업의 착공을 목전에 두고 2020년 12월 8일 대한불교 조계종으로부터 '동화사 수행 스님의 수행환경 저해'를 이유로 '팔공산 구름다리 설치사업'의 철회를 요청하는 내용의 공문이 접수됐다. 대구시는 수행환경에 지장 요인이 있다면 적극적으로 보완해 나가겠다는 시의 의지를 표명하는 등 수차례 다각적인 설득과 노력을 했으나, 조계종에서는 당초 입장대로 철회 입장에 변화가 없어 이 사업은 결국 중단됐다(대구시 관광과, 2020).

2. 추진 경위

- 2015.12: 대구관광종합발전계획의 관광개발선도사업 선정
- 2016.3~10: 기본 계획 수립 용역 추진
- 2017.5.24: 기본 및 실시설계 착수
- 2018.10.31: 경관 심의 실시
- 2018.11.29: 주민설명회 개최
- 2018.12.28: 환경영향성 검토 완료
- 2019.2.25: 풍동 실험 완료
- 2019.5.16: 시민원탁회의(찬성 60.7%, 반대 31.5%, 유보 7.8%)
- 2020.1.3~4.2: 문화재 현상 변경 심의
- 2020.2.28: 건설기술 심의
- 2020.9.2: 공원계획 변경 심의
- 2020.9.17~12.9: 시민단체, 구름다리 백지화 성명서 발표
- 2020.10.31: 실시설계 완료
- 2020.11~ : 보상절차 진행 중
- 2020.12.8: 대한불교 조계종, 사업 철회 요청
- 2020.12.14: 대구시, 사업 철회 발표

3. 갈등 사례의 해석

1) 이해관계

 팔공산 구름다리 설치사업 사례는 지자체의 관광 개발을 놓고 대구시와 시민환경단체가 벌인 관-민 간 가치갈등이라 할 수 있다. 여기에다가 사업을 찬성하는 팔공산 구름다리 설치지역 인근 상인들과 사업을 반대하는 동화사 등 이해관계자 간 민-민 이익갈등적 성격도 띤다.

이 사업과 관련한 첫 번째 이해관계의 충돌은 '관광사업 활성화(대구시)' 대 '환경 훼손 우려(환경단체)'다. 대구시는 전국 산악형 구름다리(91개소) 중 최고 높이(해발 820m), 최장 길이(320m)로 차별화를 시도하면서 관광 약자 및 관광산업 발전에 기여하기 위해 사업을 추진했다.

〈 주요 케이블카 방문객(2019년 기준, 문체부 관광지식정보시스템) 〉

구분	계	내국인	외국인
팔공산 케이블카	351,164명	317,214명(90.3%)	33,950명(9.7%)
통영 케이블카	904,324명	891,202명(98.5%)	13,122명(1.5%)
대둔산 케이블카	252,762명	250,527명(99.1%)	2,235명(0.9%)
독도 케이블카	122,734명	120,763명(98.4%)	1,971명(1.6%)

출처: 「코로나 이후 대구도시 이미지 인식조사」(2020.5./대구광역시)
• 조사 대상 : 해외 온라인패널 활용 최근 3년 이내 한국 방문 또는 검토 거주민, 여행사 등
* 방문하고 싶은 관광지 중 팔공산 케이블카
— 베트남·태국·인도네시아·필리핀(1위), 중국(2위), 대만(2위), 일본(5위)

　대구시의 위 주요 케이블카 방문객(2019년 기준, 문체부 관광지식정보시스템) 통계에 따르면, 팔공산케이블카는 다른 지역 케이블카에 비해 외국인 선호도(9.7%)가 가장 높으며, 2020년 5월 코로나 이후 대구 도시 이미지 인식조사에서도 방문하고 싶은 관광지 중 팔공산케이블카가 동남아에서 1위, 중국·대만 2위, 일본 5위로 나타났으며, 관광빅데이터(2010~2020.10) 분석 결과 '대구 인생샷 명소 핫 플레이스' 100선 중 18위를 차지해 정상부에 구름다리 설치 시 국내외 관광객 유치에 시너지 효과 창출이 기대된다고 사업의 필요성을 주장했다.

　그러나 대구참여연대 등 7개 시민단체는 '팔공산 막개발 저지 대책위'를 구성한 후 대구시가 사업안을 기획할 때부터 생태계 환경 훼손 등을 이유로 2020년 9월 '구름다리 백지화 성명서'를 발표하며 격렬히 반대해 왔다. 이들은 "팔공산이 멸종위기종을 포함, 4천 739종의 생물이 서식하는 생태계의 보고로, 구름다리가 건설될 팔공산 능선 쪽이 야생동물 서식지로 이를 보호해야 한다"고 반발했다(대구일보, 2020.10.28).

　이에 대해 대구시는 구름다리 설치사업을 현재 등산로로 이용되고 있는 임야에 영구적으

로 점용되는 부분은 주탑기초 2개소(126㎡), 앵커리지 기초 8개소(223㎡)인 459㎡로, 일시 점용 부분(1,688㎡)은 공사 시행 후 훼손 없이 원상 복구를 할 계획임을 밝혔다. 또 대구시는 이 사업이 법적인 소규모 환경영향평가 대상(5,000㎡ 이상)은 아니나, 시민단체의 의견을 수용해 환경영향성 검토(2018년)를 완료했다. 또한 대구시는 이 사업이 생태계 훼손이 미미하다고 주장했다.

이 사업과 관련한 두 번째 이해관계 갈등은 특혜 시비다. 시민단체 일부는 이 구름다리 설치사업은 "특정 업체에 이익이 집중된다"며 특혜 시비를 제기했다. 반면, 팔공산 상가연합회는 "팔공산 일대 주민들은 지난 30년간 변변한 인프라 조성 하나 없이 참고 살아왔다"며, 그에 대한 보상 차원에서라도 2020년 12월 구름다리 건설사업을 지속 추진할 것을 요구했다(대구일보, 2020.10.28).

권영진 대구시장은 이에 대해 구름다리 설치에 따른 팔공산 케이블카 이용객 및 매출이 증가할 것으로 예상됨에 따라 케이블카 측과 2017년부터 현재까지 총 22회 협상을 진행해왔으며, 통상 케이블카 수익이 총매출액의 3~6% 정도이고, 전남 여수케이블카 설치 허가 시 총매출액의 3%를 사회공헌기금으로 제시했다는 점에서 총매출액의 3%를 20년간 사회공헌기금 및 팔공산 발전사업에 활용하는 것으로 최종적으로 잠정 합의했음을 밝혀 특혜는 없다고 주장했다.

2) 객관적 기준의 설정

갈등 발생 시 합리적 논거를 제시해 상대의 반대를 설득하는 노력을 하게 된다. 통상 객관적 비교 자료, 통계 수치 등을 제시해 자신의 주장을 뒷받침한다. 이 사업과 관련 반대집단인 시민단체는 시설의 안전성 문제를 제기했다.

이에 대해 대구시는 사업 안전성에 대해서는 이미 수차례 안전생활실천시민연합(안실련) 등 시민단체와 협의를 진행했으며, 구름다리의 내풍 안전성을 검토하는 풍동 실험을 실시(2019.1월~2월)했고, 구름다리도 도로교 설계 기준(케이블 교량편)상 내진 1등급 교량으로 강화하는 설계를 마쳤음을 밝혔다. 또한 대구시는 관광객 증가에 따른 안전성 확보 및 장애인 탑승을 위해 케이블카 전면 교체 및 편의시설 확충을 위해 약 220억 원을 별도로 자체 시설 투자하기로 합의했다고 밝혔다. 대구시는 사업 반대집단을 설득하기 위해 풍동 실험 등 객관적 기술 기준을 제시해 상대의 부정적 인식 프레임을 바꾸고자 노력했다. 하지만 한쪽 당사자가 합리적 논거를 제시한다고 해서 상대가 당연히 수용하는 건 아니다. 상대가 그 논거를 정당한 것으로 인정할 때 '객관적 기준'으로 수용되는 것이다.

3) 갈등관리: 당사자 개입 및 제3자 개입

이 사례에서 짚어봐야 할 사안은 '행정절차상의 갈등관리'다. 대구시는 팔공산 구름다리 설치사업과 관련해, 자연공원법상 문화재 현상 변경(2020.1.3~4.2), 토지 소유자 동의, 공원계획 변경(2020.2.13~9.10 / '이견 없음') 시 구름다리 설치에 대해 동화사와 지속적으로 협의해 왔다. 그러나, 지난 2020년 12월 8일 대한불교 조계종에서 '수행하는 스님들의 수행환경이 저해된다'는 사유로 구름다리 설치사업 철회를 요청해 왔다. 대구시는 이 사업이 2019년 시민원탁회의 시 시민 60% 이상의 찬성으로 추진돼 왔다는 점을 감안, 당초대로 정상적으로 추진될 수 있도록 조계종에 협조를 요청했으나 결국 입장 변화를 이끌어 내지 못했다.

이 사업은 사업의 필요성 여부를 떠나 본 사업 부지의 소유주인 동화사 측의 동의가 없이는 사업 자체가 사실상 불가한 것이 당초부터 예견된 것으로, 대구시는 갈등관리에서 행정절차가 상당히 진행되기 전 좀 더 일찍, 그리고 좀 더 면밀히 동화사 측의 '이익갈등'의 소지를 짚었어야 했다.

4) 최적 대안의 모색

대구시는 사업 추진 방향과 관련해 환경단체의 반발 및 사업 부지 소유주인 동화사 측이 반대 입장을 표명하자, 시민들과 전문가의 의견 수렴을 위해 설문조사 실시 및 자문회의를 개최했다. 법조계, 학계, 언론 등 지역 각계 인사가 참여하는 자문회의 시(2012. 18) "조계종이 동의하지 않으면 현실적으로 사업 추진이 어렵다"는 의견과 "잠정 유보해 재추진할 경우, 새로운 갈등 유발 등 시민 피로감이 높아진다"는 의견 등을 이유로 사업 철회 의견이 많은 것으로 나타났다.

대구시는 이러한 의견을 반영해 ① 시의 다각적인 노력에도 불구하고 수행환경 저해를 사유로 조계종에서 사업 철회 입장에 변화가 없다는 점, ② 조계종(동화사) 소유 부지 매입 또는 사용 승인 없이는 현실적으로 사업 추진이 어렵다는 점, ③ 사업 부지 확보 없이 공사 절차 진행 시 감리비, 공사비 등 사업비가 추가로 투입된다는 점 등을 고려해 불가피하게 사업을 철회하는 결정을 하게 됐다(대구시 관광과, 2020년 12월). 이로써 5년 넘게 끌었던 팔공산 구름다리사업 갈등은 사전 행정절차만 이행하다가 착공 직전 단계에서 철회되는 것으로 마무리됐다.

이 사업은 법적으로 공청회 대상은 아니라 하더라도 지자체에서 흔한 환경갈등임을 고려, 시간이 소요되더라도 사업 공감대 형성 또는 '가치갈등' 관리 노력을 사업 초기에 더 기울였어야 했다. 전국적으로도 이와 유사한 명산개발사업들이 환경단체의 반대에 의해 무산된 경우가 많다. 경남 하동군의 지리산 케이블카사업이 2020년 12월 기재부에 의해 좌초됐고, 전북 진안군도 마이산 케이블카 설치사업이 환경부의 반대로 2020년 6월 백지화됐으며, 강원도 양양군도 설악산 오색케이블카사업이 2019년 9월 환경부에 의해 무산된 바 있다(한겨레신문, 2020.12.21).

또한 이 사업에의 여론 형성을 위한 2019년 시민원탁회의가 공사 임박 시점이 아니라 2016년 이 사업의 기본 계획 수립 시점 또는 적어도 실시 계획 수립 전에 기획 시행함이 더 바람직했다. 시민원탁회의 결과인 '시민 60% 이상의 찬성'을 사업 정당성의 근거로 기정사실(fait accompli)화하기보다는 오히려 좀 더 공감대를 모아야 할 시그널로 해석해 보완할 부분을 찾는 작업을 시행할 필요가 있었다고 본다. 이 점에서는 대구시의 시민원탁회의를 통한 공론화가 정책 추진의 도구적 합리성으로 활용됐다는 비판에서 자유롭지 못하다.

토의 과제

- 이 사례는 갈등 유형 중 어떤 갈등의 성격인가? (이익갈등, 가치갈등)
- 협상 수행 전략 또는 전술상 어떤 부분이 진행상 아쉬움을 남겼는가?
- 시민원탁회의 활용의 유용성과 한계는 무엇인가?

사례 21   설악산 오색케이블카 설치 갈등(강원도 양양군. 관-민갈등, 2001~)

1. 갈등 개요

설악산은 1970년 국립공원으로 지정됐고, 1982년에는 유네스코가 희귀한 자연자원이 분포하고 있는 것으로 평가받아 생물권보전지역으로 지정됐다. 그러나 국내에서는 유명 관광명소로 1972년 설악산 권금성과 속초를 연결하는 케이블카가 처음으로 설치됐다. 이후 1995년 민선 지방자치제가 도입되면서 각 지역에서는 지역경제살리기의 일환으로 국립공원 구역에 케이블카 설치를 요구하는 민원이 계속 증대됐다. 2019년 말 현재 전국에는 56개의 삭도시설이 있으며, 이 중 28개의 관광용 케이블카가 운영되고 있다(한국삭도협회, 2019). 또한 부산 해운대, 울산 대왕암공원, 경남 거제시, 하동군, 산청군 등에서 케이블카가 건설 중이거나 검토 중에 있다(MK뉴스, 2020.2.2).

강원도 양양군의 경우, 2001년부터 케이블카 유치를 추진해 왔고, 2015년 8월 29일 강원도와 양양군이 준비해 왔던 오색케이블카 심의가 통과돼 9월에 환경부의 조건부 승인을 받고 2016년 문화재청에 문화재 현상 변경 허가 신청을 했다가 부결 처분을 받았다. 양양군은 그 결과에 불복해 2017년 3월 중앙행정심판위원회에 행정심판을 청구했고, 중앙행심위는 현지조사를 거쳐 양양군의 손을 들어 줬다(연합뉴스, 2017.6.28).

이후 양양군은 2016년 11월에 원주지방환경청이 양양군에 요구한 동식물상 현황 정밀조사, 공사 시 환경영향예측 등 평가서 보완 사항의 보완작업에 들어갔다. 양양군은 2년 반 동안의 보완 기간을 거쳐 지난 2019년 5월 16일 보완평가서를 제출했고, 원주지방환경청은 그간 중단됐던 '설악산 오색케이블카 환경영향 갈등조정협의회'를 2019년 6월 재개해 보고서 보완이 미흡하다는 의사를 표명했다. 이를 기초로 환경부는 사업 부동의 결론을 내렸다(노컷뉴스, 2019.9.16). 이에 대해 강원도는 강하게 반발하면서 그간의 '설악산 오색케이블카 환경영향 갈등조정협의회' 운영은 원천 무효이며 취소처분 대상이라고 주장하며 행정심판을 청구해 강원도와 주무부처인 환경부 간에 갈등의 골이 깊어졌다(뉴스1 코리아, 2019.12.10). 강원도의 행정심판에 대해 국민권익위원회 소속 중앙행정심판위원회는 2020년 12월 29일 양양군의 행정심판청구를 인용하면서 환경부 원주환경청의 부동의 의견 통보가 부당하다는 취지의 결론을 내렸다(조선비즈, 2020.12.29). 이로써 다시 케이블카사업이 기사회생했다. 하지만 이 케이블카 설치사업 환경영향평가협의를 두고 원주환경청은 2021년 4월 중 '재보완 통보'를 확정하기로 해 강원도와 환경청 간에 갈등을 겪다가(강원도민일보, 2021.4.9.), 2023년 10월 케이블카 설치사업이 최종 승인됐다.

2. 추진 경위

- 2000: 양양군이 한국관광공사에 오색-설악산 대청봉 구간 케이블카 건설 타당성 검토 용역 의뢰
- 2001~2008: 케이블카 설치 논쟁(양양군 추진 대 환경단체 반대)
- 2008: 시·군의장협의회, 케이블카 설치 관련 법규 개정을 청와대 등에 건의
- 2009: '국-도립공원 케이블카 설치규정' 가이드라인 확정(양양군 사업 적극 추진)
- 2010: 설악산 케이블카 설치 근거 마련
- 국립공원 내 자연환경보전지구에서 로프웨이 설치 규모를 2킬로미터에서 5킬로미터로 완화하는 자연공원법 시행령 국무회의 통과
- 2012.6.26: 환경부, 케이블카시범사업 심의 부결
- 2013.8.30: 양양군의회, 오색케이블카 유치 결의
- 2014.8.13: 정부, 제6차 무역투자진흥회의에서 설악산 케이블카 설치 지원 결정
- 2015.8.28: 환경부, 국립공원위원회 심의시 설악산 오색케이블카 사업 가결
- 2016.1.9: 양양군, 주민설명회 개최(시민단체는 사업 반대 집회)
- 2016.12.28: 문화재위원회, 문화재 현상변경안 부결 처리
- 2017.3.3: 양양군, 행정심판위원회에 행정심판 청구(부결 처리 부당성 주장)
- 2017.6.15: 중앙행정심판위원회, 문화재위원회의 문화재 현상 변경안 부결 처리가 부당하다고 판정(양양군의 주장 수용)
- 2019.5.16: 양양군, 2년 반 동안의 보완 기간을 거쳐 보완평가서 제출
- 2019.6.16: 원주지방환경청, '설악산 오색케이블카 환경영향 갈등조정협의회' 재개(양양군의 보고서 보완 미흡 결정)

- 2019.9.16: 환경부, 양양군 케이블카사업 부동의 결정
- 2019.12.6: 양양군, 환경부에 케이블카사업 부동의 관련 행정심판 청구
- 2020.12.29: 국민권익위원회 소속 중앙행정심판위원회, 양양군의 행정심판청구를 인용(환경부 원주환경청의 부동의 의견 통보가 부당하다는 취지). 다시 케이블카사업 기사회생
- 2021.4: 원주환경청, 케이블카 설치사업 환경영향평가협의 '재보완 통보'를 확정. 강원도와 환경청 간에 소송 예상
- 2023.10.13.: 국립공원관리공단, 설악산 오색케이블카 사업 공원 사업 시행허가.

3. 갈등 사례의 해석

1) 이해관계

이 사례는 지역경제 진흥 차원에서 설악산 오색케이블카 설치사업을 추진하는 강원도 양양군과 이를 반대하는 환경단체 간 '관-민 가치갈등'이자, 긴 갈등 기간을 보내며 사업 허가 부처인 환경부와 사업 추진 지자체인 강원도 양양군 간 '관-관 갈등'의 양태도 띤다.

사업 찬성집단은 설악산 오색케이블카 설치사업을 추진하는 양양군과 케이블카추진위원회다. 이 위원회에는 양양군, 지역 국회의원, 도의원, 양양군번영회, 지역청년회, 지역숙박업체 등이다.

사업 반대집단은 설악산 오색케이블카 설치사업을 반대하는 전국적 환경시민단체인 녹색연합이 주도해 만든 '자연공원케이블카반대범대위'다. 주무부처인 환경부는 박근혜 정부에서는 사업 추진 의지를 보였으나, 문재인 정부 출범 후부터는 사업 심의를 통해 양양군의 케이블카사업에 대해 2019년 부동의 결정을 내림으로써 입장을 바꿨다.

2) 객관적 기준의 설정

이 사업의 필요성과 부정적 효과에 대해 갈등 당사자 간 서로 주장이 상치된다. 또 사업

시행자가 용역을 통해 마련한 나름의 사업 논거에 대해서도 사업 반대집단은 '객관성'에 의문을 제기하고 있다.

찬성집단은 일본의 로쿠산 국립공원, 캐나다의 밴프 국립공원 등 많은 외국의 국립공원이 케이블카 설치를 통해 관광객을 유치하고 있다고 주장한다(조은영, 2017: 165-177). 양양군에 따르면, 설악산 입장객은 2016년 평균 280만 명으로 그중 85%가 이용 중이며 25만 명 정도가 정상을 오르고 있다. 케이블카가 설치되면 세수 증대를 기대하고 있다(양양군 홍보과, 2015). 양양군은 또한 설악산 환경 보호를 위해서도 케이블카 설치가 필요하다는 입장이다. 케이블카가 설치되면 기존 등산로를 폐쇄하고, 이용요금은 환경 훼손 복구 등에 사용할 수 있다고 한다. 또한 생태계 파괴 우려가 있는 지역을 회피하는 제3노선을 제시해 정상 통제를 함으로써 친환경적 운영이 가능하다고 한다.

한편, 사업 반대집단은 설악산이 유네스코가 지정한 뛰어난 생물권 보전지역으로, 자연자원이 풍부해 학술적으로 연구 가치가 크며, 케이블카 설치가 자연환경에 악영향을 끼칠 것이라고 주장한다. 또한 설악산은 국립공원, 유네스코 생물권보전지역, 산림유전자원보전지역, 천연보전지역, 백두대간보호지역 등 총 다섯 가지 보호구역으로 지정해 보호돼야 한다고 주장한다(한겨레, 2015.1.24).

이 사례는 개발과 보전 가치가 충돌하는 사업으로, 정부는 좀 더 합리적인 '객관적 기준'을 제시하는 갈등 해결 기제를 활용할 필요가 있다. 이해관계자들 간 합의가 어려운 환경성에 대해서는 공동사실 관계조사(joint fact-finding)를 비롯한 이해관계자들 간의 합의 제고 기법을 적극 활용할 필요가 있다.

3) 갈등관리: 당사자 개입 및 제3자 개입

이 사례는 2000년 양양군이 한국관광공사에 오색-설악산 대청봉 구간 케이블카 건설 타당성 검토 용역을 의뢰하면서 시작돼 20년 이상 끌고 있는 장기 갈등이다. 사업허가권자인 정부가 대통령선거를 통해 박근혜 정부에서 문재인 정부로 바뀌면서 사업 허용에서 사업 불허로, 케이블카 설치의 환경 보존 적합성을 놓고도 많은 의견 대립과 갈등을 낳은 사업이다. 이 사업은 대통령이 막강한 힘을 갖는 한국에서 정부의 정책 의지에 따라 각각 갈등이 다른 진화 과정을 겪을 수 있음을 보여주는 대표적 사업이다. 양양군과 환경단체 두 당사자 간 갈등에 정부가 '사업허가권자'로 제3자 개입해 조정이 갈지자를 걷고 있다. 박근혜 정부에서 국립공원위원회의 조건부 사업 승인(2015.8.28)이 났다가, 4년 뒤 원주지방환경청의 '설악산 오색케이블카 환경영향 갈등조정협의회' 재개 후 사업 부동의 결정(2019.6.16. 문재인 정부)으로 다른 결론이 내려졌다.

전경련이 산지관광 활성화를 박근혜 정부에 건의한 이후, 사회적 약자와 소외계층의 문화향유권 보장이라는 사회적 형평성을 강조한 대통령의 발언 후, 문화체육부가 2015년 초 평창 동계올림픽 인프라 구축과 지역경제 활성화를 목적으로 설악산 케이블카 설치를 적극 추진한다고 발표했다(중앙일보, 2019.8.24). 이후 사업 찬성집단이 힘을 크게 받았으나 이 힘은 갈등집단 간 상호 협상이 아니라 대통령의 권위에 의한 비자발적 조정의 성격이 짙어 갈등의 불씨는 여전히 안고 있는 형국이었다. 결국 정부가 문재인 정부로 교체된 후 다시 개발보다는 환경 보존에 더 정책의 무게를 둔 환경부가 사업 부동의 결정을 내림으로써 사업 반대로 방향 선회를 했다가, 윤석열 정부가 들어선 후 우여곡절을 겪은 끝에 2023년 10월 13일 국립공원관리공단이 설악산 오색 케이블카 사업의 시행허가를 내주면서 착공하게 됐다(노컷뉴스, 2024.9.24.).

4) 최적 대안의 모색

갈등 상황에서 설정한 객관적 기준이 협상에서 잘 적용되면 각 당사자가 자신의 기존 입장만 고집하지 않게 되고 쌍방 간에 만족할 만한 최적 대안을 가져다준다. 이러한 협상을 '통합적 협상'이라 부르는데, 이는 당사자들이 그들의 이해관계를 합의로 통합시킴으로써 대안 파이 자체를 더 키워서 쌍방이 최대한의 편익을 가져오게 한다.

이 사업은 당초 사업 추진 주체인 양양군과 사업 찬성 주민과 반대단체인 환경단체 간 관-민 갈등의 형태로 시작했으나, 20년 이상 사업 갈등이 장기화되면서 최근에는 사업 찬성 입장인 강원도와 사업을 불승인한 환경부 간 관-관 갈등 형태로 번지고 있다. 2020년 들어 지난 15년간 환경부와 강원도 간에 유지됐던 1 대 1 직원 인사 교류도 중단돼 갈등의 여파가 큼을 짐작케 한다(강원일보, 2020.2.13). 결국 사업 찬성집단과 반대집단 간 외부의 권위주의적 힘에만 의존해 갈등을 해소하려고 시도할 것이 아니라 협상 당사자들 간의 '객관적 평가 기준 설정'을 통한 최적 대안을 찾으려는 인내와 설득 노력이 수반돼야 한다.

또한 개발과 보전에의 사회적 인식 변화도 필요하다. 케이블카 설치로 지역경제가 부흥하는 사례는 해외에서도 많이 있다. 또한 가령, 순천만 국가정원 조성처럼 조성을 통해 경제성과 환경성을 조화시키는 성공 사례도 있다. 갈등 당사자 간 고착된 부정적 프레임을 긍정적으로 전환시키려는 프레임 전환 노력이 필요하다.

토의 과제

- 이 갈등 사례에서 정부의 정책 목표가 향후 협상 수행에 어떤 영향을 미치는가?
- 설악산 오색케이블카 설치사업에서 정부의 갈등 조정자(제3자)로서의 역할은 무엇인가?

사례 22 경기도 하남시 추모공원(광역화장장) 건설 갈등*
(관-관-민 갈등, 2006~2008)

1. 갈등 개요

경기도 하남시는 시 전체 면적의 92.8%가 그린벨트의 규제로 묶여 있고, 재정 상황도 열악한 상태였다. 이런 지역적 상황에서 하남시장은 하남시 내에 광역화장장을 건설하는 조건으로 경기도로부터 2천억 원의 지원금을 받아 하남시의 열악한 사회·경제적 상황을 극복하고자 2006년 10월 광역화장장 유치계획을 발표했다. 하남시의 인구는 경기도 27개 시 중 24위, 재정 규모는 경기도 내 31개 시·군 가운데 29위, 재정자립도는 47%인 것으로 나타났다(양은주 외, 2012: 3-28). 그러나 직접적인 이해 당사자인 주민들을 배제한 채 일방적으로 화장장 유치를 계획·발표한 것이 갈등의 시발점이 됐다. 이후 2007년 5월 「주민소환에 관한 법률」이 시행되면서 광역화장장 유치를 둘러싼 하남시 정책갈등의 양상은 주민소환운동으로 전환됐다.

애초에 이 사안은 하남시장과 주민들 간의 갈등(관-민 갈등) 형태였으나 2008년 4월 10일 경기도가 갑자기 하남시의 광역화장장 건립 및 지원계획을 철회함으로써 하남시와 경기도 간의 관-관 갈등 형태를 띠게 됐다.

이후 2008년 4월 28일 경기도가 하남시 광역화장장 건립 및 지원계획을 철회하는 대신 하남시 지역 발전을 위해 각종 현안 사업에 대한 재정적 지원을 약속하는 합의를 하남시와 함으로써 경기도와 하남시 간의 갈등은 '정치적 타결'을 통해 종결됐다. 경기도는 하남시를 위해 중앙대학교 유치를 위한 기반시설 지원, 덕풍천 자연생태하천 조성, 서울-하남 상습 정체 구간 해소 사업, 대규모 물류 기반시설 투자 등의 사업을 지원하기로 합의했다(중앙일보, 2008.4.29).

---
* 한노덕(2014) 참고.

2. 추진 경위

- 2006.10.16: 하남시장, 경기도 광역 장사시설 유치계획 발표
- 2006.11.4: 하남시 광역화장장 유치반대 범시민대책위원회 발족
- 2006.12.20: 시의회 화장장 찬반 투표 예산 통과 및 주민 의회 점거 농성
- 2007.5.25: 주민소환법 발효. 범대위가 하남시주민소환추진위로 개편
- 2007.6.12: 하남시, 광역 장사시설 용역 보고 및 하남 비전 발표
- 2007.7.23: 소환추진위, 하남시장과 시의원 3명에 대한 주민소환투표 청구
- 2007.8.17: 하남시장, 선관위 상대 주민소환투표 청구 수리처분 무효확인 소송 제기
- 2007.12.12: 전국 첫 주민소환투표 실시, 소환 부결 및 하남시장직 유지
- 2008.4.4: 경기도, 하남시 광역화장장 건립 포기 표명. 갈등 종결

3. 갈등 사례의 해석

1) 이해관계

하남시 광역화장장 건립 추진과 관련해 사업에 찬성하는 측인 하남시는 경기도로부터의 재정 지원을 조건으로 광역화장장 건설을 추진했고, 경기도는 권역별 광역화장장을 건설하려는 차원에서 하남시가 광역화장장 추진시 인센티브를 제공하고자 했다. 한편, 사업에 반대하는 인근 경기도 광주시는 하남시가 인접 자치단체에 대한 협의도 없이 일방적인 일 추진에 대해 비판했다.

하남시 주민들은 찬반 입장이 갈렸는데, 일부 주민들은 하남시 지역 발전을 위해 광역화장장 유치에 찬성한 반면, 반대 주민들은 광역화장장 추진이 비민주적 절차를 거친다며 주민투표를 통해 결정돼야 한다는 입장을 표명했다(이주형 외, 2014: 9).

2) 객관적 기준의 마련

하남시가 광역화장장을 추진하게 된 것은 화장장 자체의 필요성이 아닌 지역 발전의 필요에 의한 것이었고, 그 추진 과정에 주민들의 이해가 배제됐다. 이후 화장장 건설 관련 주민투표 실시와 주민소환투표 실시 자체가 갈등의 쟁점이 됐다. 또한 인접 시인 광주시와 협의 없이 일방적으로 광역화장장 건립을 추진하면서 정부 간 갈등도 발생했다. 주민소환투표 이후에는 경기도의 화장장 정책 변화로 주된 갈등 당사자가 변경되는 결과가 나타났다. 주된 쟁점은 다음과 같다.

첫째, 사전 협의 절차 결여다. 하남시 주민들은 직접적인 이해 당사자인 주민들을 배제한 채 일방적으로 광역화장장 유치를 계획·발표한 하남시장을 강하게 비판했다(노컷뉴스, 2007.2.12). 하남시는 10여 차례 주민설명회를 시도했으나 주민들의 강한 저항으로 무산됐다. 이것은 관이 민을 실질적인 대화와 협상 상대가 아니라 정책 과정의 '객체'로 여기고 선(先) 유치, 후(後) 의견 수렴 형태에 의존한 데 기인한다고 하겠다(양주은 외, 2012: 3-28).

다음은 갈등영향분석 결여다. 공공갈등관리규정에 따르면, 국민생활에 중대하고 광범위한 영향을 주거나 국민의 이해 상충으로 인해 과도한 사회적 비용이 발생할 우려가 있다고 판단되는 경우에는 갈등영향분석을 실시할 수 있도록 하고 있다. 이 규정 제3조 제2항에 따라 지방자치단체도 동일한 취지의 갈등관리제도를 운영할 수 있도록 하고 있다. 그러나 하남시의 경우 「하남시 갈등 예방과 해결에 관한 조례」가 2011년 8월이 돼서야 제정됐다. 갈등영향분석을 실시했더라면 갈등을 좀 더 조기에 차단할 기회가 있었을 것이다.

3) 갈등관리: 당사자 개입 및 제3자 개입

김황식 하남시장은 광역화장장 유치 여부를 주민투표로 결정할 것을 표명한데 반해, '광역화장장유치반대 범시민대책위원회(범대위)'는 "주민투표 실시권이 없는 하남시장이 주민투표를 하겠다는 것은 사기극"이라며 비난했다. 2007년 5월 25일 주민소환법이 발표되면서 하남시주민소환추진위원회는 2007년 10월 하남시장과 시의원 3명에 대해 주민소환투표를 청구해 12월 전국에서 처음으로 주민소환투표가 실시됐다. 투표 결과 하남시장에 대한 주민소환투표는 투표율 미달로 부결된 반면, 시의원 3명 중 2명에 대해서는 소환이 확정된 것으로 나타났다(양주은 외, 2012: 3-28). 주민소환제를 추진하기 위한 요건 충족 및 준비 과정에서 하남시장과 주민들 간 또는 찬성 및 반대 주민들 간 갈등을 악화시켰다.

또한 하남시의 경우 제3자 갈등 조정 방식인 ADR(Alternative Dispute Resolution) 활용도 없었다. 하남시는 갈등관리 관련 조례가 2011년에 제정됐고, 더구나 이 조례에는 갈등관리심의위원회 관련 규정이 없기 때문에 이 조례에 따른 갈등관리심의위원회는 개최될 수 없었고, 단지 화장장 건설 갈등을 심의하기 위한 회의는 개최됐으나 분쟁 해결 수단의 발굴 및 토론과 합의 형성 촉진 등의 역할을 수행하기에는 한계가 있었다.

하남시와 주민들은 정책 정당성에 대한 인식 면에서 간극이 컸다(허창수, 2008: 121). 하남시는 광역화장장 건설의 타당성조사 용역 결과의 제시 등으로 정책 추진의 타당성을 확보하려 했고, 정책 목표의 효율적 달성에 무게를 둔 반면, 하남시 주민들은 정책 과정에의 적극적 참여를 원했다. 화장장 건설이라는 정책 이슈에 대한 인식에서도, 하남시는 화장장을 지역경제 발전에 기여할 수 있는 수단으로 봤지만, 반대 주민들은 혐오스럽고 위험한 시설로 인식했다.

4) 프레임 전환

하남시는 복잡한 이해관계가 얽혀 있는 광역화장장 건설을 추진하면서 먼저 갈등 당사자들이 가지고 있는 사업에의 부정적 인식을 바꾸는 프레임 전환(reframing) 작업에 좀 더 공을 들였어야 했다. 이해관계자들이 폭넓게 참여하는 협상 구조를 준비하지 않고 주민설명회, 공청회 등 통상적인 절차적 공론화에만 너무 의존한 면이 있다. 경기도와의 내부적 절차 및 소수 정책결정자들의 의견 수렴을 거쳐 도구적 합리성에 치중한 정책결정을 함으로써 주민과의 갈등을 발생시켰다(허창수, 2008: 129-155).

이러한 DAD(Decide, Announce, Defend) 정책결정 방식을 지양하고, 대구시의 대구공항 이전 시 적용한 숙의형 주민 참여 방식처럼 직·간접 이해관계자들의 참여와 숙의 과정을 거쳐 합의적 정책결정을 하는 EDD(Engage, Deliberate, Decide) 협상 방식을 지향할 필요가 있다. 하남시 광역화장장 건립 갈등은 경기도와 하남시 간의 정치적 타결로 건설 취소로 일단락됐지만 갈등 해결 과정에서 민관 간, 민민 간 갈등이 증폭돼 행정 불신의 후유증을 남겼다. 결국 행정 목적만큼이나 그 추진 과정도 충분한 상호 교감이 필요함을 교훈으로 주고 있다.

3. 유사 사례의 검토

경기도 하남시 화장장 건립이 실패로 끝난 반면, 충북 청주시 화장장 유치 사례는 갈등을 조정해 건립으로 연결시킨 성공 사례로 볼 수 있다. 청주시 화장장 유치 사례는 2003년 1월 23일 청주시장의 결정으로 청주시 화장장 조성계획을 수립, 확정한 날로부터 2007년 10월 10일 청주 목련원이 준공될 때까지 약 5년간의 갈등 사례다. 초기에는 갈등 당사자가 월오동 주민, 낭성면 주민, 시민단체(청주시 환경연합, 청주 YMCA 등), 시민 등 다양했다. 화장장 부지가 월오동 산4번지로 확정된 후에는 청주시와 그 지역 주민이 주된 갈등 주체가 됐다.

화장장 조성계획 수립 초기에는 15개 후보지에서 6개 지역으로 압축되면서 월오동 등 3개 지역이 후보지에 포함됐다. 화장장 후보지 중 월오동 산4번지가 최적지로 검토되면서 월오동 1통 주민들로만 '화장장 건립반대 대책위원회'를 구성하고 조직적 건립반대운동을 전개했다. 반대 주민들 중 젊은층은 화장장 건립 필요성에 동의하며 경제적 보상을 요구한 반면, 고령층은 화장장 건립 자체를 반대해 서로 인식의 차이가 존재했다.

갈등관리와 관련해 반대 주민들은 시위나 국회의원 방문 등 정치적 입박을 주된 갈등관리 수단으로 사용하며 전문가 권위나 공동문제 해결 방식 등 보조 수단을 활용했다(청주시, 청주목련원 건립백서, 2008: 76). 반면 청주시는 토론회나 간담회를 주요 수단으로 하는 공동문제 해결 방식을 갈등관리 수단으로 활용했고, 월오동 주민들을 대상으로 국내외 장묘시설 견학을 시킴으로써 반대 주민들의 인식을 바꾸기 위해 프레임 전환 노력과 지속적 홍보활동을 전개했다(청주목련원 건립백서, 2008). 그 결과 주민들의 인식이 크게 완화됐고, 반대 자체보다는 '건설에 따른 경제적 보상'에 더 많은 초점을 맞추도록 할 수 있었다. 결국 관-민 간의 신뢰가 증대되면서 문제를 바라보는 프레임이 비슷해지는 효과를 통해 갈등을 종식시킬 수 있었다.

토의 과제

- 경기도 하남시 광역화장장 건설 갈등 사례에서 해결을 위한 리프레임(reframing)은 어떤 의미를 갖는가?
- 경기도 하남시와 충북 청주시의 화장장 건설 사례에서 갈등관리 방식의 차이는 무엇인가?

사례 23 부천시 추모공원 조성 갈등*(관-민 갈등, 2005~2011)

1. 갈등 개요

부천시는 전국 인구 80만 이상의 도시 중 유일하게 장묘시설이 없는 곳으로, 1975년 이후 지속적으로 이 시설을 갖추기 위해 노력했으나 실패를 거듭했다. 경기도 하남시에 광역화장장 건립계획(2006~2008년)이 주민들의 반대로 무산되자 경기도는 이를 포기하고 각 기초지자체가 각각 추모공원을 짓도록 지원하게 됐다. 이에 따라 부천시는 장묘문화 개선을 위한 시민 설문조사를 실시하고, 2003년 7월 민관합동 시립 추모의 집 건립추진위원회를 구성했다(인천투데이, 2008.11.19). 부천시는 다른 지역 장묘시설 이용 시 상대적으로 바싼 이용료를 부담해야 하는 점, 급격한 화장률 증가 추세 등을 감안, 자체 추모공원 확보가 시급하다고 봤으나, 시민들은 본인의 대지 위에 시설이 설치되는 것을 우려해 강하게 반발했다.

2. 갈등 사례의 해석

1) 이해관계

이 사례는 전국 인구 80만 이상의 도시 중 유일하게 추모공원시설이 없는 부천시가 자체 화장시설을 갖추고자 계획하자, 부천시민 일부 및 인근 지자체인 구로구 주민 일부가 기피시설이 인근에 입지하는 것을 우려해 사업에 반대해 생긴 '관-민 갈등'이자, 사업 주체인 부천시와 사업조정자 격인 경기도·국토부 간 '관-관 갈등'이다.

---

* 주성돈(2009) 참고.

2) 갈등관리: 당사자 개입 및 제3자 개입

(1) '부천시' 대 '부천시민 · 구로구민' 간 당사자 갈등

부천시는 2005년 2월 4일 원미구 춘의동 일원 개발제한구역 내 16,000평 부지에 1,262평 규모의 화장장, 납골시설을 갖춘 시립추모공원을 확보하는 계획을 전격 발표했다. 이에 대해 부천시 일부 주민들은 이 시설이 혐오, 기피시설로 공공생활시설과 가까워 환경, 교통, 재산 피해가 우려되고 녹지 훼손도 우려된다며 강하게 들고 일어났다. 특히 개발제한구역에 대한 국토부의 지침을 위반했다며 이 사업 강행은 자치단체장의 월권이라고 주장했다. 시민단체들은 부천시가 민관합동건립추진위를 구성해 두고 추진위를 배제한 채 반환경적으로 입지를 선정, 발표했다며, 이로 인해 인천과 서울을 잇는 원미산 녹지축의 훼손이 우려된다고 반대 의사를 표명했다(인천투데이, 2008.11.19).

한편, 인근 구로구 주민들은 760여 가구가 사는 구로구 온수동 연립주택 단지가 건립 예정지에서 200여 미터밖에 안 떨어져 있음을 이유로, 건립계획 철회 시까지 반대운동을 펼치겠다고 주장했다. 또 구로구, 양천구 주민들은 둘 이상의 시 · 도에 걸친 개발제한구역에 설치하기 위해 도시관리계획을 입안 시 '지역 간 협력 및 균형 발전을 통한 공동 번영의 추구'를 위해 관계 시 · 도지사가 공동으로 입안해야 함에도 인접 자치구와의 협의를 생략했다고 주장했다.

하지만 부천시 도시계획위원회는 2005년 11월 29일 시립 추모공원 조성을 위한 도시계획 시설 결정안에 대해 무기명 투표를 실시해 가결시켰고, 이를 근거로 이 일대를 근린공원으로 지정해서 추모공원 조성 근거를 마련했다. 이후 시민단체 및 인근 주민들과 부천시의 갈등은 심화됐으나, 부천시는 이 계획을 경기도로 제출했다.

(2) '부천시' 대 '경기도 · 국토부(조정자)' 간 갈등

경기도가 부천시 추모공원 조성에 필요한 행정절차를 추진하자, 서울시 일부 주민들이 추모공원 조성 반대 청원을 경기도에 제출했다. 경기도는 이에 대한 대응책으로 부천시에 주민민원 해소 및 서울 구로구 · 양천구와 사전 협의 후 결과를 제출하라고 요구했으나 그 후속 조치가 없다며 부천시에 사업 반려 조치를 했다. 이것은 둘 이상의 시 · 도에 걸친 개발제한구역에 설치하기 위해 도시관리계획을 입안 시 관계 시 · 도지사가 공동으로 입안해야 한다는 국토부 지침에 따른 것이었다. 부천시는 2006년 7월 '개발제한구역 관리계획변경(안)'을 경기도에 재상정했다.

한편, 서울 구로구는 2006년 12월 부천시 경계지역인 구로구 항동 부지에 대규모 음식물 처리시설을 건설하겠다고 밝혔다. 부천시는 구로구가 부천시 추모공원 조성 추진에 대한 일종의 '맞불작전'으로 이러한 계획을 추진한다고 비판했으나 구로구는 이를 극구 부인했다. 경기도는 2007년 4월 27일 도시계획위원회를 열어 부천시 추모공원 건립에 따른 '변경안'을 구로구와 지속 협의한다는 조건부로 사업을 승인했다. 하지만 이후 국토부는 서울시와 경기도가 협의 조정이 안 된 상태로 '2011년 수도권 개발제한구역 관리계획'에 부천시 추모공원 사업을 포함시키는 것은 곤란하다는 입장을 표명했다.

3) 최적 대안의 모색 실패: 부천시 추모공원 건립계획 자진 취하

부천 추모공원 조성계획은 2004년 6월 홍건표 전 부천시장이 2005년 2월 계획을 발표하며 구체화됐다. 하지만 계속되는 구로구와의 갈등, 경기도의 조정 노력에도 진척이 없자 국토부가 사업 미승인으로 지지부진 상태를 이어갔다. 민선 3,4기를 거치며 공전하다가 민선 5기 부천시와 구로구에 새 자치단체장이 취임하면서 원인 제공자의 자진 취하로 갈등이 소멸됐다(아시아경제, 2011.2.18). 결국 지자체의 갈등 해결 의지 부족, 주민 의견 수렴을 위한 공청회 결여, 절차적 정당성 미확보 등 주민 동의 없이 무리한 추진이 갈등만 초래했다고 볼 수 있다.

부천시는 인근 인천시 부평구의 화장장 증설에 따라 이를 공동으로 사용하는 쪽으로 방향을 틀었다(부천매일, 2011.5.4). 이후 부천시를 포함한 5개 지방자치단체가 공동으로 추진하는 '함백산메모리얼파크(화성장사시설)' 건립을 위해 개발제한구역 관리계획 변경안에 대해 국토부가 의결을 했다(부천타임즈, 2015.12.26). 이 사업은 화성시 숙곡리 일대 부지에 부천시, 화성시, 안산시, 시흥시, 광명시 등 5개 시가 공동으로 종합장사시설을 2018년까지 건립하는 사업이다.

토의 과제

- 부천시 추모공원 조성 갈등(사례 23)에서 갈등 해결이 어려웠던 이유는?
- 경기도 하남시 광역화장장 건설 갈등(사례 22. 2006~2008)과 부천시 추모공원 조성 갈등(사례 23. 2005~2011)에서 갈등관리 방법상 유사점은 무엇인가?
  - 하남시, 부천시 추모공원 조성: 갈등관리 미흡, 사업 포기로 갈등 종결

사례 24   경기도 광명시와 서울 구로구 간의 환경기초시설 설치 갈등*
(관-관 갈등, 1993~2000)

1. 갈등 개요

경기도 광명시와 서울특별시 구로구는 지리적으로 인접해 있으면서 환경기초시설을 교차 이용함으로써 빅딜을 한 대표적 사례다. 광명시는 쓰레기매립장을 보유한 대신에 하수종말처리장이 없었던 반면, 구로구는 하수종말처리장을 보유한 반면 쓰레기매립장이 없는 자원 불균형이 존재했다. 이 상황에서 구로구에서 발생되는 쓰레기는 '광명시 자원회수시설(생활폐기물소각처리시설)'에서 처리해 주고, 광명시에서 발생되는 생활하수는 구로구가 자기 관내에 소재한 '서울특별시 가양하수종말처리장'에서 처리해 주도록 상호 간 합의를 한 것이다.

광명시는 도내 타 시·군 매립장을 이용해 쓰레기를 처리해 오다가 비용이 증가하자 1993년 시 외곽에 불모지로 방치돼 왔던 폐광지역을 복원해 자체 소각장을 설치할 것을 결정하고 그해 7월 12일 쓰레기소각장 건설 기본계획을 확정해 소각장을 건립했다. 한편, 구로구 역시 일반폐기물을 김포수도권매립장으로 운반 처리하다가 자체 쓰레기소각장을 확보할 필요가 커졌다. 1995년 7월 폐기물처리시설 설치 추진 및 주변 지역 지원 등에 관한 법률(이하 폐촉법으로 표기) 및 시행령이 발표되자 서울시는 입지 선정계획을 결정해 각 자치구에 시달했다. 1996년 6월 구로구의 소각장건립추진계획이 서울시에 의해 공표되자 이를 뒤늦게 인지한 인접 광명시민들은 불만이 터져 나왔다. 광명시는 서울시와 구로구에 구로구 소각장 입지에의 변경을 요구했다. 광명시는 구로구의 입지 타당성조사 결과에 대한 주민설명회가 환경영향권 내 거주하는 광명시 주민들에게 알려지지 않았고, 인근 주민 피해를 고려하지 않아 폐촉법 위반이라 주장했다. 1997년도에 들어 구로구 소각장 건설과 관련한 갈등은 더 조직화돼 갔다.

---

* 이달곤(2005: 381-398) 참조.

2. 추진 경위

- 광명시, 쓰레기소각장 건설 기본계획 확정: 1993.7.12
  환경영향평가 및 설계용역: 1994.3.16
  쓰레기소각장 공사 시작: 1996.3.20
- 구로구, 쓰레기소각장 건설계획 공표: 1996.6.21
  (광명시는 구로구에 구로구 소각장 변경 요청: 1996.7.25)
- 서울시, 광명시에 '구로구 쓰레기소각장 건설 관련 업무협의 공문 송부: 1998.3.20
  (광명시가 건설 중인 소각시설에 구로구 발생 쓰레기 위탁처리 수용 시, 서울시가 광명시에 건설비용 일부 지원 의사 표명)
- 환경부
  1단계 협상(광명시-구로구 협상 주관): 1998.6.15
     - 구로구: 광명시 시설 공동 이용 찬성
     - 광명시: 주민 동의 시 공동 이용 수용 의사 표명
  2단계 협상(광명시 시설 공동 이용 시 시설비와 운영비 분담 문제, 주민 수혜 사업비 분담 문제 논의): 1998.11~1999.3
  3단계 협상(광명시 쓰레기소각장에 구로구 쓰레기 반입 및 광명시 하수를 서울시 가양하수종말처리장에서 통합 처리 방안 논의): 1999.5.21
  4단계 협상(서울시, 광명시, 구로구 간 광명시 쓰레기소각장 건설 사업비 및 주민편익시설 설치비 분담, 시설운영 방안 세부 협상. 공동 이용 합의): 1999. 8~ 2000.5

3. 갈등 사례의 해석

1) 이해관계

이 사례에서 광명시는 쓰레기매립장을 보유한 대신에 하수종말처리장이 없어 아쉬운 반면, 구로구는 하수종말처리장을 보유한 반면 쓰레기매립장이 없어 아쉬운 자원 불균형이 존재했다. 1998년 1월 30일 광명시 자체검토보고서인 '광명시 생활쓰레기 발생량 현황과 예측, 쓰레기 소각장 여유 소각 용량 활용 방안 검토' 보고서(30쪽)에 따르면, 당초 소각장 건설 기본 계획 시 1일 300톤을 처리하기로 계획했다. 그러나 이후 여건 변화로 2000년 완공 시 여유 소각 여력의 발생이 예상됐다. 이에 따라 서울시는 1998년 3월 광명시 건립 소각시설에 구로구가 건설비 및 운영비 등 비용 일부를 부담하는 조건으로 구로구의 쓰레기도 함께 처리하는 방안을 광명시에 검토 요청했다.

광명시는 광명시 가학동 주민이 구로구의 쓰레기 수탁 처리를 수용한다는 전제하에 집단 민원을 광역적으로 해결하려는 일종의 프레임 전환을 시도했다. 1998년 3월 광명시는 우선 광명시 자체 소각시설의 여유 용량을 활용, 인근 구로구의 소각장 건설 수요를 흡수해 광명시 시민들의 구로구 소각시설 건립 반대 민원을 해소할 수 있다. 한편 광명시는 구로구 가양 하수종말처리장에서 처리하고 있던 하수에 대한 추가 물량(1일 약 10만 톤) 처리 불가로 인해 새 하수종말처리장을 건설해야 하는 문제를 해결해야 하는 상황에 처하게 됐다. 만약 구로구에 소재한 가양하수처리장에서 광명시의 하수를 전량 처리해 준다면 광명시는 새 하수처리시설을 건설할 필요가 없게 되는 것이다. 광명시와 구로구 간 필요 시설을 쌍방 제공함으로써 상생의 광역적 갈등 해소가 되는 것이다. 즉, 서로 가려운 곳 긁어주기인 셈이다.

2) 프레임 전환 및 최적 대안의 마련: 빅딜

1998년 6월 15일 환경부 주관 실무회의에서 광명시 소각장 공동 이용 문제가 주요 쟁점으로 부각됐다. 서울시와 구로구는 찬성 입장이었고, 광명시는 주변 지역 주민들이 동의해 준다면 수용할 수 있다는 입장을 견지했다.

협상 2단계 기간인 1998년 11월부터 1999년 3월까지는 광명시 소각시설 공동 이용 시 시설비와 운영비 분담 문제, 주민 수혜 사업비 분담 문제가 쟁점화됐다. 협상에서 구로구는 시설운영비는 광명시와 구로구가 각각 50%씩 부담하고, 구로구가 10% 추가 더 부담하겠다는 의사를 표명했다. 광명시는 시설비 분담은 국비를 제외한 지방 비중 쓰레기 발생 비율에 따라 부담하고, 운영비와 반입 수수료는 쓰레기 발생량에 대한 반입비와 운영비에 대해 10%를 가산해야 하고, 주민 수혜사업은 전량 서울시가 부담해야 함을 표명했다. 수혜의 관점이나 경제적 측면의 협상이란 점에서 합의 가능성이 큰 접근이라 할 수 있다.

1999년 5월 3단계 협상에서 광명시는 구로구 쓰레기를 광명시 소각시설에서 반입 처리하고, 대신 광명시 하수를 구로구에 있는 서울시 가양하수종말처리장에서 전량 통합 처리하는 사안을 논의했다. 하수 처리라는 새 현안이 오히려 양 자치단체 간 상생협상을 열어주는 프레임 전환이 시도된 것이다. 1999년 5월부터 2000년 5월 2일까지 1년간 업무담당 국, 과장 사이에 2개월에 한 번씩 총 28회의 회의가 개최됐다(조만형·김이수, 2009: 229). 이 기간 중 협상에서 사업비 분담 문제, 자산 등기, 시설물 운영, 협약 서안 검토, 협약 체결 등이 논의돼 2000년 4월 18일 서울시·경기도·구로구·광명시 간에 '광명시 자원회수시설 공동 이용에 관한 협약'과 2000년 5월 2일에 구로구와 광명시 간에 '광명시 자원회수시설 공동이용 운영규약'이 체결됐다(광명시정백서, 2002).

  이 갈등 사안은 아래 표와 같이 광명시와 구로구 두 자치단체가 각각 서로의 환경기초시설을 교차 이용하도록 한 협력 거버넌스 성공 사례라 볼 수 있다. 광명시는 하수를 서울시(구로구) 가양하수종말처리장에서 전량 통합 처리하게 돼 하수처리장 건립비를 아낄 수 있게 됐다. 서울시와 경기도는 해당 지자체로 하여금 중복 투자를 방지하게 하고 상호 원만한 합의를 이끌어 내는 데 기여했다. 구로구의회 의원들은 1998년 광명시 소각시설을 수차례 방문해 견학 후 광명시와 구로구 간 광명시 소각시설 공동 이용이 성사되도록 지원을 아끼지 않았다.

  통상 협력적 거버넌스의 초기 조건은 이해관계자 간에 권력 혹은 자원의 불균형성, 참여 유인 기제, 적대주의 또는 협력의 과거 경험을 들 수 있다(Ansell & Gash, 2008). 이 중에서 특히 자원의 불균형성(resources imbalances)은 협력 거버넌스 구축의 중요한 요인이라 할 수 있다. 이 사례의 경우 광명시는 쓰레기매립장을 보유한 대신에 하수종말처리장이 없었던 반면, 서울시(구로구)는 하수종말처리장을 보유한 반면 쓰레기매립장이 없는 자원 불균형이 존재했다. 협력 거버넌스는 대개 ① 면대면 대화(face-to-face dialogue), ② 이해의 공유(shared understanding), ③ 중간적 결과(intermediate outcomes), ④ 신뢰 구축(building trust)의 네 과정을 거친다. 면대면 대화는 이해관계자들 간 상호 이익의 탐색을 방해하는 의사소통과 관련된 장애물을 제거하는 핵심적 과정이다(Bentrup, 2001). 이러한 면대면 대화가 기능을 제대로 수행하기 위해서는 협력 목표에 도달할 수 있도록 하는 적절한 제도의 설계(institutional design)가 필요하다(Ansell & Gash, 2008). 이해의 공유는 협상 당사자 간 확장된 협력적 학습 과정(collaborative learning process)의 일부분으로 이를 통해 협력 거버넌스에 참여할 명분을 얻는다(Daniels & Walker, 2001). 중간적 결과는 협상의 소규모적 단기 성과로 최종 협력적 성과를 유도할 수 있는 추진 동력이 된다. 신뢰 구축은 협력 성과를 얻기 위해 필요로 하는 장기간의 시간 소요적 인내의 과정으로, 초기 협상 당사자 간 신뢰의 결여가 오히려 협력 거버넌스 구축을 위한 출발점이 되기도 한다(Weech-Maldonado & Merrill, 2000).

한편, 구로구 쓰레기 소각시설이 건설되지 않는데 대해 광명시 시민들의 입장은 둘로 나뉘었다. 광명 1~7동 주민들은 건설 미추진에 찬성인 반면, 광명시 소각장 주변 영향권 내 이외의 지역 주민들(학온동 8개동)은 구로구의 쓰레기까지 반입해 오는 것에 대해 반대 입장을 표명했다. 광명시는 반대 주민들을 설득하기 위해 2000년 6월 21일 주민지원협의체 범위 확대, 상수도 설치, 다목적 마을회관 건립, 그린벨트 해제 노력, 버스 노선 증설 등 다양한 인센티브를 제시해 주민대표단과 합의를 이끌어 냈다.

이 협상 사례는 양 지자체 간 환경기초시설 갈등을 당초의 입장협상(position negotiation)에서 탈피해, 두 지자체가 서로의 '이해관계(interest)'에 초점을 맞추고 기존 프레임 해체 및 시설의 공동 이용이라는 프레임 전환(reframing), 나아가 서울시의 하수처리장 공동 이용이라는 새로운 '창조적 대안 모색(creative alternative)'까지 나아간 환경기초시설 빅딜의 대표적 성공 모델이라 할 수 있다.

다만, 갈등의 광역적 해소 과정에서 아쉬운 점도 없지 않다. 먼저, 주민 수혜사업비의 증가다. 광명시는 서울시로부터 소각시설 설치비 50억 원을 지원받았으나, 한편으로 소각장 주변 지역 영향권 내(광산촌, 도고천, 뒷골) 주민들을 위해 주민 편익사업비로 40억 원을 추가 지출했다. 또한 광명시 소각장 주변 영향권 내 이외의 지역 주민들(학온동 8개동)을 설득하기 위해 상수도 설치 등 다양한 주민 숙원사업을 해결해 줘야 했다. 이것은 환경기초시설 설치의 당위성을 떠나 집단민원에 대해 보상만능주의로 대응하는 방식을 확산시키는 경향도 보인 점은 아쉽다.

두 번째는 환경기초시설 운영에 대해 주민들의 과도한 간섭이다. 여러 지자체에서 유사하게 일어나는 문제로 소각장 등 환경기초시설을 감시하는 주민 감시요원들이 본연의 취지를 벗어나 쓰레기 반입 저지 등 과도한 운영권 간섭 시 또 다른 행정적 문제가 야기될 수 있다. 협상에서 환경시설 건립과 관련해 사업의 당위성과 주민 의견 수렴 간 적정한 균형점이 필요하다.

토의 과제

- 경기도 광명시와 서울 구로구 간의 환경기초시설 빅딜 사례에서 광명시와 구로구 간 협력 거버넌스의 형태와 효과는?
- 지자체 간 갈등 해소를 위한 협력 거버넌스의 조건은 무엇인가?

사례 25 구미시-칠곡군 가산하수처리장 건설 갈등*(관-관 갈등, 2011~2012)

1. 갈등 개요

 칠곡군은 2014년 2월까지 138억 원을 들여 하수 1천 500㎥의 오수 처리 능력을 갖춘 하수처리장을 만들기로 하고 2011년 2월 착공에 들어갔다. 문제는 하수처리장이 칠곡에 들어서면 구미시 장천면 상장리와 500미터 인접해 있다는 것이었다. 구미시 주민들은 가산하수처리장이 들어서면 악취 발생을 우려해 건립에 반발했다. 이에 반해, 칠곡군은 소규모 하수처리장 건설은 시·군의 협의 사항이 아니며, 이미 지난해 구미시 장천면에서 주민설명회도 개최했기 때문에 절차상의 문제도 없다고 주장했다(연합뉴스, 2012.2.17).

 칠곡군은 소규모 하수처리장 사업의 적법 시행자로, 칠곡군 가산면 일대 생활하수의 원활한 처리를 위해 하수처리시설 건설을 추진했다. 이 과정에서 구미시는 칠곡군의 하수처리시설 건설이 구미시 관할 장천면 일대 지역 주민에게 부정적 영향을 미친다고 판단, 주민의 재산권 및 생활환경권 보호(목표)로 상정해 하수처리시설 이설 또는 건설 백지화(대안)를 주장하면서 양측 간 갈등이 발생했다(영남일보, 2012.9.21).

2. 갈등 사례의 해석

1) 이해관계

 이 갈등 사례는 하수처리장이 필요한 칠곡군과 이 시설을 악취 유발시설로 간주해 인근에 들어오는 것을 꺼리는 인근 지자체인 구미시 주민 때문에 생긴 '관-관 갈등'이다.

---

* 정홍상 외(2014) 참고.

2) 갈등관리: 당사자 개입 및 제3자 개입

갈등 발생 단계에서 구미시는 칠곡군을 구미시 장천면 일대 주민의 민원 발생이 충분히 예견됐음에도 불구하고 이를 무시하고 공사를 강행한 대상으로 인식했다(매일신문, 2012.2.19; 경북일보, 2012.2.22). 한편 칠곡군은 구미시를 적법한 공사가 진척되고 있는 시점에서 이를 방해하는 대상으로 부정적으로 인식하고는 있었으나, 구미시와는 달리 지지자 결속과 같은 자기조직화의 모습을 보이지는 않았다(경북매일신문, 2012.2.20).

갈등 상황이 지속되자 경상북도가 개입해 중재에 나섰다. 구미시와 칠곡군 간 대화를 유도하는 한편, 주민 면담, 중앙부처 협의, 하수정비 기본계획 수정 등을 통해 접점을 적극적으로 모색하기 시작했다. 이 과정에서 경상북도는 공공하수처리장 설치사업을 하수관거 설치로 변경, 칠곡군 하수처리장 지상건물은 짓지 않고 발생 하수를 처리하는 하수관로만 만들어 칠곡군 하수를 구미시에서 운영 중인 4공단 공공하수처리시설에 연계해서 처리하는 조정·중재안을 제시했다(영남일보, 2012.9.21).

3) 최적 대안의 모색

경상북도의 조정·중재안은 구미시의 입장에서는 하수처리장 건물이 들어서지 않아 관련 지역 주민의 재산권 및 생활환경권 보호(목표)를 담보해 좋고, 칠곡군 또한 원래 의도한 대로 가산면 일대 생활하수를 원활하게 처리할 수 있게 하는(목표) 조정안으로서 양 시·군이 이를 수용했다(영남일보, 2012.9.21).

이 중재안은 구미시와 칠곡군으로 하여금 자신들이 원래 상정하고 있던 대안-목표의 타당성에서 벗어나(프레임 분해) 자신들의 대안과 경상북도의 조정·중재안 중 어느 대안이 좀 더 타당한지를 객관적으로 살펴볼 수 있게 했다.

한편 경상북도의 조정·중재에 참여한 관계자에 따르면, 구미시와 칠곡군은 경북도의 중재안을 수용하는 프레임 전환으로, 자신을 각각 저탄소 녹색성장 정책 동반자와 시설비용 절감자로 스스로를 인식하는 인식의 전환을 가져왔다. 경상북도가 제시한 조정·중재안에 대한 양 시·군의 수용으로 갈등 상황은 종료됐고, 공공하수처리장 건설과 관련한 칠곡군과 구미시의 갈등은 해결됐다.

이 사례는 당초에는 칠곡군과 구미시가 각각 갈등 당사자로서 입장협상(positional negotiation)을 전개했으나, 경상북도의 중재로 프레임이 분해되고, 환경오염과 공사 중단으로 인한 매몰비용 등 손실 프레임(loss frame)에서 예산 절감과 저탄소 녹색성장 동참 등 이득 프레임(gain frame)으로의 전환을 통해 원칙협상(principled negotiation)으로 돌아설 수 있었다. 또 경상북도의 대안은 양 도시 간 갈등을 해소하면서 호혜적 이해관계를 충족시켜 줬다는 점에서 일종의 '창조적 대안 모색'의 모델이라 할 것이다.

3. 유사 갈등 해결 사례(광명시 대 구로구 간의 환경기초시설 설치 갈등) 비교

먼저 다룬 '경기도 광명시와 서울특별시 구로구 간의 환경기초시설 설치 갈등(사례 24)'은 지리적으로 인접해 있으면서 환경기초시설을 교차 이용함으로써 빅딜을 한 대표적 사례다. 광명시는 쓰레기매립장을 보유한 대신에 하수종말처리장이 없었던 반면, 구로구는 하수종말처리장을 보유한 반면 쓰레기매립장이 없는 자원 불균형이 존재했다. 이 상황에서 구로구에서 발생되는 쓰레기는 '광명시 자원회수시설(생활폐기물 소각처리시설)'에서 처리해 주고, 광명시에서 발생되는 생활하수는 구로구가 자기 관내에 소재한 '서울특별시 가양하수종말처리장'에서 처리해 주도록 상호간 합의를 한 것이다.

'경기도 광명시와 서울특별시 구로구 환경기초시설 설치 갈등(사례 24)'이 양 도시 간 보유한 시설을 상호 '교차 이용'하도록 해 갈등을 해소한 빅딜이라면, '구미시와 칠곡군 간 가산하수처리장 건설 갈등(사례 25)'은 칠곡군이 신규 시설 건설을 포기하고 대신 구미시가 보유한 하수처리시설을 '공동 이용'해 칠곡군 하수를 처리하게 해 준 사례라 할 것이다.

두 환경기초시설 갈등 사례에서 각각 광역지자체인 경기도와 경상북도의 조정 능력이 돋보였고, 경기도가 '교차시설 이용', 경상북도가 '하수관거 설치를 통해 인근 지자체의 시설 공동 이용'이라는 창조적 대안을 모색했다는 점에서 둘 다 '프레임 전환'을 통해 '입장협상'에서 '호혜적 협상'으로 성공적으로 전개된 수범 협상 사례라 할 수 있다.

토의 과제

- '구미시–칠곡군 가산하수처리장 건설 갈등(사례 25)'은 어떤 프레임 전환을 통해 두 도시 간 갈등을 해소시켰나?
- '구미시–칠곡군 가산하수처리장 건설 갈등(사례 25)'과 '경기도 광명시와 서울특별시 구로구 환경기초시설 설치 갈등(사례 24)'은 갈등관리 및 해소 차원에서 어떤 유사점과 차이점을 지니는가?
  - '구미시–칠곡군 가산하수처리장 건설 갈등': 구미시(하수처리시설 보유), 칠곡군(하수처리시설 미보유). 공동 이용
  - '광명시–구로구 환경기초시설 설치 갈등': 광명시(쓰레기소각시설 보유), 구로구(하수처리시설 보유). 교차 이용

사례 26　경주 방폐장 부지 선정 갈등*(민-관 갈등, 1986~2014)

1. 갈등 개요

국내에서 방폐장 입지정책은 1986년 원자력법 개정과 함께 진행돼 20년을 끈 최장기 표류 국책사업이라 할 수 있다. 중앙정부, 지방정부, 유치 찬성 주민 대 유치 반대 주민, 반핵 NGO 간 대결 구도로 갈등을 빚으면서 오래 표류해 왔다.

최초로 방폐장 입지를 위해 현지조사를 실시한 경북 울진, 영덕, 영일은 주민 반대로 지질조사가 중지됐다(1986~1989년). 또한 비공개 조사를 통해 선정했던 안면도 역시 주민의 격렬한 반대로 결국 철회됐다(1990~1991년). 강원도 고성과 양양, 경북 울진, 영일, 전남 장흥, 충남 안면도가 방폐장 후보지로 발표했다가 주민 반대로 무산됐다(1991년). 경남 양산, 경북 울진은 1994년 스스로 유치 신청을 했다가 주민 반대 시위로 무산됐으며, 경기도 옹진군의 굴

〈 광명시와 구로구 간 환경기초시설 빅딜 성과(재정적 측면) 〉

2001.12.31 현재

구분	항목	금액(억 원)	부담기관(절감기관)
	계	2,599	
세외수입	소계	310	
	공동이용 지원금(시설부담금)	273	서울특별시
	음식물쓰레기 처리비	8	구로구
	자원회수시설 운영비	28	구로구
	주민지원기금	1	구로구
예산 절감	소계	2,289	
	광명하수처리장 건설비	1,655	(광명시)
	구로소각장 건설비	603	(서울특별시)
	자원회수시설 운영비 절감액	31	(광명시)

출처: 이달곤(2005: 396) 참고.

* 정지범(2010)의 연구, 국무조정실(2014), 김경동·심익섭(2016) 참고.

업도 방폐장 후보지도 환경단체 및 인근 덕적도 주민의 반대, 활성단층의 발견으로 백지화 됐다(1994~1995년). 2000년에는 영광 등 7개 지자체에서 유치 공모를 했으나, 단체장의 반대로 무산됐고, 이후 2003년 다시 경북 영덕과 울진, 전남 영광, 전북 고창을 후보지로 발표했다가 백지화됐다. 이처럼 반복된 정책 실패 상황에서, 2003~2005년간 계속된 부안사태는 방폐장 입지에 관한 정부의 대응을 획기적으로 변화시킨 계기가 됐다.

정부는 다음 표와 같이 2003년 7월 전북 부안군수가 위도에 방폐장을 유치한다고 하자, 2003년 12월 부지 선정 과정에서 주민투표를 도입한다는 정부 방침을 발표했다. 이후 부안은 심각한 갈등 상황에 직면했고, 결국 2004년 2월 14일 주민투표 결과 부안군 주민의 91.8%가 유치 반대표를 던졌다. 정부는 결국 2004년 9월 16일 부안 방폐장 백지화 선언을 하면서 대체 부지를 찾게 됐다.

대체 부지를 확보하기 위해서는 이 시설이 입지하게 되는 지역 주민들에게 인센티브를 부여해 반대를 무마할 필요가 있다. 정부는 2004년 12월 17일 제253차 원자력위원회에서 중저준위와 고준위 방사성 폐기물을 분리 처리한다는 방침을 발표했고, 2005년 3월 31일에는 중저준위 방사성 폐기물 처분시설 유치지역 지원에 관한 특별법이 국회를 통과했다. 이로써 입지지역에 관한 지원을 법으로 명문화하게 됐다. 특히, 유치 지자체에 현금 3,000억 원 지원, 양성자가속기 시설 설치 그리고 한수원 본사 이전 등 막대한 규모의 지원계획이 발표됐다. 이후 산자부는 2005년 6월 부지 지정 절차 진행 일정을 확정하고 유치 공고를 했다.

〈 경주 방폐장 사례 전개 과정 〉

날짜	사례 전개 과정
2003.12	정부, 부지 선정 과정에서 주민투표 도입 방침 발표
2004.9	부안 사태로 부안 지역 방폐장 입지 백지화 결정
2004.12	원자력위원회, 중저준위 및 고준위 방사성폐기물 분리 처리 발표
2005.3	중저준위 방사성 폐기물 처분시설의 유치지역 지원에 관한 특별법 제정(입지지역 지원 명문화)
2005.6	산자부 부지 지정 절차 진행 일정 확정 및 유치 공고 후 경주, 군산, 영덕, 포항이 의회 동의를 통해 신청
2005.9	산자부와 부지선정위원회가 4개 지역의 부지 안전성과 사업 추진 여건 검토 후 적합함을 발표

2005.9~10	4개 지역 자치단체 중 경주 및 군산의 치열한 입지 경쟁
2005.11.2	주민투표 실시 찬성률이 가장 높은 경주시를 최종 부지로 선정
2014.12	경주 방폐장 건설 완료(사용 승인)

최종적으로 경주, 군산, 영덕, 포항 등 네 개 지자체가 의회의 동의를 얻어 유치 신청을 했다. 산자부와 부지선정위원회는 2005년 9월 이 4개 지역에 대한 부지 안전성과 사업 추진 여건을 검토한 뒤 모두 적합하다는 의견을 내놓았다. 최종적으로 약 2개월여의 경쟁과 홍보를 통해 주민투표에서 찬성률이 가장 높은 지역을 선정하게 됐다(차성수·민은주, 2006: 52-53). 2005년 11월 2일 주민투표가 실시됐으며, 투표 결과 경주시가 89.5%, 군산시가 84.4%, 영덕군이 79.3% 그리고 포항시가 67.5%의 찬성률을 보였다. 경주시는 2005년 6월 백상승 시장의 3주년 기자회견에서 유치 의사를 표명한 후 본격적인 유치활동을 벌였다. 2005년 11월 투표 결과 경주시 양남면 봉길리 일대가 최종 후보지로 선정됐다.

2. 갈등 사례의 해석

1) 이해관계

방폐장 부지 선정 갈등은 혐오시설로 일컫는 방사성 폐기물 처리장의 건설 입지를 두고, '공익시설의 확보'라는 공익을 실현하기 위한 정부와 '혐오시설 기피' 차원에서 이 시설 입지를 거부하는 주민들 간의 관-민 정책갈등이다.

2) 갈등관리

많은 지자체장은 왜 지역의 사업 유치 반대 주민과 갈등을 빚으면서도 방폐장 사업을 유치하고자 하는가? 여기에는 몇 가지 경제, 정치, 제도적, 입지적 요인이 깔려 있다(차성

수·민은주, 2006: 56-58).

첫째, 경제적 요인으로, 정부는 2001년부터 유치 공모를 하며 지자체를 위한 지역발전기금 3,000억 원을 약속했다. 또한 한수원 본사 이전 시 매년 42억 원의 지원과 양성자가속기 유치로 2만 명의 인구 유입과 4,200명의 고용 창출 효과를 기대하고 있다. 이 밖에도 경상북도가 지역발전기금 300억 원을 추가 지원 의사를 표명했고, 건설 경기 포함 시 지역경제 파급 효과가 3조 6,000억 원 이상일 거라고 했다(2005년 7월, 경북전략산업기획단). 이 밖에도 에너지클러스터 조성, 주민직접 지원사업 등이 기대되고 있다.

둘째, 정치적 요인으로, 당시 지자체장들은 2006년 지방선거를 앞두고 지지 기반 강화가 필요한 시점이었고, 공천 획득에 방폐장 유치운동이 도움이 된다고 판단한 것으로 볼 수 있다.

셋째, 제도적 요인으로, 특별법 제정으로 주민투표라는 합법적 방법이 도입되고, 고준위 폐기물 분리 처분이라는 안전장치가 제시됨으로써 상대적으로 유치에 따른 위험성이 경감돼 과거보다 유치에 따른 주민 저항이 적을 것으로 예상됐다.

넷째, 입지적 요인으로, 경주시 양북면 봉길리는 경주시 도심에서 20킬로미터 떨어져 있으며, 봉길리의 인접 지역인 양남면은 1983년부터 1999년까지 월성원전 1, 2, 3, 4호기가 건설돼 운영되고 있었다. 봉길리 역시 2011년과 2012년에 추가로 신월성원전 1, 2호기의 건설이 확정된 상태였다. 방폐장 부지 60여만 평의 60%가 이미 전원개발촉진법에 의한 원전 건설 예정 구역으로 고시돼 있었다(김경동·심익섭, 2016: 114). 이러한 입지적·역사적 경험은 경주시가 유치에 저항감을 감소시키는 요인으로 작용했다고 볼 수 있다.

3. 전북 부안군과 경주시의 유치상의 갈등관리 비교

부안이 2003년 방폐장 유치 신청 후 한바탕 홍역을 치르고 주민투표로 유치 신청을 부결시킨 데 비해, 경주는 2005년 정부 공모에서 경쟁 도시들을 제치고 가장 높은 주민투표율을 기록하며 방폐장을 최종 유치했다. 이 두 도시 간에 어떤 갈등관리상의 차이가 있었을까?

첫째, 부안은 주민들의 유치 의지와는 상관없이 부안군수의 유치 의사만으로도 유치 신청이 법적으로 가능했다. 주민들의 의견 수렴 절차를 무시하고 부안군이 유치 신청을 함으로써 후에 비난 여론과 폭력사태까지 겪고 결국 유치를 포기했다. 반면, 경주는 2005년 3월 31일 통과된 「중저준위 방사성 폐기물 처분시설 유치지역 지원에 관한 특별법」에 따라 주민투표법이 적용돼 주민들의 의견 수렴이 법적 필수 절차가 됐고, 신청과 그에 따른 경제적 인센티브의 법적 보장이 주어졌다.

둘째, 방폐장 유치에 따른 위험성의 차이가 있었다. 부안 신청 시와는 달리 경주시는 정부가 유치 공고 시 고준위와 중저준위 방폐장 분리 추진 방침을 표명함에 따라 주민들이 느끼는 위험과 두려움을 감소시킬 수 있었다.

셋째, 주민들의 태도 면에서도 차이점을 발견할 수 있다. 부안은 부안군수의 기습 유치 신청 때문에 주민들의 반발과 갈등이 심화됐으나, 경주는 상대적으로 NGO와 주민 간 협력 관계가 형성돼 유치에 지역 주민이 적극 참여하는 모습을 보였다(김영종, 2005). 결국 거버넌스 구축 측면에서도 큰 차이가 있었다.

정부가 1986년 방폐장 부지를 찾아나선 지 30년, 경주시가 2005년 정부의 공모에 의해 방폐장 부지로 선정된 지 10년 만인 2014년 12월 사용 승인을 받아, 2015년 8월 28일 경주 방폐장이 정식으로 문을 열었다(서울신문, 2015.8.28).

토의 과제
• 방폐장 유치상 부안군이 실패로 귀결된 데 반해 경주시는 유치에 성공했는데, 두 도시의 갈등관리상 차이는 무엇인가?

의료갈등 사례 분석

사례 27 한약 조제권을 둘러싼 한약분쟁 갈등*(제3자 조정 사례. 민-민 갈등, 1993)

1. 갈등 개요

약사법 시행규칙 제11조 1항 7호에는 "약국에서는 재래식 한약장 외에 약장을 두어 이를 청결히 관리하여야 한다."고 규정하고 있다. 그런데 정부가 1993년 3월 5일 이 약사법 시행규칙 제11조 1항 7호를 폐지하는 개정안을 입법 예고했다. 한의사회는 이를 약사의 한약 조제를 사실상 허용하는 조치로 보고 강하게 반발하며 한의사회와 약사회 간 분쟁이 시작됐다. 분쟁 전까지 한의사회는 위 약사법 시행규칙을 약국에서 한약은 조제를 금하는 것으로 이해했고, 반면 약사회는 위 조항이 약국에서의 한약 조제 자체를 금하는 것은 아닌 것으로 해석했다.

한약조제권 분쟁은 크게 두 단계로 구분해 볼 수 있다. 1단계는 1993년 1월 30일 약사법 시행규칙 제11조 1항 7호를 삭제한 시행규칙 개정안이 입법 예고된 시점부터 약사회의 1차

---

* 하용출(2003); 김순양(1994) 참고.

집단휴업이 있은 1993년 6월 말까지다. 2단계는 정부가 약사법 개정 시안을 발표한 1993년 9월 3일부터 최종안이 확정된 1993년 10월 8일까지다.

보건사회부는 한의사회의 반대에도 불구하고 1993년 3월 5일 약사법 시행규칙 제11조 1항 7호를 삭제한 시행규칙 개정안을 관보에 게재했다. 이를 계기로 한의사회는 3월부터 개정 반대 시위와 학생들의 수업 거부를 통해 강한 반발을 하자, 보사부는 국립한의학연구소 신설, 한의사의 공중보건의 및 군의관 임용 제안, 보사부에 한방과 신설 등의 '한방의료 발전 방안'을 마련하고 5월 31일 약사법 개정 추진계획을 발표했다(김순양, 1994: 393). 한약조제권은 한약을 취급해 온 약사에 한정하고 약제 범위도 당시 보사부 장관이 정하는 50~100여 종으로 한정한다는 것이 주된 사항이었다.

이번에는 약사회가 위 법개정안에 반대하며 6월 25일 전국의 약국이 집단휴업하는 사태로 치달았다. 한의사회도 6월 7일 약국 내 한약장 설치 금지 조항을 원상 회복시킬 것을 요구하며 시위 등 강력한 단체행동을 전개하며 양 이익단체의 갈등이 극에 달했다. 정부는 약사회의 집단휴업에 대해서는 조규홍 보사부 장관이 6월 26일 직접 약사회를 방문해 유화책을 제시하는 한편, 황인성 국무총리가 "집단이기주의는 개혁 차원에서 법에 따라 척결한다"는 제재 방안의 기자회견을 병행 활용했다(조선일보, 1993.6.27).

이후 보사부는 각계 의견 수렴을 거쳐, 9월 3일 2년 내 양방의약분업 실시 및 약사의 한약조제권 부분 제한을 주 골자로 하는 약사법 개정 방안을 발표했으나 한의사회와 약사회 모두 반대 입장을 표명했다. 이 가운데 시민단체인 경실련이 분쟁 해결을 위해 중재에 나서 한약분쟁조정위원회를 결성하고 9월 20일 합의안을 제시했다. 이후 약사회가 합의안을 무효 선언하고 다시 집단휴업에 돌입하자, 정부는 강경 대응하는 한편, 10월 8일 경실련 안을 일부 수정해 약사법개정안 최종안을 확정 발표했다. 이로써 오랜 분쟁은 일단락됐다.

2. 추진 경위

- 1993.1.30: 보사부, 약사법 시행규칙 개정안 입법 예고
- 1993.5.21: 보사부, 한방의료 발전 방안 결정
- 1993.6.25: 약사회, 1차 집단휴업

- 1993.9.3: 제6차 약사법개정추진위, 약사법 개정 시안 발표
  - 2년 내 양방의약분업 실시 및 약사의 한약조제권 부분 제한
- 1993.9.14: 경실련, 한약 분쟁 중재 제안
- 1993.9.20: 경실련, 한약 분쟁 중재 합의안 제시
  - 한약사제도 신설. 약사의 한약 조제를 한방의약분업 후에는 금지
- 1993.10.8: 보사부, 경실련 안을 일부 수정해 약사법개정안 최종안 확정
  - 한약사제도 신설. 약사의 한약 조제를 원칙적으로 금지
  - 예외로 이미 한약 취급을 하고 있는 약사의 한시 조제권 인정, 한약조제시험에 합격한 약사와 법 시행 이전 약대생이 졸업 후 2년 내 한약조제시험에 합격할 경우 한약조제권 인정
- 1993.12.17: 국회, 약사법개정안 의결

3. 갈등 사례의 해석

1) 이해관계

이 사례는 정부의 1993년 약사법 시행규칙 개정안 입법 예고 후, 한의사와 약사 간 한약 조제권을 두고 벌인 '민-민 이익갈등'이라 할 수 있다.

2) 갈등관리: 당사자 개입 및 제3자 개입

이 사안은 당사자 간 갈등 해결이 어려운 입장협상(positional negotiation)에서 시작해, 시민단체인 제3자의 중재를 통해 상호 이해관계의 절충점을 찾아간 사례라 할 수 있다.

갈등 1단계라 할 수 있는 1993년 1월 약사법 개정안 입법 예고 시점부터 약사회의 1차 집단휴업이 있은 1993년 6월 말까지, 한의사회와 약사회는 자신들의 입장을 고수해 제대로 된 대화 채널이 없었다. 6월 말에야 보사부 주도로 약사법개정추진위원회가 구성됐으나 서로의 불신이 커 두 단체의 참여가 매우 소극적이었다.

1993년 9월 보사부의 개정안 발표에도 두 단체가 모두 불만을 제기하자, 시민단체의 주선으로 '한약조제권 분쟁 해결을 위한 조정위원회'를 구성했다. 이 위원회는 경실련의 중재안을 토대로 합의안을 마련했다. 경실련의 중재안의 핵심은 '한약사제도'로 한방과 양약을 모두 취급하는 한약사 제도를 신설하고, 약사의 한약 조제를 한방의약분업 후에는 금지한다는 것이었다.

약사회가 경실련의 중재안을 무효 선언했으나 정부는 약사회의 무효 선언을 비판하는 여론을 등에 업고 경실련 중재안을 일부 수정해 최종안을 1993년 10월 8일 통과시켰다. 내용은 한약사제도를 신설하고, 약사의 한약 조제를 원칙적으로 금지하되, 예외로 1994년 7월 기준 1년 이상 이미 한약 취급을 하고 있는 약사에게는 2년간 한시(限時) 조제권 인정, 1996년 6월까지 한약조제시험에 합격한 모든 약사와 법 시행 이전 약대생이 졸업 후 2년 내 한약조제시험에 합격할 경우 한약조제권을 인정하는 것이었다.

이 사안은 환경 분쟁과 같은 '가치갈등'이 아니라 일종의 '이익갈등'의 경우라 할 수 있다. 물론 국민의 건강권 확보라는 명분을 내걸지만 궁극적으로는 이익집단 간 이해관계의 충돌이 핵심이라 할 것이다. 경실련의 중재안인 한약사제도 도입은 약사회 입장에서는 기존 한약 제조 약사뿐만 아니라 졸업 약대생에게도 한약사가 될 수 있는 길을 일정 부분 터줬다는 점에서 이익갈등을 잘 조정한 면이 있다. 한편 한의사 입장에서는 약사가 한약사가 될 수 있는 자격에 제약을 둠으로써 한약 제조 관련 무분별한 전문업권 침해를 억제할 수 있게 된 점이 만족 요인이 될 수 있다. 결국 경실련은 양 갈등 당사자 간 이해관계에 초점을 맞춤으로써 통합협상(integrative negotiation)을 이끌어 내는 데 기여했다고 볼 수 있다.

정부는 초기에는 혼선을 거듭한 면이 있지만, 2단계에서는 시민단체의 중재안을 바탕으로 유화책과 강경책을 병행하고 여론을 활용하며 큰 틀은 정부의 의도를 관철시켰다고 할 것이다. 즉, 정부가 민-민 갈등 상황에서 단순한 중재자가 아니라 자신의 정책 기조를 유지하며 필요 시 강경책을 활용하면 정책 의도가 관철될 가능성이 높음을 보여준 사례라 할 것이다.

토의 과제

- 한약 조제권을 둘러싼 한약 분쟁 갈등 해소에서 제3자 조정의 유용성은 무엇인가?

사례 28 국립서울병원 이전 갈등*(제3자 조정 사례. 관-민 갈등, 1989~2010)

1. 갈등 개요

국립서울병원은 1961년 수도권 정신질환자 치료를 위해 서울시 광진구 중곡2동에 건립됐다. 1989년 국립서울병원은 낙후된 병원 노후화를 개선하고 정신보건 중추기관으로서의 위상 강화를 위해 병원 현대화를 추진했다. 병원 현대화는 4단계로 추진되는데, 1단계(1989~1995)는 현 부지 신증축 추진, 2단계(1995.3~2002.2)는 주민 이전 요구에 따라 서울시 권역 내부 및 수도권 인접 지역으로의 이전 부지 확보 노력, 3단계(2003.2~8)는 민간사업자 공모 방식 도입 추진, 4단계(2003.10~2004)는 이전 부지 확보 실패로 현 부지 재건축 추진 순으로 진행됐다.

하지만 이러한 노력에도 주민들의 반대에 부딪혀 2004년과 2005년 연이어 국회에서 관련 예산이 삭감되는 등 진척을 보지 못하자, 2005년 4월 국무조정실과 보건복지부는 국립서울병원 현대화를 둘러싼 갈등을 해소하기 위해 갈등영향평가 시범사업으로 '국립서울병원 재건축 갈등 사례'를 선정하고 중립적인 제3의 기관을 통해 갈등 해소를 시도했다. 2005년 11월부터 2006년 7월까지 갈등 해소 노력을 전개했으나 합의 도출에 실패했다.

이후 2008년 총선으로 당선된 지역구 국회의원이 중심이 돼 2008년 12월 갈등 해소 노력을 전개했다. 복지부는 국립정신건강연구원(가칭)을 설립하고 부속병원을 960병상에서 300병상으로 축소하는 안을 제시했고, 지역 국회의원과 광진구청은 주민 의사에 반하는 신축은 반대한다고 입장을 밝혔다. 양 당사자는 '갈등조정위원회' 구성을 통해 문제를 해소하는 데 합의함으로써 2009년 2월 총 21명의 위원이 참여하는 갈등조정위원회가 열렸다. 이후 1년의 노력 끝에 현 부지에 병원을 신축하는 것으로 최종 합의를 도출했다.

---
* 이강원(2012) 참고.

2. 갈등 사례의 해석

1) 이해관계

국립서울병원 이전 및 재건축 관련, 양 당사자 간 갈등의 이해관계는 수도권 정신질환자 치료병원이라 할 수 있는 국립서울병원의 '이전'이냐 '현 부지 재건축'이냐를 놓고 벌인 '관-관-민 갈등'이라 할 수 있다. 주민들과 광진구청 측은 지역 이미지 개선을 위해 병원의 다른 지역으로의 이전을 요구했다. 반면, 복지부와 병원은 현실적인 대안이 재건축밖에 없다며 현 부지에 신축을 주장했다.

2) 갈등관리: 당사자 개입 및 제3자 개입

국립서울병원 이전 및 재건축 갈등은 갈등조정위원회란 제3자를 개입시켜 이해 당사자 간 합의를 도출한 사례다.

첫째, 갈등조정위원회는 매주 1회 회의를 기본으로 1년 여 동안 운영했다. 위원으로 참여한 광진구는 협상에서 지역 이미지 개선 및 지역 개발, 국립서울병원은 현대화 및 조기 착공이라는 상호 실질적 이익(interest)을 위한 호혜적 협상(mutual negotiation)을 전개해 합의 도출에 이르렀다.

둘째, 주민의 다양한 의견 수렴으로 주민 참여를 실질적으로 보장함으로써 갈등 당사자 간 원활한 쌍방 의사소통이 갈등 해소에 기여했다. 갈등조정위원회는 세 차례의 주민설명회, 주민참여형 여론조사 실시, 정보 제공형 설문조사 등 다양한 방법을 통해 주민에 대한 신뢰성 확보를 위해 노력했다.

셋째, 갈등조정위원회는 공정한 절차를 통해 각 대안을 검토해 나갔으며, 나중에는 결국 국립서울병원의 외부 이전은 사실상 어렵다는 공감대에 도달했다. 하지만 합의 사항 이행과 관련해 광진구청장의 소속 정당 변화, 합의 도출에 기여한 시의원의 선거 탈락 등 2012년의 변화된 총선 정치 지형은 종합의료복합단지 추진 과정에서 빚어진 갈등과 부작용도 초래한 것은 옥의 티라 하겠다.

3) 최적 대안의 모색

이 갈등을 해소하기 위해 갈등조정위원회가 구성돼 광진구 외부 이전안, 광진구 내 대체 부지 이전 신축안, 현 부지 신축안 등 세 가지 대안을 검토했다. 다만, 우선되는 대안부터 검토한 후 그 안이 불가한 경우 다음 대안을 검토하는 방식으로 전개하기로 했다.

첫째, 광진구 외부 이전안은 광진구청이 제안한 4개 후보지 모두가 부적합한 것으로 결론이 났다. 후보 부지들이 농림지역이라 도시계획 수립 등 행정절차에 2~3년 이상이 걸리고, 민원 발생이 우려됐으며, 교통접근성, 의료 수요 부족 등 장애 요소가 많았다. 2009년 4월 포천시와도 이전 부지를 협의했으나 종합병원 건립 요구 조건을 갈등조정위원회가 수용할 수 없어 협상이 좌절됐다.

둘째, 광진구 내 대체 부지 확보 건은 대한주택공사가 참여해 긴고랑 지역이 검토됐으나 해당 지역 주민 반대로 무산됐다.

셋째, 갈등조정위원회는 현 부지에 정신건강연구원과 부속병원을 신축하는 대안을 검토하고 대(對)주민 인센티브 등을 논의했다. 또한 주민 의견 수렴을 위해 세 차례 주민보고회를 개최하고 설문조사를 실시했다. 결국 2010년 1월 중곡동 주민 응답자의 83%가 종합의료복합단지 신축안에 찬성함으로써 2010년 2월 11일 갈등조정위원회, 복지부, 광진구청, 광진구의회, 지역구의원 간 종합의료복지 단지에 관한 양해각서를 체결해 국립서울병원을 둘러싼 20여 년의 갈등이 해소됐다(서울신문, 2010.2.12).

복지부는 협약이 체결됨에 따라 정신질환자를 주로 치료했던 국립서울병원에 국립정신건강연구시설 및 300병상 규모의 임상센터를 설치하는 등 기능을 전면적으로 바꿀 계획이다. 아울러 이곳에 각종 보건·의료 행정기관과 의료기술 및 바이오벤처 관련 기업들을 유치해 종합 의료복합단지로 조성하기로 했다.

토의 과제

- 국립서울병원 이전 갈등을 해결하기 위해 어떤 갈등 조정 방법을 채택했고, 그 성공 요인은 무엇인가?

사례 29 제주 녹지국제병원 갈등*(관-민 갈등, 2003~2023)

1. 갈등 개요(영리병원 추진 과정)

우리나라에서 영리병원과 관련한 논란이 일기 시작한 것은 2003년 '동북아 중심병원' 계획과 2004년 11월 노무현 대통령이 국무회의에서 '경제자유구역의 외국 영리병원의 내국인 진료 허용'이 발표되면서부터다(이진석, 2005: 6). 이어 2005년 10월에는 국무총리를 위원장으로 하고 총 30명의 '의료산업선진화위원회'가 발족됐다. 2006년 2월에는 제주도에서 외국 법인을 대상으로 영리병원을 허가하는 내용의 「제주도특별자치도특별법」이 국회에서 통과됐다. 이에 제주도지사는 외국 영리병원의 설립에 강한 의욕을 보였으나, 제주참여연대 등 시민단체들은 '공공 의료서비스 붕괴'를 우려해 사업을 반대했다.

2008년 2월 이명박 당선자의 대통령인수위원회 활동에서 국정과제로 '외국인 투자유치 활성화'와 '신성장 동력으로 의료산업 육성'이 제시되며 영리병원이 재추진됐다. 당시 제주도민은 77%가 찬성 의사를 표명했다(한라일보, 2008.6.24). 2009년 제주도는 '투자개방형 병원'으로 명칭을 바꾸고, 7월 동의안을 도의회에서 통과시켰다. 복지부는 제주도의 요청에 따라 투자개방형 의료법인 설립을 조건부로 수용했고, 12월 말 서귀포시도 영리병원 타운 조성사업을 승인했으나, 영리병원에 대한 야당의 반대로 2011년 4월 영리병원 조항이 삭제된 제주특별법이 국회를 통과해 입법화에 실패했다. 그러나 복지부는 2012년 11월 '경제자유구역 내 외국 의료기관 설립을 허가하는 절차를 담은 시행규칙'을 최종 공포했다(김주환·하동현, 2019: 147).

2013년 2월 박근혜 정부 출범 후 보건산업을 미래성장산업으로 육성하기 위해 해외 환자 유치 전문인력 양성, 복합헬스케어타운 조성 지원 등의 계획이 발표됐다. 2013년 8월 중국 한 의료법인이 영리병원 설립계획을 승인 신청했고, 2015년 4월에는 중국 녹지그룹이 '녹지국제병원 건립계획서'를 제출해 복지부에 승인을 요청했다. 이에 대해 제주도민운동본부는 영리병원 반대 촉구 및 저지운동을 펼쳤다. 그 당시의 여론조사 결과는 영리병원 반대

---
* 김주환·하동현(2019) 참고.

가 74.7%, 찬성이 15.9%로 반대가 압도적으로 많았다(한라일보, 2015.7.1). 그 가운데 정부는 2015년 12월 18일 녹지국제병원의 국내 설립을 승인했다.

2. 영리병원 허용 후 갈등 전개

녹지국제병원은 서귀포시 토평동 헬스케어타운 내에 개원할 계획이었다. 헬스케어타운에는 호텔 등 복합휴양시설 투자를 위해 2012년 1조 130억 원의 투자협약을 체결하고, 호텔 등 기반시설에 6,357억 원을 투자했다.

문재인 정부는 선거 과정에서 보건의료노조와 의료민영화 반대 정책협약을 체결했다. 이에 반해 녹지국제병원 측은 2017년 9월 병원 개원 허가신청서를 제주도에 제출했으나 시민단체의 개원 반대가 계속되면서 갈등 상황이 지속됐다(한라일보, 2017.12.15). 2018년 들어 제주도민운동본부는 영리병원 개원 허가 문제를 '숙의형 정책 개발'로 논의하자고 주장했다. 제주도는 도조례에 따라 '숙의형 정책개발청구심의회'에 상정했고, 2018년 3월 8일 공론조사 실시가 결정됐다. 공론위는 2018년 세 차례에 걸친 '도민토론회'를 개최했으나, '녹지국제병원 개원 불허' 의견이 다수를 차지해 '불허'를 정책 권고했다(김주환·하동현, 2019: 150). 하지만 원희룡 제주도지사는 제주도가 사업을 불허할 경우 녹지국제병원이 제주도를 상대로 1천억 원대의 손해배상을 청구할 뜻을 보이며 강하게 반발하자, 2018년 12월 녹지국제병원에 대해 '외국인 전용'을 조건으로 영리병원을 허용하는 것을 결정했다.

하지만 녹지국제병원 측은 내국인 진료 제한 조건의 위법성을 이유로 병원 개설 허가 후 3개월 내 병원 업무를 시작하지 아니하고, 제주도를 상대로 이 조건의 취소 또는 개설 허가의 취소를 구하는 행정소송을 제기했다. 이에 대해 제주도는 병원 측이 3개월이 지나도 병원 운영에 들어가지 않자 녹지국제병원 개설 허가를 취소했다. 이후 녹지그룹이 제기한 '외국의료기관 개설 허가조건 취소 청구소송' 분쟁에 대해 대법원은 '내국인 진료를 제한한 제주도의 녹지국제병원 조건부 영리병원 개설 허가가 정당하다'며 제주도의 손을 들어줬다(병원신문, 2023.7.3). 이로써 결국 첫 국내 영리병원 운영 시도는 무산됐다. 대법원은 2023년 6월 29일 최종심에서 '국제병원 허가는 단순 기속재량이 아닌 특허적 성격을 띠며 개설허가도 복지부 장관이 아닌 제주도지사가 내준 것'이라며 제주도 승소판결을 내렸다.

3. 갈등 사례의 해석

1) 이해관계

제주 녹지국제병원 개설 사례는 우선 우리나라가 2004년 경제자유구역 내 외국 영리병원을 허용하면서부터, 의료를 전통적인 '국민보건'에서 '의료서비스산업 육성'이라는 신성장 동력으로 삼으려는 비전을 구현하고자 하는 과정에서 겪게 된 근 20년이 된 오랜 정책적 고민의 그림자라 할 수 있다.

이 사례의 이해관계자는 2015년 12월 박근혜 정부가 녹지국제병원이 제주도에 외국의료법인 개설을 첫 허가하면서 '의료서비스산업 육성을 통한 지역 발전' 차원에서 사업을 승인하려는 '제주도' 및 병원 설립 사업 시행자와 '의료비 상승'을 우려해 이를 저지하려는 '시민단체' 간 '관-민 갈등'이다.

2) 갈등관리

오랜 세월을 두고 진행된 갈등 사례의 경우, 선거로 정권이 교체되면 정부의 성향에 따라 정책이 갈지자 행보를 걷는 경우가 많다. 이 경우도 2017년 문재인 정부 들어 의료민영화에 반대해 의료민영화를 추진했던 역대 정부와 정반대의 정책 기조를 견지해 정부정책의 갈등관리 면에서 혼선을 초래한 면이 있다.

갈등 조정 방법과 관련해서는 신산업 육성 과정에서 부딪히는 '국민 공감대 형성'을 놓고, 갈등 조정의 방법으로 제주도민운동본부 측은 제주도민의 일반 의지를 확인하는 차원에서 제주도청에 '숙의형 정책 개발'을 청구했다. 제주도는 이를 수용해 숙의형 공론조사위원회를 열어 그 정책 권고를 존중하겠다고 했으나 최종적으로 권고와는 반대의 정책결정을 내려버렸다. 이 사례는 숙의민주주의의 무조건적인 적용이 늘 명쾌한 해법을 가져다주는 것은 아님을 보여주고 있으며, 공론화 과정에서 공론의제의 명료성, 숙의 가능성, 포괄성 등의 문제가 지적될 수 있음을 보여줬다(김주환·하동현, 2019: 152-158).

첫째, 공론의제의 명료성 문제다. 이미 정상적 절차를 통해 설립 승인돼 자본 투자까지 진행된 상태에서 공론조사가 합당한가의 문제다. 이는 영리병원 개원 허가와 관련해 '적법성

대 의료비 상승'이라는 대결 구도로, 애초의 '의료산업화 대 의료비 상승'이라는 오랜 등가(等價) 구조적 갈등에서 시작해 공론조사 시에는 비등가(非等價) 구조적 갈등으로 이슈가 변형됐다고 할 수 있다. 즉, 의제의 명료성이 흔들린 것이다.

둘째, 공론의제의 숙의 가능성 문제다. 영리병원 이슈는 중앙과 지자체가 오래 관여해온 정책 당사자인데 공론조사에서 이들의 참여가 배제됨은 타당한가 하는 것이다. 즉, 2004년부터 2015년 녹지국제병원 설립 허가까지 사업을 추진하던 복지부·제주도와 사업을 반대하던 시민단체 간 갈등 구도였는데, 2018년 공론조사 시 사업 주체인 복지부와 제주도가 배제된 상태로 '녹지국제병원 대 시민단체' 간 공론화 구조로 변형됐다. 그 결과, 공론화에서 찬성 논리는 정보 제공 면에서 약화된 반면, 반대 측은 그간의 논리와 정보를 활용해 반대 논리를 수월하게 펼칠 수 있었다.

셋째, 공론의제의 포괄성 문제다. 이 공론조사의 의제는 개원의 행정적 적법성과 개원에 따른 의료환경의 변화 중 어느 것이 더 맞는가의 문제다. 공론화는 다수 국민이 참여 가능해야 하고 그 과정을 통해 의견이 집합적 일반 의지로 전환될 수 있어야 한다. 또한 공론화의 결과로 일방 당사자가 입을 수 있는 이익과 손실 간에 그 진폭이 수용 가능한 범위를 벗어나면 결국 그 의제가 포괄적 성격을 결핍하게 된다.

이 사례에서 개원 허가로 결론날 경우 녹지국제병원은 영업을 하게 되고, 제주도는 공기관으로서의 신뢰를 지킬 수 있으며, 운동본부는 직접적인 손실은 없으나 의료환경의 불확실성은 증가할 수 있다. 반면, 개원 불허로 결론날 경우 녹지국제병원은 그간의 투자금 778억 원과 헬스케어타운 기반시설 투자금 6,357억 원, 134명의 인건비 손실 등 막대한 직접적 손해가 발생하고, 제주도도 막대한 손해배상 소송에 휘말리게 되나, 운동본부는 개원 불허로 인한 직접적인 손해가 없다. 결국 이 공론조사는 그 결과에 따라 한쪽 당사자는 수용의 범위(zone of acceptance)를 넘어버리는 꼴이 된다. 실제로도 제주도지사는 공론화의 결과를 수용하지 못하고 조건부 개원 승인을 하게 됐다. 결론적으로 '숙의형 민주주의' 적용은 적용 그 자체보다는 적용 과정의 공론의제의 명료성, 숙의 가능성, 포괄성 등의 문제가 없어야 갈등 해소에 기여함을 인지하고 적용에 신중을 기해야 한다.

토의 과제

- 한국에서 '신성장 동력산업 육성' 차원에서 도입 시도된 국제병원 설립이 국내에서 '의료계 갈등'으로 귀결된 이유는 무엇인가?
- 제주 녹지국제병원 갈등 해결을 위해 활용된 '숙의형 시민참여제도'의 문제는 무엇인가?

사례 30   **의료사고 분쟁 갈등***(민-민 갈등, 2012)

1. 갈등 개요

이 사례는 한국의료분쟁조정중재원에서 실시된 둔부 근육주사 후 주사 부위가 괴사한 사례로서 최종적으로는 중재 판정으로 종결된 사례다. 형식적으로는 중재였으나 내용상으로는 합의에 의한 중재 판정이 내려진 결과다.

2. 사건의 개요

1) 의료사고 발생 경위

신청인(1980년생, 남)은 2012년 6월 감기 증세로 피신청인 병원 응급실로 내원해 비스테로이드성 해열진통소염제 근육주사를 맞았다. 그리고 같은 해 7월 신청인의 주사 맞은 부위에 피가 고이고 붉은 멍 자국이 커지면서 통증이 심해지자 피신청인 병원에 재내원했고, 상세 불명의 피부염 진단하에 항생제 및 항히스타민제, 국소용 스테로이드 연고를 처방받았다.

같은 달 ×일 신청인은 주사 부위 통증이 계속돼 오래 앉아 있지 못해 피신청인 병원 응급실로 재내원했다. 의료진은 둔부 농양의증하 배농술 및 항생제 등의 치료계획을 세우고 다음 날 외래로 내원해 치료받을 것을 안내했다. 신청인은 같은 달 ×일 피신청인 병원 정형외과에 외래 방문했고, 피신청인은 대퇴부 연조직염으로 추정하고 약제의 처방을 했다.

2) 분쟁의 요지

신청인은 진료 과정에서 나타난 엉덩이 부위 괴사 증상은 피신청인 병원 의료진의 의료

---

* 원창희(2016: 232-238) 참고.

과실로 인한 것임을 주장해 피신청인 병원 치료비 및 향후 치료비 등 총 4,726만 원의 배상을 청구함에 대해 피신청인은 의료 과실이 없었다고 주장했다. 신청인들은 당초 조정 신청을 해 조정 절차가 진행되던 중 2012년 9월 ×일 중재 합의를 함으로써 이에 따라 조정 절차에서 중재 절차로 이행했다.

이 분쟁에서 쟁점이 된 사안은 주사 처치(감염 예방 조치 소홀 등)상 과실 유무, 진단 및 지도 설명 의무 위반 여부, 염증에 대한 진단 및 처치상 과실 유무, 손해 범위의 산정 요소, 책임 제한 사유 등이다.

3. 분쟁 해결 방안

1) 감정 결과의 요지

환자가 젊고 건강한 편이며, 면역 기능 저하를 초래하는 기저 질환 등이 없어 환자 측에 그 원인이 있는 것으로 보기보다는 주사 과정에서 어느 한 부분에 문제가 있어 감염이 발생했으리라는 개연성을 충분히 생각할 수 있다고 판단된다.

피신청인은 2012년 7월 ×일 신청인이 피신청인 병원에 내원했을 때 농양 배농술의 필요성을 인식하고서도 수술 시행을 고려했을 뿐 정작 수술 시행은 이뤄지지 않았고, 같은 달 ×일과 ×일 내원 시에도 염증의 심각성을 인식하지 못하고, 경구약만을 처방했으며, 같은 달 ×일 신청인이 모 병원에서 괴사성 질환의 진단 및 수술을 권고받았다고 말하자 비로소 염증의 심각성을 의심하고 MRI 검사를 시행하고 수술에 이르게 됐다.

2) 손해배상 책임의 유무

(1) 과실 유무

① 2012년 6월 ×일 주사 처치(감염 예방 조치 소홀 등)상 과실 유무

신청인에게 발생한 좌측 둔부의 염증 및 피부 괴사는 이 사건 주사를 맞은 날부터 나타나기 시작한 것으로 이 사건 주사 이외에는 다른 원인이 개재했을 가능성이 없으며 그 발생 부

위도 이 사건 주사를 맞은 부위와 일치하는 점, 신청인에게 이 사건 주사 전후를 통해 좌측 둔부에 염증을 초래할 만한 특별한 질환이나 증상이 없었던 점 등을 고려할 때 이 사건 주사를 놓는 과정에서 감염 예방 조치 등을 소홀히 한 과실에 의해 발생한 것으로 추정된다.

② 2012년 7월 ×일 진단상 과실 및 지도 설명 의무 위반 유무

2012년 7월 ×일 오진 여부와 관련해 당시 피신청인 병원 담당의가 신청인에게 처방한 내역은 항생제와 항히스타민제 등 3일분의 경구약과 국소용 스테로이드 연고로서 담당의는 알러지뿐만 아니라 염증에 대해서도 의증(疑症)하고 처방한 것으로 추정되며, 담당의가 항생제 등 주사 처방을 하고자 했으나 신청인이 거부해 이뤄지지 않은 점에서 진단상의 과실은 인정하기 어렵다고 보인다.

하지만 신청인은 담당의가 진단 결과로 '주사 후의 염증'은 전혀 언급하지 않은 채 단순히 '알러지' 증상이라고만 설명했다고 주장하고, 피신청인도 신청인을 배려하고자 염증 여부에 대해서는 설명하지 않았다고 한다.

담당의가 주사 후 부작용 시 염증 치료를 위해 반드시 내원할 것을 성실히 지도·설명했다면 신청인이 주사 후 감염으로 인한 경과에 대해 스스로 인지하고 이에 대처할 수 있었을 것이다. 따라서 피신청인은 질환의 양상이나 대처 방법 등에 대해 지도해야 할 의무를 위반한 과실이 있다고 보인다.

③ 2012년 7월 ×일 및 같은 달 ×. 이후 염증에 대한 진단 및 처치상 과실 유무

신청인이 2012년 7월 ×일 피신청인 병원 방문 즉시 수술을 시행하지 않은 점에 대해서는 신청인이 내원한 날은 일요일 밤이므로 담당의가 아닌 응급실 당직의가 신청인을 진료했고, 이 사건 주사 부위의 염증이 응급 상황은 아니라고 추정할 수 있으며, 외래로의 방문을 안내한 점에서 2012년 7월 ×일 즉시 수술을 하지 않은 것은 의료상 과오로 인정하기 어렵다.

피신청인이 2012년 7월 ×일 신청인에 대해 항생제만 처방하고 배농술을 시행하지 않은 점에 대해서는 항생제를 쓰면서 염증 부위를 국소화, 집중화, 고착화한 후에 괴사한 염증을 치료하는 것이 적절한 점, 농양 부위가 건성으로 변해 딱지가 앉은 것을 확인할 수 있는 점, 감정 결과를 종합적으로 고려할 때, 정상조직과 섬유조직의 경계가 생길 때를 기다려 건성 괴사된 염증 부위를 제거하는 것이 필요했다는 담당의 판단 및 처치가 의사로서의 재량을

일탈한 것으로 보기는 힘들다고 보인다.

(2) 인과관계
피신청인의 과실과 신청인에게 발생한 악결과 사이의 인과관계는 인정된다.

(3) 결론
이상의 사정을 종합하면, 피신청인은 이 사건 의료사고로 인해 신청인이 입은 손해를 배상할 책임이 있다 할 것이다. 다만, 가해행위와 피해자 측의 요인이 경합해 손해가 발생하거나 확대된 경우에는 그 질환의 태양·정도 등에 비춰 그 손해의 발생 또는 확대에 기여한 피해자 측의 요인을 참작하는 것이 손해배상제도의 이념에 부합하는 바, 의료사고의 경위 등을 고려하면, 피신청인의 책임을 일부 제한함이 타당하다 할 것이다.

3) 손해배상 책임의 범위

(1) 적극적 손해
- 기왕 치료비(289만 원, 단 전액 미납으로 손해액 산정에서 제외)
- 향후 치료비(조직 재건술, 추가적 흉터 성형수술 시행)

(2) 소극적 손해
일실이익: 2012년 7월 ×일부터 같은 해 9월 ×일까지 6주간 휴직해 총 192만 원 손해

(3) 위자료
신청인의 나이, 미혼인 상태, 병가로 인한 회사에서의 업무 차질 등을 고려해 위자료를 산정

4. 처리 결과

중재 기일에 중재부는 신청인에게는 신청인의 병원 방문이 지연된 점 등을 설명하고, 피

신청인에게는 주사 처치 및 진단상의 과실을 설명해 이 사건 분쟁을 원만히 해소하도록 합의를 촉진한 결과, 당사자들의 요구에 따라 화해중재판정서가 작성됐다.

피신청인은 신청인에게 금 700만 원을 지급하고, 피신청인의 신청인에 대한 미납 진료비 채권을 포기하며, 신청인은 이 사건 진료행위에 관해 향후 어떠한 이의도 제기하지 아니한다. (출처: 한국의료분쟁조정중재원에서 실시한 중재판정 사건)

5. 최적 대안의 모색

이 사례는 의료분쟁 갈등을 중재(arbitraton)의 방법으로 해결한 대표적 사례로, 중재는 당사자들이 중립적인 제3자인 중재인에게 중재를 의뢰하면 중재인이 구속력 있는 종국적 결정을 내려주는 분쟁 해법이다. 소송과 같이 강제력을 가지긴 하지만 중재 절차, 장소, 언어, 중재기관 등을 선정할 때 당사자들 간의 합의가 중요시되며, 재판보다 적은 비용으로 신속히 수행되는 장점이 있다. 이 사안의 경우 신청인의 직간접 총피해액이 약 1,000만 원 내외로 정식 소송을 통해 분쟁 해결 시 장시간 소요, 소송비용 부담 등의 문제가 있으므로, 이를 중재의 방식으로 해결한 것으로 적절한 갈등 해소 방법을 찾은 것으로 보인다.

토의 과제
• 이 의료사고 분쟁 해결을 위해 활용된 중재의 장단점은 무엇인가?

행정갈등 사례 분석

chapter 16

사례 31 대구 수성구 민원배심제 운영제도(2000년~)

1. 전국 민원배심제 개황

1995년 지방자치제 시행 이후 행정기관에 대한 주민들의 욕구 증대로 적법한 행정처분에 대해서도 무리하게 집단민원을 제기하는 사례가 증가하고 있다. 집단민원이 반드시 부정적인 측면만이 있는 것은 아니다. 하지만 갈등이 발생하면 사회적인 비용이 발생하고 해결에 시간이 많이 소요된다. 민원 처리의 장기화로 주민 상호 간 갈등 및 행정 불신을 초래함에 따라 객관적 입장에서 양자 간 이해관계를 조정하고 중재하는 역할기구 운영이 필요하게 된다.

우리나라의 행정조직에 의한 분쟁조정제도는 국무회의 등 갈등관리를 위한 정부 내 조정기제와 대안적 분쟁 해결 방식(ADR)인 분쟁조정제도로 크게 구분할 수 있다. 2007년에 「공공기관의 갈등 예방과 해결에 관한 규정」(대통령령)이 제정돼 갈등관리의 새로운 전기를 맞게 됐다. 이 규정은 중앙행정기관에만 한정해 적용되므로, 원칙적으로 지자체와 그 밖의 공공기관은 적용 대상에서 제외된다. 다만, 지방자치단체와 그 밖의 공공기관은 갈등조정협의회와 유사한 기구를 자체 운영할 수 있다(3조). 집단민원의 일반적 처리 절차는 민원조정위원회를 통해 처리되는데, 민원사무 처리에 관한 법률 24조 및 동법 시행령 37조에 근거한다. 이는 중앙행정기관 및 지방자치단체에서 시행 중에 있으며 대개 운영 방식이 유사하다. 가령, 서울특별시 용산구의 경우는 관련 조례를 제정해 운영 중이며, 부구청장을 위원장으로 해 총 15인 이내의 위원으로 구성해 운영 중이다(전주상, 2009: 50).

2000년 이후 일부 지자체에서는 민원조정위원회와 유사한 성격의 민원배심원제를 자체적으로 도입, 운영하기 시작했다. 원래 배심제는 12세기경 영국에서 발달한 제도로, 우리나라에서는 대구 수성구가 2000년 2월 전국 최초로 민원배심제를 도입했으며, 2020년 11월 현재 아래 표와 같이 경남 남해군, 창원시, 수원시, 서울 성북구 등 13개 지자체가 운영 중이다.

〈 전국 자치단체 민원배심제 운영 현황 〉

기관명	종류	법규명	제정일
수성구	예규(지침)	민원배심제 운영 지침	2000.02.21
대구광역시	조례	행복민원배심제 운영 규정	2015.03.30
경남 남해군	훈령(규정)	민원공개법정배심원제 운영 규정	1996.02.05
경남 창원시	훈령(규정)	시민배심민원법정 운영 규정	2008.06.05
경상남도	조례	도정배심원제 운영에 관한 조례	2009.03.26
경기 수원시	조례	시민배심법정 운영조례	2011.06.15
부산 해운대구	훈령(규정)	구민배심원제 운영 규정	2011.12.20
서울 성북구	조례	민원배심제 운영조례	2011.12.31
대전 유성구	조례	구민배심원 조례	2012.06.15
경북 김천시	조례	시민배심원제 운영조례	2013.11.21
충남 천안시	조례	시민민원배심원제 운영조례	2015.02.11
전남 고흥군	조례	군민배심원제 운영조례	2015.12.29
충청북도	규칙	도민배심원제 운영 규칙	2016.11.04
전남 나주시	조례	시민민원배심원제 운영조례	2019.02.01

출처: 대구광역시 수성구 내부자료(2020.11).

2. 대구광역시 수성구 민원배심제 사례

1) 수성구 제도 개요

여기에서는 전국에서 이 제도를 처음 도입했고 가장 활성화돼 성공적으로 평가받는 대구광역시 수성구 민원배심제를 중심으로 고찰하기로 한다. 필자는 2013년부터 약 3년간 당시 수성구 부구청장으로 재직하면서 직접 민원배심제를 맡아 다수 집단민원을 처리했다. 수성구는 행정처분 결과가 20세대 이상 주민에게 피해를 초래할 우려가 있는 민원, 장기간 해결되지 않은 고질 또는 집단민원, 지역 개발과 관련해 주민 상호 간 이해가 대립되는 민원, 동일 민원으로 2회 이상 반려 또는 불가 처리된 민원 등을 민원배심제의 대상으로 한다. 이 제도는 객관적 입장의 전문가인 변호사, 건축사, 교수, 구의원, 시민단체 등으로 민원배심원을 구성해 이해당사자와 공개적으로 대화를 통해 해결 방안을 모색하고 중재함으로써 주민 간의 화합, 지역 발전 도모 및 행정 신뢰를 확보하고자 하는 제도라 할 수 있다(수성구 내부자료, 2020).

민원배심제는 법적 근거가 없어, 판결의 결과는 행정기관 내부의 행정처분에만 영향을 미치고 대외적인 효력이나 일반 주민에 대한 구속력은 없다. 하지만 이 제도가 가지는 나름의 유용성으로 집단민원 해결에 큰 기여를 하고 있다. 현재 민원배심제의 일반적인 사항은 수성구에서는 지침의 형태로 규정해 운영하고 있다(2000. 2. 21. 수성구예규 117호).

〈 수성구 민원배심제 연혁 〉

2000.2	전국 최초 민원배심제 도입
2000.2.21	민원배심제 운영지침 수립
2000.6.20	제1회 민원배심원회의 개최
2005.4.4	민원배심제 제100회 기념식
2009.2	2008년도 국민신문고 대상 단체 및 개인 표창
2020.11.30	199회 개최. 238 안건 심의

2) 업무 처리 흐름

• 업무 처리 절차

| 민원 신청
(인·허가) | → | 행정예고
(7일이상) | → | 소관 부서 중재
(조정회의 개최) | → | 민원배심 신청 |

    수성구는 수성구 민원배심제 운영지침(2017.9.29 일부 개정)에 따라 민원배심제를 운영하고 있다. 행정예고 대상 민원은 다수인에게 불편을 초래하거나 문제가 예상되는 사항, 많은 주민의 이해가 상충되는 사항으로서, 민원 현장에 허가 대상 내용을 7일 이상 게시한 후 반대 의견을 수렴하는 형태로 운영하고 있다(7조). 행정 예고 후 만약 주민 반대가 없으면 즉시 인허가를 수리하며, 만약 이해관계가 대립되거나 당사자 간에 원만한 합의가 이뤄지지 않으면 먼저 소관 부서장 주재로 이해관계자 중재회의를 개최해 조정, 중재를 시도한다(8조). 만약 그래도 중재가 되지 않는 경우는 민원배심판정을 신청하게 된다(9조). 심의 일정은 회의 개최 5일 전까지 민원인에게 통보한다(10조).

    배심원 구성은 다음 표와 같이 법률전문가, 민원 사안에 따른 관련 분야 교수, 건축사, 회계사 등의 전문가, 해당 지역의 구의원, 각계각층 직능대표 등 78명으로 풀(POOL)제로 운영한다. 이 예비 배심원 중에서 심의 안건에 따라 분야별 전문가 10명 내외로 구성하고, 판정관은 회의 개최 시 참석 배심원 중에서 호선한다(5조).

    진행 순서는 안건이 상정되면 해당 부서장의 제안 설명에 이어 주민 대표 및 사업주가 발언한 후, 배심원과 이해관계자 간 질문 답변이 이어진다. 필요한 경우 배심원들이 민원 현장을 직접 방문해 현장에서 토의가 벌어진다. 통상 배심원회의는 1회를 원칙으로 하나 배심원회의에서 의결하면 추가 운영할 수 있으며, 심의 종결 후 필요 시 비공개로 판정할 수 있다(11조). 판정은 배심원 과반수의 출석과 출석 배심원 과반수의 찬성으로 판정한다. 판정한 사항은 관련 부서에서 시행하며, 예산 수반 시는 우선 반영하고, 법령 개정 또는 제도 개선이 요구되는 사항은 상부 기관에 건의한다(12조).

⟨ 대구 수성구 배심원 위촉 현황 ⟩

(단위: 명)

계	직능 및 직업별					
	변호사	건축사 (건설)	교수	기타 전문직 (법무, 회계 등)	시민단체	구의원, 주민대표
78	6	6	8	5	10	43

출처: 대구광역시 수성구 내부자료(202.11).

3) 운영 성과

수성구는 2000년 2월 민원배심제를 첫 도입한 이후 아래 표와 같이 2020년 11월 말까지 총 199회 회의를 개최해 238건을 심의했다.

⟨ 대구 수성구 민원배심제 추진 실적 ⟩

(단위: 회, 건)

연도	계	2000년~2012년	2013년	2014년	2015년	2016년	2017년	2018년	2019년	2020년
개최 횟수	199	159	9	6	8	13	1	0	3	0
심의 안건	238	208	6	7	7	7	1	0	2	0

출처: 대구광역시 수성구 내부자료(2020.11).

이 중 다음 표와 같이 조건부 허가가 203건, 불허가가 17건, 원안 수용이 10건, 기타 8건으로 처리했다. 필자가 부구청장으로 재직하던 2013년부터 2015년 사이에도 이 민원배심제를 적극 활용해 많은 집단민원을 해결했다.

〈 대구 수성구 민원배심제 판정 결과 〉

구분	계	2000~2012	2013	2014	2015	2016	2017	2018	2019	2020.9.
계	238	208	6	7	7	7	1	0	2	0
조건부 허가	203	182	5	2	5	6	1	–	2	–
불허가	17	17	–	–	–	–	–	–	–	–
원안 수용	10	7	1	2	–	–	–	–	–	–
기타	8	2 (취하 1, 합의 1)		3 (취하 1 합의 2)	2 (합의)	1 (합의)				

출처: 대구광역시 수성구 내부자료(2020.11).

〈 대구 수성구 민원배심제 민원 유형별 안건 〉

구분	계	건축 허가					건축물 표시 변경		유흥영업허가	자동차 매매업	석유 판매	관광 숙박업
		다가구	아파트	종교	유흥업	기타	가스	유흥업				
계	238	84	73	37	8	23	5	4	1	1	1	1
2000	40	34	1		2		1	1	1			
2001	36	17	8	4			3	3		1		
2002	28	5	10	7		4	1				1	
2003	27	4	14	4	4	1						
2004	8		3	1		4						
2005	18	1	8	7		2						
2006	9		6	2		1						
2007	9		4	1		4						
2008	4	2	1	1								
2009	18	5	2	7		3						1
2010	4	4										
2011	3	1			2							
2012	4		2			2						
2013	6	3	3									
2014	7	1	2	2		2						
2015	7	5	2									

2016	7	2	4	1
2017	1		1	
2018	0			
2019	2		2	
2020	0			

출처: 대구광역시 수성구 내부자료(2020.11).

4) 수성구 민원배심제 운영사례 분석

(1) 분석 결과

박종화·신경섭·김선영(2023)은 2011년 4월 28일 ~ 2019년 7월 3일까지 약 10년간의 수성구 민원배심제 회의 내부자료를 활용해 운영실태를 분석했다. 수성구 민원배심제는 이 기간 중 98개월간 50회의 회의를 통해 39건의 사안을 처리했다. 중복회의까지 포함 시, 대략 2달에 한 번씩 민원배심제 회의를 개최했음을 알 수 있다. 전체 50회의 회의 중, 13번은 민원배심원 회의가 1회만 개최됐다. 사안이 가부로 종결된 경우도 있고, 교착상태로 마무리된 경우도 있다. 총 39건의 사안 중 건축허가 24건, 심의신청 3건, 허가신청 3건, 사업시행인가 신청 2건으로, 전체 민원배심제의 주요 안건은 지역사회의 건축허가, 즉 재개발이나 재건축과 관련돼 있다. 또한, 판정내용 중 약 68%에 이르는 26건이 조건부 허가로, 협의와 조정이 민원배심의 큰 역할임을 알 수 있다. 불허가 처분은 2건, 쌍방 협의 후 심의속행 판정이 났지만, 쌍방 입장 차이로 인해 교착상태로 나타난 건은 6건, 원안수용은 4건에 불과하다.

민원배심원의 판정결과 중 약 68%는 조건부 허가형태에 속한다. 이 판정결과는 전체적으로 주민요구 수용노력이 어떻게든 진전되고 있다는 것을 보여준다. 배심원들은 주민요구 수용과정에서, 특히 통행 안전이나 공사과정에서의 인접 건물의 훼손이나 붕괴 우려, 사생활 침해나 일상생활 과정에서의 지속적인 소음, 건강한 생활권 침해 등에 민감하게 반응을 보였다. 일조권이나 조망권 침해 등도 건축 시 단골 메뉴로 제시되고 있다. 또 비록 조건부 허가로 귀결되더라도 특정기간 내 관계 법률에 따른 소송제기를 권고하고 있어 민원배심제의 역할 범위와 기능 면에서 중요한 기준을 제시하고 있는 것으로 판단된다.

불허가 처분은 2건으로 전체 건수의 5% 정도에 불과하다. 2건 모두 근린생활시설 신축 안으로 도로이용 상황상 신축건물이 들어설 경우 도시관리와 경관 저해, 통행인 안전 위협, 그 외 시설특성 상 고성방가나 야간의 조명 문제 등이 예상되는 시설로서 공익목적상 불허가 처분을 판정하고 있다.

쌍방의 입장 차이로 인해 교착상태로 귀결된 사안은 총 6건으로 전체의 16% 정도이다. 운동시설의 경우 야간조명, 소음, 비행 청소년 집합우려 등으로, 요양병원으로의 용도변경 건은 장례식장 입점 우려 등으로, 종교시설 신축이나 증축 신청 역시 장기적으로 장례식장 등으로의 활용 등을 우려해서, 주민들의 기피성이 높게 나타나고 있는 것으로 보인다.

원안수용은 모두 4건으로 전체의 11% 정도에 불과하다. 이는 민원배심제가 형식적으로 운영되고 있지 않다는 사실을 반영해 주는 것으로 보인다. 대다수가 차량출입구 추가설치 건, 주출입구 위치변경 건, 주민 통행수요 반영 등 간단한 사안들로 배심원들이 현장확인 후 원안수용 판정을 내렸다.

(2) 대구 수성구 민원배심제 운영상의 한계

2011년 4월 이후 10년간의 운영내용 분석결과, 민원배심제는 법적 강제성을 띤 제도가 아닌 만큼 몇 가지 운영상 한계도 있지만, 나름대로 여러 가지 장점을 내재하고 있는 것으로 나타났다. 저렴한 비용으로 지역사회의 가용자원을 최소한으로 활용해서 지역에 불가피한 갈등 사안을 효율적으로 대처할 수 있다. 특히 전문성과 중립성이 확보되는 경우, 이해 상충 당사자들을 누구보다 잘 설득할 수 있다. 또 집단민원의 쟁점이 논의되고 검증받는 과정을 통해서 지역사회 공동체성 확보에 필수적인 사회적 학습의 가능성을 지닌다. 지방자치제도 하에서 주민들이 직접 자신의 생활민원관련 갈등해소에 주체로 참여하는 체험의 축적을 통해 지역사회 속에서 자신의 정체성과 자신감을 확인하고 학습하는 과정이 되는 것이다. 다만, 민원배심제가 장점만 가지고 있는 것은 아니다. 어떤 한계점이 있는지, 관련 정책적 함의는 무엇인지를 살펴보면 다음과 같다.

우선 민원배심제의 한계를 살펴보면, 첫째, 이 제도는 법적 강제성을 가진 제도가 아닌 만큼 비록 타당성이 있다고 보여 져도 갈등 상대 당사자가 수용하지 않으면 집행력을 가질 수 없다. 이는 수성구의 분석사례에서 나타난 조건부허가 판정이 68%에 이른 결과를 통해 서도 알 수 있다. 합의를 비강제적 방법으로 도출해 내야 하는 만큼 운영의 노련미가 필요한 제도라 할 것이다. 하지만 필자가 수성구 부구청장으로 근무하던 2013년~2015년 당시 이 민원배심제가 민원해소에 나름 큰 도움이 되었다고 보며, 이는 오랜 경험과 노련미를 지닌 민간배심원이 판정관을 맡아 현장방문을 통해 토론식 우문현답('우리의 문제는 현장에 답이 있다')식 갈등해소에 노력한 덕이라 본다.

둘째, 갈등 조정을 끌어낼 수 있는 전문가확보 문제다. 무보수로 봉사하며 중립성, 전문성, 협상력을 갖춘 인재풀을 확보하는 것이 관건이다. 다행히 대구 수성구의 경우는 인근에 대형 종합대학들이 많아 약 80명의 심사위원 풀을 구성하고, 배심원회의 때마다 10여 명을 위촉해서 민원배심원제를 운영하고 있지만, 모든 자치단체들의 상황이 그런 것은 아니다. 인력풀이 많은 것은 필요하지만, 실재 필자가 수성구 민원배심제를 수년간 운영해 본 결과, 주민들의 건축, 재개발 등 생활민원갈등이 압도적인 상태에서 배심원들의 지역이해 및 오랜 판정경험의 축적이 조정적 역할이 주 역할인 배심원제 하에서 특정분야 전문성만큼이나 나름 중요하다고 느꼈다.

셋째, 사생활 침해, 일조권·조망권 침해, 교통혼잡 우려 등 민원배심원제에서 흔히 제기되고 다루어지는 사안의 침해 및 수인 범위에 대한 명확한 과학적 기준이 없다는 점에서 한계가 있다. 이는 유사한 주민반대 쟁점에도 판정결과가 가끔 상이하게 나타나는 것을 통해 알 수 있다. 다양한 이유로 배심원 구성의 적절성을 확보하지 못한다거나, 구청장의 의도에 따라 회의개최 여부가 불투명하다거나, 전문적 판단보다 정치적 판단이 중요하게 작동하는 경우에는, 오히려 행정기관의 책임회피수단으로써 민원배심제가 오용될 수 있고 행정 불신의 계기가 될 수 있다(김선영·신경섭, 2024: 59). 민원 배심제에 지방의회 의원들이 참여하는 것은 바람직하게 보이지만, 어떤 경우든 전문적 판단과 중립적 판단을 훼손할 정도로 그 영향이 확대되어서는 안 될 것으로 보인다. 정치적 판단이 중요하고, 사실상 부정부패를 정당화하는 형태로 제도가 운용되는 경우에는 부정적 외부성의 안정화(the stabilization of negative externalities) 형태를 초래해서 제도 무용론을 초래할 것으로 보인다(Porta & Vannucci, 1999). 필자가 직접 민원배심제를 운영해 본 결과, 관련 상임위 구의원 1~2명의 배심원으로의 참여가, 배심제 판정 후 후속 사업예산이 수반돼야 할 경우는 예산확보에 도움을 주어, 배심제의 비법적, 권고적 기능을 보완해 주는 역할도 한다고 본다.

(3) 대구 수성구 민원배심제 운영의 정책적 함의

민원배심제 운영상의 장점을 살리고 한계점을 최소화하는 과정에서 고려할 수 있는 정책적 함의는 제도 자체의 성격, 제도운영적 측면, 제도운영으로 인한 효과 측면으로 나누어 접근해 볼 수 있다(박종화 · 신경섭 · 김선영, 2023: 206-212).

우선 민원배심제는 기존의 여타 지역사회 이해상충 관리방안들에 대한 보완적 접근방식으로 정착시키고 발전시켜 갈 필요가 있다. 제도운용 방식에 따라 법제화에 준하는 효과를 얻으면서, 보다 탄력적으로, 보다 광범위한 사안을 다룰 수 있다. 우리나라의 분쟁조정 제도는 주민참여제도, 보상제도, 제3자에 의한 분쟁조정제도 등으로 크게 나눌 수 있다. 그 중, 제3자에 의한 분쟁조정제도는 한국의 경우 소송에 의존하는 경우가 압도적이어서 많은 갈등비용을 지불하고 있다. 그런데 민원배심원제는 주민입장에서는 큰 부담 없이 자신의 권익옹호를 현실화할 수 있다. 행정기관의 판단과 처분에 대해 관련 지역사회 주민들의 수요를 실질적으로 반영할 중립적인 채널의 마련이 민원배심제도의 핵심이다. 비교적 짧은 시일 내에 사실상의 주민 비용 부담 없이 쟁점을 따질 수 있는 기회의 제공이 민원배심제의 독특한 성격이자 장점인 것이다. Rivkin(1985: 74-75)은 도시개발사업으로 인한 갈등이나 분쟁을 해소하기 위한 협상의 필수적인 요소로서 협상 의사 및 성실성, 이해, 의사소통 네트워크, 전문적인 지식과 기술, 문서화, 점검과정, 그리고 자금 등을 강조한다.

둘째, 민원배심제 운영상의 확장성과 탄력성을 높여 갈 필요가 있다. 행정기관의 경우 각종 사안이 얽힌 행정처분이 지역사회 갈등을 야기할 수 있고 주민으로 하여금 '관'의 벽을 느끼게 할 수 있다. 이 경우 지역사회에 '민원배심제'라는 일종의 '갈등 신문고' 역할을 하는 장치가 있다면 관과 민, 또는 갑의 위치에 있는 민과 을의 입장인 민이 수평적 소통을 통해 분쟁을 해소하는데 도움을 줄 수 있다. 대구 수성구의 경우 수성구민 20세대 이상이 연서로 수성구청에 대하여 처분 등 특정한 행위를 하거나 하지 않을 것을 요구하는 사항은 '집단민원'에 해당한다. 수성구의 경우 배심원의 구성과 사안 판정 과정에서 전문성과 중립성이 반영되고 있고 제도 자체에 대한 신뢰성도 드러나고 있는 것으로 보인다. 대개 2~3회의 배심원회의를 통해서, 즉 2~3개월 내에 사안에 대한 판정이 내려지고 거의 대부분 소송으로 진전하지 않고 집단민원 사안에 대한 매듭이 종결된다. 또한 당사자들 누구에게도 비용 면에서 큰 부담을 주지 않는다. 또한 집단민원을 제기하는 주민들뿐만 아니라 관련 사업시행자들에게도 자신들의 고충을 전달하는 장을 열어준다.

한편, 민원배심원제의 판정결과가 법적 구속력을 가지고 있는 것은 아니지만, 그렇다고 해서 아무런 효과가 없는 것은 아니다. 수성구의 경우 운영지침 제7조와 제8조 그리고 제11조와 제12조에 의해 이해관계가 대립하거나 당사자 간의 원만한 합의가 이루어지지 않을 경우, 민원배심판정 신청 전에 소관 부서장 주재로 이해관계자 회의를 개최하여 대안을 제시하는 등 사전에 적극 자체 조정·중재노력을 요구하기 때문이다. 그리고 일단 판정된 사안은 관련 부처에서 지체없이 시행하며, 예산이 수반되는 사업은 우선적으로 반영되도록 조치하고 있다.

이와 관련, 기존의 많은 연구들은 거의 예외 없이 집단민원 갈등관리 관련 제도의 법제화(전주상, 2009: 287; 김재기·송건섭, 2004: 318) 내지 새로운 조직의 신설(정하용, 2006: 104) 등을 강조하고 있다. 임의규정으로는 다양한 지역사회 집단적 갈등사항들을 제대로 조정하기 어렵고 따라서 실효성 제고 차원에서 법제화의 필요성을 강조하고 있다. 그리고 집단민원 관련 내용들은 대개 내용이 복잡하고 이질적이어서 다양한 행정부서에 관련되어 있으므로 통합적인 업무 수행능력이 있는 새로운 조직을 신설해서 대처하자는 정책 제안이 제시되고 있다.

법제화를 하게 되면 제도운영 과정에 있어서 행정기관의 자의성을 줄일 수 있고, 새 조직의 신설은 업무처리역량과 사기 진작에 도움이 될 수 있을 것이다. 하지만 법제화나 새 조직의 신설은 관 조직의 특성상 기존 조직과 권한갈등을 야기할 가능성이 매우 높고, 파킨슨의 법칙처럼 일을 위한 일을 만들어내거나 핵심적 내용위주로 법제화할 경우 민원배심원제가 다룰 수 있는 사안의 내용이 매우 축소 제약될 가능성이 크다. 필자가 직접 민원배심제를 실질적으로 총괄하는 역할을 하는 부구청장으로서 민원배심제를 수년간 운영해 본 결과, 주민들의 이해상충 내용을 중립적이고 전문적인 기구를 통해 종합적으로 논의할 수 있다는 것 자체가 많은 장점을 가지고 있는데, 오히려 법제화를 통해 제도운영상의 탄력성과 확산성을 스스로 제한하게 될 우려가 있다. 민원배심제의 판정결과는 법적 집행력은 없지만, 그 판정결과는 사실상 관련 행정기관을 기속하며, 이해상충 당사자들 역시 소송의 부담 등으로 그 판정결과에 기속된다. 행정기관의 인력 운용이나 예산상의 큰 부담없이 의미 있는 소통의 장을 만들고 참여를 도모한다는 것이 민원배심제의 큰 장점으로 고려될 필요가 있다. 최소비용으로 주민들의 애로사항들을 논의하고 반영하며, 무리한 주민요구 사항들을 초기단계에서 내부적으로 제어해 줄 수 있는 자율적 규제 장치라는 측면에서 민원배심제 장점의 인식적 확산이 필요할 것으로 보인다.

셋째, 민원배심제 운영의 직·간접적 효과를 확대해 가야 한다. 지방자치가 실질적으로 발전하기 위해서는 무엇보다도 지역 주민들이 지역사회 공통 이슈에 대한 관심이 있어야 한다. 그런데 그 관심은 자신들의 수요가 반영될 수 있는 통로가 있어야 하고, 그 통로를 통해 자신들의 구체적인 요구사항들이 반영되고 있다는 사실을 직·간접적인 경험을 통해 확인할 수 있을 때 확보되고 확장되는 것이다. 민원배심제는 그 속성상 이해상충 당사자들에게 대화와 토론의 장을 제공하고, 그 과정에서 상호 간에 잠재해 있는 불신과 이해부족의 장벽을 제거해 사회적 문제화된 지역사회 갈등사안을 해소하는데 기여한다. Susskind & Cruikshank(1987: 151)의 지적처럼, 이해관계 갈등 당사자들이 갈등해소의 과정이나 실제에 대해 통제력을 보유하고 있을 때는 당사자간 협상이 제일 좋은 방안일 수 있다. 하지만 대부분의 집단민원 형태가 원인이 복잡 다양한 경우가 많고, 원인이 단순한 경우라고 하더라도 이해관계 충돌의 특성상 합의안 모색이 쉽지 않은 경우가 대부분이다. 이 경우 믿을만한 중립적인 실체가 조정협상을 주도해주면 당사자 협상보다 더 경제적이고 효율적으로 갈등을 해소할 수 있는 경우가 많다. 전망이론에서 강조하는 인지적 특성 중 손실회피성향이 불가피한 인간의 내재적 속성이라면 스스로 합리적인 인식과 판단으로 답을 찾아가기가 쉽지 않다(Kahneman, 2011: 278-288). 한편, 민원 배심제는 그 성격상 파국(impasses)상태의 집단민원 사안은 심의대상으로 부적절하다고 할 것이다. 이슈(issues)상태의 집단민원이나 일부 분쟁(disputes) 상태의 집단민원이 심의대상이 될 수 있을 것으로 판단된다. 배심원회의의 경험처럼 이해 당사자 간 충분한 협의 기간을 부여하는 등의 노력에도 불구하고 합의도출이 어려운 경우, 마지막 수단으로 소송제기를 해당 주민들에게 권고할 수 있다.

넷째, 사회적 자본의 확산이다. 민원배심제는 집단민원 형태로 나타나는 지역사회에서의 갈등을 조정한다. 비록 강제성은 없더라도 조정 담당 배심원들은 풍부한 경험과 노하우를 바탕으로 중립성, 대표성을 지니고 갈등을 조정해주는 지역사회의 주민이자 전문가 집단으로 사회적 자본의 한 축을 담당한다(김선영·신경섭, 2024: 60). 또한 지방자치의 실질적인 구현을 위해 지역사회 차원에서 개인이든 집단이든 자신들의 일에 대한 나름의 장악력을 획득하는 과정으로 정의되는 역량강화(empowerment) 과정을 통해 궁극적으로 지역

사회 역량형성이 가능하다(Zimmerman, 2000: 43-48). 민원배심원제와 같은 제도운영을 통하여 공통 관심사를 학습하고 결집할 수 있는 기회가 마련되어야 하고, 그 공통 관심사가 적정한 통로를 통해서 합리적으로 구현될 수 있다는 믿음이 있어야 한다. 민원배심제는 운영 여하에 따라 우리가 지향하는 많은 가치가 동시에 구현될 수 있는 잠재력을 가지고 있는 것으로 보인다. 사실상의 조직 확대나 추가적인 예산 부담 없이 전문성이 있는 중립적인 조정 실체를 형성해서 지역사회 이해상충 문제를 자율적으로 완화 혹은 해소해 갈 수 있다면 그보다 더 바람직한 것은 없다. 지난 2000년 처음 도입된 대구 수성구의 민원배심원제 운영경험은 여러 면에서 제도운영의 장점을 드러내고 있다. 전체적으로 지역사회 입장에서 갈등 양 당사자의 협의를 통해 주민의 요구는 수용되는 방향으로 향하고 있다. 내재적인 역할 한계는 부분적인 약점을 보완하며 제도 자체를 성숙시키고 그 제도의 유용성을 널리 확산시켜갈 필요가 있다.

토의 과제

- 갈등조정제도로서 민원배심제의 장점과 한계는 무엇인가?

대구광역시 수성구 민원배심제 운영지침

(제정) 2000.02.21 예규 제117호
(전문개정) 2001.09.10 예규 제143호
(일부개정) 2014.05.12 예규 제166호
(일부개정) 2017.09.29 예규 제181호

제1조(목적) 이 지침은 민원사안이 중대하여 장기간 해결되지 않고 주민 간의 이해가 대립되는 민원 등을 투명하게 공개적·민주적으로 처리하고, 민원에 관한 행정처분의 공정성·정당성·신뢰성을 확보하기 위한 대구광역시 수성구 민원배심제의 운영에 관하여 필요한 사항을 규정함을 목적으로 한다.〈개정 2014.5.12.예규 제166호〉〈개정 2017.9.29.〉

제2조(정의) 이 지침에 사용하는 용어의 뜻은 다음과 같다.
1. "집단민원"이란 해당 민원에 관련된 대구광역시 수성구민 20세대 이상이 연서로 대구광역시 수성구청에 대하여 처분 등 특정한 행위를 하거나 하지 않을 것을 요구하는 사항을 말한다.
2. "예비배심원"이란 대구광역시 수성구 민원배심제를 구성하는 인력풀로 민원사안에 따른 관련 분야의 전문적 지식을 갖춘 교수, 변호사, 건축사, 기술사, 대구광역시 수성구 의원, 각계각층의 직능대표 등으로 대구광역시 수성구청장이 선정한 사람을 말한다.
3. "민원처리부서"란 대구광역시 수성구청과 그 소속기관으로서 심의 대상 업무를 담당하는 부서를 말한다.
4. "민원배심판정"이란 심의 대상에 대하여 배심원단 회의에서 결정된 사항을 말한다. [본조신설 2017.9.29.]

제3조(심의 대상) 대구광역시 수성구 민원배심제(이하 "배심제"라 한다)는 다음 각 호의 어느 하나에 해당하는 사항을 심의 판정한다.〈개정 2014.5.12. 예규 제166호〉〈개정 2017.9.29.〉
1. 민원에 관한 행정처분의 결과가 20세대 이상의 주민에게 피해를 초래할 우려가 있는 것으로 분쟁이 발생된 민원 사항〈개정 2017.9.29.〉
2. 장기간 해결되지 않는 고질 또는 집단민원 사항
3. 지역 개발과 관련하여 주민 상호간 이해가 대립되는 민원 사항
4. 동일 민원으로 2회 이상 반려 또는 불가 처리된 민원 사항
5. 그 밖에 대구광역시 수성구청장(이하 "구청장"이라 한다)이 필요하다고 인정하는 민원 사항 〈개정 2017.9.29.〉
[제2조에서 이동, 종전 제3조는 삭제 〈2019.9.29.〉]

제4조(배심원 구성 등) ① 배심제는 심의 안건을 처리하기 위하여 안건에 따라 예비배심원 중에서 10명 내외의 민원배심원(이하 "배심원"이라 한다)을 구성한다.〈개정 2017.9.29.〉

② 배심원은 민원배심판정 신청이 접수되는 경우 해당 민원의 심의·판정에 적합한 사람을 예비 배심원 중에서 성별을 고려하여 구청장이 위촉한다.〈신설 2017.9.29.〉
③ 배심원회의의 원활한 운영을 위하여 간사 1명을 두고, 간사는 민원여권과장으로 한다.〈신설 2017.9.29.〉
[제목개정 2017.9.29.]

제5조(판정관의 선출 및 임무) ① 판정관은 회의 개최 시 참석 배심원 중에서 호선한다.
② 판정관은 회의 운영에 관한 사항을 주관하고, 회의의 원활한 진행을 위하여 이해관계자의 교체, 퇴장, 방청 제한 등의 조치를 취할 수 있다.
③ 판정관은 의사결정에 필요한 경우 배심원과 현장방문, 관련자의 의견 청취 등을 할 수 있다.
[본조신설 2017.9.29.]

제6조(배심원의 제척·기피·회피) 배심원이 심의 안건과 이해관계가 있는 경우에는 그 안건의 심의·의결에 참여할 수 없으며, 배심원 스스로 해당 안건의 심의·의결에서 회피하여야 한다.
[본조신설 2017.9.29.]

제7조(행정예고) ① 민원처리부서장은 인·허가 등의 민원 접수 후 신청 내용대로 행정처분 시 집단민원을 초래하거나 생활권 침해 등의 문제 발생이 예상되는 경우 현장에 민원 내용을 게시하거나 이해관계자에게 개별 통지하는 등의 방법으로 7일 이상 행정예고를 실시한다.〈개정 2017.9.29.〉
② 행정예고에 신중을 기하기 위하여 민원처리부서에서는 행정예고 대상과 규모를 정하여 주무 국장 결재 후 시행한다.〈개정 2017.9.29.〉
[제5조에서 이동〈2017.9.29.〉]

제8조(사전 중재) 민원처리부서는 행정예고 결과 이해관계가 대립되거나 당사자 간에 원만한 합의가 이루어지지 않을 경우 민원배심판정 신청 전에 소관 부서장 주재로 이해관계자 중재회의를 개최하여 대안을 제시하는 등 사전에 적극 조정·중재하여야 한다.
[제6조에서 이동〈2017.9.29.〉]

제9조(민원배심판정 신청) ① 민원처리부서장은 제8조에 따른 중재가 되지 아니하는 경우 별지 제1호 서식에 따라 민원여권과에 민원배심판정을 신청한다.〈개정 2014.5.12.예규 제166호〉〈개정 2017.9.29.〉
② 민원처리부서장은 민원배심판정을 받은 사항이라도 사정 변경에 따라 필요한 경우 그 이유를 소명하여 재심을 신청할 수 있다.
[제7조에서 이동, 종전 제9조는 삭제〈2017.9.29.〉]

제10조(심의일정 통보) 민원배심판정 신청에 의하여 심의를 하는 경우 회의 5일 전까지 목적 사항을 밝혀 심의 일정을 통보하여야 하며, 배심원에게는 민원여권과장이, 이해관계 당사자에게는 민원처리부서장이 각각 통보한다.〈개정 2014.5.12. 예규 제166호〉〈개정 2017.9.29.〉

[제8조에서 이동, 종전 제10조는 삭제 〈2017.9.29.〉]

제11조(회의 운영 등) ① 배심원 과반수의 출석으로 회의를 개최하고 출석 배심원의 과반수 찬성으로 판정한다.
② 배심원회의는 판정관이 주재하고, 판정관은 이해관계 당사자에게 구두 또는 서면으로 심의 안건에 대하여 변론을 요구할 수 있고 필요하다고 인정되는 경우 해당 부서장에게 민원 사항의 조사를 지시할 수 있다.
③ 배심원회의는 1회를 원칙으로 하고, 다만 배심원회의에서 필요하다고 의결한 경우에 한정하여 추가 운영할 수 있다.
④ 심의 종결 후 필요한 경우에는 비공개로 판정할 수 있다.
[본조신설 2017.9.29.]

제12조(판정의 효력) ① 배심원회의에서 판정된 사항은 특별한 사유가 없는 한 번복할 수 없다.
② 배심원회의에서 판정한 사항은 지체 없이 관련 부서에서 시행하며, 예산이 수반되는 사업은 우선적으로 반영되도록 조치하고, 자체 해결이 불가한 사항이나 법령 개정 또는 제도 개선이 요구되는 사항 등은 상부기관에 건의한다.
[제11조에서 이동 〈2017.9.29.〉]

제13조(운영대장의 작성·비치) 간사는 별지 제2호 서식에 따라 배심원회의의 내용 등에 관한 운영대장을 작성·비치하되, 특별한 경우 이외에는 회의 내용을 공개하지 아니한다.〈개정 2017.9.29.〉
[제12조에서 이동 〈2017.9.29.〉] [제목개정 2017.9.29.]

제14조(수당 등) 배심원으로 위촉되어 참석한 배심원에 대하여는 예산의 범위에서 수당 등을 지급할 수 있다. 다만, 소속 공무원인 경우에는 그러하지 아니하다.〈개정 2017.9.29.〉
[제13조에서 이동 〈2017.9.29.〉]

제15조(민원조정위원회와의 관계) 대구광역시 수성구 민원조정위원회는 법규상의 고유 기능을 수행하고, 그 외 조정이 곤란한 사항에 대하여 민원배심제를 활용할 수 있다.
[본조신설 2017.9.29.]

부칙
이 지침은 발령한 날부터 시행한다.

사례 32 청도군-포항시 새마을운동 발상지 갈등*(관-관 갈등, 2009)

1. 갈등 개요

청도군은 새마을운동의 발상지라는 자긍심을 가지고 있었으나 2009년 포항시가 북구 기계면 문성리에 새마을운동 발상지 기념관을 개관하자 이보다 앞서 발상지 기념관을 건립했던 청도군민이 '새마을운동 발상지'가 어디냐를 놓고 발끈하고 나섰다. 청도군은 박정희 전 대통령이 1969년 경남 수해복구 현장 시찰차 기차로 부산으로 가던 중 철로변의 신도리마을의 잘 정리된 슬레이트 지붕과 마을 안길과 농로를 보고 새마을운동을 착안했다고 주장한다(대구일보, 2019.12.16). 반면, 포항시는 포항시 나름대로 박 전 대통령의 1971년 전국시장, 군수 비교행정 현지 회의의 관련 발언을 근거로 삼아 자기의 지역이 새마을운동 발상지라고 주장하면서 새마을운동 발상지와 관련한 양측의 갈등이 발생했다(뉴시스, 2009.9.16).

청도군은 새마을운동의 역사적 가치 재조명 차원에서 55억 원의 사업비를 들여 새마을운동 성역화사업(2009~2011.8)을 추진했다. 청도군은 새마을운동 시범단지 가꾸기 차원에서 신거역과 신도정미소를 복원하고, 새마을대학 개설, 세계 빈곤 퇴치를 위한 국제사회와의 협력 방안도 모색했다(대구일보, 2019.12.16).

포항시는 경북도가 구미 경운대 새마을아카데미에 연구를 의뢰해 2009년 4월 9일 새마을운동의 발상지를 청도군 신도1리로 발표하자 이에 반발하고 나섰다. 포항시와 (사)포항시새마을회의는 새마을운동 발상지는 포항시 기계면 문성리라고 주장했으며, 포항시의원이 단식 농성에 들어가며 갈등이 증폭됐다.

* 정홍상 외(2014) 참고.

2. 갈등 사례의 해석

1) 이해관계

이 사례는 새마을운동 발상지가 어디냐를 두고 청도군과 포항시가 벌인 '관-관 갈등'이다. 여기엔 두 도시가 발상지임을 주장하며 자존심 싸움과 이를 지역경제 활성화에 활용하려는 실리적 다툼이 녹아 있다. 갈등 발생 단계에서 청도군과 포항시는 각자 나름의 역사적 근거에 바탕해 자신의 지역이 새마을운동의 발상지임이 분명함에도 불구하고 상대방이 터무니없는 억지를 부리고 있는 것으로 서로가 서로를 정형화시켜 각자 상대방을 부정적으로 인식하고 있었고, 양측 모두 새마을운동 발상지 논쟁과 관련해 자기 지역 시·군민, 관련 단체 등과 결속하는 자기조직화의 모습을 보였다(뉴시스, 2009.9.16).

2) 갈등관리: 제3자 개입

이와 같은 상황에서 경상북도가 조정·중재의 역할을 담당했는데, 청도군의 새마을운동 발상지 기념관 준공식에서는 경상북도는 청도가 새마을운동의 발상지라는 입장을 피력한 반면, 경상북도 새마을운동 37년사 편찬과 관련해 항의 방문한 포항시 관계자와는 새마을 발상지 관련 협의회를 열어, 포항시와 청도군이 상호 자율적으로 발상지 명칭을 사용키로 협의하고 경상북도는 이를 행정적으로 지원하겠다고 약속했다(뉴시스, 2009.8.25).

경상북도의 이 같은 조정·중재 형태는 일종의 피하기식 방법으로 관련 당사자의 입장을 종합한 갈등 해소책이 되지 못했다. 갈등 상황 지속은 양측 모두에게 지지자 집단과의 결속(조직화) 강화 및 상대방에 대한 부정적 이미지(적대감) 증폭이라는 결과만 파생시켰다. 결국 새마을운동 발상지와 관련한 양측 분쟁이 격화되는 과정에서 급기야 포항시는 청도군과 경상북도를 대상으로 법원에 새마을운동 발상지 표현 사용 금지가처분 신청(소송)을 하기에 이르렀다(내일신문, 2009.4.21).

재판부는 이에 대해 경상북도가 2009년 4월 9일 발표한 연구용역보고서인 『경상북도 새마을운동97년사』 발간에 근거해 포항시의 가처분 신청에 대해 각하 결정을 내렸다(뉴시스, 2009.9.16). 재판부는 "발상지라는 개념에 대한 서로 다른 주관적인 기준과 판단에 따른 다툼에 불과하다"며, 문성리가 1972년 새마을가꾸기사업 및 새마을운동의 모범적 성공 사례지인 점은 인정되나 이것을 곧 처음 태동지로 단정하기엔 부족하다고 했다.

법원의 판결 결과에 따라 갈등 상황은 종료됐으나 여전히 포항시는 이 재판부의 결정에 대해 경상북도의 용역보고서가 원천 무효라며 반발했다(노컷뉴스, 2009.9.14). 진통을 겪은 후 2013년 6월 18일에는 갈등의 뿌리인 1970년대 새마을운동의 기록물이 유네스코 세계기록유산으로 등재됐다. 현재 새마을운동 발상지 논쟁의 이슈화는 표면적으로는 가라앉았다. 그러나 판결 결과에 대한 포항시의 수용이 이뤄지지 않았으므로 현 단계에서 새마을운동 발상지 관련 갈등은 잠재돼 있는 상태로 볼 수 있다.

토의 과제

- 청도군-포항시 새마을운동 발상지 갈등이 제3자 조정이 실패하고, 재판에까지 가게 된 원인은 무엇인가?

사례 33 | 김천시–구미시 KTX 신역사 명칭 갈등*(관–관 갈등, 2003~2010)

1. 갈등 개요

이 사례는 갈등 당사자의 '이해관계의 연계'를 통해 갈등을 해소한 사례라 할 수 있다. KTX 김천구미역사 명칭 논란은 2003년부터 시작됐다. 역사 명칭은 2003년 건설교통부가 KTX 역사 신설과 관련해 김천시와 구미시 주민들로부터 역사 설치 요청 청원을 받아 구미시와 인접한 김천시 남면 옥산리에 '김천·구미역'을 설치한다고 발표했다(신아일보, 2008.8.24). KTX 역사 명칭은 국토해양부의 철도건설사업지침에 따라 한국철도시설공단이 해당 지자체의 의견 수렴을 거쳐 역명심의위원회에서 결정한다.

김천시민들은 김천시민들이 발벗고 나서 유치한 KTX 역사에 대해 구미시가 무임승차해 역사 명칭을 공동으로 한다며 반발했다. 김천시는 KTX 신역사의 소재지이면서 신역사 유치 최대 기여자로서(정체성) 김천의 자존심 회복(목표)을 위해서라도 신역사의 명칭을 김천역(대안)으로 해야 한다고 주장했다.

이에 대해 구미시는 KTX 이용 승객의 80%가 구미시민으로 추정되며, 구미국가산단 때문에 건설되는 역인 만큼 구미·김천 동반성장 차원에서 '김천·구미역(대안)'이 맞다고 주장했다. 또 KTX 역사 건립 확정 당시 구미시가 역사 명칭에 '구미'를 명기한다는 조건으로 지방분담금 51억 원 중 21억 원을 부담하기로 하고 나머지는 경상북도와 김천시가 각각 15억 원씩 부담하기로 한 것을 들며, 신역사 건설비용의 최대 분담자(정체성)로서의 자격으로 신역사의 명칭을 김천·구미역(대안)으로 해야 한다고 주장하면서 양측 간 갈등이 발생했다(영남일보, 2010.7.9; 연합뉴스, 2010.8.6).

---

* 정홍상 외(2014) 참고.

2. 갈등 사례의 해석

1) 이해관계

이 사례는 김천시와 구미시가 KTX 신역사 명칭 부여와 관련, 서로 자기 도시의 이름을 역사 명칭으로 표기해 '자존심'과 '방문객 편의 제공'이라는 두 이해관계를 놓고 다툰 '관-관 이익갈등'이다.

KTX 신역사 명칭 결정과 관련해 김천시는 신역사 유치의 공헌도 및 신역사 위치와 관련시켜 자신을 자리매김하고 있고, 구미시는 신역사 건립의 공헌도 및 역사 이용의 주 고객이 누구냐에 초점을 둬 자신을 자리매김하고 있다. 역사 명칭과 관련한 김천시와 구미시의 충돌 이면에는 김천시와 구미시가 자신의 자리매김을 어떻게 하고 있느냐에 대한 충돌과 각자가 설정한 바람직한 상태(목표)에 대한 인식 충돌이 내포돼 있다.

2) 갈등관리

갈등 발생 단계에서 김천시는 구미시를 역이 자신의 소재지에 위치하지 않고 있음에도 불구하고 KTX(신)김천역을 뺏으려 하는 대상으로, 구미시는 김천시를 이용객 편의 등의 제반 사항을 고려하지 않고 단지 역이 자신의 관할권 안에 위치해 있다는 이유만으로 자신의 지역 명칭을 사용해야 한다고 고집하는 대상으로 서로를 정형화시켜 각자 상대방을 부정적으로 인식하면서(적대감) 양측 모두 자기 지역 주민, 시민단체들과 결속하는 자기조직화의 모습을 보이고 있었다(동아일보, 2003.11.27).

이후 김천시와 구미시는 각자 독자적으로 상황에 대응하면서, 신역사 명칭과 관련한 자신들 주장의 타당성을 지속적으로 역설했는바, 갈등 상황에서의 독자적 대응과 프레임 무작위로 특징되는 자신들 주장의 타당성에 대한 확신은 갈등 지속으로 연결됐다(서울경제, 2007.4.18).

김천시와 구미시의 갈등이 지속되는 상황에서 역명심의위원회를 구성해 역사 명칭을 결정해야 하는 국토해양부와 코레일이 명확한 입장을 정리하지 못함으로 인해 갈등 상황은 여전히 지속됐고(매일신문, 2007.5.11; 연합뉴스, 2010.7.18), 갈등 상황이 장기화되면서 김천과 구미가 상생해야 한다는 여론이 높아지기 시작했다(연합뉴스, 2010.8.6). 이에 김천시와 구미시는 양 도시의 상공회의소, 시민단체 대표 등이 참여한 토론회를 개최해 KTX 신역사 명칭을 김천(구미)역으로 병기하기로 뜻을 모았다. 경북도는 양측의 합의를 바탕으로 합의안을 올려 최종 합의에 도달했다(연합뉴스, 2010.8.6).

이와 같은 합의안은 김천의 입장에서는 역 명칭에 김천이 중심이 되고 구미가 병기됨으로써 김천이 의도한 자존심(목표) 회복에 부합되고, 구미로서는 역사 명칭에 구미를 포함시켰다는 점에서 방문객의 편의 제공(목표) 등의 실속을 지킬 수 있는 합의안이었다. 비록 구미에 괄호를 쳐 (구미)로 하긴 했으나, 코레일의 사용 단말기에는 괄호가 없는 김천구미역으로 표기되기 때문에 손해 볼 것이 없다고 구미시는 판단했다(연합뉴스, 2010.8.6).

이 갈등 사례는 김천, 구미 양 갈등 당사자가 당초의 갈등을 상생의 여론이 양측으로부터 조성되는 상황에서, 서로가 자신이 설정하고 있던 기존의 인식 프레임을 해체하고, 자신의 목표를 달성할 수 있는 프레임 전환을 시도해 합의안을 도출해 낸 사례라 할 수 있다.

토의 과제

- 김천시–구미시 KTX 신역사 명칭 갈등 사례에서 갈등 해소의 방법으로 프레임 전환의 의의는 무엇인가?

사례 34 달성군과 수성구의 관할구역 경계변경 조정 갈등(관-관 갈등, 2023)

1. 갈등 개요

　가창면은 대구시 달성군에 속해 있으나, 비슬산·최정산으로 막혀 있어 달성군 내 다른 읍·면과 분리되어 있고, 오히려 수성구와 인접해 있다. 가창면 임야의 84.3%, 개발제한구역의 78%, 상수원보호구역의 36.5%가 수성구와 인접해 있고, 개발 요인 부족으로 인구 감소 추세(2012년 말 8,495명 → 2023년 4월 7,555명)에 있다. 또 가창면은 현재 행정구역상 달성군에 속해 있으나, 수성구 생활권을 공유하고 있는 실정이다.
　이에 대구시는 민선8기 홍준표 시장이 취임 후 생활권과 행정구역 불일치로 인한 가창면 주민의 불편을 해소하기 위해「지방자치법」제6조(지방자치단체의 관할 구역 경계변경 등)에 의거, 대구시 주도로 행정구역 재조정 절차를 추진했다. 2023년 3월 들어 대구시 주도로 달성군과 수성구 간 편입여부를 놓고 주민의견수렴과 실태조사가 진행됐으나, 양 기초지자체간 의견합의를 이끌어 내지 못했다. 이에 대구시는 동 안건을 대구시의회로 넘겨 시의회에서 갈등조율을 기대했다. 그러나 대구시의회 상임위는 동 사안이 대구시가 애초 충분한 숙의와 의견수렴을 거치지 않고 졸속 추진한 사안으로 판단해 '대구광역시 달성군과 수성구의 관할구역 경계변경 조정 신청에 대한 동의안'을 부결시켰다. 이로써 단기간에 걸쳐 성급하게 추진된 대구시의 구상은 양 지역에 주민갈등만 일으킨 채 실패로 끝나고 말았다.

2. 추진 경위

- 2023. 3.6: 가창면, 수성구 편입 검토 시작
- 2023. 3.15: 시(市), 달성군, 수성구 행정국장 회의
- 2023. 3.23~2023. 5.11: 경계변경 의견수렴 및 실태조사(수성구, 달성군)
- 2023. 4.4: 경계변경 행정절차 관련 행정안전부 방문 협의
- 2023. 6: 경계변경 조정관련 주민간담회(대구시의회)

- 2023. 6.23: 경계변경 조정 상임위 심의(대구시의회 기획행정위원회): 동의안건 부결.
- 2023. 7: 달성군과 수성구 간 경계변경갈등 종료

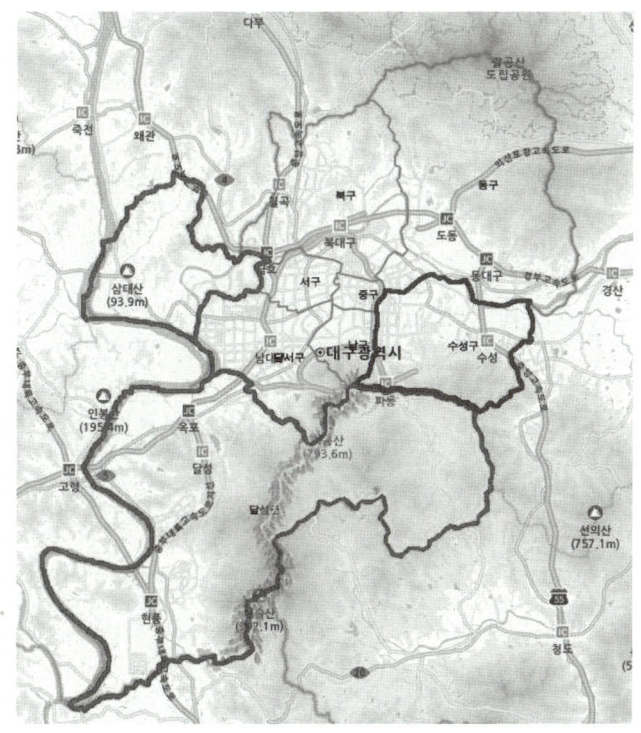

주: 남서쪽 경계는 달성군, 가창면은 수성구 남쪽 달성군 일부 지역.

[대구시 달성군 가창면 지도]

3. 갈등사례의 해석

1) 이해관계

달성군은 가창면의 수성구 편입과 관련, 주민의견수렴을 위한 설문조사를 실시했는데 (2023. 4.18 ~ 4.25, 8일간), 가창면 주민 869명 중 찬성이 65.9%(573명), 반대가 34.1%(296명)

가 나와 찬성의견이 우세했다. 반면, 달성군의회는 편입에 반대해 2023년 4월 18일 '가창면의 수성구 편입 추진 반대 결의문'을 채택했다. 달성군은 군 종합의견으로 편입반대 입장을 표명했다.

반면, 수성구는 주민의견 설문조사(2023. 4.18 ~ 4.27, 10일간/11,884명, 구 전체의 2.9%)결과, 찬성 50.5%(5,985명), 반대 25.6%(3,045명)['잘 모름', '무응답' 제외 시 찬성 66.3%, 반대 33.7%]로 찬성의견이 우세했다. 수성구청도 달성군과 세부사항은 지속협의함을 전제로 찬성의견을 피력했다(대구시 내부자료, 2023.6).

달성군 가창면의 수성구 편입 시 기대되는 장점으로는, 생활권과 행정구역 일치에 따른 주민생활 불편 해소가 가능하다. 또한 지리적 경계에 일치하는 행정구역 개편으로 구·군별 개발계획 효율성 제고 및 공간 발전 전략 구상이 용이한 점이 있고, 수성구 인접 생활권 내 주민과의 소속감 및 동질감이 증대될 수 있다.

반면, 달성군 가창면이 면에서 동으로 변경됨에 따라 읍·면 지역의 법정 특례 및 주민수혜 사항 일부가 제한을 받게 된다. 또한 기존 달성군에서 지원하던 특성화 지역사업의 대체사업 검토에 시간이 소요되고, 읍·면과 동 간 행정 차이 및 명칭 변경에 따른 단기 비용이 발생하는 단점이 지적된다.

2) 갈등관리

우선, 이 갈등사례는 갈등관리의 첫 단계로 행정구역편입의 법적 근거를 명확히 해야 한다 갈등 당사자 자격이 있는지, 조정자는 어떤 권한이 있는지 등을 확인해야 한다.

■ 법적 추진 근거

달성군 가창면의 수성구 편입과 관련한 법적 근거는 지방자치법 제6조(2021. 1.12 개정, 2022. 1.13 시행)로, 행정구역과 생활권의 불일치 등으로 인한 주민 불편이 발생함에도 관계 자치단체간 합의가 없는 경우 경계변경이 곤란해 주민 불편이 장기화되는 문제점을 해소하기 위해 '경계변경 제도'가 신설됐다. 이 경우 경계변경 필요지역 관할 자치단체 중 어느 하나의 자치단체장이라도 신청하면 자율협의 및 조정 절차가 개시될 수 있다(※ 인천광역시 중구와 미추홀구 간 경계변경 사례에서, 인천광역시에서 시의회 동의를 거쳐 행안부에 신청한 사례가 있다).

- 「지방자치법」 제5조(지방자치단체의 명칭과 구역) 제2항
  - 관할 구역 경계변경은 대통령령으로 정함
- 「지방자치법」 제6조(지방자치단체의 관할 구역 경계변경 등)
  - 지방자치단체의 장은 대통령령으로 정하는 사유가 있는 경우에 행정안전부 장관에게 경계변경이 필요한 지역 등을 명시하여 경계변경에 대한 조정 신청 가능
  - 이 경우 지방자치단체의 장은 지방의회 재적의원 과반수의 출석과 출석의원 3분의 2 이상의 동의를 받아야 함
  - 경계변경 조정 신청 후 '경계변경자율협의체' 구성·운영
- 「지방자치법 시행령」 제4조(지방자치단체의 관할 구역 경계변경 조정 신청 등)
  - 경계변경 사유
    1. 하나의 건축물, 주택단지나 이에 부속된 시설, 필지 등이 둘 이상의 지방자치단체로 분리되어 주민 불편이 발생하는 경우
    2. 둘 이상의 지방자치단체에 걸친 개발사업 등으로 하나의 건축물, 주택단지나 이에 부속된 시설, 필지 등이 둘 이상의 지방자치단체로 분리될 예정으로 주민 불편이 예상되는 경우
    3. 지방자치단체의 일부가 도로, 하천 등으로 나머지 지역과 현저히 분리되어 있고 다른 지방자치단체와 밀접해 있어 주민 불편이 발생하는 경우
    4. 관계 지방자치단체가 관할 구역과 주민 생활권의 불일치를 해소하기 위하여 경계변경에 합의한 경우

이 갈등사례에서 가창면은 관할구역상 달성군에 속해 있으나, 산으로 가로막혀 달성군 타 읍·면과 현저히 분리돼 있고, 실질적으로 수성구 생활권에 포함돼 있으므로, 「지방자치법 시행령」 제4조제1항 제3호에 해당한다고 보겠다.

■ 법적 추진 절차

〈 경계변경 절차 〉

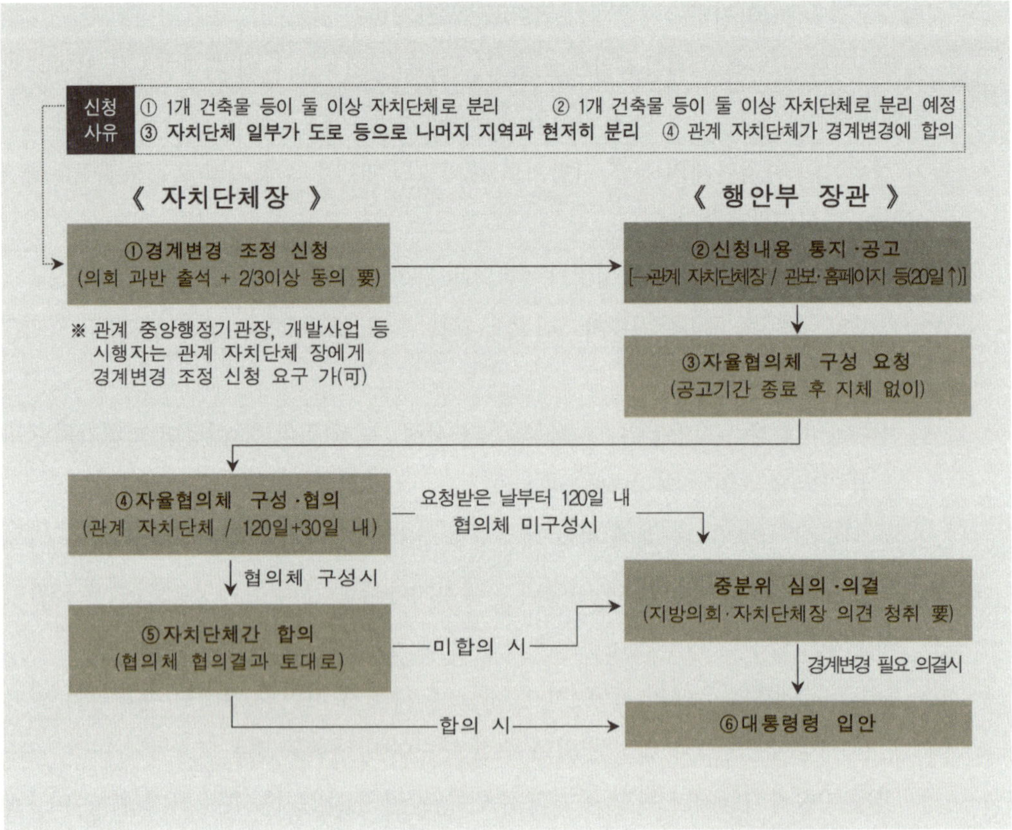

| 신청 사유 | ① 1개 건축물 등이 둘 이상 자치단체로 분리 ② 1개 건축물 등이 둘 이상 자치단체로 분리 예정 ③ 자치단체 일부가 도로 등으로 나머지 지역과 현저히 분리 ④ 관계 자치단체가 경계변경에 합의 |

《 자치단체장 》

① 경계변경 조정 신청
(의회 과반 출석 + 2/3이상 동의 要)

※ 관계 중앙행정기관장, 개발사업 등 시행자는 관계 자치단체 장에게 경계변경 조정 신청 요구 가(可)

《 행안부 장관 》

② 신청내용 통지·공고
[→관계 자치단체장 / 관보·홈페이지 등(20일↑)]

③ 자율협의체 구성 요청
(공고기간 종료 후 지체 없이)

④ 자율협의체 구성·협의
(관계 자치단체 / 120일+30일 내)

요청받은 날부터 120일 내 협의체 미구성시

⑤ 자치단체간 합의
(협의체 협의결과 토대로)

중분위 심의·의결
(지방의회·자치단체장 의견 청취 要)

─미합의 시─

경계변경 필요 의결시

─합의 시─→ ⑥ 대통령령 입안

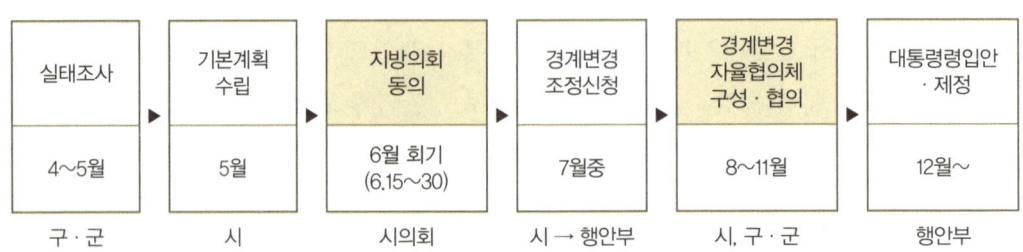

실태조사	기본계획 수립	지방의회 동의	경계변경 조정신청	경계변경 자율협의체 구성·협의	대통령령입안 ·제정
4~5월	5월	6월 회기 (6.15~30)	7월중	8~11월	12월~
구·군	시	시의회	시 → 행안부	시, 구·군	행안부

* 행정안전부에 경계변경 조정 신청 후, 경계변경자율협의체를 통해 주요사항 협의 진행
* 지방의회 동의는 경계변경 조정신청에 대한 동의로, 재적의원 과반수 출석에 출석의원 2/3이상 동의가 필요.

[예상 업무흐름도]

■ 경계변경자율협의체 구성 및 운영
- (근거법령) 「지방자치법」 제6조, 같은 법 시행령 제4조~제7조
- (구성) 30인 이내로 관계 자치단체 협의 ※ ⑤·⑥이 1/2 이상 포함
  - 행안부 장관 요청에 의해 관계 자치단체가 구성하고, 협의체 구성사실을 행안부 장관에게 통보

> 〈 협의체 위원자격 〉
> ① 구·군 소속 공무원   ② 구·군 의회 의원
> ③ 시 소속 공무원   ④ 시 의회 의원
> ⑤ 경계변경 필요지역 주민   ⑥ 경계변경 관련 전문가

* (위원) 관계 자치단체 장이 임명·위촉 / (위원장) 호선 / (임기) 협의체 운영기간

- (협의기간) 120일(최대 30일 연장 가능*)

  * 연장사유 : 각 호의 어느 하나에 해당하는 경우로서 지자체가 협의 기간의 연장에 합의한 경우

  1. 천재지변 또는 재난 등으로 경계변경자율협의체의 운영이 어려운 경우
  2. 경계변경 여부에 대한 충분한 의견수렴, 자료수집과 실태조사를 실시하기 위하여 법 제6조 제5항 본문에 따른 기간(120일) 내에 협의를 완료하기 어려운 경우

- (협의사항) 경계변경 여부·대상·일정·절차 및 기타 필요한 사항
- (주민참여) 경계변경 대상지역 주민 대상 설문조사·공청회 개최 가능
- (협의결과) 협의체가 관계 자치단체장에게 통보 → 관계 자치단체장은 협의기간 이내에 행안부 장관에게 통보
- (미협의시) 다음 각 호의 경우 중앙분쟁조정위원회 심의·의결
  1. 행안부 장관으로부터 자율협의체 구성·운영 요청을 받은 날부터 120일 이내에 협의체 미구성 시
  2. 협의기간(120일+30일) 이내에 경계변경 여부·대상 등에 대하여 미합의 시
  - 관계 지방의회 의견 청취 및 관계 자치단체장에게 의견진술 기회 부여
  - 필요시 전문가 의견을 청취하거나 관계 기관·단체에 자료 및 의견 제출 요구

3) 객관적 기준의 설정

이 갈등 사안의 경우 두 관련 지자체간에 편입의 실익이 있는지를 판단하기 위해 먼저 객관적 기준의 설정이 필요하다. 우선 편입이 실체적, 절차적 합법성을 갖춰야 하고, 이어 편입의 효율성, 민주성 등을 충족해야 한다. 그러기 위해서는 우선 가창면과 수성구의 경계변경과 관련한 정확한 실태조사가 행해져야 한다. 대구시, 달성군, 수성구는 2023년 3.23~5.11 간 대상지역의 현황, 경계변경에 따른 변화내용, 관련 지자체 지역의견(주민 의견, 의회 의견, 종합 의견) 등 가창면과 수성구의 경계변경실태조사를 실시했으며, 그 결과는 다음과 같다.

〈 대상지역(가창면) 현황 〉

가. 일반현황(2023. 4.30 기준)
- 위치: 달성군 9개 읍·면 중 동부에 위치한 면 지역
- 면적: 111.33㎢(달성군 전체 면적 428.36㎢의 26% 차지)

계	전	답	임야	기타
111.33 (100%)	2.86 (2.6%)	5.48 (4.9%)	93.89 (84.3%)	9.1 (8.2%)

   * 가창면 면적 중 개발제한구역 78%, 상수원보호구역 36.5% 차지
- 인구: 7,555명(남 3,767 / 여 3,788), 3,733세대
   * 농업인구(농업경영체 등록) 1,478명(가창면 인구의 19.6%)
- 행정구역: 법정리 12개, 행정리 27개, 반 1,270개
   * 용계리(7), 오리(2), 정대리(2), 냉천리(2), 행정리(2), 상원리(2), 단산리(1), 대일리(2), 주리(3), 옥분리(1), 삼산리(1), 우록리(2)

나. 개발권역
- 2030 대구도시기본계획에서 가창면은 수성생활권으로 분류했고, 2015 달성군 장기발

전계획에서 달성군 4대 발전축으로 달성(하빈·다사)~성서 발전축, 달성(화원·옥포·논공)~월배 발전축, 달성(가창)~수성 발전축 구상을 제시하였다.
- 장래의 전망시, 달성군은 3개 생활권역으로 발전방향을 설정했다.
  - 북부권(다사-하빈): 주거, 역세권, 농산물유통, 근교농업
  - 중심권(화원-옥포-논공): 행정업무, 산업단지, 문화관광
  - 남부권(유가-현풍-구지): 산업단지, 교육연구개발, 문화관광

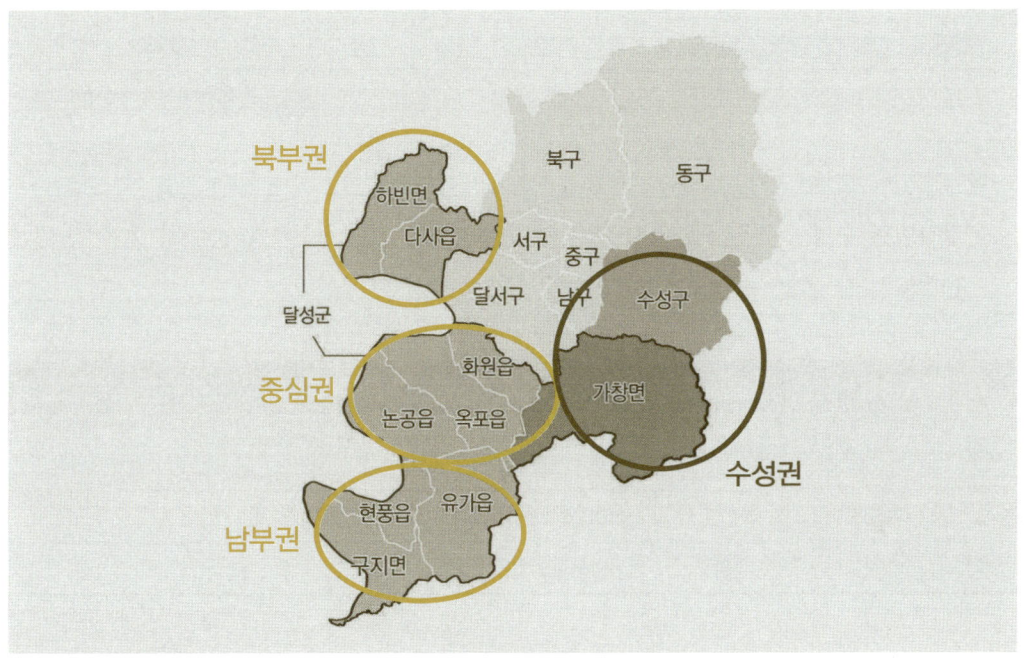

다. 행정구역의 공동사회성

- 국가교통DB 기준 지역 간 통근 통행량 분석에 따르면 가창면-수성구 간 48.7%, 가창면-타 6개 구간 50.1%, 가창면-달성군 타 읍·면 간 1.2%이므로, 가창면에서 수성구로 통근 비율이 높은 것으로 나타남
- 특정한 지역간 감정대립은 없으며, 가창면 지역은 주로 수성구 생활권을 공유하고 있는 반면, 달성군 타 읍·면과의 교류가 자주 있지 않으므로 수성구 인접 지역과 정서적 유대감이 높다고 볼 수 있음

〈 경계변경에 따른 변화 〉

가. 일반현황(2023. 4.30 기준)

구분	변경 전			증감(가창면→가창동)			변경 후		
	면적(㎢)	인구(명)	읍면동(개)	면적(㎢)	인구(명)	읍면동(개)	면적(㎢)	인구(명)	읍면동(개)
수성구	76.54	409,419	23	+111.33	+7,555	+1	187.87	416,974	24
달성군	428.36	262,881	9	−111.33	−7,555	−1	317.03	255,326	8

자료: 대구시 내부자료(2023. 4)

나. 지방세(2022년도 기준)
- 가창면의 수성구 편입 시, 지방세 총 증감액 변동은 대구시는 125.3억 원 증가, 달성군은 160억 원 감소, 수성구는 34.7억 원 증가로 예상됐다.

세입귀속	금액	세목별
달성군 → 대구시	128.3억 원	지방소득세 116억 원, 자동차세 7억 원, 담배소비세 5억 원, 주민세(개인분) 0.3억 원
달성군 → 수성구	31.7억 원	재산세 26억 원, 주민세(사업소, 종업원분) 5.7억 원
대구시 → 수성구	3억 원	등록면허세 3억 원

자료: 대구시 내부자료(2023. 6)

다. 구역 변화(읍·면 → 동)에 따른 법령 적용

구분		변화내용	읍·면	동	비고
세제	지방교육세(주민세분)	세율 2.5배 증가	10/100	25/100	연 1,500원 증가
	등록면허세 일부	종별 금액 증가	1종 27,000원 ~ 5종 4,500원	1종 67,500원 ~ 5종 18,000원	연 13,500원~ 40,500원 증가
	환경개선부담금	지역계수 2.5배 증가	0.4	1.0	2022년 평균 기준 연 39,430원 증가

대입 농어촌 특별전형	지원자격 제한	중·고 6년(부모+지원자) 초·중·고 12년(지원자)	자격 없음	가창면 내 고등학교 없음
국민건강보험료 농어촌지역가입자 22%경감	지원대상 축소	농업인 또는 사업 소득 500만 원 이하	준농어촌 지역 거주 농업인 적용	일부 지역 혜택 유지
영유아(86개월미만) 농어촌양육수당	지원대상 축소	농업인 적용	준농어촌 지역 거주 농업인 적용	일부 지역 혜택 유지

자료: 대구시 내부자료(2023. 6)

〈가창면의 수성구 편입에 대한 지역 의견〉

달성군은 주민들 설문조사 결과 다수가 찬성의사를 피력했으나, 달성군의회와 달성군청은 편입에 반대의견을 보였다. 반면, 수성구는 설문조사 대상 주민, 수성구의회, 수성구청 모두 가창면의 수성구 편입에 긍정적 입장을 피력했다.

1 달성군

가. 주민의견: 설문조사 실시(2023. 4.18~4.25, 8일간)
- 가창면 869명: 찬성 65.9%(573명), 반대 34.1%(296명)

나. 군의회 의견: 반대(2023. 4.18 가창면 수성구 편입 추진 반대 결의문 채택)
- 관 주도의 의제 설정보다는 지역주민들의 의견 타진과 원활한 소통을 전제로 하는 절차가 수반돼야 함
- 일부 소수의 의견을 반영하기보다는 27만 달성군민 전체의 뜻을 반영해야 함

다. 군 종합의견: 반대
- 가창면의 역사적 전통성과 달성군과의 문화적 동질성, 도농복합도시라는 지역적 특성, 주민 혜택, 달성군의 재정적 여건과 장기적 발전 가능성 등을 종합적으로 고려했을 때 가창면이 달성군에 소속되는 것이 가창지역의 발전과 주민의 편익이 보장되고, 나아가 미래 세대를 위한 대구 전체 균형 발전의 시대적 사명과 함께하는 것임

- 또한 읍·면 단위 전체 등을 대상으로 하는 행정구역 조정은 일부 소규모 지역 조정과는 다르게 주민, 행정조직 체계, 지자체 재정 상황에 직접적이고 상당한 영향을 미치며 지역갈등과 분열이 발생할 여지가 큼. 따라서 조정은 충분한 주민 의견수렴과 양 지자체의 합의가 반드시 전제되어야 함

❷ 수성구

가. 주민의견: 설문조사 실시(2023. 4.18~4. 27, 10일간)
- 수성구 주민 11,884명 중 찬성 50.4%(5,985명), 반대 25.6%(3,045명), 잘 모름 23.9%(2,840명), 무응답 0.1%(14명)
  ※ '잘 모름', '무응답' 제외 찬반 비율 : 찬성 66.3%, 반대 33.7%

나. 구의회 의견
- 가창면 주민과 수성구 주민의 종합적인 의견을 모아 주민들에게 가장 많은 이익을 줄 수 있는 방향으로 추진하는 것이 바람직
- 단, 구·군에서 실시하는 설문조사 등 주민의견 수렴과 편입되는 가창면 주민들의 의견이 중요하므로 달성군과 지속적으로 협의하여 추진

다. 구 종합의견: 찬성
- 해당 경계변경 대상지역의 관할구역은 달성군이나 생활권은 수성구와 공유하고 있어, 편입을 통해 관할구역과 생활권 불일치를 해소하고자 하는데 찬성함.
- 수성구 주민 설문조사 결과 주민들의 66.3%가 가창면 편입에 찬성해 생활권 일치 등 편입에 공감하고 있으나, 혜택 분산에 따른 반대 여론 최소화를 위해 대구시 특별재정 지원 및 지역 균형발전을 위한 국·시비 사업 발굴 등이 필요함.

4) 갈등의 조정 및 최적 대안의 모색

2023년 3월 6일 시작된 달성군 가창면의 수성구로의 편입문제는 대구지역 전체 관할 구

역에 대한 조정 책임이 있는 대구광역시가 주민 불편 해소 및 합리적인 행정구역 재조정을 이유로 가창면 지역 전부를 수성구로 편입하는 경계변경 조정을 시도했다. 하지만 대구시는 이 갈등사례에서 가장 중요한 양 지자체의 의견수렴을 충분히 하지 못하고 갈등의 골만 깊어진 채 대구시의회로 공을 넘겼다. 이어 2023년 6월 23일 대구시의회 기획행정위원회는 심의안건인 '경계변경 조정신청에 대한 동의안'을 "동의안 찬반을 논하기 이전에 행정절차와 공론화 과정이 조급하고 부실했다고 지적할 수밖에 없다"고 밝히며 부결시킴으로써 동 현안을 제기한지 채 반년도 지나지 않아 사안을 장기과제로 남기게 됐다(대구일보, 2023.6.23).

결론적으로 이 사례는 지역주민간 이해관계가 민감한 기초자치단체간 행정구역 편입문제를 광역지자체가 숙의민주주의적 관점에서 충분한 숙의과정과 갈등조정을 거치지 않고 조급하게 추진해 행정 불신만 초래한 갈등사례로 남게 됐다.

토의 과제

- 행정구역 경계변경의 경우 일반적 갈등조정절차는 무엇인가?
- 대구시 달성군과 수성구의 경계조정이 실패한 이유는 무엇이라고 볼 수 있는가?

사례 35 강사법 제정 관련 갈등*(관-민 갈등, 2011~2019)

1. 갈등 개요

우리나라의 경우 대학교육에서 시간강사가 차지하는 비중이 매우 높다. 시간강사라는 명칭은 1962년 박정희 집권 기간에 「국립대 시간강사 강의료 지급 규정」이 만들어지면서 처음 한국 법령에 등장했다. 우리나라는 2017년 기준으로 전국에 약 7만 6천 명의 시간강사가 있고(임순광, 2018), 전체 교원의 34%를 차지하며, 대학 강의의 22%를 맡고 있다(교육부, 2019). 이처럼 시간강사가 대학교육에서 큰 역할을 하고 있음에도 경제적으로는 매우 열악한 상태에 처해 있고, 신분이 불안하며, 고용 조건도 안정적이지 못하다.

우리나라 4년제 국공립대학 평균 강의료는 시간당 약 7만 2천 원, 4년제 사립대 평균 강의료는 약 5만 4천 원이다. 이들 대학에 근무하는 전임강사와 시간강사를 비교해 볼 때, 전임강사는 시간강사보다 10시간 강의 시수를 기준으로 볼 때, 국공립대가 3.8배, 사립대가 4.5배 높다. 시간강사는 고용 측면에서도 정식교원으로 인정받지 못하고, 계약 종료 후에는 대학의 재량으로 고용 연장이 결정되며, 4대보험 중 일부 보험만 적용된다(조정재, 2007). 이러한 상황하에서 2010년 5월 조선대학교의 한 시간강사가 교수 임용문제, 강사 생활고 비관, 논문 대필 문제 등을 유서에 남기고 자살했다(SBS, 2010.5.27). 이 사건을 계기로 시간강사의 처우 개선 문제가 여론의 이슈로 등장했고, 관련 법 개정이 본격적으로 다뤄지게 됐다.

교육부는 이 문제를 개선하기 위해 2011년 고등교육법 일부 개정 법률안을 발의했다. 주 내용은 시간강사의 명칭을 강사로 변경하고, 채용 기간을 최소 1년은 보장하며, 강의료를 시간당 8만 원으로 인상하는 것이 주요 골자였다. 이 개정안은 2011년 12월 국회를 통과해 2013년부터 시행될 예정이었으나, 강사 측과 대학 측 모두 이 법률에 반대해 2017년까지 네 차례에 걸쳐 시행이 유예됐다(이하 유예강사법 으로 호칭). 이 법이 당초 취지와는 달리, 비정규직 교수제도를 더욱 고착화하고, 시간강사의 대규모 해고를 초래할 수 있다는 이유에서였다.

2017년 문재인 정부가 출범하면서 국회와 협의해 2018년 3월 대학, 강사, 국회가 모여

---

* 임순광(2018, 2019); 조정재(2007) 참고.

'대학강사제도 개선협의회'를 발족하고, 다시 시간강사 문제를 해결하기 위해 법개정 작업에 들어갔다. 2018년 11월 '고등교육법 일부개정법률안'이 국회를 통과했다. 이 법은 강사 처우 개선과 교원으로서의 법적 지위 부여라는 것을 골자로 해 「강사법」이라 명명했다. 또한 기존의 시행되지 못했던 '유예강사법'과 구별해 「개정강사법」(2019년 8월 시행)이라 칭한다. 개정강사법의 핵심 개정 내용 중 하나인 교원의 지위 회복은 「고등교육법」 제14조(교직원의 구분)에 나타나 있다. 제14조 ②항을 "학교에 두는 교원은 제1항에 따른 총장이나 학장 외에 교수, 부교수, 조교수 및 강사로 구분한다"로 개정했다. 과거에는 이 조문에 강사는 빠져 있었다.

개정강사법이 국회를 통과한 뒤 2018년 12월 18일 교육부는 '고등교육법 시행령 개정 TF'를 구성해 기존 시행령 개정작업에 들어갔다. 개정 주요 내용은 강사의 임용규정, 강의 시수, 겸임·초빙교원의 자격 기준 등이 주된 내용이다. 이어 2019년 2월 11일 '대학 강사제도 운영 매뉴얼 TF'가 구성돼 매뉴얼을 만들어 5월 초 대학에 배포함으로써 2019년 8월부터 시행됐다.

2. 개정강사법의 주요 내용

개정강사법 및 시행령은 강사의 신분 보장과 처우 개선을 골자로 하고 있으며, 주요 내용을 살펴보면 다음과 같다(임순광, 2019: 89-104).

첫째, 「고등교육법」 14조의 교원으로 강사를 포함시킴으로써 대학교원으로서의 신분 보장을 법으로 공식 인정했다. 다만, 교육공무원법이나 사립학교법상의 일반적 규정과 사립학교연금법 적용 시에는 교원으로 보지 않는다는 단서를 달아 '복지 부문'까지는 보장을 하지 않는다.

둘째, 방학 중 임금을 지급해야 하고 구체적으로는 임용계약으로 정하도록 했다. 과거에는 방학 중에는 수입이 없었으나 이제부터는 방학 중에도 임금을 지급해야 한다. 하지만 교육부는 확보된 예산을 기준으로 한 학기당 2주만 임금을 지급하는 것으로 축소해 법의 당초 취지가 많이 퇴색된 느낌이다.

셋째, 강사의 임용계약 기간은 1년 이상으로 하고, 신규임용을 포함해 재임용 절차를 3년까지는 보장을 하도록 했다. 이 부분은 당연히 3년까지 재임용을 의무적으로 해 줘야 한다는 뜻은 아니어서 오해의 소지가 있다. 강사의 강의 시수와 관련해서는 시행령에서 6시간 이하를 원칙으로 하고, 예외로 9시간까지 허용한다. 이와 관련, 일부 대학들은 비정규교원인 겸임·초빙교원에게 초과 강의를 맡겨서 강사 수를 축소하려는 시도도 있었다. 이를 억제하기 위해 시행령은 겸임·초빙교원의 강의 시수는 9시간 이하를 원칙으로 하고, 예외적으로 12시간까지 허용하기로 했다. 또한 겸임교원은 실무교과를 담당하고 유사 경력 3년 이상인 자, 초빙교원은 특수교과를 담당하고 임용 기간 1년 이상 월급제 보수를 받으며, 4대 보험과 퇴직금을 해당 대학에서 지원하는 자로 제한했다. 반면, 강사는 여러 대학에서 강의를 맡아 할 수 있는 교원이다. 하지만 이 부분도 각 대학들이 '산업체'와 '특수 교과목'을 넓게 해석해 운영할 소지는 있다. 또 겸임대우, 초빙대우교수라 해서 '유사 비전임 교원제도'를 만들어 운영할 소지도 다분하다.

3. 개정강사법을 둘러싼 갈등 사례의 해석

1) 이해관계

강사법 개정 관련 주된 이해관계자는 강사와 대학, 교육부와 국회라 할 수 있다.

강사들은 강사법 개정에 따라 그간 열악했던 강사들의 경제적 곤궁과 법적 신분이 개선되기를 기대한다. 반면 강사를 고용하는 대학 측은 이로 인해 대학이 운영 측면에서 재정 부담이 증가할까 우려하고 있다. 교육부는 정책 수립 및 집행자로서, 국회는 입법활동을 통해 강사법 개정이 그간의 현실적인 문제를 완화해 줄 것으로 기대한다. 결국 이 사안은 강사와 대학 간 권리와 의무의 범위를 놓고 벌이는 정책갈등이라 볼 수 있다.

2) 갈등관리: 당사자 개입 및 제3자 개입

개정강사법이 2018년 국회를 통과하자 대학들은 '재정위기설', '등록금 인상 불가피론', '학령인구 감소론' 등을 내걸며 강사법 개정을 위기 요인으로 보고, 다양한 반응을 보이고 있다.

첫째, 재정적 측면에서 대학들이 개정강사법 시행으로 인해 안게 되는 부담은 대학 전체 재정의 1% 정도다. 하지만 대학들은 대부분의 다른 재정 부담 요인들은 놔두고 강사에게 지급해야 하는 재정 부담분을 축소하기 위해 총 강좌 수 축소, 강좌 중 강사 비중 대폭 축소, 9시간 강의시간 몰아주기 시도 등을 꾀했다. 대학 내에서 정년이 보장되는 정년 트랙 전임교원은 대학사회의 기득권층으로 총장 선출권, 보직담당권, 강좌 개설 신청권, 주요 회의 결정권, 공간사용권 등 학교 내 주요 의사결정권을 독점하고 있는 기득권층이다. 정부의 적극적인 지원이나 대학 자체의 재원 규모가 증가하지 않는 한, 이들의 의사결정에 의해 비전임 강사들은 상대적으로 피해를 보고 시간강사의 빈곤화는 더욱 심해질 수밖에 없다.

둘째, 한교조 등 강사단체는 강사법을 제대로 시행하라고 요구하고 있다. 개정강사법 통과 후 대학가에서는 강사 외 비전임 교원의 증가, 졸업 이수학점 축소, 최대 수강 인원 증가, 폐강 기준 완화, 과목 통폐합 등 교육 여건이 나빠지고 있다. 이 과정에서 많은 강사가 대량 해고됐다.

한교조는 민주화를위한전국교수협의회(이하 민교협)와 전국교수노동조합(이하 교수노조) 및 공공운수노조 대학원생노조지부(이하 대학원생 노조)와 함께 '강사제도 개선과 대학연구교육 공공성 쟁취를 위한 공동대책위원회(이하 강사공대위)'를 2018년 12월 결성하고 공동 행동에 들어갔다. 수차례 기자회견, 교육부 앞 천막 농성도 이어졌다. 강사법 개정 후 대학들이 보이는 자체 재정 부담 완화를 위한 편법 사례들을 취합하고, 피해 입은 강사들은 '분노의 강사들'이란 네트워크도 결성해 반발했다. 강사에게 해고 사유를 알려주지 않고 학생들의 수업권을 박탈하는 조치와 정부의 무대책을 비판했다.

정부는 개정강사법에서 방학 중 임금을 지급한다고 해 강사들은 평소 받던 강의료 수준을 방학 때도 받을 수 있을 것으로 기대했다. 하지만 교육부는 예산 확보가 여의치 않자 방학 중 지급 임금을 일년에 4주로 한정해 적용해 이 기대를 무산시켜 반발을 낳았다. 결국 애초 강사들의 경제적 삶의 개선이란 목표는 그 방향성은 좋았으나 현실적으로 구현에 한계를 지녔다.

3) 최적 대안의 모색

개정강사법은 과거 시간강사들의 열악한 경제적 곤궁과 교원으로서의 신분 불안 등 제반 문제점을 개선할 필요에 여론이 공감함으로써 오랜 진통 끝에 탄생했다. 그 시행과 관련해 대학들이 경영자로서 행정적·재정적 부담을 걱정하는 것은 당연하다. 하지만 법 개정의 근본 취지를 망각하지 않고 변화에 동참해야 한다.

정부도 각 부처가 자기 부처의 입장만 고집하지 않고 강사의 근무환경 개선과 고등교육의 질 유지를 위해 함께 노력해야 한다. 보건복지부는 강사의 직장건강보험 적용, 기재부는 강사의 인건비의 실질적 개선, 고용노동부는 강사의 퇴직급여의 실질적 보장을 위해 노력해야 한다. 고급인력 양성과 대학교육의 큰 축을 담당하고 있는 강사의 근무환경 개선에 정부가 강한 정책적 무게를 지속적으로 보여줘야 오랜 갈등을 겪고 탄생한 개정강사법의 뜻이 퇴색되지 않을 것이다.

토의 과제

- 강사법 개정 관련 각 이해관계자의 입장은 무엇인가?
- 강사법 개정이 당초의 대학 내 이해관계 갈등을 어느 정도로 해소시켰다고 볼 수 있는가?

국제협상갈등 사례 분석

chapter 17

사례 36 한·불 외규장각 도서 반환 협상*(1991~2010)

1. 협상 개황

외규장각 도서가 145년 유랑 끝에 한국으로 귀환했다. 1866년 병인양요 때 조선을 침략한 프랑스 함대 로즈(Pierre Roze) 사령관에 의해 유출돼 2011년 4월 14일 프랑스가 145년 동안 프랑스 국립도서관에 보관해 왔던 외규장각 도서 297권 중 1차분 80여 권을 한국으로 반환하는 협상이 타결된 것이다.

외규장각 도서는 조선시대 어람용 의궤(御覽用儀軌)로, 국왕·왕비·세자의 책봉, 왕실의 혼례, 장례 및 이장 등 왕실의 주요 행사를 글과 그림으로 남긴 국가공문서다. 외규장각은 조선왕실 도서관 규장각의 부속기구로, 규장각의 도서들 가운데 왕실의 주요 물품과 도서를 별도 보관하기 위해 1781년(정조 5년) 강화도에 설치됐다(외교부, 2011).

---

* 정창호·박치성(2015) 참고.

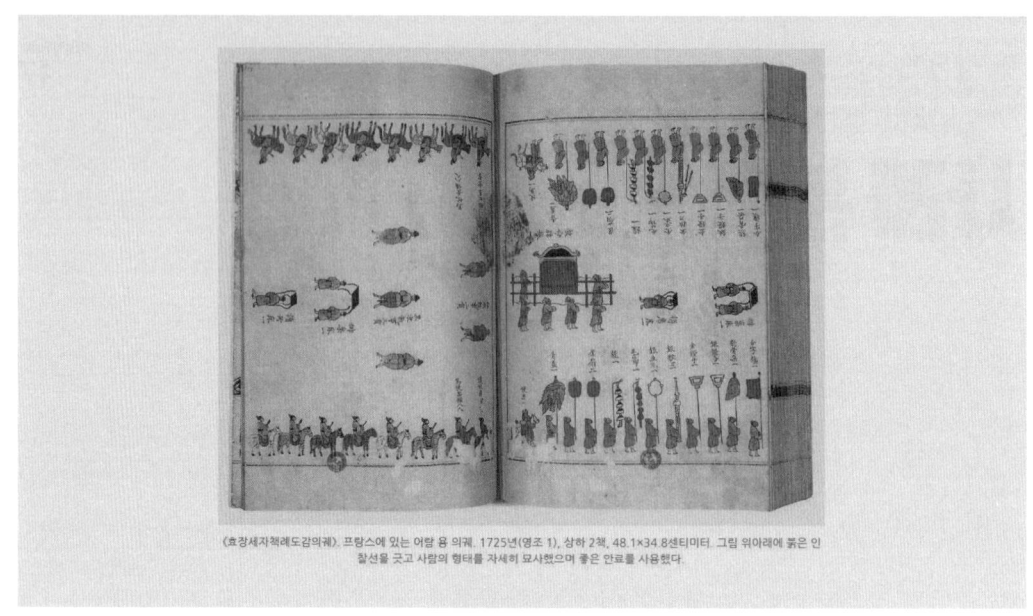

〈효장세자책례도감의궤〉, 프랑스에 있는 어람 용 의궤, 1725년(영조 1), 상하 2책, 48.1×34.8센티미터. 그림 위아래에 붉은 인찰선을 긋고 사람의 형태를 자세히 묘사했으며 좋은 안료를 사용했다.

[외규장각 도서]

외규장각 도서는 1975년 당시 프랑스 국립도서관 사서로 근무하고 있던 재불 역사학자 박병선 박사가 베르사유 별관 창고에서 협상 대상인 외규장각 도서를 발견했다. 이후 1991년 10월 19일 규장각 도서를 소장하고 있는 서울대가 총장 명의로 외규장각 도서 반환을 프랑스 정부에 요청해 줄 것을 건의하는 서한을 당시 외교부 장관 앞으로 발송하면서 양국 간 반환 협상이 시작됐다(경향신문, 1991).

한국은 1991년 11월 29일 프랑스 외교부 앞으로 외규장각 도서 반환을 최초로 요구했고, 1993년 9월 김영삼-미테랑 대통령 간 정상회담에서 '교류 방식에 의한 대여' 해결 원칙에 합의했다(연합뉴스TV, 2013). 이후 1997년 11월까지 양국 정부대표 간 수많은 협상을 진행했으나 타협안 도출에 실패했다.

이에 양국 정부는 1999년 4월부터 8월까지 민간인 협상대표(우리 측: 한상진 정신문화연구원장 / 프랑스 측: 자크 살로와 감사원 최고위원)을 임명, 협상을 시도했다(한겨레, 1999). 하지만 이들 대표가 마련한 '등가등량의 교환' 안은 우리 정부가 수용할 수 없어 협상이 무산됐다. 프랑스 측은 1993년 양국 정상 간 합의 원칙인 '교류 방식에 의한 대여' 입장에 기반해, 외규장각 도서를 한국 측에 '반환'이 아닌 '대여'를 하되, 대여의 경우도 외규장각 도서를 대여받는 대신, 이 도서와 비슷한 가치를 지니면서(등가) 비슷한 수량(등량)의 문화재를 프랑스 측에 대여할 것을 요구했다. 반면, 한국 측은 문화부와 문화재청을 중심으로 프랑스가 '반환'이 아닌 '대여'를 주장하는 점, 외규장각 도서를 대여받기 위해서는 비슷한 가치와 수량(등가등량)의 다른 문화재를 대여해야 한다는 측면에서 프랑스 측 입장 수용을 거부했다(동아일보, 2000).

프랑스 측은 국내법적 제약과 선례 구성을 우려, 소극적 자세로 일관했다. 프랑스 국내법은 외규장각 도서를 공공재산으로 분류하고 공공재산의 경우 외국에 양도 불가한 것으로 규정돼 있었다. 또한 많은 외국 문화재를 보유하고 있는 국가로서 외규장각 도서를 우리 측에 반환하는 경우 여타 외국이 그들 문화재에 대한 반환 요구가 쇄도할 것을 우려해 '선례'를 남기기를 거부했다.

한국 측은 내부적으로 명분·원칙론과 현실론 간의 팽팽한 대립이 계속됐다. 명분·원칙론자들은 외규장각 도서가 병인양요 당시 프랑스군에 의해 약탈된 만큼 '무조건 반환'돼야 함을 주장했다. 이에 반해, 현실론자들은 프랑스의 법적 제약과 선례 구성의 우려라는 현실적 측면을 고려해 '대여'라는 형식으로라도 우리 국민이 실질적으로 활용케 하는 것이 중요하다는 입장이었다. 결국 1999년부터 2009년까지 10년간은 정부 내 소통 혼란 속에 민간대표 협상단이 힘을 받지 못하고 협상 소강기를 맞았다(세계일보, 2008).

2. 협상 사례의 해석

1) 프레임 전환

양국이 각각 자기의 입장만 고수하는 '입장협상' 단계에 오래 머물다가, 사르코지(Nicolas Sarkozy) 프랑스 대통령이 2007년 취임하면서 양국의 협상이 '원칙협상'으로 전환되는 돌파구가 마련됐다. 2010년부터 2011년 5월까지는 한국과 프랑스가 각각 G20 의장국 및 차기 의장국으로서 외교적 협력 필요성이 높아가는 시기였다(유복렬, 2013). 우리 정부는 이 분위기를 활용해 '등가등량'의 교환 방식을 폐기하고, 프레임 전환을 시도했다. 즉, '외규장각 도서의 장기 대여 및 한국 문화재의 프랑스 내 교환 전시 방안'이라는 '창조적 대안'을 프랑스 측에 제안했다.

2009년 9월 24일 주한프랑스 대사는 2007년 10월 우리 측이 제시했던 새로운 방안인 '외규장각 도서의 한국 내 장기 대여 및 한국 문화재의 프랑스 내 교환 전시' 안을 non-paper 형식(문서화)으로 제시해 줄 것을 요청했다. 2009년 12월 외교통상부는 관계 부처, 외규장각 도서 자문포럼·연구회 등의 의견을 수렴해 '외규장각 도서의 한국 내 영구 대여 및 한국 문화재의 프랑스 내 전시' 방안을 마련해 2010년 3월 2일 프랑스 측에 전달했다(동아일보, 2010).

2010년 5월부터 양국 간 협상이 다시 개시됐다. 하지만 이번에는 대여 기간을 놓고 양측의 입장 대립은 지속됐다. 한국 측은 '영구' 대여 방안에 의한 해결 원칙을 주장했고, 프랑스 측은 '영구' 대여 방안이 문화재의 한시적 해외 반출만을 규정하고 있는 자국법에 어긋난다는 이유로 '영구' 대여 방안 수용을 거부했다.

그 후 양측은 '영구' 대여가 가지는 현실적 제약을 타개할 수 있는 방안을 강구해 프랑스 측은 '5년 단위'의 '갱신 가능' 대여 방안을 수정 제시했다. 이른바 '문제 해결'과 '이해관계(interest)'에 초점을 맞춘 것이다.

이 협상이 돌파구를 마련한 것은 양국 정부가 각각 협상 과정에서 기존의 틀에 집착하지 않고 '프레임 전환'을 적절히 구사했기 때문이다. 즉, 우리 정부는 외규장각 도서 반환 협상 과정에서 '등가등량'의 교환 방식을 폐기하고, 프레임 전환을 시도해, '반환'에 집착하지 않고 '외규장각 도서의 장기 대여 및 한국 문화재의 프랑스 내 교환 전시 방안'을 프랑스 측에 제안했다. 한편, 프랑스 측은 '영구' 대여 방안이 문화재의 한시적 해외 반출만을 규정하고 있는 자국법에 어긋난다는 이유로 수용을 거부하는 대신, '5년 단위'의 '갱신 가능' 대여 방안을 수정 제시했다. 즉, 상호 프레임 전환을 통해 유연한 문제 해결을 시도한 것이다.

양국은 초기의 입장협상(positional negotiation)의 틀을 탈피하고, 원칙협상(principled negotiation)에 입각해 창의적 문제 해결을 시도해 상호 수용 가능한 상생협상을 이끌어 냈다. 프랑스 국내법 및 다수 외국 문화재 보유 현실을 고려할 때, 외규장각 도서의 반환이 불가능한 상황에서 양국은 '양도'에서 '대여'로, '대여'는 '갱신'이라는 기간 설정의 형식을 도입해 프랑스는 기존 프랑스법의 테두리 안에서 '명분'을 잃지 않고, 한국 측은 '실질적 이해관계'에 초점을 맞추고 상호 수용 가능한 타협안을 도출해 냈다.

2) 윈셋 적용: 국제협상의 이중구조 문제

주불대사관 측은 2009년 12월 이래 프랑스 사회 각계 유력 인사들을 접촉, 외규장각 도서 문제 해결을 위한 자국 내 우호적 분위기 조성에 매진했다. 프랑스 정부가 제시한 '5년 단위 갱신 방안'에 대해 프랑스 국립도서관이 강하게 반발했기 때문이다(연합뉴스, 2011.4.13).

국제협상의 경우, 양 국가 간 자국의 협상력을 올리기 위해 윈셋(win-set)을 활용하기도 한다. 이 윈셋은 퍼트남(Robert D. Putnam)의 양면게임이론(two-level game theory)에 이론적 기초를 두고 있다. 여기서 윈(win)은 비준 확득을 의미하며, 셋(set)은 집합을 의미한다. 윈셋은 국내의 비준을 얻을 수 있는 대안의 집합, 즉 국내적 비준(제2면의 협상)을 받을 수 있는 모든 국제적 합의(제1면의 협상)의 집합을 의미한다. 이 윈셋은 두 가지 측면을 갖는다. 먼저, 국내 비준 영역이 넓을수록(가령 정부가 국내의 반대하는 시민단체 등 이익집단을 설득하는 수단이 많을수록), 즉 윈셋이 넓을수록 재량이 넓어져 국제협상을 하기가 쉬워진다. 다음으로, 윈셋은 협상을 통한 이익의 확보와는 반비례 관계에 있다. 윈셋이 크면 국제협상 타결의 가능성이 커지지만 그 결과로 얻게 되는 자국의 이익은 줄어들 수 있다. 반면, 윈셋이 작을수록 합의 가능 영역(ZOPA)은 줄어들고 그 결과 국제협상이 결렬되거나 교착 상태에 빠지기 쉽다. 이 윈셋을 잘 활용하면 국제협상에서 양 당사자 간에 균형 잡힌 이득 분배가 가능하므로 상생협상에 기여한다(하혜수·이달곤, 2017: 202-205).

이 국제협상에서 나타나는 퍼트남의 협상의 '이중구조' 문제를 지도자의 리더십과 양국 정부 협상단의 각고의 노력으로 넘어섰다. 프랑스 문화재법상 문화재는 공공재산으로 '불가양'이며, 국보급 문화재의 해외 유출은 '한시적으로만' 가능한데, 이 협상과 관련해 '5년 단위 갱신 대여' 방안에도 프랑스국립도서관(BNF) 등 프랑스 내의 강한 반발이 일어났다. 프랑스는 이를 윈셋의 관점에서 한국과의 협상에서 자국의 방패로 활용할 수도 있었지만 사르코지 대통령의 결단으로 국내 갈등을 해결했다고 할 수 있다. 또한 외규장각 도서 협상 사안을 훤히 꿰뚫고 있던 당시 한국의 유복렬 주불대사관 정무참사관은 프랑스 외교부 폴 장-오르티즈(Paul Jean-Ortiz) 아태국장 및 동북아과장 등과 쌓아온 신뢰를 바탕으로 공식·비공식 협상 등 2개 채널을 만들어 필요 시 언제나 만날 수 있는 상황을 유지하며 서로의 입장을 조율해 프랑스 내부 반발을 무마해 나감으로써(연합뉴스, 2011.4.13) 합의 가능 영역을 넓혀갔다고 할 수 있다.

3) 갈등 해소

한·불 양측은 2010년 11월 12일 정상회의 직전까지 상호 수용 가능한 현실적 접점 도출을 위해 머리를 맞댔다. 최종적으로 2010년 11월 12일 이명박 대통령은 G20 서울 정상회의를 위해 방한한 사르코지 대통령과 정상회담을 갖고, '5년 단위 갱신 가능 대여' 방안에 합의해 오랜 협상을 호혜적 협상으로 마무리지었다. 이로써 외규장각 도서가 프랑스로 반출된 지 145년 만에, 우리 측이 문제를 프랑스 측에 제기한 지 20년 만에 '대여의 형식'이지만 한국으로 돌아오게 됐다.

프랑스 내 각계각층의 지속적인 설득과 호소 활동은 사르코지 대통령이 정치적 결단을 내리는 데 직·간접적으로 크게 기여했다(박흥신, 2014). 협상 타결 이후 양국 정부는 2016년 한-불 수교 130주년을 계기로 '상호 교류의 해' 지정을 통해 문화 협력을 강화해 가고 있다.

이 사례는 문화재 환수 정부 간 협상 시, 양국의 국내외 정치적 환경을 잘 이용해야 하며, 환수정책의 기본 원칙 선정립, 정부 내 협상팀 간 유기적 협력 체계 구축, 정부 외의 인맥을 활용한 지원 세력과의 연대 등에 신경을 써야 함을 보여준다.

토의 과제

- 외규장각 도서 반환 협상 사례에서 당초의 입장협상이 원칙협상으로 전환하는 데 프레임 전환이 가지는 의미는?
- 윈셋의 관점에서 프랑스 국내 갈등관리를 설명해 보자.

사례 37 **미국 GM-한국 대우자동차 매각 협상**[*](국제협상, 1999~2002)

1. 협상 개요

한때 세계 경영의 기치를 내걸고 폴란드 등 동유럽, 인도 등 15개국에 해외 공장과 33개 판매법인을 설립하던 대우자동차는 1988년 8월 대우그룹 해체와 함께 워크아웃에 들어갔다. 그 배경에는 부실기업 정리, 공적 자금 회수 등 복잡한 문제가 얽혀 있었다. 당시 협상 당사자는 정부, 채권단, 투자자, 자본주, 경영자, 노조, 주민 등 많은 이해관계자가 있었다. 협상구조에서는 정부와 채권단이 갈등하는 구조 속에 대외적 협상의 일관성을 유지하기 어려웠고, 협상전략도 제한적 경쟁입장을 통해 포드에게 독점적 지위를 부여해 협상력의 상실을 초래했다. 대외 협상에선 한국 내부 이해관계자들 간의 갈등관리에 실패했고, 정부가 조기 매각을 추진하는 탓에 매도자와의 협상에서 우위를 점할 수 없었다.

결국 협상에서 결렬 시 선택할 수 있는 최선의 대안책을 쥐고 협상에 임해야 한다는 피셔와 유리(Fisher & Ury, 1991)의 최선의 대안(Best Altnatitive to a Negotiated Agreement: BATNA)을 제대로 준비하지 못해 불리한 협상이 된 예라 할 수 있다.

2. 협상 일정

- 1999.12: 미국 GM사, 대우자동차 인수 의사 표명
- 2000.6: 5개사(포드, GM, 현대차 컨소시엄) 국제입찰 참여, 포드가 우선협상 대상자로 선정
- 2000.9: 포드 인수 포기 선언(대우 부실채권이 걸림돌)
- 2000.11: 대우자동차 부도 및 법정관리
- 2001.5: GM 인수제안서 제출
- 2001.9: GM-채권단 양해각서(MOU) 체결

[*] 안세영(2019: 300-310), 안세영(2003: 195-215) 참고.

• 2002.4: GM-채권단 본계약 체결

3. 양 협상 당사자의 협상전략

1) 미국 GM의 협상전략

GM은 한국과의 대우자동차 인수 협상에서 지연협상전략, 헐값매입전략, 선별적 매입전략의 세 가지 전략을 구사했다.

첫째, 지연협상전략(delay)이다. 협상 초기 불리한 위치에 섰던 GM이 경쟁사인 포드의 인수 포기 선언으로 협상주도권을 쥐게 되면서 한국에 대해 지연전략을 펼쳤다. 2001년 10월 포드의 인수 포기 선언 후 인수의향서를 제출하고 실사를 마친 GM은 이후 7개월 동안 협상에 소극적 자세를 견지했다. GM은 시간을 끌수록 대우의 가치가 떨어져 자기 측에 협상이 유리한 환경이 조성된다고 판단했다.

하지만 2001년 3월 이후 대우자동차가 흑자를 내고, 한국 정부가 2001년 3월 내 인수 불가 시 독자 자구책을 마련한다는 의지를 표명하자 GM의 지연전략도 한계에 달했다.

둘째, 헐값매입전략(haggling)이다. 대우자동차는 협상 초기 70억 달러에서 시작해 최종 4억 달러에 매각됐다. 초기 포드와의 협상에서는 포드가 최고가인 70억 달러를 제시해 한국 측에 유리한 듯했으나, 나중에 포드의 인수 포기 선언 후 2000년 9월 GM 측은 12억 달러를 제시했고, 최종적으로 2002년 4월 4억 달러에 마무리돼 GM의 지연전략이 효과를 보게 된다.

셋째, 선별적 매입전략이다. 한국 측은 일괄매각을 희망해 대우의 모든 지분, 영업권, 고용 등을 인수하기를 희망했으나, GM은 실사 결과를 토대로 좋은 자산만 선별 매입했다. 특히 양자 간 대립이 최고조에 달한 곳은 부평공장이었다. GM은 부평공장 시설의 노후 및 강성노조를 이유로 부평공장 인수를 강하게 거부했고, 한국 측도 부평공장 인수 없는 대우 매각을 거부하며 갈등이 극에 치달았다. 결국 GM은 협상을 통해 '노사분규로 인한 작업 손실 시간이 GM 전 세계 공장 평균보다 낮을 것' 등 경영환경 조건을 포함시킨 조건부 인수를 관철시켰다.

2) 한국의 협상전략

한국은 대우자동차 매각과 관련한 GM과의 협상에서 BATNA(최선의 대안)를 전략적으로 활용하지 못해 여러 가지로 '불리한 협상'을 자처한 면이 있다.

첫째, 협상 기간 중 한국의 고위관리와 채권단이 "한 달 내에 인수자를 선정하겠다" 또는 "대우는 꼭 GM에 매각돼야 한다" 등 매각 기한과 관련해 촉박하게 서두르는 입장을 계속 상대에게 노출했다는 것이다. 이것은 당연히 상대로 하여금 '인수가격 후려치기'를 허용하는 결과를 낳았다.

둘째, 협상 주체와 관련해 한국은 채권은행, 재정경제부 등 '금융 중심의 협상팀'이 전면에 나섰는데, 그보다는 차라리 산업 관련 부처가 중심이 됐다면 시간을 좀 더 끌더라도 대우자동차의 가치 주장을 통해 더 나은 결과를 가져왔을 수 있다. 그러나 한국은 2000년 9월 포드의 인수 포기 선언 후 11월 법정관리 시작 때까지 대우의 매각 가치를 높이는 노력을 기울이지 않았다. 오히려 연중 31일간 40회나 파업을 하는 등 상대에게 흠집 잡힐 일만 더했다.

셋째, GM과의 협상에서 한국 내부의 노-노 갈등, 정부부처 내 부처-부처 갈등으로 협상이 국가적 협상전략 없이 진행됨으로써 스스로 불리한 협상을 초래한 면이 있다. 가령, 협상 막판에서 GM의 인수로 고용이 보장되는 창원과 군산노조는 매각에 찬성 내지 침묵해 인력감축보다는 순환휴직제를 주장한 부평노조와 갈등이 발생한 점이다. 또 정부는 재경원과 금감원이 'GM 조기 매각'을, 산업자원부는 '자력갱생 가능성'을 언론에 흘려 관련 부처 간 혼선을 노출시켰다.

이 GM-한국 협상은 배분적 협상이자 레위키-히암 모형의 투쟁전략(win-lose)적 협상 성격을 띠는 전형적인 사례다. 이 사례는 협상이 결렬될 경우 다른 대안이 있는지 확인하고, 그 대안의 잠재적 가치를 사전평가해 그중 최선의 대안을 실전에 적용할 수 있어야 함을 일깨워 준다.

토의 과제

- 대우자동차 매각 협상에서 한국 측이 부처 간 긴밀한 내부 협의를 통해 최선의 대안(BANTA)을 마련해 '자력갱생 방안'을 협상의 카드로 좀 더 전략적으로 잘 활용했더라면 GM과의 협상은 어떻게 달라졌을까?

사례 38 한·중 마늘 협상*(국제협상, 1999~2003)

1. 협상 개요

1) 우루과이라운드 출범

1986년 시작돼 1993년 타결된 우루과이라운드는 세계 각국이 각국의 보호무역주의를 완화해 세계무역 자유화를 실현하기 위해 출범했다. 그 배경에는 1980년대 들어 미국이 자국의 농업 공황, 제조업 쇠퇴, 서비스산업 팽창 등에 직면하면서, 세계 경제에 대한 패권을 회복, 강화하려는 의도가 깔려 있었다. 협상 의제 중 특히 농산물 협상이 큰 이슈였는데, 국경 보호 조치의 완화, 농업보조금 감축, 수출보조금의 축소 등을 놓고 각국의 특수 상황 때문에 오랫동안 합의를 보지 못하다가 1992년 타결을 보게 된다. 한국의 경우도 이러한 사항들은 한국 농업의 존폐와 직결되는 것들이어서 우려가 컸다. 결국 우루과이라운드가 1993년 출범하면서 이를 강력하게 이행하는 세계무역기구(WTO)가 창설됐다(대우경제연구소 편, 1994).

2) 한·중 1차 마늘 협상 및 중국산 마늘에 대한 긴급관세 부과

우루과이라운드 이후 농산물시장 개방에 따라 중국으로부터의 농산물 수입이 급증했다. 특히 한국 농가의 약 30%인 40여만 가구가 재배하는 마늘 피해가 심각했다. 당시 중국산 마늘 수입 급증으로 1996년 3.3%에 불과하던 수입 마늘의 국내 점유율이 1999년 1~9월에는 12.2로 급증했다. 한국 마늘 재배 농가의 피해가 확산되자 농협중앙회는 1999년 9월 산업 피해 조사를 산업자원부에 요구했고, 정부는 1999년 11월 18일 잠정긴급관세를 중국산 마늘에 부과했다(안세영, 2019: 486).

이에 2000년 4월과 5월에 중국 정부와 한국 정부가 마늘 수입을 놓고 실무협상을 시작했다. 한국 정부는 2000년 5월 26일 세이프가드 조치를 WTO에 정식 통보하고, 6월 1일 중국

---
* 안세영(2019: 486-496) 참고.

산 마늘에 대해 긴급관세 부과를 발표했다.

〈 중국산 마늘의 수입 현황 〉

(단위: 톤)

	신선/냉장 (깐마늘, 통마늘)	냉동마늘	건조마늘	초산조제마늘	전체
1996	4,156	2,023	400	888	7,469
1997	12,936	3,768	48	1,633	18,385
1998	25,623	7,795	421	2,148	35,987
1999	14,355	18,598	641	3,631	37,225

출처: 한국농촌경제연구원, 농업관측월보, 2000. 7.
이신규(2006), 한중 마늘 통상분쟁협상의 의미에서 인용.

3) 중국의 보복 조치

중국은 이에 보복해 2000년 6월 7일부터 우리나라산 휴대용 무선전화기와 폴리에틸렌에 대해 잠정수입 금지 조치를 취했다. 한·중 교역에서 우리나라의 마늘 수입액은 898만 달러이고, 중국의 한국산 휴대용 무선전화기와 폴리에틸렌 수입액은 약 5억 달러로, 한국 측의 손해가 상대적으로 막심하게 됐다.

4) 2차 마늘 협상

2000년 6~7월 양국은 협상을 통해 합의에 도달했다. 중국은 한국산 휴대용 무선전화기와 폴리에틸렌에 대한 수입 금지 조치를 해제하기로 했다. 한국은 중국산 마늘을 매년 2만여 톤씩 수입하는 관세율 쿼터(TRQ)를 실시하기로 해, 수입 쿼터 2만 톤에 대해서는 30%의 기본관세만 적용하고 초과 물량은 315%의 관세를 부과키로 했다. 또한 최소시장 접근(Minimum Market Access: MMA: 우루과이라운드 협상 시 관세화의 유예가 인정되지 않는 관세화 품목 중 국내 소비량의 3% 미만인 농산물에 대해서는 이행 기간 동안 낮은 관세율로 최소시장 접근이 인정됐음) 물량 연간 12만 톤을 한국 측이 농수산물유통공사의 입찰로 중국으로부터 수입(관세율 50%)

하기로 했다.

5) 중국 보복 조치 재개 경고

중국 측은 2001년 4월 6일 중국산 마늘 수입 예정 물량 32,000톤 중 미소진된 1만 톤을 한국이 수입하지 않으면 보복 조치하겠다고 경고했다. 한국은 미소진 물량에 대해 2001년 8월 말까지 전량 수입을 약속했다.

6) 중국 마늘 세이프가드 해제

2000년 7월 체결된 한·중 협상에 따라 2003년부터는 중국산 마늘 수입을 전면 자유화하고 수입을 민간에 맡기기로 했다.

2. 협상 일정

- 우루과이라운드 타결(1986~1993)
- 농협중앙회, 산업 피해 조사를 산업자원부에 요구(1999.9.30)
- 재정경제부 장관, 잠정 긴급관세를 중국산 마늘에 부과(1999.11.18)
- 한·중 1차 마늘 협상(2000.4~5)
- 한국, 중국산 마늘에 대한 세이프가드 조치 WTO에 정식 통보(2000.5.26)
- 한국, 중국산 마늘에 대한 긴급관세 부과(2000.6.1)
- 중국, 한국산 휴대용 무선전화기와 폴리에틸렌에 대해 잠정 수입금지 조치(2000.6.7)
- 한·중 2차 마늘 협상(2000.7)
    - 중국: 한국산 휴대용 무선전화기와 폴리에틸렌에 대한 수입금지 조치 해제
    - 한국: 중국산 마늘을 매년 2만여 톤씩 수입하는 관세율 쿼터(TRQ) 실시
        수입 쿼터 2만 톤에 대해서는 30%의 기본관세만 적용하고 초과 물량은 315%

의 관세 부과

최소시장 접근(MMA) 물량 연간 12만 톤을 한국 측이 중국으로부터 수입
- 중국 보복 조치 재개 경고(2001.4)
  - 중국: 중국산 마늘 수입 예정 물량 32,000톤 중 미소진된 1만 톤을 한국이 수입하지 않으면 보복 조치하겠다고 경고
  - 한국: 미소진 물량에 대해 2001년 8월 말까지 전량 수입 약속
- 중국 마늘 세이프가드 해제(2003)
  - 2003년부터는 한국이 중국산 마늘 수입을 전면 자유화

3. 양국의 협상전략

1) 중국의 마늘 협상전략

중국은 세계 최대 마늘 생산국으로 2000년 전 세계 마늘의 64%를 생산했다. 이 중 한국은 중국이 수출하는 마늘의 99.9%를 수입한다. 한편, 중국은 대한국 무역적자를 만성적으로 보고 있다. 한국은 대중국 무역수지가 1992년 10억 7,000만 달러 적자였으나, 2016에는 374억 5,000만 달러 흑자로 수교 이후 꾸준한 흑자를 보고 있다(한국무역협회 무역통계: WWW.stat.kita.net). 중국은 대한국 무역 적자폭을 줄이는 데 기여하는 부분이 농축산물 수출이다. 따라서 중국산 마늘에 대한 한국 측의 규제는 수용이 쉽지 않다.

반면, 한·중 마늘 협상이 전개되던 1999년 한국의 마늘산업은 연간 7,300억 원의 생산 규모(비중 2.3%)로, 한국 4대 주요 작물이었다. 또 1999년 당시 한국 마늘 재배 농가는 약 42만 호로 한국 전체 농가의 31%를 차지하고 있었다(농림부, 농림통계연보).

따라서 한·중 마늘 협상은 일종의 제로섬게임으로서 두 나라가 모두 쉽게 양보할 수 있는 부분이 아니었다. 결과적으로 이 협상은 입장협상, 배분적 협상의 성격을 띤다.

중국은 2000년 6월 7일 한국산 휴대폰과 폴리에틸렌에 대한 보복 조치를 발표했다. 이는 중국 대외무역법 7조에 의거, 한국의 마늘 세이프가드가 중국 수출에 대한 차별적 조치라는 데 근거를 두고 있다.

2) 한국의 마늘 협상전략

한국 정부는 대중국 마늘 협상으로 이후 2년간 중국산 마늘 수입이 약 50% 정도 감소하는 등 긍정적 효과가 있었다고 주장한다. 하지만 한국의 세이프가드 조치 이후 중국의 보복 위협에 일방적으로 협상이 밀렸다고 봐야 하며, 그 이유는 아래와 같다.

첫째, 중국산 마늘에 대한 한국 측의 세이프가드 조치는 경제적 측면이 아닌 정치적 동기에 의해 시행됐다. 2001년 총선을 앞두고 농민표 반발을 의식해 성급히 도입했으나 이 경우 예상되는 중국 정부의 반발을 충분히 고려한 대비책을 마련하지 못했다.

둘째, 원래 중국산 마늘 수입은 민간 자율 사항이었으나 이 협상으로 한국 정부가 의무적으로 중국산 마늘을 수입해야 하는 결과를 초래했다. 2001년 합의문에는 "최소시장 접근 물량을 포함해 한국은 2002년까지 32,000~35,000톤의 중국산 마늘을 매년 '관세 할당' 방식으로 수입한다"고 규정돼 있었다. 그런데 '관세 할당'의 의미 해석을 두고 결국 한국 정부가 밀려 '정부가 수입을 보장하는 의무 수입 물량'으로 해석돼 마늘을 의무 수입하게 돼버린 것이다.

셋째, 한국 내부 갈등이다. 마늘 의무 수입 비용 분담을 놓고 농림부와 산업자원부, 정통부 간 의견 대립을 벌였고, 2000년부터 2001년까지 1년간 다섯 차례 협상에서 한국 협상대표가 매번 교체되는 통에 교섭력 약화를 초래했다. 이러한 현상은 이 경우에 특이한 것이라기보다는 잦은 인사로 빈번히 자리 이동을 하는 한국 중앙부처의 문제와도 상통한다고 본다.

4. 대중국 협상 시 유의점

이 사례는 중국과의 협상 시 우리가 고려해야 할 요소는 무엇인지를 알려주는 좋은 사례 중 하나라 할 수 있다. 통상 중국과의 협상에서는 다음 몇 가지 점을 유의해야 한다(안세영, 2019: 463-476).

첫째, 중국은 다른 민주주의 국가들이 겪는 퍼트남(Robert D. Putnam)의 '2단계 협상(two-level)'에서 상대적으로 자유롭다. 국제협상에는 상대국과 협상을 하더라도 그 협상으로 손해를 보게 되는 국내 단체들의 반발을 고려해야 하는 '국내 제약 요인'을 다시 극복해야 하는

'2단계 설득 과정'을 거쳐야 한다. 하지만 중국은 정치 체제의 특성상 이러한 제약에서 자유롭기에 강성 협상전략을 구사할 수 있었다. 중국은 2010년 일본과의 센카쿠 영토 분쟁에서도 강력한 보복 위협을 보인 바 있고, 2018년 3월 미국 트럼프 대통령이 중국산 철강과 알루미늄에 대해 관세를 부과하자 중국은 곧바로 4월에 미국산 과일류에 대해 보복한 바 있다.

둘째, 중국은 공산당을 중심으로 먼저 하향(top-down) 방식의 큰 정책 방향을 정한 후 국무원이 구체계획을 세우고 실제 협상을 상무부가 행한다. 하지만 중국은 통상 '비위임형 협상전략'을 구사하기 때문에 자국의 요구 사항은 강하게 제기하는 반면, 상대의 요구에 대해서는 상부 권한위임이 필요하다고 주장하면서 피해 가려는 경향을 보여 협상 진척이 쉽지 않다.

셋째, 중국은 베이징(北京) 중앙정부와 22개 성(省)의 지방정부로 구성돼 있다. 중앙정부는 원칙을 강조하는 반면, 지방정부는 자기 지역 발전 차원에서 융통성을 부려 일을 해결하려는 경향이 강하다. 한·중 마늘 협상의 경우, 한국 대 중국 정부 간 협상이지만 마늘의 주생산 지역인 산둥성(山東省) 지방정부의 입장도 잘 고려해 '투 트랙(two track) 협상전략'을 잘 구사해야 한다는 것이다.

토의 과제

- 한·중 마늘 협상 사례에서 한국 측이 중국 측에 협상에서 밀렸다고 판단되는 근거는 무엇인가?
- 윈셋의 관점에서 중국과의 협상에서 한국 측이 불리할 가능성은 무엇인가?

사례 39 한·미 쇠고기 협상*(2006~2008)

1. 협상 개요

한국 정부는 1967년 관세 및 무역에 관한 일반협정(GATT)에 가입하면서부터 쇠고기 수입을 제한해 왔다. 1070년대 후반에 급속한 경제 성장으로 쇠고기 수입이 크게 확대됐다. 정부의 지원으로 한육 수육 두수가 증가해 1984~1985년에 걸쳐 쇠고기 초과 공급으로 가격이 폭락하는 '소파동'을 겪었다. 이에 따라 한국 정부가 쇠고기 수입 중단 조치를 내리게 되자, 미국은 즉각 이의를 제기하며 1986년 6월 미국 무역대표부(USTR)를 파견해 쇠고기 수입 재개를 강력 요청했다.

이후 GATT가 이 쇠고기 수입 중단이 위법이라는 결론을 내리고 쇠고기 수입 제한 조치 철폐 등 몇 가지 권고 사항을 결정했다. 이후 1990년 3월 한국과 미국은 양해각서(MOU) 교환으로 쇠고기 문제가 마무리되는 듯했으나, 1990년 10월 별도로 진행된 우루과이 라운드 협상에서 한국은 쇠고기를 자유화 대상에서 제외시켜 다시 쇠고기 문제가 일게 됐다. 2001년부터는 기존의 쇠고기 수입 쿼터 방식을 폐지하고 40%대의 관세를 부과하되 연령 또는 부위를 제한하지 않는 쇠고기 수입 전면 자유화를 공식화하고 시장 개방을 하게 됐다. 이후 미국산 쇠고기 수입이 계속되다가 2003년 12월 미국에서 처음으로 광우병 소 세 마리가 발생하자 한국은 다시 미국산 쇠고기 수입을 전면 금지하게 됐다(황광선, 2008: 40-42).

2006년 1월 18일 노무현 당시 대통령이 신년 연설에서 한·미 간 자유무역협정(FTA) 체결을 언급하면서 FTA 협상이 시작됐다. 이 협상이 시작되기 전 이미 미국은 미국산 쇠고기에 대한 한국 시장의 전면 개방을 요구했고, 특히 이 문제가 한·미 간 FTA 체결의 선결 조건임을 분명히 했다. 한국은 미국의 욕구에 대해 30개월 미만의 소에서 추출된 뼈 없는 쇠고기만을 수입하는 안을 제시했고, 미국은 양국 간 협상을 통해 이를 수용했다.

2006년 9월 8일 이후 이 협상에 따라 쇠고기 수입이 시작된 후 5개월 만에 2007년 2월 미국은 다시 한국이 뼈 있는 쇠고기 수입을 요구하는 협상을 요청했다. 한국은 식품안전성

* 김관옥(2009) 참고.

의 문제를 들어 미국의 제안을 거부했다. 특히 2007년 8월 미국산 수입 쇠고기에서 특정위험물질(special risk material)로 분류돼 수입이 금지됐던 척추뼈가 발견되면서 미국산 쇠고기에 대한 검역이 중지됐다.

2007년 5월에 국제수역사무국(OIE: World Organisation for Animal Health)은 미국산 쇠고기에 대한 검토를 마치고 제75차 국제위원회 회의에서 미국을 '위험통제국가(risk-controlled nation)'로 분류하는 투표 결과를 발표했다. 이를 바탕으로 미국은 한국의 기존 미국산 쇠고기 수입 기준 개정을 위한 협상을 요구했고, 2007년 10월 협상부터 '위험통제국가'로 자국이 분류됐다는 것을 미국산 쇠고기의 안전성을 국제적으로 공인받았다고 주장하는 근거로 활용하면서 한국을 압박하기 시작했다.

2008년 4월 이명박 대통령이 미국을 방문하게 되자 미국은 미국은 이 기간을 활용해 한·미 간 미국산 쇠고기 수입 기준 변경을 위한 협상을 진행시켰다. 2008년 4월 11일부터 18일까지 8일간 전개된 협상에서 한미는 미국산 쇠고기 검역 조건을 대폭 낮춰 전면적 수입을 허용하는 내용에 합의했다. 즉, 30개월 이상 소의 쇠고기 수입 허용, 4개 부위(뇌, 눈, 척수, 머리뼈) 등의 수입 허용, 등뼈 및 내장 등의 수입 허용 등이었다.

이러한 합의 결과는 한국 내에서 대규모 미국산 쇠고기 전면 수입 대규모 반대 시위를 불러일으켰다. 특히 MBC의 'PD수첩'이 미국산 쇠고기의 안정성에 의문을 제기하는 방송을 내보낸 후, 2008년 6월 10일 전국 최대 규모의 촛불시위가 일어나자 여당도 재협상을 요구하기에 이르렀다. 결국 이 문제로 한국 내각이 총사퇴를 선언하자 이명박 대통령도 재협상에 준하는 한·미 협상을 미국 측에 요구할 수밖에 없게 됐다(New York Times, June, 10, 2008). 결국 한·미 양국은 2008년 6월 추가 협상을 통해 30개월 미만 소의 수입 금지, 광우병 특정 위험물질(Specified Risk Material: SRM)과 4개 부위(뇌, 눈, 척수, 머리뼈)의 수입 금지, 미국 정부가 검증하는 품질시스템평가제(Quality System Assessment: QSA)의 도입에 합의했다.

2. 협상의 주요 논점

한·미 간 미국산 쇠고기 수입 협상은 국제협상에서 협상력(negotiation power)에 영향을 끼치는 요소에 어떤 것들이 있는가를 살펴보는 좋은 협상 사례다.

1) 윈셋 활용

이 국제협상에서 양국은 각각 윈셋(win-set)을 활용해 자신의 협상력을 키웠다. 윈셋은 퍼트남의 양면게임이론에 이론적 기초를 두고 있는데, 두 개의 전제를 깔고 있다. 하나는 국내 정치와 국제 정치가 서로 연결돼 있다고 본다. 즉, 국내적 요인과 국제적 요인 간 상호작용을 잘 살펴야 국제협상을 제대로 할 수 있다는 것이다. 둘째는 국가는 단일 행위체가 아니라 다원적 행위자들의 집합체로, 국제협상은 정부를 포함한 다수의 이익집단 등 국내 주요 행위자들 간의 경쟁과 협상의 산물이라는 것이다. 결국, 국가 간 국제협상을 했더라도 각국이 국내 정치의 영역에서 국회의 비준을 받아야 그 효력이 발생하고, 비준을 얻는 과정에서 국내의 다양한 이익집단의 반대 목소리를 수렴해야 효력을 볼 수 있는 것이다.

이 미국산 쇠고기 협상에서 미국 중서부 지역 의원들은 미국 정부가 한국의 쇠고기 시장 개방을 이끌어 내지 못하면 '한·미 FTA'는 비준될 수 없음을 강하게 표명함으로써 미국 행정부를 압박했다(Baucus, 2006). 이 부분은 미국 행정부가 한국과 쇠고기 수입 협상을 진행할 때 좁은 윈셋 사이즈를 유지하도록 하는 데 영향을 미쳤다. 즉, 미국 협상팀에게는 2006년 초기 협상에서 미국 내부 행위 주체들 사이의 선호정책의 단일성에 기대어 한·미 FTA 조기 비준을 중시하는 이명박 정부에 강한 미국산 쇠고기 수입 개방 압박을 할 수 있었다.

한편, 2008년 4월 한·미 협상 결과 미국산 쇠고기를 연령과 부위에 상관없이 전면 수입하는 합의안이 타결되자 한국 내에서 '미국 쇠고기 전면 수입 반대 국민대책회의'가 구성돼 대규모 반대 시위가 일어났다. 처음에는 '재협상 불가'를 주장하며 버티던 한국 정부는 이명박 대통령의 국정 운영 지지도가 급락하자 결국 재협상을 미국에 요구하게 됐다. 이번에는 한국 국내의 여론 악화가 한국 정부의 윈셋 사이즈를 좁혀 2008년 6월 미국과의 재협상에 나설 수밖에 없도록 한 것이다.

2) 사전 협상 준비

협상 사전 준비의 치밀성 여부는 협상 시 협상력에 영향을 미친다. 한국 정부는 미국산 쇠고기 수입 협상을 앞두고 사전에 광우병이 월령과 부위에 따라 영향을 받을 수 있을 가능성 등에 대한 면밀한 과학적 분석 없이 이 협상에 임함으로써 초기 불리한 협상 조건을 쉽게 수락해 버리는 오류를 범했다고 볼 수 있다.

반면, 미국의 쇠고기 산업은 미국 무역대표부(USTR) 및 미국 농무부에 대해 한국 시장 개방을 위한 정보를 제공하고, 쇠고기 산업의 선호정책을 제시하는 등 협의를 반복했다. 이러한 사전 치밀한 준비는 협상력 제고에 중요한 기여를 한다.

3) 객관적 기준의 설정

이 협상에서 미국은 국제수역사무국의 '위험통제국가' 결정을 적극 활용했으나, 한국은 협상 과정에서 객관적 기준을 제대로 활용하지 못한 것으로 보인다. 미국은 2007년 10월 대한국 쇠고기 협상부터 '위험통제국가'로 자국이 분류됐다는 것을 미국산 쇠고기의 안정성을 국제적으로 공인받았다고 주장하는 근거로 활용하면서 한국을 압박하기 시작했다. 반면, 한국은 우리보다 앞서 행해진 일본과 미국의 쇠고기 협상에서 일본이 18개월 미만의 소를 수입하는 것으로 타결한 선례가 있었는데도 우리는 이것을 제대로 살피지 못해 협상에서 우리에게 도움이 되는 '객관적 기준'으로 적극 활용하지 못했다(하혜수·이달곤, 2017: 20).

토의 과제

- 한·미 쇠고기 협상 사례에서 양 국가는 각각 자국에 유리한 협상을 이끌기 위해 윈셋을 어떻게 활용했나?
- 협상 사전 준비의 치밀성 여부가 협상력에 어떤 영향을 미쳤는가?

사례 40 한·미 스크린쿼터 협상(1998)*

1. 협상 개황

한·미 간 스크린쿼터 협상은 국제협상에서 윈셋(win-set)이 협상 결과에 어떤 영향을 미치는지를 잘 보여주는 사례다. 1997년 한국이 외환위기를 겪으면서 한국은 대외신인도 제고와 국제 경쟁력 강화 차원에서 미국에 투자협정 체결을 적극 제의했다(외교통상부, 2002: 3). 한·미 투자협정 체결은 1998년 7월 첫 실무회의가 시작됐으며, 이때 미국 측은 한국의 국산영화 의무상영제도(스크린쿼터제)가 현지 생산품 사용 의무를 금지한 양자 간 투자협정 표준문안 제6조 A항에 위배된다고 주장하며 철폐를 요구했다(문화관광부, 2000: 133). 한국 측은 농업 등 일부 민감 업종을 제외하고는 미국의 요구를 전향적으로 수용하겠다고 했다. 1998년 10월 2차 실무회의는 합의 도출에 실패하고, 3차 회의가 11월 열려 미국 측은 1999년에 스크린쿼터를 30일로 축소하고 2001년에는 완전 폐지를 요구했으며, 한국 측은 '문화적 예외' 인정을 전제로 2002년까지 92일로 축소하는 안을 제시했으나 타결에 실패했다(문화관광부, 2001: 184).

이런 가운데 한국 측 협상팀은 문화관광부와 국내 영화계의 큰 반발에 부딪혔다. 한국 영화계는 1998년 12월 광화문에서 '한국 영화 죽이기 음모 규탄대회'를 열며 반대 투쟁을 벌였다. 문화관광부는 당초에는 한국 통상교섭본부의 입장을 고려, 스크린쿼터 축소 쪽으로 입장을 정했으나, 국내 영화계가 민노총, 경실련, 환경운동연합 등 22개 시민단체와 연대해 반대 투쟁을 벌이자 입장을 바꿔 "국내 영화산업 및 문화정체성 보호를 위해 스크린쿼터 폐지는 불가하다"고 선회했다. 이러한 영화계의 반발을 고려, 국회 문화관광위는 1998년 12월 29일 한국 영화의 시장점유율이 40%가 될 때까지 스크린쿼터를 현행 수준으로 유지할 것을 촉구하는 결의안을 채택했다.

2002년에는 한국 정부 내에서 스크린쿼터와 관련해 한·미 간 투자협정을 조속히 마무리하려는 재경부와 스크린쿼터 축소에 반대하는 문화관광부 간에 공방이 이어졌다.

---
* 김정수(2004) 참고.

재정경제부는 "전년도 국산 영화 점유율이 40%를 훨씬 초과해 50% 가까이 증가했으니 이제 부처 간 새로운 조율이 필요하다"는 입장을 표명하고, 스크린쿼터를 73일을 최저선으로 축소하는 선에서 절충하자는 제안을 했다. 그러나 문화관광부는 "스크린쿼터는 국제적으로도 성공한 문화정책으로 인정받고 있다"며 종전의 입장을 계속 고수했다.

2. 협상의 주요 논점

스크린쿼터 문제는 애초에 한·미 간 투자협정의 많은 의제 중의 하나에 불과했다. 그런데 한국 협상팀에서조차 초기에 상대적으로 왜소하게 생각했던 이 의제가 한·미 투자협정 몸통 자체를 오랫동안 교착 상태에 머물게 했다. 그 이유는 무엇인가? 결과적으로 협상 과정에서 양국 대표 모두 스크린쿼터와 관련해 상대가 수용할 만한 수준의 양보를 하지 않고 자신의 입장을 고수한 '입장협상(positional negotiation)'에 계속 서 있었기 때문이라 할 수 있다. 두 당사국 모두 국내 정치의 영역에서 윈셋(win-set)이 너무 좁아 운신의 폭을 넓히는 데 애로가 컸다.

미국 측은 당시 미국 경제에서 영화산업이 차지하는 비중이 급격히 증가한 반면, 영화 한 편당 제작비용도 급격히 증가해 그 손실을 해외시장의 확대를 통해 보충해야 할 필요가 컸다(문화관광부, 1998: 1; 다키야마, 2001: 97). 미국이 협상 과정에서 스크린쿼터 폐지를 끈질기게 요구한 배경이 여기에 있다.

한편, 한국 측은 협상 초기에는 문화관광부가 '스크린쿼터 폐지 불가'라는 원론적 방침선에 머물다가 나중에 시민단체와 영화계의 대규모 반대 시위 후 입장을 바꿔 '현 스크린쿼터 고수'라는 강경한 입장으로 돌아섰다. 이 이면에는 1990년대 후반 한국이 급속한 민주화의 바람을 타면서 시민단체의 정치적 영향력의 증대, 한국 정부가 건국 초기부터 국산 영화와 외국 영화를 다르게 취급하며 국산 영화산업 육성에 특별한 애착을 보인 점(황현탁, 1995: 68), 국제무역 규범인 GATT법이 스크린쿼터제를 자유무역의 예외적 조치로 인정하고 있었던 점(김휴종, 1998) 등이 영향을 끼쳤다.

이 사례는 국제협상에서 국내의 윈셋이 협상에 어떤 영향을 미치는지를 단적으로 보여주는 좋은 예라 하겠다. 즉, 퍼트남의 양면게임이론 시각에서 볼 때, 국가대표들 간에 합의가

설사 도출돼도 '비자발적 배신(involuntary defection)'으로 국내적 비준이 실패해 양국 간 협상이 교착 상태에 언제든 빠질 수 있음을 보여준다.

토의 과제

- 한·미 간 스크린쿼터 국제협상에서 윈셋(win-set)은 양국에서 각각 어떻게 활용됐는가?
  (퍼트남의 양면게임이론 시각)
- 이 사례에서 두 당사국 모두 국내 정치의 영역에서 윈셋(win-set)이 너무 좁아, 협상에서 운신의 폭을 넓히는 데 애로가 컸음을 설명해 보자.

제2판

참고 문헌

[국내 문헌]

강민아·장지호(2007). "정책결정과정의 프레이밍에 대한 담론 분석: 방사성폐기물처리장 입지 선정 과정을 중심으로." 『한국행정학보』, 41(2): 23-45.

강영진(2000). 『갈등분쟁 해결 매뉴얼』. 성공회대출판부.

강정훈(2003). "지방자치단체의 정책결정과정 연구: 서울시 청계천복원사업을 중심으로." 단국대 석사학위논문.

광명시정백서(2002).

구자훈 외(2019). "장기미집행 도시공원 일몰제 대응 공과 과." 『도시정보』. 대한국토·도시계획학회, 3-11.

국무조정실(2013). "공공기관 갈등관리 매뉴얼". www.pmo.go.kr

_____(2014). "갈등관리 Role Model 확산을 위한 연구."

_____(2021). 2018~2020년 정부 집중관리 갈등과제 목록, 사회조정실 내부자료.

국토부(2014). "경북·대구권 맑은 물 공급 종합계획." 검토 용역.

권경득·이광원(2017). "공공정책 갈등사례 DB 구축 및 갈등사례 유형 분석." 『행정논총』 55(1): 77-106.

금융감독원(2019). 2019년 금융분쟁 조정접수 및 처리 현황.

권향원·김윤정·최도림(2015). "공공갈등과 인상관리-제2롯데월드 갈등사례에서 정책기조 변동과 갈등주체의 대응전략 행태를 중심으로-." 『한국정책학회보』. 24(1): 299-334.

권향원·한수정(2016). "정책네트워크와 정부간 갈등-KTX 오송역 입지정책을 둘러싼 공공갈등을 중심으로-." 『한국정책학회보』. 25(2): 391-428.

김경동·심익섭(2016). "공공갈등과 방폐장 입지사례연구: IAD를 통한 경주와 부안의 비교사례분석." 『한국지방자치학회보』, 28(4): 103-127.

김관보·이선영(2010). "화장장 건립 분쟁사례에 대한 제도론적 고찰: IDA분석틀의 '부천화장장 게임상황'을 중심으로." 『한국행정학보』, 44(4): 261-284.

김관옥(2009). "국제협상에서의 국내적 제약의 역할: 한미 쇠고기무역협상의 양면게임적 분석." 『국제정치연구』 12(1): 23-49. 동아시아국제정치학회.

김명숙(2011). "심의민주주의 경험과 분석." 『한국자치행정학보』. 25(1): 137-163.

김상신·이수진(2014). "'걷고 즐기고 꿈꾸는 거리' 신촌 대중교통전용지구 조성." 『대한토목학회지』, 62(2): 34-45.

김석태(2010). "민간투자사업과 형평성: 대구시의 사례를 중심으로." 『한국행정논집』, 22(2): 375-395.

김서용(2005). "환경갈등의 문화적 분석: 새만금 개발사업을 중심으로." 『한국행정학보』. 39(3): 43-66.

김선영·신경섭(2024). "뉴스 빅데이터 분석을 통해 본 지역사회 갈등과 갈등해소를 위한 민원배심제 운영: 대구 수성구 경험을 중심으로." 『사회융합연구』. 8(2): 45-65.

김선희(2005). "국책사업 갈등관리 사례분석." 「국토(구 국토정보)』. (구 국토정보다이제스트). 15-27.

김순양(1994). "집단이익의 갈등과 정부개입에 관한 비교연구: 보건의료정책 분야의 의약분업사례와 한약조제권 분쟁사례의 비교." 『한국정치학회보』, 28(1): 375-402.

_____(2003). "정책네트워크모형의 이론적 쟁점 분석." 「정부학연구」, 9(1): 178-217.

_____(2010). "보건의료정책과정에서의 옹호연합(Advocacy Coalitions)의 형성과 작동: 의약분업 및 의료보험통합 논쟁 사례의 비교분석. 「한국정책학회보」 19(2): 1-44.

_____(2010). "정책과정분석에서의 정책네트워크(Policy Network) 모형 – 이론적·실천적 적실성의 검토 및 제언–. 「한국정책학회보」, 19(4): 177-209.

김영종(2005). "방폐장 입지 선정 과정의 정책네트워크 분석: 경주지역의 유치활동을 중심으로." 『한국정책과학회보』, 9(4): 287-316.

_____(2006). "정책결정제도의 변화가 정책네트워크 형성에 미치는 영향에 관한 연구." 「한국정책과학회보」, 10(1): 1-25.

김예승·홍성우(2010). "정책네트워크를 통한 비선호시설 입지갈등 분석: 원지동 '서울추모공원' 사례를 중심으로." 『한국정책연구』, 10(2): 29-49.

김인수·조은영(2018). "입지갈등 사례의 이슈생애주기 탐색 연구: 운형함수 방법론의 적용." 『한국행정학보』, 52(1): 45-72.

김인철·최진식(1999). "지방정부 간 갈등과 협상에 관한 연구: 대구 위천공단 조성과 부산 낙동강 수질개선 문제를 중심으로." 『한국정책학회보』, 8(3): 99-120.

김정수(2004). "한미투자협정과 스크린쿼터: 양면게임모델을 응용한 협상분석." 『국제통상연구』, 9(1): 95-119.

김정인(2018a). "숙의민주주의 활성화를 위한 mini-publics의 유형과 적용에 대한 연구." 「한국공공관리학보」, 32(1): 133-160.

김진선·김종호(2016). "정책네트워크이론에 기반한 도시재정비사업의 갈등분석: 은평뉴타운 사례를 중심으로." 「분쟁해결연구」, 14(3): 5-56.

김종남 외(2008). "호남고속철도 계룡산 통과구간 환경영향 최소화 위한 정부·NGO 협력모형 연구." 거버넌스적 접근을 통한 충남지역 문제의 해결. 충남지역 현안문제 해결을 위한 공동학술대회 발표 자료집.

김주환·하동현(2019). "공론화를 통한 정책결정의 한계 연구: 제주 녹지병원 사례를 중심으로." 「정부학연구」, 25(1): 133-163.

김재기·송건섭(2004). "민원배심제도의 성과분석과 인식에 관한 연구: 대구시 수성구 사례." 「한국행정연구」, 13(1): 300-322.

김창수(2020). "공공갈등 조정의 성공조건: 구포가축시장 갈등조정 사례의 분석." 「지방정부연구」, 24(3): 47-71.

김창수·서재호(2024). "고준위방사성폐기물 관리의 난제: 고리원전부지 내 건식저장시설건설 갈등영향분석." 「지방정부연구」 27(4) (2024. 2): 313-338.

김태운(2012). "국책사업 유치과정에서의 협력 거버넌스: 대구·경북지역의 첨단의료복합단지 유치과정을 중심으로." 『한국행정논집』, 24(4): 857-884.
김현희 · 이인규(2011). "지역갈등 해결과 사회적 합의의 길: 원지동 추모공원의 사례." 『한국사회』, 12(1): 65-110.
김호 · 정재승(2011). 『쿨하게 사과하라』. 어크로스.
김희곤(2008). "행정사건과 ADR [재판외 분쟁해결]." 『법학연구』. 전북대학교 법학연구소. 26: 61-108.
김혜경(2019). "공론조사의 의견 변경 메커니즘." 서울대학교 대학원 석사학위논문.
나윤영(2020). "공론화과정에서의 숙의와 생각 틀 변화." 서울대학교 대학원 석사학위논문.
나태준(2005). "청계천 복원과 서울시 갈등관리 전략." 『서울시 공공갈등관리 사례연구』, 3-38.
_____(2006). "정책인식 프레이밍 접근 방법에 따른 갈등의 분석: 교육행정정보시스템 도입 사례를 중심으로." 『한국정책과학학회보』, 10(4): 297-325.
_____(2007). "청계천 복원사업을 통해 본 도시개발 갈등관리." 『도시정보』, 307: 3-13.
남호일(2014). "경주 방폐장 유치 이후의 갈등 재생산에 관한 연구." 고려대 석사학위논문.
노진철(1998). "지방자치시대 정책결정의 위험 부담과 지역갈등: 낙동강 위천공단문제를 중심으로." 경북대 사회과학연구원, 10: 131-162.
다키야마 스스무 지음, 곽해선 옮김(2001). 『할리우드 거대 미디어의 세계전략』. 중심.
대구광역시(2020). 코로나 이후 대구도시 이미지 인식조사.
_____(2023). 대구광역시 달성군과 수성구의 관할구역 경계변경 조정 신청에 대한 동의안, 2023.6
_____(2023). 가창면, 수성구 편입 추진현황 및 향후계획. 2023.5.23
대구광역시 수성구(2020). 대구광역시 수성구 민원배심제 운영지침.
대구시(2005). 「中央路 Upgrade Project」 推進計劃(내부자료).
_____(2015). 『2015 대구시 갈등관리 매뉴얼』.
_____(2016). 『2015 대구시 환경백서』.
_____(2016). 『2016 갈등관리 우수사례집』(대구. 타 지역).
_____(2017). 대구대공원 조성사업 추진계획(안).
_____(2017). 대구 구미 민관협의회 개최 결과(1회~9회 내부자료).
_____(2017). 대구취수원 이전 관련 토론회 자료.
_____(2018). 『참여 · 숙의 · 상생을 위한 갈등관리 매뉴얼』. 대구광역시.
_____(2018). 『2017 대구시 환경백서』.
_____(2018). 통합신공항 관련 쟁점 사항 검토. 내부자료.
_____(2020). 대구경북 통합신공항 추진 상황(내부자료).
_____(2021). 대구경북 통합신공항 내부자료.
대구시 공원녹지과(2016). 장기미집행 공원 · 유원지에 대한 개발가용지 검토 및 단계별 집행계획(안). 내부자료.
_____(2017). 대구대공원 조성사업 추진계획. 내부자료.

대구시 교통정책과(2006). 중앙로 대중교통전용지구. 내부자료.
대구시 농산유통과(2018). 대구농수산물도매시장 시설현대화. 내부자료.
대구시 북구(2019). 회전교차로 설치사업(대구시 북구, 2011년 사례). 내부자료.
대구시 수성구(2013). 수성구 민원배심제도. 내부자료.
_____(2013). 진달래공원 산책로 정비사업(소선여중 통학로 문제). 내부자료.
대구시 시민소통과(2019). 지자체 주민갈등 해결 지원 우수 사례(광주, 천안, 서울. 기타). 내부자료.
대구시의회(2019). 제267회 정례회 기획행정위원회 심사보고서.
대구시 자원순환과(2016). 사업장생활계폐기물 불법매립 개선대책. 내부자료.
대구시 취수원이전추진단(2020). 내부자료.
대우경제연구소 편(1994). 「우루과이라운드와 한국경제」. 한국경제신문사.
레위키 외 지음. 김성형 편역(2005). 『최고의 협상(Essentials of Negotiation)』. 스마트비즈니스.
류도암(2018). "공공갈등 상황에서 제3자 개입 유형에 관한 고찰: 물을 둘러싼 갈등 사례를 중심으로." 『공존협력연구』. 4(1): 89-125. 한국갈등학회.
문태현(2011). "심의민주주의적 정책결정을 위한 제도화 방향." 「한국행정논집」. 23(1): 45-65.
박광서·노승혁(2002). "한국과 EU의 조선산업 통상마찰 배경과 협상에 관한 연구." 『무역학회지』. 27(2): 407-428.
박명현(2004). "서울시 청계천복원사업의 갈등관리 과정에 관한 연구: 서울시와 상인집단 간의 협상을 중심으로." 서울시립대 박사학위논문.
박민진(2003). "신뢰 구축을 통한 청계천 복원사업의 갈등관리에 관한 연구." 서울시립대 석사학위논문.
박상규(2000). "정부조직 내 부처 간 협력관계의 탐색: 공동체 생태학이론을 적용한 모형 탐색." 『한국행정학보』. 동계학술대회.
박수선(2015). "당사자 간 대화를 통한 갈등 해결 사례 연구: 울진 신화리 원전 주변지역 갈등조정 과정을 중심으로." 『공존협력연구』. 1(1): 75-107. 한국갈등학회.
박종화·신경섭·김선영(2023). "지역사회 갈등조정과 민원배심제 - 대구 수성구 민원배심제 운영의 경험." 국회입법조사처 「입법과 정책」. 15(1): 185-216.
박홍신(2014). 『외규장각 의궤의 귀환』. 도서출판 행복에너지.
박홍엽 외(2005). 「국내외 갈등관련 법·제도 분석과 효율적인 운영 방안」. 경제·인문사회연구회 협동 연구총서 05-02-03, 196-220.
방성훈·변창흠(2012). "정책네트워크분석을 활용한 주택재개발사업의 이해주체간 갈등관계 변화과정 연구." 「도시행정학보」. 25(1): 201-239.
백도현(2020). "갈등영향분석의 실효성 확보방안 - 최근 갈등영향분석의 실시동향과 중립성 문제를 중심으로-." 「한국정책분석평가학회 추계학술대회 발표논문집」. 2020.9. 3~10.

백종섭(2002). "서울시 추모공원 건립정책의 갈등 원인과 해결 방안."『2002년 하계호 학술대회발표논문집: 한국행정학회』, 111-128.

보건복지부(2018). 2018-2022 제2차 장사시설 수급 종합계획(안). 3월.

부산광역시(2018).「부산 BRT 시민공론화백서」.

부산시·부산시 북구(2019).「2019 구포가축시장 갈등 해결 백서: 전화위복의 역사: 갈등의 장에서 평화의 장으로, 구포가축시장 변화의 기록」. 부산광역시청.

사단법인 환경분쟁연구소(2008).『지역협력사업 유형화 및 갈등해결 방안 연구』.

서울특별시(2003a).『청계천 복원사업 추진보고』.

_____(2003b).『청계천 복원 관련 상인대책추진 백서(가안)』.

_____(2018).『2018 갈등관리백서, 상생의 힘』.

서효원(법무부)(2016). "약식명령에 대한 정식재판청구와 불이익 변경금지."『강원법학』, 49: 381-414. 강원대학교 비교법학연구소.

성지은(2005). "청계천 복원사업의 갈등관리 전략 분석."『한국사회와 행정연구』, 15(4): 155-177.

소영진(1999). "딜레마 발생의 사회적 조건: 위천공단 설치를 둘러싼 지역갈등을 중심으로."『한국행정학보』, 33(1): 185-205.

신경섭(2006). "조직 간 지식공유행위 연구." 영남대 대학원 행정학박사학위논문.

신범순·양승일·박주용(2006). "장묘복지를 둘러싼 조직 간 정책갈등분석: 제2화장장 입지 선정을 둘러싼 서울시와 서초구·서초주민을 중심으로."『한국조직학회보』, 3(1): 63-92.

신상준·이숙종(2017). "공공갈등에서 시민참여의 변화: 수도권매립지 사례에 대한 근거이론의 적용."『한국행정학보』. 51(3). (2017 가을). 157-191.

신창현(2005). "공공갈등 예방을 위한 갈등영향분석: 미국 사례를 중심으로." 국토연구원.

심준섭(2012). "제주 해군기지 건설을 둘러싼 지역주민과 공무원의 갈등 프레임 비교분석."『행정논총』, 50(4): 221-249.

심준섭·김지수(2010). "갈등당사자의 프레임과 프레이밍 변화과정 분석: 청주시 화장장 유치 사례."『행정논총』, 48(4): 229-261.

_____(2011). "원자력발전소 주변 지역 주민의 갈등 프레임 분석: 후쿠시마 원전사고의 영향을 중심으로."『한국행정학보』, 45(3): 173-202.

안세영(2003). "대우자동차 매각협상에 관한 연구: GM의 협상전략을 중심으로."「협상연구 *International Journal of Negotiation*」, 9(2): 195-215.

_____(2019).『글로벌 협상전략: 협상 사례 중심』. 박영사.

안지민(2013). "대구광역시 장사시설 중장기 수급계획 연구." 대구경북연구원.

안혜원·박대운·김학돈(2009). "정책인식프레이밍 관점에서 새만금사례와 동강댐사례의 갈등 비교연구."

『한국컨텐츠학회논문지』, 9(3): 270-277.

양기용·김창수(2009). "정책갈등의 구조와 사회적 합의의 조건: 국책사업을 둘러싼 갈등에 대한 지역주민의 인식을 중심으로." 『한국행정논집』, 21(3): 967-997.

양승일(2009). "장묘시설을 둘러싼 복지정책 형성과정의 역동성 분석." 『한국행정학보』, 43(1): 321-350.

양은주 외(2012). "정책갈등의 원인과 주요 영향요인에 관한 연구: 하남시 광역화장장 사례를 중심으로," 『공공정책과 국정관리』, 6(1): 3-28.

여관현(2017). "근거이론을 활용한 소규모 맞춤형 정비사업의 실천적 함의: 시흥시 도일시장 정비사업 사례를 중심으로." 『지방정부연구』, 21(3): 39-70.

우동기·장영두(1999). "환경분쟁 해결을 위한 대안적 분쟁해결제도 도입에 관한 기초연구." 『협상연구』, 5(2): 47.

유민봉·심형인(2011). "공무원이 조직생활에서 경험하는 체면현상과 행위에 대한 질적 연구: 근거이론(Grounded Theory)를 적용하여. 『한국행정학보』, 45(1): 195-225.

윤경준·안형기(2004). "심의민주주의적 의사결정의 효과성: 지방의제21 작성을 중심으로." 『한국행정학보』, 38(2): 149-165.

윤종설·주용환(2014). "공공갈등 문제해소를 위한 민주적 갈등관리의 효과와 한계: 시화호 개발사례와 호남선 고속철도 사례를 중심으로." 『지방정부연구』, 18(1): 565-593.

윤태웅(2012). "4대강 살리기 정책의 중앙-지방간 정책갈등에 관한 권역별 비교 연구." 『지방행정연구』, 26(1): 107-136.

원창희(2016). 『협상조정의 이해』. 한국문화사.

유복렬(2013). 『돌아온 외규장각 의궤와 외교관 이야기』. (주)눌와.

윤견수(2006). "정부의 결정을 딜레마 상황으로 가게 하는 요인과 그에 대한 대응책에 관한 연구." 『한국행정연구』, 15(1): 71-100.

윤순영(2014). 『골목 별이 되다: 윤순영 구청장의 골목 이야기』. 홍익포럼.

윤종설·주용환(2014). "공공갈등문제 해소를 위한 민주적 갈등관리의 효과와 한계: 시화호 개발 사례와 호남선 고속철도 사례를 중심으로." 『지방정부연구』, 18(1): 565-593. 한국지방정부학회.

은재호(2011). "국방·군사시설 입지갈등의 원인분석: 담론분석을 통한 원인진단 지표개발." 『한국행정학보』, 45(4): 55-84.

_____(2013). "갈등관리제도 내실화 방안 연구." 한국행정연구원.

은재호·채종헌·임동진(2011). "공공갈등에 있어서 원윈협상 방안에 관한 연구." 한국행정연구원.

이강원(2012). "한국 사회 공공갈등의 더 나은 해결을 위한 모색." 『공존협력연구』, 1(1): 69-102. 공존협력연구소.

이광석(2014). "행정과 생활세계의 충돌과 조화에 관한 연구: 의식의 흐름방법을 적용한 밀양 송전탑 사태의 분석." 『한국행정학보』, 48(3): 147-174.

이달곤(2005). 『협상론: 협상의 과정, 구조, 그리고 전략』. 법문사.

이로리(2014). 『분쟁해결 협상론』. 계명대학교출판부.

이명석(1996). "정책분석에서의 게임이론의 활용." 『한국행정학보』. 30(2): 49-63.

＿＿＿(2002). "거버넌스의 개념화: '사회적 조정'으로서의 거버넌스." 『한국행정학보』. 36(4): 312-338.

이명숙(2013). "군사기지 입지갈등의 효과적인 관리방안에 관한 연구: 갈등영향요인을 중심으로," 충남대학교 대학원 박사학위논문.

이병길(1992). "정책변동의 요인과 과정에 관한 연구; 방송정책(1980-1990) 변동사례를 중심으로." 서울대학교 박사학위논문.

이상헌(2005). "지속가능발전위원회의 지속 가능성 제도화 평가: 한탄강 댐 갈등 조정 사례를 중심으로." 『동향과 전망』. 154-184.

이선우·김광구·최일환(2021). "갈등영향분석의 방법론 개선 방안에 대한 비교분석," 『한국공공관리학보』. 35(2): 47-63.

이숙종·박성민·박형준 조민효(2019). 『함께 풀어가는 사회문제: 갈등과 협력사례』. 윤성사.

이연경(2015). "정책유형별 정책네트워크 분석-'전통시장 시설현대화 사업'과 '대형마트 의무휴업제' 비교를 중심으로-." 『한국정책학회보』. 493-525.

이영철(2014). "근거이론의 근거에 대한 음미: 방법론과 방법." 『한국정책과학학회보』. 18(1). 187-214.

이은진(2016). "동천로 대중교통전용지구 운영 방안." 대한교통학회 학술대회지. 962-972.

이종원·홍성만(2009). "공공사업의 다목적성과 정책개선: 시화호 개발사업에서 조정의 부재로부터 협의기구의 내재화까지." 『한국행정논집』. 21(4): 1155-1177. 한국정부학회.

이주형 외(2014). 『공공갈등관리 사례분석과 외국의 공공갈등관리제도 조사』. 국회예산정책처 연구용역과제.

이진석(2005). "의료서비스산업화론과 건강보험." 『건강보험포럼』. 봄호. 5-16.

이찬희·전유근·조영훈·서만철(2012). "울산 반구대 암각화의 손상도 및 사면안정성 평가." Journal of Conservation Science. 28(2): 153-164.

임동균·나윤영(2021). "숙의민주주의의 한계와 가능성 그리고 방법론적 개선방향." 『사회과학연구』. 32(2): 221-244. 충남대학교 사회과학연구소.

임동진(2010). 『중앙정부의 공공갈등관리 실태분석 및 효과적인 갈등관리 방안 연구』. 한국행정연구원연구보고서. 2010-20.

＿＿＿(2013). "행정형 ADR기구의 운영실태 및 개선방안 연구." 『한국행정학보』. 47(3): 129-155.

＿＿＿(2015). "분쟁조정기구의 분쟁 조정방법과 경제적 효과분석: 환경분쟁조정위원회의 사례를 중심으로." 『한국행정학보』. 49(1): 117-143.

임동진 외(2011). "갈등의 원인분석 및 해결방안 연구," 국무총리실 연구용역과제.

임순광(2018). "개정 강사법의 정치사회적 의미." 『진보평론』. 78: 207-233.

＿＿＿(2019). "교수 노동시장의 변화와 강사법." 『경제와사회』. 62-108.

장태용(2019). "공공갈등의 관리방안에 관한 연구: 서울 청계천복원사업과 밀양 송전탑 건설 사례의 비교분석." 『한국지방정부학회 학술대회자료집』, 735-758.

장현주(2017). "공공갈등연구의 경향 및 방법론적 특징에 대한 탐색적 연구: 2010년 이후 행정학·정책학 분야 연구를 중심으로." 『한국공공관리학보』, 31(4): 297-324.

장현주·정원옥(2015). "옹호연합모형과 갈등주기를 통해서 본 정책변동: 반구대 암각화 보존 갈등사례를 중심으로." 『한국행정논집』, 27(4): 901-924.

전상인(2005). "NGO주도 로컬 거버넌스 사례연구: 춘천시 쓰레기 매립장 부지선정(1994-96년)의 경우." 『환경논총』, 43: 253-267.

전영상·현근(2011). "'4대강 살리기사업'효과에 대한 시행지역 주민의 기대심리 분석: 충주지역 주민을 중심으로." 『지방행정연구』, 25(1): 83-116.

전주상(2009). "집단민원 조정을 위한 제도적 대안 모색: 민원배심원제 도입 및 적정화 방안을 중심으로." 『한국지방자치학술대회 2009년도 동계학술대회 논문집』, 45-62. 한국지방자치학회.

전진석(2003). "의약분업 정책변화에 대한 연구: 옹호연합모형을 적용하여." 『한국정책학회보』 12(2): 59-87.

정규호(2007a). "정책갈등의 참여적 해결을 위한 합의형성적 접근의 의미와 과제 – 한탄강 댐 건설을 둘러싼 갈등을 중심으로-." 『한국정책학회보』, 16(2): 91-118.

정정화(2011). "공공갈등과 합의 형성: 심의민주주의 방식의 적용과 한계." 『한국행정논집』, 23(2): 577-604.

_____(2011). "한국사회의 갈등구조와 공공갈등: 국책사업 갈등사례를 중심으로." 『한국사회와 행정연구』, 22(3): 1-27.

_____(2012). "공공갈등예방을 위한 제도적 접근: 공공토론제도의 도입을 중심으로." 『한국정책연구』, 12(2): 311-336.

_____(2012). "조정을 통한 공공갈등 해결의 영향요인: 한탄강댐과 국립서울병원 사례 비교분석." 『한국사회와 행정연구』, 23(2): 1-24.

정지범(2010). "입지정책 분야에서 갈등과 조정: 경주 방폐장과 스웨덴 방폐장 사례 비교연구(기획논문)." 『행정논총』, 48(4): 145-169.

정창호·박치성(2015). "문화재 환수정책설계 연구: 프랑스 외규장각 의궤 반환 정부 간 협상사례를 중심으로." 『한국행정연구』, 24(1).

정하용(2006). "집단민원의 효율적 해결방안 연구 – 충청남도 지역을 중심으로." 『지방행정연구』, 20(4): 83-108.

정형안·이윤석(2020). "숙의민주주의의 실현?: 신고리 5·6호기 공론조사 관련 쟁점들에 대한 경험적 접근." 『조사연구』 21(2): 25-49.

정홍상·주재복·하혜수(2014). "지방정부 간 지역갈등 분석 틀 설계 및 이의 적용." 『한국행정학보』, 489(3): 349-379.

조만형·김이수(2009). "협력적 거버넌스 구축에 관한 실증적 연구: 광명시와 구로구 간 환경기초시설 빅딜사례를 중심으로." 『한국사회와 행정연구』, 20(2): 215-239. 서울행정학회.

조은영(2017). "설악산 오색케이블카 설치 갈등." 『공존협력연구지』, 3(1): 165-177.

조정재(2007). "한국의 대학교수 노동시장구조: 분단노동시장이론의 관점으로 본 현실과 전망." 한국비정규직 교수노동조합 엮음. 『비정규 교수의 삶과 노동』. 인간사랑.

주경일(2002). "폐기물 처리시설의 입지갈등문제에 대한 인지적 접근: 집단프레임(collective frame)의 관점에서." 『정부학연구』, 8(2): 336-369.

_____(2005). "인지적 관점에서 본 댐건설 과정의 재설계: 공청회와 기획과정을 중심으로." 『한국지방자치학회보』, 17(1)(통권 49호).

_____(2019). "지방정부의 공공갈등관리체제 구축을 위한 탐색적 연구." 『한국자치행정학보』, 33(2): 141-164.

주경일·최홍석·주재복(2003). "프레임분석을 통한 수자원 갈등 각 이해집단의 의미구성 이해: 한탄강댐 건설 사례를 중심으로." 『행정논총』, 41(4): 193-221.

주성돈(2009). "부천시와 구로구 간의 비선호시설 조성사업의 갈등과 협력적 해결방안: 부천시 추모공원 조성사업을 중심으로." 『정부와 정책』, 1(2): 89-119.

중앙노동위원회(2019). 『노동위원회통계연보』.

중앙환경분쟁조정위원회(2019). 『환경분쟁조정사례집』.

지남석·이현구(2017). "갈등관리사례를 적용한 세종형 공공갈등 관리방안 연구." 대전세종연구원.

지병문·지충만(2002). "시민참여방식을 통한 님비(NIMBY)의 해결방안 -생활폐기물 소각시설의 건설을 중심으로-." 『한국지방자치학회보』, 14(1): 181-205.

진종순(2012). "정부조직 간 갈등과 협상: 구리-포천 고속도로 건설 사례를 중심으로." 『한국사회와 행정연구』, 22(4): 389-410.

차성수·민은주(2006). "방폐장 부지 선정을 둘러싼 갈등과 민주주의." 『환경사회학연구 ECO』, 10(1): 43-70.

청주시(2008). 청주목련원 건립백서.

최봉기·이시경(1999). "위천공단 조성을 둘러싼 정책갈등의 해소방안." 『한국지방자치학회보』, 11(2): 201-220.

최승필(2010). "행정법상 재판외 분쟁해결제도(ADR)에 대한 고찰: 조정제도를 중심으로." 『공법학연구』, 11(1): 325-354. 한국비교공법학회.

최영희(2013). "공공부문 갈등관리에 관한 연구: 시화지구 개발사업 사례를 중심으로." 연세대학교 행정대학원.

최재성(2020). "플랫폼 운송사업과 택시산업 간 갈등완화 정책 방향." 『국토』, 2020년 5월호(통권 제463호). 국토연구원. 38-47.

최홍석·홍성만·주경일(2004). 『공유재와 갈등관리-수자원을 둘러싼 갈등과 협력』. 서울: 박영사.

표창원(2011). 『숨겨진 심리학』. 토네이도.

하동현·홍수정(2017). "서울시 갈등관리시스템의 운영실태 및 역할유형." 『한국지방자치학회보』, 29(2): 91-118.

하연섭(2004). "정책 아이디어와 비교정책연구." 한국정책학회 추계학술대회. 2004년 10월 8일. 한국과학기술회관.

하용출(2003). "보건정책 결정과정에서의 국가의 역할: 1993년 한약조제권 분쟁을 중심으로." 대한의사협회 의료정책연구소 연구보고서.

하혜수·이달곤(2017). 『협상의 미학: 상생협상의 이론과 적용』. 박영사.

하혜수·이달곤·정홍상(2014). "지방정부 간 원원협상을 위한 모형의 개발과 적용에 관한 연구."『한국행정학보』. 48(4): 295-318.

하혜영(2009). "환경분쟁에서 조정 성립의 결정요인에 관란 연구: 조정 성립요인의 판별과 예측을 중심으로." 『한국행정학보』. 43(4): 335-357.

한노덕(2014). "공공갈등관리제도 실태분석 및 개선 방안." 국회예산정책처.

한완상·박태일(2007). 『협상테이블의 핵심전략』. 현대경제연구원.

함요상·현승현(2013). "지방정부의 비선호시설 입지 선정에 대한 갈등 조정과정 분석: 서울 추모공원과 하늘공원 사례를 중심으로."『정부학연구』. 19(3): 451-492.

허창수(2008). "담론이론의 시각에서 바라본 정책과정과 갈등관리: 광역화장장 유치를 둘러싼 경기도 하남시의 정책갈등 사례를 중심으로." 고려대학교 대학원 석사학위논문.

_____(2009). "담론이론의 시각에서 바라본 정책과정과 정책갈등 – 경기도 하남시 광역화장장 유치 사례를 중심으로."「한국정책학회보」. 18(2): 129-155.

허태욱(2004). "도시거버넌스와 갈등에 관한 연구: 청계천 복원사업을 사례로." 단국대학교 석사학위논문.

홍성만·이종원(2009). "숙의거버넌스와 합의형성 제도설계: 시화지역 지속가능발전협의회의 운영사례를 중심으로."「행정논총」. 47(1): 21-45.

환경부 수질보전국(1998). "시화지구 간척사업에 따른 수질 악화 원인 등에 관한 보고"

황광선(2008). "게임모델을 통한 한미 쇠고기 협상과정의 분석," 성균관대학교 국정관리대학원 석사학위논문.

황기연·변미리·나태준(2005). 『프로젝트 청계천: 갈등관리전략』. 나남출판.

황병수(2010). "한국의 공공갈등 구조와 관리체제에 관한 연구," 경기대학교 정책전문대학원 박사학위논문.

황선욱·김대건(2005). "조직간 관계(IORs) 유형에 따른 정부지식관리: 지식 공유 방안을 중심으로." 하계학술대회. 한국행정학회.

황용수·김성수·변병문·이광호·이홍(2003). 「신기술 변화에 대응한 산·학·연 연구개발 파트너쉽의 강화방안: 산연, 산산 파트너쉽을 중심으로」.『정책연구』. 과학기술정책연구원.

[국외 문헌]

Ackerman, Bruce. & Fishkin, James (2004). *Deliberation Day*. New Haven: Yale University Press.

Agne, Robert R. (2007a). "Reframing Practices in Moral Conflict: Interaction Problems in the Negotiation Standoff at Waco." *Discourse and Society*. 18(5): 549–578.

_____. (2007b). "Reframing Practices in Moral Conflict: Interaction Problems in the Negotiation Standof fat Waco." *Discourse & Society*.

Armour, A. M. (1991). "The siting of locally unwanted land uses: Toward a cooperative approach." *Progress in Planning*. 35: 1–74.

Ansell, Chris & Alison Gash (2008). "Collaborative Governance in Theory and Practice." *Journal of Public Administration Research and Theory*. 18: 543–571.

Arredondo, Lani (2000). *Communicating Effectively*. New York: McGraw-Hill Companies.

Asah, Stanley T., David N. Bengston, Keith Wendt, & Kristen C. Nelson (2012). "Diagnostic Reframing of Intractable Environmental Problems: Case of a Contested Multiparty Public Land-Use Conflict." *Journal of Environmental Management*. 108: 108–119.

Atran, Scott & Robert Axelrod (2008). "Reframing Sacred Values." *Negotiation Journal*. 221–246.

Axelrod, Robert (1984). *The Evolution of Cooperation*. New York: Basic Books, Inc., Publishers.

Bandura, Albert (1971). *Social Learning Theory*. New York: General Learning Press.

Baucus, Max (2006). U.S Senate, Committee on Finance, "Baucus Conditions Support for US-Korea FTA On Korea's Full Accepyance of U.S. Beef," December, 3, 2006.

Benford, Robert & David Snow (2001). Framing Processes and Social Movements: an Overview and Assessment. *Annual Review of Sociology*, 26: 611–39.

Bentrup, Gary (2001). "Evaluation of a Collaborative Model: A Case Study of Analysis of Watershed Planning in the Intermountain West." *Environmental Management*. 27: 739–748.

Berle, Adolf A. & Gardiner C. Means (2009). *The Modern Corporation and Private Property*. Transaction Publishers.

Blau, Peter M. (1964). *Exchange and Power in Social Life*. New York: Wiley.

_____(1974). *On the Nature of Organizations*. New York: Wiley.

Boulding, Kenneth E. (1957). "Organization and Conflict," *Journal of Conflict Resolution*, 1: 122–134.

Braun, D. (1999). Interests or Ideas? An Overview of Ideational Concepts in Public Policy Research. IN D. Braun, & A. Busch (Eds.), Public Policy and Political Ideas, 11–29. Northampton, MA: Edward Elgar.

Brett, Jeanne M. (2007). "Culture and Negotiation." *Negotiating Globally: How to Negotiate Deals, Resolve Disputes, and Make Decisions Across Cultural Boundaries*, 2nd ed.. Chapter 2, 25–52., San Francisco: Jossey-Bass, a Wiley Imprint.

Brown, Jennifer Gerarda (2004). *Creativity and Problem-Solving*, 87 MARQ. L. Rev. 697.

Buckley, P. J. & M. Casson (1985). *The economic theory of the multinational enterprise*. Macmillan Press LTD.

Bulkeley, H. (2000). "Discourse coalitions and the Australian climate change policy network." *Environment and Planning C: Government and Policy*. 18: 727-748.

Bush, Robert, A. Baruch, & Joseph P. Folger (1994). *The Promise of Mediation*. San Francisco: Jossey-Bass Publishers.

Carnevale, Peter & Alice Isen (1997). "The Influence of Positive Affect and Visual Access on the Discovery of Integrative Solutions in Bilateral Negotiation," *Organizational Behavior and Human Decision Processes*, 70: 175-87.

Campbell, John L. (2004). Institutional Change and Globalization. Princeton University.

Cellich, Claude (1997). "Closing Your Business Negotiations." *International Trade Forum*, 1: 14-19.

Child, John & David Faulkner (1998). *Strategies of Cooperation: Managing Alliances, Networks, and Joint Ventures*. New York: Oxford University Press.

Chong, Dennis & James N. Druckman (2007). "Framing Theory." *Annu. Review of Political Science*. 10: 103-126.

Coddington, Alan (1966). "A Theory of the Bargaining Process: Comment Reply," *American Economic Review*, 56(3): 522-533.

Cohen, Herb 지음, 강문희 옮김 (2001). 『협상의 법칙 Ⅰ』. 도서출판 청년정신.

Cohen, Herb 지음, 안진환 옮김 (2004). 『협상의 법칙 Ⅱ』. 도서출판 청년정신.

Coltri, Laurie S. (2004). *Conflict Diagnosis and Alternative Dispute Resolution*. New Jersey: Upper Saddle River.

Cormick, G. W. (1976). Mediating Environmental Controversies: Persectives and First Experience, *Earth Law Journal*, 2: 215-224.

Cormick, G. W. (1976). Mediating Environmental Controversies: Persectives and First Experience, *Earth Law Journal*, 2: 215-224.

Cresswell, J. W. (2013). Qualitative Inquary and Research Design: Choosing among Five Approaches. Sage Publications.

Curato, Nicole., Dryzek, John S., Ercan, Selen A., Hendriks, Carolyn M., & Niemeyer, Simon (2017). Twelve Key Findings in Deliberative Democracy Research. *Daedalus*, 146(3). 28-38.

Dahl, R. A. (1963). *Modern Political Analysis*. Englewood, Cliffs. NJ: Prentice-Hall.

Dana, Daniel (2001). *Conflict Resolution: Mediation Tools for Everyday Worklife*. New York: McGraw-Hill.

Dana, Daniel 지음, 하지현 옮김 (2003). 『갈등 해결의 기술』. 지식공작소.

Daniels, Steven & Gregg B. Walker (2001). *Walking through Environmental Conflict: The Collaborative*

Learning Approach. Westport, CT: Praeger.

Davis, B. D. & M. Netzley (2001). "Alternative Dispute Resolution: A Business and Communication Strategy." *Business Communication Quarterly*, 64(4): 83–89.

Dawson, Roger (2011). *Secrets of Power Negotiating*. NJ. Pompton Plains: Career Press.

Delgado, R, C, Dunn, P. Brown, & H. Lee (1985). "Fairness and Formality: Minimizing the Risk of Prejudice in Alternative Dispute Resolution." *Wis L. Review*.

Desrosiers, M. E. (2012). "Reframing Frame Analysis: Key Contributions to Conflict Studies." *Ethnopolitics*. 11(1).

Diamond, Stuart (2010). *Getting More*, Portfolio Penguin(Great Britain). 59–64.

DiMaggio, Paul J. & Walter W. Powell (1983). "The Iron Cage Revisited: Institutional Isomorphism and Collective Rationality in Organizational Fields." *American Sociological Review*. 48: 147–60.

Dixit, Avinash & Barry Nalebuff 지음, 류성렬 옮김 (2002). 『전략적 사고: 예일대학식 게임이론의 발상』. 다다미디어.

Dodgson, Mark (1993). *Technological Collaboration in Industry*. London and New York: Routledge.

Dohler, Marian (1991). Policy Networks, Opportunity Structures and Neo-conservative Reform Strategies in Health Policy." In Bernd Marin, Renate Mayntz(ed.). *Policy Networks*. 235–298. Westview Press.

Dorey, P. (2005). *Policy Making in Britain*. London: SAGE.

Doz, Yves L. (1996). "The Evolution of Cooperation in Strategic Alliances: Initial Conditions or Learning Processes?." *Strategic Management Journal*. 17: 55–83.

Druckman, James N. (2001). "On the Limits of Framing Effects: Who Can Frame?." *The Journal of Politics*. 63(4): 1041–1066.

_____(2001). The Implications of Framing Effects of Citizen Competence. Political Behavior, 23(3). Special Issue: Citizen Competence Revisited. 225–256.

Druckman, James N. & Dennis Chong (2007). "Framing Theory." *Annual Review of Political Science*. 10: 103–126.

Dryzek, John S. (2015). Deliberative engagement: the forum in the system. *Journal of Environmental Studies and Sciences*, 5(4). 750–754.

Emerson, Ralph E. (1962). "Power-dependence Relations." *American Sociological Review*. 27: 31–41.

Engel, Berverly (2002). *The Power of Apology: Healing Steps to Transform All Your Relationships*.

Entman, Robert M. (1993). "Framing: Toward Clarification of a Fractured Paradigm." *Journal of Communication*. 43(4): 51–58.

Filley, Alan C. (1975). *Interpersonal Conflict Resolution*. Glenview: Scott Foresman & Company.

Fischer, Frank (2003). Reframing Public Policy; Discursive Politics and Deliberative Practices. New York:

Oxford University Press.

Fisher, Roger & D. Sapiro (2005). *Beyond Reason: Using Emotions as You Negotiate*. London: Penguin Books.

Fisher, Roger & S. Brown (1989). *Getting Together: Building Relationships As We Negotiate*.

Fisher, Roger & William Ury (1991). *Getting to Yes: Negotiating Agreement Without Giving In*. New York. Penguin Books.

Fox, C. J. & H. T. Miller (1995). *Postmodern Public Administration: Toward Discourse*. California: Sage.

Franscogna, Jr. X. M. & H. Lee Heterington (2009). *The Lawyer's Guide to Negotiation*(2nd ed.). American Bar Association.

Freeman, C. (1991). "Networks of Innovators: A Synthesis of Research Issues." *Rearch Policy*, 20: 499–514.

Ganuza, Ernesto., Frances, Francisco., Lafuente, Regina., & Garrido, Fernando (2012). Do participants change their preferences in the deliberative process?. *Revista Espanola de Investigaciones Sociologicas(REIS)*, 139(1). 225–245.

Gelfand, Michele & yours truly (2004). *2004 Handbook of Negotiation and Culture*.

Goldberg, Stephan B., Eric D. Green, & Frank E.A. Sander (1985). "ADR Problems and Prospects: Looking to the Future." *69 Judicature*, 291: 1985–1986.

Goleman, Daniel (1997). *Emotional Intelligence: Why It Can Matter More Than IQ*. New York: Bantam Books.

Gray, Barbara. (1989). *Collaborating: Finding Common Ground for Multiparty Problems*: San Francisco, CA: Jossey-Bass.

Gray, B. (1997). "Framing and Reframing of Intractable Environmental Disputes." *Research on Negotiation in Organizations*. 163–188.

Gross, James (2002). "Emotion Regulation: Affective, Cognitive, and Social Consequences," *Psychophysiology*, 39: 281–91.

Habermas, Jurgen(German 1962, English Translation 1989). *The Structural Transformation of the Public Sphere: An Inquiry into a Category of Bourgeois Society*. The MIT Press.

Hajer, Maarten A. (1995). *The Politics of Environmental Discourse: Ecological Modernization and the Policy Process*. New York: Oxford University Press.

Maarten A. & Hendrik Wagenaar. Eds. (2003). *Deliberative Policy Analysis: Understanding Governance in the Network Society*. London: Cambridge University Press.

Harrington, Christine (1985). *Shadow Justice: The Ideology and Institutionalization of Alternatives to Court*.

Harvard Business School (2003). *Harvard Business Essentials: Negotiation*. Boston, Massachusetts: Harvard Business School Press.

Heath, H. & Cowley, S. (2004). Developing a Grounded Theory Approach: A Comparison of Glaser and Strauss. *International Journal of Nursing Studies*, 41: 141-150.

Held, David (2006). *Models of Democracy*(3rd ed.). Stanford University Press.

Herrman, M. S (1993). "On balance: Promoting Integrity under Conflicted Mandates." *Mediation Quarterly*.

Hill, M. (2005). *The Public Policy Process*. London: Pearson.

Hollinghead, August B. (1950). "Cultural Factors in the Selection of Marriage Mates." *American Sociological Review*. 15: 135-175.

Ikle, Fred Charles (1982). *How Nations Negotiate*. New York: Harper & Row, Publishers.

Jachtenfuchs, M. (1997). Conceptualizing European Governance. In K. Jorgensen (Ed.), Reflective Approaches to European Governance, 39-50. New York: Macmillan Press.

Jakada, Balarabe A. (2014). "Building Global Strategic Alliances and Coalitions for Foreign Investment Opportunities." *International Journal of Global Business*. 7(1): 77-94.

Jenkins-Smith, H. & Clair, G. (1993). "The Politics of Offshore Energy Empirically Testing the Advocacy Coalition Framework. In P. A. Sabatier & Jenkins-Smith(Eds)", *Policy Change Learning An Advocacy Coalition Approach*, Boulder: Westview Press.

Jones, Candace, William S. Hesterly, & Stephen P. Borgatti (1997). "A General Theory of Network Governance: Exchange Conditions And Social Mechanisms." *Academy of Management Review*. 22(4): 911-945.

Kahneman, D.(2011). *Thinking, fast and slow*. New York: Farrar, Straus and Giroux.

Karpowitz, Christopher F., Mendelberg, Tali., & Shaker, Lee (2012). Gender inequality in deliberative participation. *American Political Science Review*, 106(3), 533-547.

Kaufman, Sanda, Michael Elliott, & Deborah Shmueli (2003). *Frames, Framing and Reframing, Beyond Intractability*, CO.: University of Colorado.

Kaufman, Sanda & Janet Smith (1999). "Framing And Reframing in Land Use Change Conflicts." *Journal of Architectural and Planning Research*. 16(2): 164-180.

Kennedy, Ruby J. (1944). "Single Or Triple Melting Pot?" Intermarriage Trends in New Haven." 1870-1940. *American Journal of Sociology*. 49: 331-339.

Klandermans, B. (1984). Mobilization and Participation: Social, Psychological Expansions of Resource Mobilization Theory. *American Sociological Review*, 49: 583-600.

Kovach, Kimberlee K. (2000). *Mediation: Principles and Practice*, (2nd ed.), St. Paul, Minnesota: West Group.

Lafont, Cristina (2017). Can democracy be deliberative and participatory? The democratic case for political uses of mini-publics. *Daedalus*, 146(3). 85-105.

Landau, Sy., Barbara Landau, & Daryl Landau (2001). *From Conflict to Creativity*. San Francisco: Jossey-Bass.

Leary, K. J. Pillemer, & M. Wheeler (2013). "Negotiating with Emotion." *Harvard Business Review* 91, (1): 96-103. January-February.

Levine, Irwin P. & Gary J. Gaeth (1988). "How Consumer are affected by the Framing of Attitude Information Before and After Consuming the Product." *Journal of Consumer Research*, 15(3): 374-378.

Levine, Robert A. (1961). "Anthropology and the Strategy of Conflict: An Introduction," *Journal of Conflict Resolution*, 5: 3-15.

Lewicki, Roy J. & Alexander Hiam (2006). *Mastering Business Negotiation: A Working Guide to Making Deals and Resolving Conflict*. 23-24.

Lewicki, Roy J., Alexander Hiam, & Karen W. Olander (1996). "Implementing a Cooperative Strategy," from *Think Before You Speak: A Complete Guide to Strategic Negotiation*. New York: John Wiley & Sons, Inc.

Lewicki, Roy J., B. Barry & D. Saunders (2015). *Negotiation: Readings, Exercises, and Cases*(7th. ed.). McGraw-Hill/Irwin.

Lewicki, Roy J., David M. Saunders, & John W. Minton (2001). *Essentials of Negotiation*(2nd ed.). New York: McGraw-Hill Education.

Lewicki, Roy J. & M. A. Stevenson (1997). "Trust Development in Negotiation: Proposed Actions and a Research Agenda." *Business & Professional Ethics Journal*.

Lewis, L. Floyd & Robert S. Spich (1996). "Principled Netotiation, Evolutionary Systems Design, and Group Support Systems: A Suggested Integration of Three Approaches to Improving Negotiations." *Procedings of the 29th Annual Hawaii International Conference on System Sciences*. 238-250.

Locke, K. (2001). Grounded Theory in Management Theory. Thousand Oaks, CA: Sage Publication.

Mackenzie, Michael K. (2018). Deliberation and Long-term Decisions. In Andre Bachtiger, John S Dryzek, Jane Mansbridge & Mark E. Warren(Eds.). *The Oxford handbook of deliberative democracy*. 251-272. Oxford, United Kingdom: Oxford University Press.

Malhotra, Deepak & Max H. Bazerman (2007). *Negotiation Genius: How to Overcome Obstacles and Achieve Brilliant Results at the Bargaining Table and Beyond*. Harvard Business School. Bantam Books.

Mansbridge, Jane, et al. (2010). "The Role of Self-interest and the Role of Power in Deliberative Democracy." *The Journal of Political Philosophy*, 18(1). 64-100.

Marsh, D. (1998). The development of Policy network approach. In D. Marsh (ed). *Comparing Policy Networks*. Buckingham: Open University Press.

Marsh, D. & Rhodes, R. A. W. (1992). Policy communities and Issue networks: Beyond typology. In D. Marsh and R. A. W. Rhodes (ed). *Policy Networks in British governmnet*. Clarendon Press.

Marcus, Leonard J., Barry C. Dorn, & Eric J. McCulty (2012). "The Walk in the Woods: A Step-by-step Method for Facilitating Interest-Based Negotiation and Conflict Resolution," from *Negotiation Journal*, 28(3): 337-49. Boston, MA: Harvard Business School Publishing.

Menkel-Meadow, Carrie (1984). "Toward Another View of Legal Negotiation: The Structure of Problem Solving," *31 UCLA L. Rev*. 754: 18.

_____(1991). "Pursuing Settlement in a Adversary Culture: A Tale of Innovation Co-opted or the Law of ADR." *Fla. St. UL Rev*.

_____(2001). "Aha? Is Creativity Possible in Legal Problems Solving and Teachable in Legal Education?," *6 Harv. Negot. L. Rev*. 97.

Mercier, Hugo., & Landermore, Helene (2012). Reasoning is for arguing: Understanding the successes and failures of deliberation. *Political psychology*, 33(2): 243-258.

Meyer, John W. & Brian Rowan (1977). "Institutionalized Organizations: Formal Structure as Myth and Ceremony." *The American Journal of Sociology*. 83(2): 340-363.

Moffitt, Michael L. & Andrea Kupfer Schneider (2014). *Dispute Resolution: Examples and Explanations*(3rd ed.). New York, NY: Wolters Kluwer.

Moulaert, Frank & Farid Sekia (2003). "Territorial Innovation Models: A Critical Survey." *Regional Studies*. 37(3).

Mutz, Diana C. (2006). *Hearing the Other Side: Deliberative Versus Participatory Democracy*. New York: Cambridge University Press.

Mutz, Diana C., & Mondak, Jeffery J. (2006). The workplace as a context for cross-cutting political discourse. *Journal of Politics*, 68(1). 140-155.

Nelson, B. (1996). Public Policy and Administration: An Overview. In R. E. Goodin & H. D. Klingmann (Eds.), A New Handbook of Political Science. New York: Oxford University Press.

NYC (2019). "TLC Rules and Local Laws," Retrieved Feb. 24, 2020. https://www1.nyc.gov/site/tlc/about/tlc-rules. page.

Ostrom, E., R. Gardner and J. M. Walker. (1994). *Rules, Games, and Common-Pool Resources*. Ann Arbor: Michigan University Press.

Park, Robert E. & Ernest W. Burgess (1929). *Introduction to Science of Sociology*(2nd ed.). Chicago:

University of Chicago Press.

Payne, R. (2001). Persuasion, Frames and Norm Construction. *European Journal of International Relation*, 7(1): 37–61.

Pfeffer, Jeffrey & Gerald R. Salancik (1978). *The External Control of Organizations: A Resource Dependence Perspective*. New York: Harper & Row.

Polletta, Francesca. & Gardner, Beth Gharrity (2018). The forms of deliberative communication. In Andre Bachtiger, John S. Dryzek, Jane Mansbridge & Mark E. Warren(Eds.), *The Oxford handbook of deliberative democracy* (pp. 70–85). Oxford, United Kingdom: Oxford University Press.

Pondy, Louis R (1967). "Organizational Conflict: Concepts and Models." *Administrative Science Quarterly*.

Ponte, Lucille M & Thomas D. Cavenagh (1999). *Alternative Dispute Resolution in Business*. Dame Publications.

Posner, Richard (2002). Dewey and Democracy: A Critique. *Transactional Viewpoints*, 1(3). 1–4.

Posner, Richard (2003). *Law, Pragmatism, and Democracy*. Cambridge, Mass.: Harvard University Press.

Posner, Richard (2004). Smooth Sailing. *Legal Affairs*, January/February, 41–42.

Powell, Walter W. (1990). "Neither Market Nor Hierarchy: Network Forms of Organization." *Rearch in Organizational Behavior*. 12: 295–336.

Pruitt, Dean G. & Peter J. Carnevale (1995). *Negotiation in Social Conflict*. Buckingham: Open University Press.

Putnam, Robert D. (1993). Diplomacy and Domestic Politics: The Logic of Two-Level Games, Peter B. Evans, Harold K. Jacobson, and Robert D. Putnam(eds.), Double-Edged Diplomacy: International Bargaining and Domestic Politics, Beerkeley, CA: Univ. of California Press.

Putnam, Linda L. & M. Holmer (1992). "Framing, Reframing, and Issue Development." L. L. Putnam & M. E. Roloff(eds.), *Communication and Negotiation*. Newbury Park, CA: Sage.

Putnam, Linda L. & J. M. Wondelleck (2003). "Intractability: Definitions, Dimensions, and Distinctions." in R. J. Lewicki, B. Gray, & M. Elliott (eds). *Making Sense of Intractable Environmental Conflicts: Concepts and Cases*. Washington, DC: Island Press.

Reardon, Kathleen (2005). *Becoming a Skilled Negotiator*. 178–180.

Reilly, Peter (2009). *Was Machiavelli Right? Lying in Negotiation and the Art of Defensive Self-Help*, 24 OHIO ST. J. on DISP. RESOL. 481: 532–34.

Riedel, J. A. (1972). "Citizen Participation: Myths and Realities." *Public Administration Review*, 32(3): 211–220.

Ripley, Randall B. and Grace A. Franklin (1984). *Bureauracy and Policy Implementation*. Homewood, Illionois: The Dorsey Press.

Riskin, L. L. (1982). "Mediation and Lawyers." *Ohio State LJ*.

Rivkin, M. D.(1985). "Negotiating with Neighborhoods." In Levitt, R. L. and J. J. Kirlin. ed. Managing Development Through Public/Private Negotiation. Washington D.C. *The Urban Land Institute*. 65–76.

Rogers, E. & L. Kincaid (1981). *Communication Networks: Toward a New Paradigm for Research*. New York: Free Press.

Ross, Marc Howard (1993). *The Management of Conflict*. New Haven, Conn: Yale University Press.

Rubin, Jeffrey Z. (1994). "Models of Conflict Management: Constructive Conflict Management: An Answer to Critical Social Problems?." *Journal of Social Issues*, 50(1): 33–34.

Rubin, Jeffrey Z. & Bert R. Brown (1975). *The Social Psychology of Bargaining and Negotiation*. New York: Academic Press.

Sabatier, Paul A. (1988). "An Advocacy Coalition Framework of Policy Change and the Role of Policy-Oriented Learning There In." *Policy Sciences*, 21: 129–168.

Sabatier, Paul A. and Hank C. Jenkins-Smith(Eds). (1999). *Theories of the Policy Process*. ed. P. A. Sabatier, 117–168. Boulder, CO: Westview Press.

Sabatier, Paul A. & Christopher M. Weible (2007). "The Advocacy Coalition Framework." *Theories of the Policy Process*.

Schaffzin, Nicolas Reid (1997). *Negotiate Smart*, New York: Random House.

Schmidt, S. M. & T. A. Kochan (1972). "Conflict: Toward Conceptual Clarity." *Administrative Science Quarterly*.

Schneider, Andrea Kupfer (2012). "Teaching a New Negotiation Skills Paradigm," *Washington University Journal of Law & Policy*, 39: 15–16.

Schön, D. & M. Rein. (1994). *Frame Reflection: Toward the Resolution of Intractable Policy Controversies*. New York: Basic Books.

Schweigert, Francis. J. (2010). Strengthening Citizenship through deliberative polling. *Journal of Community Practice*, 18(1): 19–39.

Shell, G. Richard (2006). *Bargaining for Advantage: Negotiation Strategies for Reasonable People*. New York: Penguin Books.

Shell, G. Richard & Mario Moussa (2007). "The Six Channels of Persuasion," *The Art of Woo: Using Strategic Persuasion to Sell Your Ideas*, New York: Penguin.

Shmueli, Deborah, Michael Elliott, & Sanda Kaufman (2006). "Frame Changes and the Management of Intractable Conflicts." *Conflict Resolution Quarterly*. 24(2): 207–218.

Sills, David L. (ed.) (1972). *Internatonal Encyclopedia of Social Sciences*, Vol. 11. New York: The Macmillan Company & The Free Press.

Simon, Tony & Thomas M. Tripp (1997). "The Negotiation Checklist," *Cornell Hotel & Restaurant*

Administrative Quarterly, 38, (1).

Smith, Ken G., Stephen J. Carroll, & Susan J. Ashford (1995). "Intra- and Interorganizational Cooperation: Toward a Research Agenda." *Academy of Management Journal*(0001-4273), 38(1).

Somin, Ilya (1998). Voter Ignorance and the Democratic Ideal. *Critical Review*, 12(4): 413-458.

_____(2004). Richard Posner's Democratic Pragmatism and the Problem of Public Ignorance. *Critical Review*, 16(1): 1-22.

Stata, Ray (1989). "Organizational Learning: The Key to Management Innovation." *Sloan Management Review*. 63-74.

Strauss, A. L. & Corbin, J. (1998). *Basics of Qualitative Research: Grounded Theory Procedures and Techniques* (2nd ed.). Thousand Oaks, CA: Sage Publications.

Susskind, Lawrence & Jeffrey Cruikshank (1987). *Breaking the Impasse*. : Consensual Approaches to Resolving Public Disputes. New York: Basic Books.

Susskind, Lawrence. & Thomas-Larmer, Jennifer(1999). Conducting a Conflict Assessment. In Lawrence Susskind, Sarah Mckearnan, and Jennifer Thomas-Larmer, eds., The Consensus Building Handbook. Thousand Oaks: SAGE Publications, Inc.: 99-136.

Tagiuri, R. & G. Litwin (1968). *Organizational Climate: Explorations of a Concept*. ed. Boston, Massachusetts: Harvard Business School Press.

Talisse, Robert B. (2004). Does public ignorance defeat deliberative democracy?. *Critical Review*, 16(4): 455-463.

Thomas, Kenneth W. & Ralph H. Kilmann (2008). *Thomas-Kilmann Conflict Mode Instrument. profile and interpretive report prepared for Jane Sample*, CPP, Inc.

Thompson, Leigh (2011). *The Mind and Heart of The Negotiator*(3rd ed.).

Thorelli, Hans B. (1986). "Networks: Between Market and Hierarchies." *Strategic Management Journal*. 7(1): 37-51.

Triandis, Harry C. (1980). "Values, Attitudes, and Interpersonal Behavior." Nebraska Symposium on Motivational Behavior, 27: 195-259.

Tverski, Amos & Daniel Kahneman (1981). "The Framing of Decisions and the Psychology of Choice." *Science*. 211(30): 453-458.

Ury, William L., Jeanne M. Brett, & Stephen B. Goldberg (1993). *Getting Dispute Resolved: Designing Systems to Cut the Costs of Conflict*. The Program on Negotiation at Harvard Law School. Cambridge. Massachusetts.

Wahrhaftig, Paul (1982). "An Overview of Community-oriented Citizen Dispute Resolution Programs in the

United States." *The Politics of Informal Justice*. New York: Academic Press.

Walton, R. & R. McKersie (1965). *A Behavioral Theory of Labor Negotiations*. New York: McGraw-Hill.

Wangermann, J. P. & R. F. Stengel (1999). "Optimization and Coordination of Multiagent Systems Using Principled Negotiation." *Journal of Guideance, Control, and Dynamics*. 22(1): 43-50.

Weech-Maldonado, Robert & Sonya Merrill (2000). "Building Partnerships with the Community: Lessons from the Comden Health Improvement Learning Collaborative." *Journal of Healthcare Management*, 45: 189-205.

Weible, Christpher M. & Sabatier, Paul A. (2007). "A Guide to the Advocacy Coalition Framework." *In Handbook of Public Policy Analysis: Theory, Politics, and Methods*. ed by Frank Fischer, Gerald J. Miller, & Mara S. Sidney: CRC Press.

Wojcieszak, Magdalena (2011). Deliberation and attitude polarization. *Journal of Communication*, 61(4): 596-617.

Worley, John J. (2009). Deliberative Constitutionalism. *Brigham Young University Law Review*. 2009(2): 431-480.

Zartman, I. William (ed.) (1983). *The 50% Solution*. New Haven: Yale University Press.

Zhang, Kaiping (2019). Encountering dissimilar views in deliberation: Political knowledge, attitude strength, and opinion change. *Political Psychology*, 40(2): 315-333.

Zimmerman, M. A. (2000). "Empowerment Theory." In J. Rappaport & E. Seidman eds., *Handbook of Community Psychology*, New York: Kluwer Academic. 43-63.

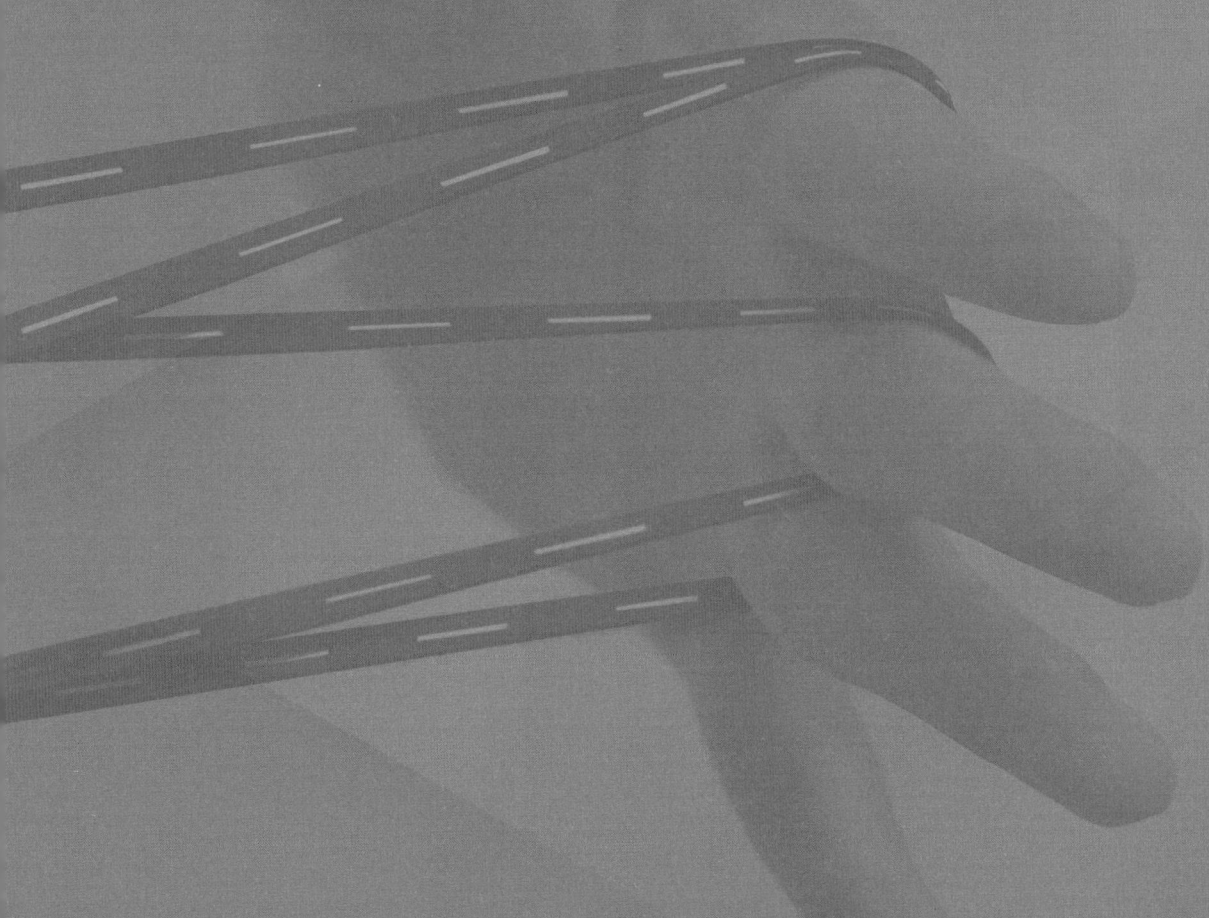

찾아보기

제2판

[ㄱ]

가외의 보상 요구	171, 172
갈등	25
갈등경보제	86
갈등관리	27
갈등관리 유형	31
갈등관리 프레임	49
갈등 사례 분석모형	126
갈등영향분석	79, 80
갈등진단표	90
감정이입	42, 45
감정적·사회적 지능	46
감정적 지불	62, 182
객관적 기준	39, 182
거래비용이론	22, 23
결탁	57
경성 입장협상	36
경제갈등	32
경청	45
고든(Mark Gordon)	41
골먼(Daniel Goleman)	46
공격적 행동	38
공공갈등	25, 79
공공개입	85
공공 참여	85
공공토론위원회	84
공동사실조사	259
공론조사(Deliberative Poll)	97
공정성	56
공화국조정처(MR)	84
과소·과대 제안전술	37
관할구역 경계변경	366
교통갈등	32
교환이론	23
국제협상	383
권력갈등이론	23
권한갈등	31
근거이론	151
급종료	72
기정 사실	69

[ㄴ]

네트워크분석이론	22
논증 기반 협상	39
놀람	69

[ㄷ]

다문화 협상	153
담론분석	148
당사자 개입	42, 125
대리인이론	24
대안적 분쟁 해결(ADR)	28, 47
대중교통전용지구	163, 164, 165
델가도(Richard Delgado)	112
도덕성	46
도시계획갈등	32

[ㄹ]

레위키(Lewicki)	39, 44, 51, 62, 391
로스(Marc Howard Ross)	26
루소(J. Edward Russo)	75

[ㅁ]

만족이론	110
말하기	42
맥락적 프레임	50
메러비언(Albert Mehrabian)	45
명목집단	58
명백한 철회	70
명시적 협상	34
모델링이론	23
목말타기	58

묵시적 협상	35	스크린쿼터제	402
민원배심원제	345	승자의 저주	38
민의조사	84	승패협상	35, 36
		시장-권력이론	24
		실체 프레임	49
		심적 편견	53

[ㅂ]

배분적 협상	34, 384	[ㅇ]	
배신, 비자발적	393	알선	115
버거(Warren E. Berger)	92	암묵적 흥정	35
범위 설정	68	액셀로드(Robert Axelrod)	36
변형식 조정	93	약식기소	122
불화	69	양면게임이론	387, 400, 403
브레인스토밍	56	양보전략	29
비위임형 협상전략	386	억압이론	110
비자발적 배신	393	엥겔(Berverly Engel)	62
		역행	70

[ㅅ]

사업장 폐기물	140, 141	연성 입장협상	36
사적 중재	121	옹호연합모형	127
사회구조이론	23	완강한 적대자	28
사회정의이론	110	완전한 협조자	28
상생협상	30, 36	요약	76
상징적 상호작용이론	21	원칙협상	39, 41, 57, 171, 185,
샘플화	71		259, 320, 385, 386
선명성 편견	53	위협	37
선별적 매입전략	390	윈셋(win-set)	387
선악 교대	37	윌리엄슨(Oliver Williamson)	24
선의	74	유리(William Ury)	39
선택의 기로	71	유연성	45
설문조사	58	유인이론	23
속임수 전술	38	유효 범위	71
손실 프레임	320	의료갈등	32, 327
수자원갈등	227	이득 프레임	51, 320
수확 체증의 이론	24	이슈 교환	171
숙의민주주의	59, 94	이슈의 분리	172
순번제	41, 168	이중구조	387
슈메이커(Paul J. H. Schoemaker)	75		

이해관계	25, 28, 35	지적 편견	53
이해관계 협상	39	쪼개기	72
일몰제	284		
입장 표명	38	**[ㅊ]**	
입장협상	36, 185, 226, 239, 316, 320, 329, 386	참을성	68
		창의적 사고	42, 45
		창조적 대안 모색	57
[ㅈ]		창조적 문제 해결	277
자기지시적인 규범	21	촉진식 조정	110
자원갈등	31	침묵	68
자원의존이론	22		
자유무역협정(FTA)	398	**[ㅌ]**	
자투리 전술	38	타협전략	29, 30
장막	71	탐색	70
재정	115	토머스(Kenneth Thomas)	36
전략 도구	49	톰슨(Leigh Thompson)	46
전략이론	22	통합적 협상	39
전환이론	110	통합협상	330
정박기술	37	투쟁전략	29
정신적 여과장치	49	투 트랙(two track) 협상전략	397
정책갈등	31	특성 부여 프레임	49, 171, 183
정책 네트워크이론	135	틀짜기	51
정체성 프레임	49, 50, 171		
제3자 개입	28	**[ㅍ]**	
제3자 활용	168	파이 고정	53
제도분석틀 모형	132	파이의 확대	171, 172
제비뽑기	168	퍼트남(Robert D. Putnam)	387, 396, 400, 403
조정	45, 47, 48		
조정-중재	122	평가식 조정	110
조직 간 갈등이론	25	포터(Michael Porter)	24
조직 간 관계	19	폴렛(Mary Parker Follet)	52
죄수의 딜레마 이론	36	풀뿌리민주주의관련법	84
주관적 규범	21	프레이밍 효과	53
준거점 프레임	49	프레임	48
중재	42, 47, 48	프레임의 유형	49
지연협상전략	390	프레임 전환	52, 146, 151

피셔(Roger Fisher)	54	협조적 경쟁자	28
		호혜적 협상	59, 194, 229, 320, 332, 388
[ㅎ]		화합	71
합의 가능 영역(ZOPA)	37, 43, 54	환경갈등	32
해링턴(Christine Harrington)	112	회피전략	29
해석 렌즈	49	후회 회피	53
행정갈등	32	휴식	72
행정분쟁해결법	83		
행정형 중재	121		
헐값매입전략	390		
협력 거버넌스	315	ADR운동	109
협상	28, 34	BATNA	43
협상력	35, 387	DAD	306
협상에 의한 규칙제정법	83	EDD	306
협상의 유형	35	Susskind & Thomas-Larmer	91
협업적 협상	41	2단계 협상	396

저자 소개

신경섭(申慶燮)

[학력]
대구 심인고 졸업(1982년)
연세대학교 행정학과 졸업(1989년, 행정학사)
서울대 행정대학원 졸업(1992년, 행정학 석사)
미국 시라큐스대학원 졸업(2000년, 행정학 석사)
영남대학교 대학원 졸업(2006년, 행정학 박사)

[경력]
1990년 11월. 제34회 행정고시 합격
1991년 4월. 총무처
2001년 1월. 대구시 유니버시아드대회 지원반장
2004년 1월. 대구시 교통정책과장
2006년 8월. 대구시 경제정책과장
2008년 8월. 대구경북경제자유구역청 투자유치본부장
2012년 1월. 세종연구소 파견
2013년 1월. 대구시 수성구 부구청장
2015년 7월. 대구시 녹색환경국장
2018년 1월. 대구시 일자리경제본부장
2019년 1월. 대구시 도시철도건설본부장
2021년 7월. 대구시의회 사무처장

한국정부학회 부회장
영남대 강의(협상론, 도시행정론, 인사행정론, 공공정책론 등)
홍조근정훈장
「대구문학」詩 부문 신인상 수상(2013년 시인 등단).

[논문]
"조직 간 지식공유행위 연구",
　　영남대 대학원 행정학 박사학위논문(2006).
"지역의 산·학·관 지식공유의 영향요인 연구"(2008)
"지역사회 갈등조정과 민원배심제 – 대구 수성구 민원
　　배심제 운영의 경험"(2023).
"뉴스 빅데이터 분석을 통해 본 지역사회 갈등과 갈등
　　해소를 위한 민원배심제 운영: 대구 수성구 경험을
　　중심으로"(2024) 등.

이메일: shin63129@gmail.com